Pfarrer Franz Rudrof: Weg einer Menschenseele zu Gott – Einsprechungen von Jesus und Maria, die Maresa-Desolata Meschenmoser empfangen hat.

Das schönste Credo
kommt von deinen Lippen,
wenn es Nacht um
dich ist.

P. Pio von Pietrelcina

Maresa-Desolata Meschenmoser

Pfarrer Franz Rudrof

Weg einer Menschenseele zu Gott

Einsprechungen von Jesus und Maria

Kral Verlag

Die Deutsche Bibliothek – CIP-Einheitsaufnahme

Rudrof, Franz:
Weg einer Menschenseele zu Gott: Einsprechungen von Jesus und Maria /
Franz Rudrof. – 2., erw. Aufl. – Abensberg: Kral, 1992
ISBN 3-87442-042-6

Printed in Germany

Gesamtherstellung:
Josef Kral Verlagsdruckerei GmbH, Postfach 11 80 · D-8423 Abensberg

ISBN 3-87442-042-6

Weg einer Menschenseele zu Gott

Vorwort

Gott ruft immer wieder aus Barmherzigkeit Menschen zu außergewöhnlichem Leben, Leiden und Sterben. Doch Er zwingt keinen Menschen dazu; denn Er achtet Sein Geschenk des freien Willens.

So hat Er auch das 10-jährige Kind Maresa Meschenmoser am Tag ihrer ersten heiligen Kommunion (am 26. 3. 1933) zum Empfang der hl. Hostie mit einem für sie aus dem Tabernakel strömenden, sichtbaren Licht umhüllt und sie dabei gefragt: „Willst du Mein Opferlämmchen werden?" So fragte Jesus später das herangewachsene Mädchen noch einmal. Auf Grund dieses „Blancoschecks", den Maresa ihrem Heiland aus ganzem Herzen gab, erwuchs ihr Leidensweg. Sie erahnte ihn aber erst richtig, als Jesus 1949 beim Diktat ihres Weihegebetes sie „Schlachtopfer" nannte, was sie bis ins Innerste hinein tief erschrecken ließ. Sie stand ja erst am Anfang ihres Opferweges, den sie – durch Einsprechungen von Jesus geführt – begonnen und zum Abschluß ihres Lebens unter Einsprechungen von der Gottesmutter zu Ende gegangen ist.

Am 1.9.53 aber sagte ihr Jesus ganz klar: „Es gibt keinen anderen Weg zum Himmel für dich, als diesen. Daß es ein Weg des Martyriums ist – das wird man erst nach deinem Tode sehen." Jesus erklärte ihr dazu auch einmal: „Es gibt auch ein geistiges Martyrium, das schwerer ist als das körperliche".

Sie war in keiner Weise frühreif. Sie mußte erst durch viele Prüfungen geläutert werden und erstarken. „Eine der schwersten Prüfungen" war eine über sie verhängte Seelenangst, durch die sie auch über die Einsprechungen kaum einmal froh werden konnte. Jesus sah ihre Not: „Die Angst, eine Betrügerin zu sein, wird dich bis zum Tode nicht verlassen!" Darum gab Er ihr den „Vater" (= Beichtvater und Seelenführer) –, aber auch wegen ihrer Auslieferung an die Hölle und wegen der Angriffe von Seiten der Menschen: „Wärest du ohne Vater und seinen Schutz – die Welt hätte dich längst zu Tode getrampelt!" Der Vater war ihr aber auch von Jesus dazu gegeben, die von Ihm geforderte, vollkommene Verborgenheit ihres Charismas zu hüten, – wenn er auch andererseits die Schwächen ihres ganzen Wesens – z.B. das Stehenbleiben auf dem Weg, nicht immer vermeiden konnte. Aber er half ihr in allen Schwächen weiter mit seiner so wunderbaren Geduld. 31 Jahre hindurch durfte Hochw. H. Pfr. Otto Timme sie so betreuen, stützen und ihr helfen bis zu seinem Opfertod am 4. September 1979.

Diese ganzen Jahre waren Vorbereitung – wie man ihr von oben sagte – und Hinführung zu ihrer Endphase, die mit dem Oktober 79 – mit der Berufung ihres letzten Vaters begann. Jesus übergab jetzt die Führung Maresas Seiner Mutter Maria. Nach den letzten Stationen ihres Kreuzweges stand mit dem Tag „Mariä Verkündigung", 1982, vor ihr der Aufstieg auf den Kalvarienberg und führte nach unsagbaren Leiden und Qualen am 15.10.87 zu ihrem Sterben auf ihrem Kreuz. Sie hat gehalten, was Jesus von ihr verlangte: „Das kleine Lamm muß stumm sein (für die Menschen) auf dem Weg, bis es geschlachtet (= gestorben) ist." Ihr geheimnisvolles, charismatisches Leben durfte vor ihrem Tode nicht bekannt werden – nicht einmal ihre eigene Mutter wußte darum. (Die jetzige Bekanntmachung durch das Buch ist Auftrag Jesu an ihren Beichtvater und Seelenführer).

Ihre Nachfolge Christi war damit beendet; nicht aber ihr Weg: Er führte in den Himmel!

Franz Rudrof, Pfr.

Anmerkung: Sie haben mit diesem Buch die 2. Auflage in Händen. Die 1. Auflage wurde von einem anderen Verlag gedruckt, der nicht nur den Buchtitel „Weg einer Menschenseele zu Gott" in „Schau ins siegende Osterlicht" geändert, sondern auch viele Sätze sinnentstellend verändert hat. Eine Vernichtung und Neudruck dieses Buches konnte ich nicht bezahlen. Darum blieb es.

In diesem hier vorliegenden Buch haben Sie wieder den von Maresa-Desolata Meschenmoser geschriebenen Originaltext vor sich!

1. Teil

31 Jahre der Vorbereitung unter Führung von Hochw. H. Pfr. Otto Timme.

Jesus spricht in diesen Jahren zu Maresa Meschenmoser.

Auf ewig Mein!

16. – 18. Juni 1949

Nichts wird dich von Mir trennen können; du bist beschlossen in Meinem Herzen. Ich bin dir näher, als du glaubst. Ich habe dich erlöst für immer. Ich liebe dich, – o, liebe Mich wieder!

Stille meinen Durst nach Seelen, hilf Mir! Ich werde es dir ewig danken.

Gib dich Mir ganz hin und du wirst reich begnadet sein wie eine Königin!

Vertraue grenzenlos auf Meine Liebe. Ich werde dir helfen, – Ich allein.

Schreibe diese Worte tief in dein Herz und erinnere dich in Zeiten der Anfechtung daran, wenn ich schweige und dich prüfe im Goldofen der Läuterung. Es wird noch vieles über dich kommen; aber wisse: Ich bin bei dir! Du bist auf ewig Mein! Freue dich, du wirst unendlich selig werden. – Ich will nichts von dir, als daß du Mein vielgeliebtes Kind seiest. Ich trage dich in Meinen Himmel als Dank für deine Liebe.

Selig die Kleinen! Ich will nur deine Liebe und deinen Gehorsam. Aber wisse: Liebe ist Leid! Doch Ich kämpfe in dir!

Frage nicht nach dem Namen deiner Krankheiten und Schmerzen. Suche keine Erklärung für deine furchtbaren Seelenleiden. Glaube Mir, niemand wird sie dir nehmen können. Vertraue nur, daß Ich es bin, der alles zugelassen und gegeben.

Wenn du Mich liebst, werden dir Meine Hände niemals weh tun, auch, wenn sie dir Kreuz und Dornen bieten.

Du sollst den Menschen nur dienen – niemals aber sie suchen. Der Tröster bin Ich!

Fürchte dich niemals mehr – auch wenn Ich dich der Angst übergebe; mag die Hölle um dich toben, – Ich lasse dich nicht!

Ich habe dich tief gedemütigt! Nimm alles an in Liebe und kümmere dich nicht um Menschenzungen und um deine eigene Schwachheit. Laß Mich ersetzen, was dir fehlt. Ich liebe dich, – auch wenn du fällst –, ja, weil du dann umso inniger Mein bist, sooft du in Demut dich nahst.

Kapelle der Barmherzigkeit

4. August 1949

Ziehe dich zurück von den Menschen. Suche sie nicht mehr. Baue eine Kapelle in deinem Herzen, in der du unaufhörlich Meine Barmherzigkeit anrufen sollst. Mache dich frei von allem! Übe dich in vollkommenem Schweigen in allen Dingen. Verzage nicht! Du kannst alles, wenn Ich dich stärke, – auch schweigen. Denke nur mehr an den Himmel und die Seelen, die verloren gehen. Sei bereit auf alles zu verzichten um Meinetwillen. – Denke nicht an die Schwere der Opfer, denke nur an den Lohn, der deiner wartet.

Vertraue maßlos auf Mein Herz, das dich liebt mit unendlicher Liebe. Wisse: Das Vertrauen ist der Schlüssel zu Meinem Herzen. Nach dem Maß deines Vertrauens, wird sich das Maß Meiner Hilfe richten.

Versinke in den Abgrund Meiner Liebe und sieh nicht immer ängstlich auf deine Fehler. Wirf sie alle auf Mich! – Deine Liebe und dein Vertrauen und deine ehrliche Reue sind weit angenehmer, als dein Mir ängstliches Streben nach Vollkommenheit!

Alles zu mir!

8. Januar 1950

Ich bin es, der alles neu macht. Ich prüfe dich und durchschaue dich. Aber Ich will, daß du selbst Mir alles vertrauensvoll vorträgst. Komm zu Mir, wenn Schwierigkeiten dich bedrängen und harre Meiner Antwort in Geduld.

O gib Mir Seelen, gib Mir die Jugend. Führe sie zu Mir zurück. Laß dich durch nichts abhalten, auch wenn man dir Zentnersteine in den Weg wirft. Baue allein auf Meine Gnade und wunderbare Führung der Seelen. Scheue kein Opfer!

13. Januar 1950

Bezwinge deine Phantasien, – sie sind Trug, – Ich bin die Wahrheit. Nenne dich nicht infantil. Jeder Mensch ist ein Wunder Gottes für sich. Danke Mir vielmehr, daß Ich dich erschaffen habe, wie du bist. – Freue dich, daß du ein jungfräulicher Mensch bist.

14. Januar 1950

Ich messe die Gnaden an deinem Vertrauen. Weißt du, was das heißt? – Vertraue maßlos, grenzenlos – und Ich werde dich überschütten mit dem Reichtum Meiner Liebe. Wenn Du wüßtest, wie sehr Ich dich liebe, würdest du sterben.

Ich vergesse deine Opfer niemals. Ich bin treu. Aber Ich zwinge dich nicht!

Vergiß dich selbst!

18. Januar 1950

Warum bist du traurig? Nur deshalb, weil du immer gerechtfertigt sein willst und Anerkennung ernten. Das ist aber nicht Mein Wille. Du wärest groß, würdest du all die Demütigungen klaglos ertragen. Danke, daß Ich deine Schwachheit zu Meinem Werkzeug ausersehen habe. – Wenn du nichts mehr tun kannst, um Seelen zu retten, dann bete! Stille Meinen Durst nach Seelen!

Entzünde dich an Meiner Liebessonne und strahle alle an, ob gut oder böse, – ob du sie liebst oder nicht. Ich bin die Sonne, – sei du Mein Schein!

Verwundet von der Liebe

28. Januar 1950

Ich werde dir manchmal das Opfer auferlegen, daß du plötzlich in einem großen Schweigen stehst. Dann falle nicht um, sondern halt dich an den Vater (Beichtvater). Er ist Meine Stimme.

Bete, bete viel und geh in die Einsamkeit um Meinetwillen. Bete nachts, wie früher!

Wahrlich Ich sage dir: Heute Nacht wird dein Herz verwundet werden mit einem Pfeil Meiner Liebe: Von nun an wirst du Sehnsucht erleiden, bis zum Ende!

29. Januar 1950

Die inneren Leiden sind Mir die wertvollsten, weil sie die Seele läutern wie das Gold im Schmelzofen. Ich habe Meine Hand auf dich gelegt von Anbeginn, noch ehe du warst. Nicht du hast Mich erwählt, Ich habe dich ausgesucht. Fürchte dich nicht, du bist Mein!

Gib Mir deine Schwäche und Ich will sie zum Segen für dich machen. Du rufst hiemit eine große Tugend Meines Herzens an: die Barmherzigkeit!

„Herz Jesu, ich vertraue auf Dich!“

Ja dies Gebet ist Meinem Herzen so angenehm. Wußtest du nicht, daß es Wunder wirkt – auch an deiner müden Seele? Bete es ohne Unterlaß und deine Seele wird genesen. – Blicke nicht mehr zurück! Eifere um die armen Sünder, die Meiner ganzen Barmherzigkeit bedürfen.

Schäle dich los von allem, auch von dir selbst!

Kreuzweg

30. Januar 1950

Töte dich ab und du wirst frei sein und glücklich im Besitz der geistigen Güter.

Vertraue! Wirf deine Sorgen auf Mich und nimm an, was Ich dir schicke.

(Maresa: „Ich bange vor dem Leid. Ich sehe alles, wie es kommt; es ist entsetzlich. O halte mich!“)

Was du siehst, ist nur die richtige Erkenntnis dessen, was deine Gesinnung sein soll, wenn es eintrifft. – Es geht über dich hinweg, über dein „Ich“, das dein erbittertster Feind ist auf dem Weg zu Mir. Aber kann Ich denn anders tun, da Ich dich liebe? Kannst du dir das Kreuz hinwegdenken von Mir? – Wie könntest du Mir gleichförmig werden, wenn Ich dir das Opfer der Liebe vorenthielte? – Was zitterst du, Meine Seele, hab ich nicht das Kreuz überwunden?

Werde zur Fürsprecherin der Menschen bei Meinem Herzen. Neige dich über jedes Leid und ermutige alle!

Umarmung

2. Februar 1950

Das Leid wird dein treuester Gefährte sein und dich niemals verlassen. Denn wahrlich, so liebe Ich jene, die Mir anhangen: Ich umarme sie mit dem Kreuz! So lange dir etwas weh tut, glaube, daß du Meinem Herzen am nächsten bist.

3. Februar 1950

Eile oft zu Meinem Gastmahl, zu dem Ich dich so eindringlich geladen. Dort wirst du alles finden, was dir mangelt an Kraft und Reichtum.

Dein Gesicht sei immer gleich, immer sonnig, auch wenn dein Herz sich betrübt und weint.

5. Februar 1950

Sieh nichts mehr als Zufall oder Menschentat an, was dich betrifft, führe alles auf Meine Zulassung zurück!

In Rätseln vertrauen

8. Februar 1950

Ich weiß, was dich bedrückt. Denke nicht mehr darüber nach; schenk Mir die Enttäuschung. – Nein, du bist nicht hysterisch, – du hast überzarte Nerven, die vielfach verwundet sind. Aber auch das ist Mein Wille. Denk an Meine Heiligen! Hatten sie nicht vielfach rätselhafte Erkrankungen? Müssen sie nicht überempfindsam sein, um Meine Stimme zu hören? – Eines kannst du tun: Die Angst und die Zerrissenheit überwinden durch grenzenloses Vertrauen auf Mein Herz durch eine wahrhaft kindliche Liebe zu Meiner Mutter und durch einen unerschütterlichen Glauben an den Himmel. Du kannst trotz deiner Nerven die Tugend der Gelassenheit dir erwerben und alle Empfindlichkeit überwinden.

28. Februar 1950

Verzage nicht durch einen Rückfall oder Mißerfolg. Vergiß, was einmal geschehen. Eile voran, ohne umzusehen, am Ende harre Ich deiner.

2. März 1950

Wenn du strauchelst, dann stürze in Meine Arme und vertraue, daß Ich dich in Liebe aufheben werde. Vertraue grenzenlos – und Ich werde dich grenzenlos lieben.

16. April 1950

Wenn du vollkommen liebst, wirst du vertrauen ohne Maß. Solange du grübelst, liebst du nicht ganz; denn Liebe ist ohne Bedenken.

Siehe, Meine Engel dienen dir! Du bist niemals allein, auch wenn Menschen dich verlassen.

Schweres Ja

30. April 1950

(Maresa: „Ich bitte Dich, gieße das Leid über mein junges Leben . . . für andere")

Ich will nur deine Bereitschaft zu scheiden (= sterben), ehe dein Leben sich erfüllt, – nur deinen Verzicht auf Leistung und selbst auf Vollkommenheit. Überlasse alles Mir und vertraue grenzenlos und treu. Mein Wille sei dir heilig!

5. Mai 1950

Verzage nicht! Da du dich mit all deinem Jammer in Meine Arme geworfen, habe ich dir schon verziehen. Bleibe nicht hängen, – eile ohne umzusehen weiter! Ich liebe deine Schwachheit, denn sie ist Mir Anlaß Großes zu wirken.

Hilfe in der Heimsuchung

7. Mai 1950

Fürchte dich nicht, noch ist die Zeit nicht gekommen. Es wird sich erst erfüllen, wenn Mich alle sehen! Sieh getrost in die Zukunft. Ich sorge für die Meinen. Es wird euch an nichts mangeln. – Betet ohne Unterlaß, daß nicht so viele verloren gehen! – Du wirst nicht mehr dabei sein. Ich brauche Opfer für den Frieden.

Nein, sorget nicht zuviel. Es wird euch nichts nützen zur Zeit der Heimsuchung. Nur Meine Barmherzigkeit wird euch erhalten.

16. Mai 1950

Diene allen –, dein Herz aber sei im Himmel, denn du bist Mein!

20. Mai 1950

Du kannst viel helfen, wenn du alles tust um Meinetwillen, ohne einen Lohn zu erwarten.

Ich werde dich überschütten mit Gnaden, die niemand will. So schenke Ich sie alle dir; nimm sie kindlich dankbar an und fürchte deine Schwachheit nicht.

24. Mai 1950

Zweifle nicht an deiner Erwählung. Sieh nicht zurück! Komm in Meine Arme und vergiß alles, was einmal war.

25. Mai 1950

Sorge dich nicht um dein Versagen; ich weiß, daß dein Körper am Ende ist. Aber – bin Ich nicht in dir? Sei also getrost; Meine Kraft wird dich aufrecht erhalten und du vermagst alles in Meinem Namen.

Priesterhilfe

29. Mai 1950

Vertraue, daß Ich dir helfen werde, dich im Schweigen zu üben. Kämpfe unermüdlich; denn wahrlich, nur so bilde Ich Mir Meine Heiligen.

Ich bin bei dir, mitten in deinem Herzen. Alle Gnaden, die Meine Priester verschmähen, schenke Ich dir! Nimm sie an und gib sie weiter an Meine Diener. Hilf mit zu ihrer Heiligung! Sie verwunden Mein Herz zu sehr! Aber Ich liebe sie mit Meiner unendlich geduldigen Liebe und gehe viele Wege, um sie heimzuholen. Bist du bereit, für sie einzuspringen und zu sühnen? Hilf allen, liebe sie mit Meiner geduldigen Liebe und gib sie Mir zurück, auf daß Ich sie forme nach Meinem Herzen. Rette Meine Priester! –

Übe das innerliche Gebet und tröste Mich! Ich bin so verlassen, vor allem von Meinen Dienern. Springe du für sie ein!

10. Juni 1950

Sei Wachs in Meinen Händen, daß Ich dich forme. Wehre dich nicht. Stirb dir selbst, daß du durch Mich zum Leben gelangest.

15. Juni 1950

(Maresa: „O Jesus, was war das, – ist das nicht Sünde?“)

Es war Versuchung, Mein Kind! *(Maresa: „O eine häßliche Versuchung, Jesus! Und gerade vor der hl. Wandlung – wie das schmerzt!“)* Ja Kind, gerade vor der hl. Wandlung, damit dieser Priester davon befreit ist. Du wirst leichter damit fertig, denn er, glaube Mir! Allein deine Abscheu vor diesen Dingen behütet dich schon.

Vereinigung über allem

6. Juli 1950

(Maresa: „O Jesus, verzeih mir, daß ich heute nicht zu Dir gekommen bin, obwohl Du mich gerufen. Nimm diese Minuten als Ersatz dafür an, ich bitte Dich.“)

Eine Betstunde kann die Gnaden einer wirklichen Vereinigung mit Mir nicht ersetzen, Kind. Du raubst dir selbst ein großes Glück. Scheue kein Opfer, täglich zu Mir zu eilen.

Demut

14. Juli 1950

Eitel ist des Menschen Herz gar oft und schnell zum Fall geneigt. Deshalb unterwirf dich in Demut allen und suche die Geringste unter deinen Schwestern zu sein. Kostet es dich Geduld, die Fehler des andern zu ertragen, so lerne von Meinem Herzen und beweine deine eigenen Schwächen; dann wird der Bruder in deinen Augen bald größer sein als du selbst und dein Herz gar schnell von Stolz und Überheblichkeit geheilt sein.

(Maresa: „Könnte ich auch so sprechen!“)

Weißt du wirklich nicht, daß du mit Meiner Hilfe und Vorsehung deinen Erstkommunionvorsatz „Lieber sterben, denn eine Todsünde in meinem Leben!“ bis heute gehalten hast? und dich auch von absichtlichen läßlichen Sünden bewahrt hast?

Blut stillen

15. Juli 1950

Mich dürstet! Gib Mir zu trinken. Rette die Seelen! Bring Mir Sühnopfer dar für die gräßlichen Sünden der Unzucht, die mein Herz allzusehr verwunden. O auch Priester und Kinder, meine Lieblinge, schlagen mich Tag um Tag mit dieser Sünde. Rette ihre Seelen und stille meine blutenden Wunden mit deiner Liebe. Verzichte auf irdische Liebe und ihren Genuß. Dein Herz sei im Himmel. Fürchte dich nicht! Meine Engel begleiten dich überall hin.

In Meinem Namen wirst du Erlösung finden und Heil. Meine Liebe trägt dich doch. Wenn dir die Reue ein Meer von Tränen entlockt, dann glaube: Sie sind kostbar in meinen Augen und keine einzige von ihnen wird verloren gehen. Fürchte dich also nicht mehr: Du bist Mein.

Was das Heil deiner Seele angeht, gehörst du nicht mehr deinen Eltern; du bist Kind Meiner Kirche.

Aus himmlischem Reichtum schöpfen

19. Juni 1950

(Maresa: „Mein Jesus, mir ist so seltsam!")

Bete, Kind, bete, es gilt eine arme Seele zu retten. Nimm die Schmerzen nachher in Geduld und Liebe zu dieser verirrten Seele an. Denke an Fst., auch da hast du helfen dürfen.

Übe dich in stellvertretendem Bittgebet. Kein Funken Eigenliebe wohne dabei in deinem Herzen.

Schöpfe aus dem Reichtum Meiner Barmherzigkeit für alle, die in Gefahr sind die ewige Seligkeit zu verlieren. Der Schlüssel zu diesen Schätzen ist dein Vertrauen und Opfermut. Bringe Mir Liebesopfer dar und ich gebe dir Seelen dafür. Nur durch Opfer und stellvertretende Sühne werden sie gerettet. Werde zur Stimme Meiner Liebe! – Du hast Mich, deine Sonne, gefunden; – so laß dich durchstrahlen und werde ihr Schein für alle, die da in Not und Angst sind.

Heimholung

21. Juli 1950

Die Menschen von heute haben keine Ehrfurcht mehr und kein Gebot. Ihr Eigenwille ist ihr Gott! Wehe, wehe den Verblendeten, sie beleidigen Meine Majestät zu sehr. Ich komme aber bald wie ein Dieb in der Nacht und ihre Lampen werden dann kein Licht mehr geben und es wird große Finsternis bei ihnen sein und viele werden verloren gehen. Bete, betet und sühnt, um noch einige von ihnen zu retten.

23. Juli 1950

(Maresa: „O Jesus, nimm das Gesicht von mir. Es ist so grauenhaft").

Ich muß deine Liebe damit wachrufen, Seelchen, diesen Kämpfenden und Sterbenden beizustehen. Wie als junges Mädchen sollst du wieder durch die Schlachtfelder gehen und die Seelen heimholen! Schenke ihnen deine ganze Sorge. Schweige über deine Schmerzen und ertrage dein Elend in großer Geduld und Sanftmut. Fürchte dich nicht, Ich bin ja in deinem Herzen. – Bei Bedrängnis gehe sofort zu deinem Vater, ihn um Hilfe zu bitten. Deine schemenhafte Zartheit braucht diesen Beistand.

8. August 1950

... Nimm diesen entsetzlichen Ölbergs-Schmerz an, Seelchen und ertrage ihn geduldig und sanft. Du hast teil an Meiner Ölbergsqual. Es wird noch oft über dich kommen und nie mehr wird der Vater bei dir sein in solchen Minuten. Jetzt mußt du allein durch die Nacht, Kind! Du mußt fliehen, wenn es über dich kommt – in Einsamkeit und Natur. Lächle wieder, wenn du dann wieder zu den Menschen kommst. Denk an die Seelen, die du damit rettest vor gewaltsamen Tod. Und sieh Mein Antlitz, das du damit abtrocknest und erquickst, wie eine Veronika.

Versuchung

27. August 1950

Beunruhige dich nicht der Versuchungen wegen und kümmere dich nicht um dein Versagen. Wirf dich in Meine Arme und koste, wie süß Ich bin. Weil du schwach bist, habe Ich dich zu Mir heraufgehoben und werde dich in Meinen Himmel tragen. Deine einzige Aufgabe dabei ist, stillezuhalten und dich Mir ganz zu überlassen. Sieh Mein Herz, – mach es zu deinem! Dein einziger Gedanke sei deine Liebe zu Mir! Ich harre sehnsüchtig deiner Gesellschaft.

Nütze deine Gabe, für andere sühnend einzuspringen und höre nicht auf, Mein Herz mit deinem Vertrauen zu bezwingen. Glaube an deine Liebesmacht über Mein Herz!

Schenk Mir noch eine arme Seele; du weißt, Ich habe dir versprochen, auf dein Gebet hin jeweils die Verlassenste zu erlösen.

(Maresa: „O Jesus, die Versuchungen waren entsetzlich!")

Ich habe dich dem Versucher ausgeliefert zu deinem Heil und Nutzen. Vertraue immer, daß Ich den guten Ausgang gebe. Ich hüte dich wie Meinen Augapfel und bin mitten in deinem Herzen.

Mein Lächeln

28. Oktober 1950

Ich will dich nur zu Meinem Lächeln machen durch Meine Liebe. Deine Kleinheit sei deine Größe, – Meine Liebe sei deine Kraft. Gib mir deine Hilflosigkeit und Ich gebe dir Mein Herz dafür und eine unvergängliche Krone.

Priesterversagen

31. Oktober 1950

Rette Meine Priester, Seelchen! Wahrlich, Ich sage dir: Kaum einer unter 100 ist ein Priester nach Meinem Herzen. Sie feiern Mein Opfer wie ein Schauspiel und stellen Mich heraus, wenn sie Mich brauchen, um Mich wieder hinter die Kulissen zu verbannen, wenn sie Meiner überdrüssig geworden sind. Sie sind dem Zeitgeist verfallen und ahnen es kaum. Menschenfischer sollten sie sein, doch sie suchen kaum ihre eigene Seele. Sie sind müde geworden und im apostolischen Eifer erlahmt. Tag und Nacht müßten die Hirten auf den Knien liegen und die Barmherzigkeit Gottes herabrufen auf ihre verlorenen Schafe. Statt dessen halten sie Gelage mit den Menschen. Bete und ringe um ihre Seelen!

Die Priesterwürde sei untadelig und unantastbar, denn wahrlich: Engel erzittern vor ihr! – Nun habe Ich dir meine Wunden geoffenbart. An dir ist es nun, sie zu heilen.

Flamme sein

3. November 1950

Denke nur an Mich allein und an Mein Herz, das für dich brennt in unendlicher Liebe. Gib dich ganz den Flammen hin und fürchte dich nicht vor ihrem Brand und bald wirst du selbst eine Flamme sein.

… Ja Kind, du fühlst deinen Engel und dein erschöpfter Leib ruht an seiner Schulter. Ich habe ihm geboten, dich zu stärken.

Ihr einziger, alleiniger Weg

4. November 1950

(Maresa: „O mein Gott, wieder habe ich nur Scherben für Dich!")

Gib Mir deine Hilflosigkeit und deine Armut, Kind, ich brauche sie. Vertraue, daß Ich schon etwas daraus machen kann. Du sollst Mich nur lieben und Mir freiwillig deinen Willen übergeben, gleichförmig werden Meinem Willen; mehr verlange Ich nicht.

… Freue dich, daß ich dich solchen Bewährungsproben unterwerfe, um deine Schwachheit zu stärken. Wenn du vertraust, ist der Ausgang im Guten schon beschlossen.

… Großes wirke Ich in jenen, die Mich lieben und Mir folgen. Suche kein zweites solches Geschehnis auf der Welt: Ich gebe jedem das Seine und jeder geht einen einzigen Weg zu Mir …

Nur für Mich blühe auf, kleine Menschenblume und glaube, daß du ohne Mich nicht mehr zu leben vermagst. Ohne Mich bist du im Schatten und im Schatten welkst du dahin. Gib deinem Sehnen ruhig nach und liebe die Nacht, die deine Freundin geworden, weil du in ihren Armen Mich erkennst, – weil Ich Mich zu dir neige und dich erhebe in ihrer Schweigsamkeit und Stille und dein Herz zu Meinem mache.

Lebe ganz eingezogen und in großer Sammlung um die Gnade nicht zu stören. Suche keine Unterhaltung außer Mir und halte deine Sinne in Ordnung und Ruhe. Nur so kann Ich wirken an deiner Seele. Werde nicht müde, dies alles zu üben. Nur kurze Zeit strengt es dich an, dann wird dir's von oben gegeben. Ich bleibe bei dir!

5. November 1950

Meine Augen ruhen unablässig auf deinem Antlitz: O erinnere dich zuweilen daran, damit du Kraft schöpfen mögest, dein Ich zu töten und nur nach Meinem Gesetz zu leben. – Du bist traurig! O siehe: Alles lächelt dich an in Meinem Namen. Du mußt nur alles lieben in Meinem Namen, – dann wird dir alles zum Lächeln werden.

Schweige vollkommen, Mein Kind; nichts tötet Meine Gegenwart so sehr, als unnütze Worte und der Lärm, den sie im Innern entfachen. Rotte die innere und äußere Neugierde mutig aus; denn wisse: Ganz leer mußt du sein, wenn du Mich fassen willst in deinem Herzen … Glaube an Meine Macht auch die schwächste Stelle stark zu machen mit Meiner Gnade.

Beten, segnen und büßen

6. November 1950

Es gehen große Dinge um in der Welt. Sie steht vor einem entsetzlichen Abgrund und nur um der Getreuen willen, ist Mein Gericht verzögert. Die Luft der Erde erzittert vom Flug der Dämonen, die die Hölle verlassen haben, die Menschheit und ihren Planeten zu verderben. Betet, betet unablässig und segnet die Lüfte in Meinem Namen. Haltet euch frei von jeglicher Furcht und betrachtet die Ereignisse mit Gelassenheit. Betet vielmehr und tut Buße im Verborgenen. Fange jeden Tag neu an, dein Ich zu kreuzigen und Mir zu folgen. Verzage nicht, auch wenn du hundertmal am Tage fällst. Ich sehe deine Mühen und deine Liebe.

8. November 1950

Bete unaufhörlich, Kind; die Menschen haben dieses Beten verlernt, das zu Meinem Herzen dringt. Lehre du sie wieder beten in Meinem Namen. Schreibe die Gebete auf in demütigem Gehorsam.

Im Gebet und Segen ist dir die Waffe gegen Satan und seine Macht in die Hand gegeben. Wisse: Meine Diener haben die Segenskraft verloren, weil sie im Glauben schwach geworden sind und selbstherrlich in ihrem (Priester-) Amt. Welcher Priester vermöchte die Segenshand wirksam zu erheben, der in die Sünde der Unreinheit gefallen? – O, daß sie sich doch endlich bekehren wollten! Ich werde sie heimsuchen zur Stunde, da sie es nicht vermuten und ihre Ernüchterung wird groß sein, – ihre Reue vielfach zu spät!

9. November 1950

Betet, Kind, betet und bringt Mir Sühnopfer dar; denn nur um Meiner Heiligen willen, die sich opfern, werden viele gerettet werden und das Gericht gemildert.

Ja, sei getrost: Auch deine Weihe ist angenommen. Auch du trägst dazu bei, die Tränen Meiner heiligsten Mutter zu stillen, die Sie weint über eine gottlose Welt. Ich werde bei euch sein inmitten der Drangsale und Meine Hand wird euch retten.

Allein

19. November 1950

Dein Herz klagt, daß ihm niemand Antwort geben kann: Diese inneren Erlebnisse, die nur unter großen Schmerzen gezeugt werden, kann ich dir nicht ersparen, Mein liebes Kind. All Meine Heiligen haben sie an sich getragen. Auch du, Meine kleinste und zarteste Blume wirst Mir einmal nur danken dafür!

Annehmen, nicht suchen

28. November 1950

Bedenke immer: Selbstausgesuchte Kreuze sind nicht gut! Mein Wille gehe dir über alles, auch über dich selbst! Trägst du nicht genug Heimweh (nach dem Himmel) und Trennungsschmerz, liebes Kind? Was wolltest du dir mehr des inneren Leides zufügen? Was Ich dir sende, ist gut; alles andere aber bedenklich! Halte dein stürmisches Herz also fest.

Bei Gott gibt es nie ein „zu spät". – Ja, die Hölle ist furchtbar, Kind; du würdest es gar nicht ertragen, sie in ihrer ganzen Wirklichkeit zu erfassen. Bete deshalb für die ärmsten Sünder. O niemand liebt sie, denn Mein Herz. Teile du diese Liebe mit Mir und verdamme sie nicht; hilf ihnen umkehren und aufzuwachen.

Ein Augenblick nur

1. Dezember 1950

(Maresa: „Mein Jesus, daß ich gerade daran denken muß?")

Ich sagte dir schon einmal, es gibt auch geistige Martyrer. Dein kleiner Menschenverstand kann das nicht erforschen. Erneuere nur deine Bereitschaft. Vergiß nie, was Ich dir jetzt sagen werde: Ein einziger Augenblick der Gnade genügt, um aus jedem Menschen einen Heiligen zu machen, wenn er guten Willens ist. Ich kann auch dich in einem einzigen Augenblick wandeln und stärken für einen ungewöhnlichen Tod.

Deine Seele ist ein Fremdling geworden in dieser Welt, weil ihr Schatz im Himmel ist; deshalb ist sie für irdischen Trost unempfänglich geworden;

umso mehr will Ich dich anziehen. Was Ich dir nehme, gebe Ich dir tausendfach wieder.

Ich führe dich in die Wüste in diesem Advent, doch zittere nicht, Mein Kind: Da werde Ich Meine Gnaden wie Morgentau über dich verschütten. – Ich werde die Führung über dich nun noch mehr in die Hand nehmen. Deine Seele ist zart wie eine Libelle und dein Herz wie Glas; die Welt würde dich bald zerbrechen. Meine Welt aber wird dich erhalten.

Erschrick nicht, liebes Kind, und lächle wieder: Ich verlasse euch nicht. Die Welt eilt dem Chaos zu. Doch Meine Welt steht fest und wankt nicht. Niemand vermag den Abgrund aufzuhalten; – doch alle vermögen zu sühnen und in Meinem Namen den Himmel zu bestürmen, um Abkürzung der Drangsale, damit nicht so viele verlorengehen. O zittere nicht, Meine Taube: Ich werde die Meinen beschützen mit aller Macht. Vertraue maßlos Meiner Liebe und stehe wie ein Turm im Tosen der Trübsalwasser.

In Liebe siegen

Januar 1951

Ich werde dir in diesem Jahr mancherlei Bedrängnisse schicken – zu deinem Heil.

Auch diese natürliche Reaktion der furchtbaren Verlassenheit und Verwirrung wird dir keineswegs schaden, vielmehr neue Kräfte in dir sammeln, wenn dein Herz trotzdem bei mir bleibt. Laß dich also nicht erschrecken. Ich bin dir näher als du glaubst. Zweifle niemals an Meiner Liebe und deiner Auserwählung! Halte also aus, Ich bitte dich, auch wenn du Qualen erduldest, die du vermeinst nicht überstehen zu können. – Ich weiß, daß du trotzdem nur Mich suchst und dir dabei die Seele wundgehst.

In der Liebe allein wirst du siegen über die Macht der Finsternis, siegen auch über die dunkle Schwermut und deine Veranlagung zu Depressionen und Traurigkeit. Lächle also, lächle unentwegt; auch wenn es dein Herz zerreißen möchte.

Ringe alles nieder, was der Freude im Wege steht. Denke nur immer: Jesus will meine Freude. Und wahrlich: Du wirst es vollbringen.

Du hast dich Mir hingegeben mir großer Begeisterung, Mein Kind, doch in der Beharrlichkeit liegt das Heil. Überwinde diese in deiner Natur tief verwurzelte Veranlagung zur Unbeständigkeit; denn dadurch bleibe Ich immer noch von dir getrennt. Du wirst nur heilig, wenn du alles, auch das Kleinste, Tag für Tag, Stunde um Stunde getreu und ohne Abweichung vollbringst. Beharrlich tue das deine, – alles andere überlasse Mir! – Glaube, daß Ich dich über alles Begreifen liebe.

Ich ermahne dich noch einmal eindringlich zur Beharrlichkeit in allem. Sei getreu, damit Ich ganz von dir Besitz ergreifen kann.

Glaube Mir, daß Ich es bin, der deine Wege leitet. Du wirst immer nur Meinen Spuren begegnen in deinem Leben, wenn du glaubst.

In der Fastenzeit werde Ich dich wieder aufrufen zum nächtlichen Gebet, Mein Kind. Willst du getreulich folgen?

Alle Enttäuschungen deines jungen Lebens dienten auch nur diesem Zweck: Dich an Mich zu ziehen mit allen Mir verfügbaren Mitteln. Sei also nicht traurig. Denke vielmehr, wie selig du einmal sein wirst in ewiger Kommunion, ewiger Liebe. Du wirst einen hohen Grad der Seligkeit erreichen.

Es ist immer so, mein Seelchen: Sooft die kleine, weiße Hostie deine Lippen berührt, hat Jesus dir den Kuß Seiner Liebe aufgedrückt.

Ja, Mein Kind, jeder Gedanke, jedes kleine Opfer ist ein Blümchen der Liebe für mich. Damit stickst du Blumen in dein Brautgewand, schmückst du dich für Meinen Besuch und für den Tag, da Ich dir mit Meinem Gefolge entgegengehe, um dich heimzuführen in Meines Vaters Reich.

Deshalb bin Ich herniedergestiegen zu Meinem Seelchen und habe es erhoben zu Meinem Antlitz. Deshalb habe Ich es gewürdigt, in vertraulichen Verkehr mit Mir zu treten, – habe Ich Meine Stimme in seinem Herzen ertönen lassen. Deshalb werde ich immer bei ihm sein. Also gar keine Angst, Mein Kind, es wird dir kein Knöchelchen gebogen ohne Meine Zulassung und kein Leid geschieht dir ohne Meine Liebe und Gegenwart.

Nein, Mein Kind, fürchtet euch nicht! Es wird euch nichts geschehen. Vieles ist besänftigt worden um der Beter und Büßer willen. Und denkst du nicht an das Blut der Martyrer, wie kostbar es in Meinen Augen ist? – Wohl suche Ich heim, Volk für Volk, aber Mein Name wird siegen. Meine Sonne wird aufgehen über der Erde. Freilich wird die Erde zuerst in bitterste Nacht versinken müssen. Doch noch einmal sage Ich euch: Fürchtet euch nicht. Ich bin bei euch und Meine Engel werden euch wunderbar bewahren. – Mein Antlitz ist die Sonne für Meine kleine Blume, Mein Hauch erwärmt sie und Meine Gnade füllt sie mit Himmelstau. Ich behalte sie ständig in Meinem Herzen.

Willst du Mich nicht auch innig lieben, wenn Ich schweige und Verlassenheit und Dürre dein Anteil ist? – Was Ich dir versprochen habe, bleibt bestehen. Sei also tapfer und tue, was Ich dir sagte, auch wenn du Überdruß empfindest und es reine Buße ist. Glaube, daß du Mir damit die köstlichsten Blumen anbietest. Ich bin bei dir!

Zulassungen

Februar 1951

Es ist mein Wille, daß dein Beichtvater dich behüte und umsorge, weil du eine meiner zartesten und gebrechlichsten Blumen bist. Du weißt, wie krank dich Welt und Menschen schon gemacht haben. Davor schütze dich nun der Vater.

Befolge wieder treu und beharrlich alles, was dir geboten wird, – auch wenn es dir sinnlos erscheinen möchte und dein Herz vor Dürre und Trockenheit stöhnt. Du kannst deine *Niedergeschlagenheit bezwingen mit dem Lächeln,* das eine Antwort sein soll auf Meine Versicherung, daß ich dich unentwegt betrachte. Glaube Mir, dieses Lächeln tut Mir wohler als manche Heldentat eines heroischen Geistes.

Ich weiß um deine Opfer. Du bist sehr krank, mein Kind, aber absichtlich lasse Ich nicht zu, daß es offenbar werde vor den Menschen, damit deine Verdienste nicht geschmälert werden. Übe dich in dieser Zeit im Schweigen und sprich kein unnützes Wort.

Ja, mein Kind, durch viele Demutsübungen errichte den Boden deiner Herzenskapelle. Mein Herz steht offen: eile, es ganz in Besitz zu nehmen. Vergiß der Nacht und ihrer Qual – siehe, Ich liebe alles hinweg.

Wenn du auch vieles nicht verstehst, so weiß Ich doch, warum ich es zulasse. Beuge dich einfach der Kraft Meiner Vorsehung; nur dann kannst du Meinen Plan unterstützen. Opfere alles dafür auf. – – –

Ich weiß was dich bedrängt. Weißt du nicht, daß es Anteil ist an Meinen Leiden? Nimm es also auf dich, auch förderhin die Macht der Sünde zu erfahren und die Not der Seelen zu erschauen, wie du heute getan.

Jesu Zufluchtsort

März 1951

Fürchte dich nicht! Drücke Mein Kreuz unter Freudentränen an dich! –

Wenn du wüßtest, wie verlassen Ich auf allen Altären der Welt bin! Wie Mich die Kälte und Lauheit der Menschen verletzt. Wie Meine Gnaden ungenützt verkümmern, auch jetzt, da die Zeit des Gedenkens an Mein bitteres Leiden und Sterben ist, – an Meine Liebe. Niemand vergilt Mir diese Liebe mit Gegenliebe. Die Herzen der Menschen sind Totenkammern geworden, in die sie Mich zwingen einzukehren. Da habe ich dich erwählt Mein Zufluchtsort zu sein, ein Herz, das Mich so liebt, wie Ich geliebt sein will – Meine Ruhe, Mein Trost, sollst du sein! O zweifle niemals an deiner Liebe zu Mir. Vertraue, daß Ich dich einmal allein nach ihr richten werde! Dein Versagen noch tut Mir wohl, wenn du dabei lächelst. Du hast Mir alles gegeben, worüber du verfügst, du hast dich selbst gegeben. Glaubst du, daß Ich das je einmal vergessen könnte? Ich bin dein Jesus, Seelchen, Jesus für ewig, auch dein Seligmacher!

Kümmere dich nicht um die Dinge der Welt, glaube Mir: sie ruht doch in Meiner Hand. – Überlaß Mir die großen Dinge und hüte du die Kleinen.

Denkst du nicht an deine *Engel, die dir* jeden Augenblick dienen? *Du hast nicht nur einen Engel,* Kind, das weißt du doch. Und sie alle sind gewaltig und lieben dich sehr.

Gestaltet eure Arbeit zum Gebet. Nehmt diese Bürde auf euch in Geduld: Niemals der Herr eurer selbst zu sein! Denn gerade damit baut ihr Mein Reich.

Priester stützen

April 1951

Nimm dein Elend und deine Schwäche ruhig hin und ertrage es geduldig, seelisch nicht das Geringste leisten zu können. Eines kannst du immer: Mich lieben mit der ganzen Kraft deines Herzens. Und wahrlich, nur diese Liebe heische ich von dir!

Bringst du Mir nicht die Blumen deiner Opfer dar? O glaube doch, daß sie Mich erfreuen und kein Blümchen unbeachtet bleibt.

Ja, Mein Seelchen, Ich habe ihn (einen Priester) zu Mir genommen, um ihn vor Schlimmem zu bewahren. Ihr sollt nicht trauern, ihr sollt vielmehr Meine barmherzige Liebe preisen. Und richtet doch nie mehr über eure Priester! Bestürmt vielmehr Mein Herz, ihnen die Kraft und Berufung zur Heiligkeit zu geben; denn von tausenderlei Gefahren sind sie umstrickt und niemand ist da, der sich für sie opfert. Sie nehmen alle nur Anstoß. Und Meine Priester brauchen doch Liebe, heilige Liebe, die sie stützt. – Die Macht der Finsternis wächst – und Meine Getreuen schlafen und versäumen die Stunde!

Warum ich dich an Ostern allein gelassen? Du warst gewöhnt, an Hochfesten immer auf Taborhöhen zu weilen. Doch Ich liebte dich nicht, führte Ich dich nicht auch auf den Ölberg. Nicht der Tabor ist der Weg zu Mir – er ist nur eine Dreingabe, ein kurzes Verkosten künftiger Herrlichkeit. Dich mit Verdiensten zu schmücken, muß ich dich Meinen Kreuzweg führen, den Weg des Opfers, den Weg über dich selbst hinweg.

Leiden als Werkzeug

Ja, du wirst alles bekommen, was du ertragen kannst an Leid und Schmerz. Ich werde deine Sehnsucht stillen. Glaubst du nicht, Ich wüßte nicht das Maß, das du brauchst? Jeder Mensch hat sein Maß. Ich werde dir das deine füllen bis zum Rand – das heißt: Ich werde dich so vollenden, wie Ich dich immer geschaut. Vertraue allein meiner Gnade, und keinen Anruf überhöre! Das Gewöhnliche außergewöhnlich tun in Meinem Namen – das ist alles. Wenn du liebst, wirst du alles um der Liebe willen tun und ertragen, – auch dich selbst.

Dein Leben ist etwas Einmaliges, Neues. Du mußtest suchen, ehe du fandest und Umwege gehen. Doch dein Wille war entscheidend. Mit dem Akt deiner Weihe hast du alle Torheiten der Vergangenheit ausgelöscht. Sie sind im Meer der Barmherzigkeit verschwunden, wie das Tröpflein Wasser im Wein. Die Liebe wandelt alles!

Was denkst du an deine Gebrechen? Hast du nicht heute morgen einen Sieg errungen? Und nachher blutete dein Herz, als du wieder am Boden lagst. Verzage nicht, Ich bin bei dir! Was willst du mehr für den Anfang, als daß dich das geringste Vergehen schmerzt und Unbehagen bereitet, daß dir die Gabe des Erkennens verliehen? Die Tugend wächst langsam und verborgen. – – Auch dieses Amt ängstige dich nicht. Gewöhne dir nur an, Mich vorher in allem anzurufen. – Du hast nur die Wahrheit zu lehren – ohne Rücksicht auf die Wirkung. Auch hierin fühle dich nur als Mein Werkzeug.

Der Trost

Willst du nicht die Übung der *geistigen Kommunion* öfters pflegen? Glaube doch, daß Ich dich dabei ebenso heimsuche, wie bei der wirklichen Kommunion. Es ist also ganz in deine Hand gegeben, immer mit Mir vereint zu sein. (Wegen Krankheit kann sie nicht tägl. in die Kirche kommen!)

Mein Seelchen, weine nicht, siehe Ich bin gekommen, dein Herz zu trösten, da es allen irdischen Trostes leer ist. Diese Verfassung muß so sein und immer bleiben. Das liegt in deinem Wesen und ist Mein ausdrücklicher Wille. Denke an eine zarte weiße Blume, wieviel mehr sie leidet unter Wind, Kälte und Regen – und Gefahr läuft, an den Unbilden zu zerbrechen. So ist es auch mit dir. Doch das ist nicht einfach ein Verhängnis, das ist das *Werk Meiner Weisheit.* Darum bin Ich bei dir geblieben bis auf den heutigen Tag, um zu verhüten, daß du zerbrichst. Darum habe ich dich auch dem Vater anvertraut, daß du bei ihm geborgen bist und behütet als Mein Kleinod. Sei mehr Kind als Gefährtin!

(In aller Not) sollst du den ersten Schritt tun, hin zu Mir, auch wenn du im Dunklen weilst – das andere vollbringe Ich. – Niemals die Früchte der Bemühungen sehen wollen, die Ich dir gern verhülle, um dich so klein zu erhalten, als du klein sein mußt, um ins Himmelreich einzugehen.

Nicht verzagen

Mai 1951

Du darfst versagen, aber niemals verzagen. Gib Mir dein Versagen und glaube, daß mit diesem Akt der Demut alles gut ist. Ja, das ist das Geheimnis Meiner Liebe. Du sollst *eine Heilige werden.* Gerade deine *Schwäche ist dazu notwendig, gerade sie wird einmal deine Größe.* – – –

Mein Kind, hör auf Mich! Ich will dir ein Mittel in die Hand geben, deine Phantasie wirksam zu bekämpfen. Glaube mir, dies ist die einzige Waffe, das Übel von Grund aus wirksam zu bekämpfen: Immer, wenn du der Versuchung unterlegen, gehe sofort zum Vater und berichte ihm demütig alles, den ganzen Vorgang ohne Beschönigung. Ich weiß, das verlangt eine sehr tiefe Unterwerfung von dir und große Demut. Denke, daß es Meine Liebe ist, die dies fordert. Du weißt ja selbst, daß dies die letzte Mauer ist, die dich noch von Mir trennt, worunter du auch schmerzlich leidest und seufzest. – – –

Jesus, der Einsame

(Pfingsten) Mein Kind, deine Leiden kommen nicht von ungefähr. Du weißt, daß auch Ich an den Festen der hl. Blutreliquie mehr verwundet werde als gepriesen. Deine Schmerzen sind nur ein geringer Anteil an Meinen Leiden ... Wieviel, glaubst du wohl, sind von diesen Menschen gekommen, um wirklich die Andacht zu meinem kostbaren Blut zu erneuern und in ihren Herzen zu festigen? Wie viele meinst du sind zum Beten gekommen und aus Liebe und Vertrauen? – O Meine Tochter, du würdest tödlich erschrecken, wollte ich Dir die Schleier lüften und dir Einblick gewähren in den Zustand all dieser unsterblichen Seelen. Der Schmerz, den du empfindest, ist nur der Ausfluß ihrer Kälte. Der Einsamste bin Ich hier unter all den Menschenkindern, denn sie gehen an Mir vorbei, verstrickt in den Trubel der Äußerlichkeit. – – – Meine kleine Tochter, siehe Meine hl. 5 Wunden, siehe Mein Herz und das Blut, das daraus strömt – siehe die Reliquie! Dir allein schenke Ich sie heute zu Verehrung und Benützung. Siehe das kostbare Gefäß als dein Eigentum an, das dir der Vater zugänglich mache, wenn immer du es – von der Gnade gedrängt – begehrst, um es mit deiner Liebe und Heiliger Zärtlichkeit zu überschütten! Glaub mir, das tröstet Mich mehr, als alle diese Pilger heute, die den Ruf meines Herzens und den Sinn Meines vergossenen Blutes nicht verstehen. – – – Ich will und bitte dich, Mein kostbares Blut und all Seine Verdienste unablässig aufzuopfern für die Rettung der Welt und vieler unsterblicher Seelen, vor allem der Priester. Bitte Mich ohne Unterlaß um Nachlaß der Strafen und liebe Mich vollkommen. Von dir hängt vieles ab, Kind, und viele schauen mit Schmerzen auf dich und den Ernst, den du anwendest, um Meinem beleidigten Herzen Genugtuung zu leisten. Ich habe dir einen Schatz anvertraut, wie Ich ihn nur wenigen gebe. Du weißt, um was immer du Mich bitten wirst, wird dir gewährt, wenn du Mich vollkommen liebst und Meine Gebote und Worte beachtest. Du sollst der Welt Heilung bringen, Kind, durch Mein kostbares Blut und viele Seelen retten. In Meinem Heiligsten Herzen wirst Du alle Belehrung finden, deren du bedarfst.

Halte aus in der Wüste der Trockenheit und erquicke Mich noch, wenn du selbst am Verdursten scheinst. Damit wirst du Größeres leisten als manche „Großen" der Erde.

Der wunderbare Austausch

Juni 1951

Du bist Meiner Stimme entwöhnt, weil Ich solange geschwiegen. Doch sei ehrlich und erinnere dich, wie manches Mal Meine Stimme zu deinem Herzen dringen wollte; du aber warst zu sehr mit irdischen Dingen verstrickt, um seinen Schall zu vernehmen. Jedoch verzage nicht, vertraue Meinem Herzen. Gib Mir deine Versäumnisse und Ich gebe dir dafür Meine Verdienste und alles ist gut.

Denke niemals, daß es sinnlos sei, im Zustand äußerster Verlassenheit und Ratlosigkeit vorwärts zu streben. Im Gegenteil, mein Kind, das ist die Gelegenheit reiche Verdienste zu erwerben und Mich rein und selbstlos zu lieben.

Täglicher Rosenkranz

In Lourdes spricht Maria zu ihr:

Höre, Mein Töchterchen, Ich liebe dich unaussprechlich, denn Meiner Liebe bist du anvertraut, noch ehe du das Licht der Sonne gesehen.

Komme zu Mir mit allem, was dich bedrängt: Ich verspreche dir, dich immer zu erhören und sanft den rechten Weg zu geleiten, wenn immer du strauchelst. Du bist ein Kind Meiner Gnade und kannst niemals verloren gehen. O wenn du wüßtest, wie Ich dich liebe! *Willst du Mir danken für Meine Liebe, dann bete täglich den Rosenkranz. Ja, Ich flehe dich unter Tränen an,* unterlaß es fürderhin nicht mehr ohne zwingenden Grund. Die Menschen quälen Mein Herz schon allzu sehr! Sei du wirklich Kind Meiner Gnade und Liebe und *trockne Meine Tränen.* – – Ich kann dir freilich nicht versprechen, deine kleinen Kreuze von dir zu nehmen und dich hier glücklich zu machen, das weißt du ja längst. Sei nicht traurig deshalb; die Liebe Meines Sohnes wird dir alles ersetzen. Staune in Ehrfurcht und freue dich, daß Er deine Schwachheit zu Seinem Wohlgefallen erwählt, du kleine, weiße Blume Seiner Nächte.

– Zum Zeichen schenke Ich dir die Heilkraft Meiner Quelle hier – besonders für deine schmerzensreichen Tage. Trinke dann von diesem Wasser, ehe du etwas anderes genießest – und du wirst Linderung verspüren.

Wenngleich es Meine Sorge ist, die Liebe zum Leiden in dir zu wecken und zu kräftigen um des bitteren Leidens Meines Sohnes und deiner Glorie willen, – sei getröstet: Ich weiß um deine Zartheit und zeige Mich dir als Heil der Kranken, soweit es das Heil deiner Seele zuläßt.

Ja, Ich sage dir im Namen Jesu, du wirst noch unendlich empfindsamer und empfänglicher werden für das Leid, je näher du dem Herzen Meines Sohnes kommst. Doch verzage nicht: Ich bin deine Mutter und verlasse dich nicht. *Ganz im Verborgenen sollst du dulden,* den Augen der *Menschen verhüllt.*

Hingabe in Verborgenheit

In Nevers

Jesus: Laß die kleine Bernadette dein Vorbild und Stütze sein. – War sie nicht gänzlich entzogen den Blicken der Menschen? Auch dein *Leben möge so verlaufen in großer Stille und Zurückgezogenheit.* Du weißt, was dies bedeutet. Gib es Mir heute als Sühne für jene, die so viele Gnaden verscherzen und zertreten durch eine unselige Neigung zu Geltung und Macht. *Willst du alles annehmen, was Ich dir schicken werde, Mein Kind, ohne Ausnahmen?* Deine Schwäche laß Meine Sorge sein; habe Ich sie nicht zu Meiner Verherrlichung erkoren? Du hast große Gnaden empfangen und *deine Stirne trägt ebenso das Siegel der Erwählung wie Bernadetts Stirn.* Aber wie sie, mußt auch du bezahlen dafür mit der gänzlichen Hingabe deines ganzen Wesens. Solche Gnaden verlangen immer auch ein großes Maß an Leid und Schmerz. Du hast dich schon selbst ganz hingegeben und deine Weihe galt auch hierfür. *Wenn du Mein Herz bezwingen willst, dann bringe dich täglich zum Opfer in jeglichem.*

Fürchte dich nicht! Schon jetzt habe Ich dir alle Gnaden gewährt, die dein Herz braucht, um bis zum Ende ausharren zu können.

Durst nach Seelen

August 1951

Dein Herz erschrickt ob so vieler Äußerlichkeiten. Was immer du erhältst, nimm es an – von Meiner Liebe allein – und mache dich innerlich frei davon, – auch nicht, wenn sie deinen Schönheitssinn befriedigen. Denk nur: Ich will es Jesus wieder schenken durch meine Liebe.

Ja ich sehne Mich nach deiner Gesellschaft, Seelchen. Willst du sie Mir des Nachts nicht wieder regelmäßig gewähren? Du kannst Mich für alle Unbill trösten, wenn du kindlich mit Mir plauderst. – – – Versuche das Stundengebet wieder zu beten, um es den Priestern zu erleichtern. – – Auch mit dem Erlernen von Latein, beginne bald, Kind! Nütze deine Talente für Mein Reich. Ich habe dir viel gegeben.

Ich werde alles in deinem Leben zum guten Ende führen. Ich habe dich als zartes Kind erschaffen und weiß, wie sehr du Schutz und Liebe brauchst. Dafür habe ich dir den Vater gegeben und deine lichten Engel – und den vertrauten Umgang mit Meinem Herzen.

Ich dürste nach Seelen. Doch keiner gibt sie Mir! Du wenigstens vernimm Meinen Ruf und folge ihm!

Du fühlst dich elend? O gib es Mir und siehe: Ich gebe dir dafür eine unsterbliche Seele.

Fühlst du die Einsamkeit Meines Herzens – und den Ruf nach deiner Gesellschaft? I c h will dich anziehen. Folge Mir und halte vertraute Zwiesprache mit Meinem vielfach verwundeten Herzen.

Verheißung einer Hauskapelle

15. August 1951. Mariä Himmelfahrt

Maria spricht: Mein liebes Kind! Ich will dich zu Jesus führen und dir zeigen, wie man mit IHM umgehen muß, – wenn du dich Mir ganz überlassen willst! O Mein Kind, wenn du wüßtest wie süß duftend deine Liebe dem Himmel ist!

August 1951

Jesus: Ja, Mein Kind: Ein Segen ist eine *Hauskapelle.* Dieses Erleben ist immer wieder notwendig für dich. Ich weiß wohl, wessen dein Herz bedarf. Deshalb werde Ich dich *am Ende auch an einen solchen Ort führen.* Sei getrost, Ich wirke alles. –

Dein Herz schlägt an Meinem Herzen. Nimm es nicht fort, Kind. Ich brauche dich!

So wie hier, werde ich einmal in deinem Kapellchen sein. Das ist Mein ausdrücklicher Wille, Tag und Nacht bei dir zu sein. Glaube, ich werde es vollbringen, weil Ich bereit bin, alle Wege zu gehen, dich von Grund auf zu wandeln und anzuziehen. Meine beständige, sichtbare Gegenwart wird das vollbringen, was dir jetzt noch unerreichbar scheint.

Alles in Liebe

Mein liebes Kind, auch ich würde eine andere Erziehung Meiner Diener wünschen. O, daß sie auf die Liebe hin erzogen würden! Aszese aus Furcht, – ohne Liebe, ist Mir ein Greuel. Wenn sie Mich mehr liebten, würden sie vollkommener ohne Hilfsmittel. *Um dem Menschen Meinen Himmel zu geben, mahne Ich sie, auf die Welt zu verzichten.* Wäre Meine Liebe denn Liebe, würde ich gewähren, was nicht gut für sie ist und ihr Ewiges verscherzt? – Lehre du mit Mir umzugehen. *Je natürlicher ein Mensch Mich anspricht, umso größer ist die Wohltat, die er Mir damit bietet.*

Gewünschte Empfindsamkeit

September 1951

Ich will keine heroische Heiligengestalt aus dir machen – ein Wunder Meiner Zärtlichkeit sollst du sein – sie ist dein Wesen; verströme dich also gelassen und ganz. Die Stunde kommt von selbst, da du dich nur mehr an Mich verströmst. – Laß dich ruhig erschüttern bis ins Innerste deines Herzens. Ich will, daß deine Empfindsamkeit sich steigere. Wie eine Mimose sollst du sein, zart, und wie ein Hauch, nur dem Übersinnlichen geöffnet.

Verzage nicht! Auch wenn du trocken bist und kalt. Glaube Mir, Ich bin dir trotzdem nahe. Laß dein Tagewerk deine Liebe sein, Kind. Und wenn du nur zu flüstern vermagst: „Für Dich!" Wenn du kalt bist, sprich trotzdem: „Ich liebe Dich!" Es wird den Funken in deinem Herzen nähren und lebendig erhalten.

Innerliches Beten der Priester

Auch dem Vater werden die kleinen dir gegebenen Übungen und Gebete gut tun. Er denke, du wärest ein kleines Kind, mit dem er beten soll und es unterweisen. – – Meine Diener sind alle in Gefahr, durch die Gebundenheit an das mündliche Gebet, das innerliche zu verlieren. Und Ich sehne Mich gerade nach Zwiesprache mit Meinen Priestern. Alles, was Vater an deiner Seele wirkt, wird seiner eigenen zugute kommen. Er braucht dich ebenfalls, Kind!

Die Hand Jesu

Du leidest! Ich sage dir: Du wirkst Großes mit deiner Leidensfähigkeit, die nur wenige haben. Sie kommt von Mir, Kind. Meine Hand liegt auf deinem Herzen und bereitet ihm jegliches: Freuden und Schmerzen. Lächle also,

Meine Blume, Meine Liebe wird dich für alles entschädigen. Weißt Du, was du Mir damit anbietest? Was es heißt, in Stellvertretung für andere zu leiden? Wirklich „Mit-Leid“ am Herzen zu spüren? Ich will dich im Kleinen daran gewöhnen – langsam und sacht.

Halte deinen Leib in ernster Zucht. Gestatte ihm nicht allzu große Bequemlichkeit und Lässigkeit. Und denke dir immer: Ich schaue auf dich, wie das Licht auf die Blume. Lächle also wieder und vertraue.

Du solltes *ein Christusbuch lesen, Kind!* Du mußt Mich kennen lernen, wenn du Mich gänzlich lieben willst, – das wird deiner Seele Nahrung geben. – Du hast dich ja doch auch Mir gänzlich ausgeliefert! – Also: Glaube lebendig und du hast bereits, was du glaubst. Werde an Meiner Hand sorglos. Ich sehne Mich nach deinem Lächeln. Die Traurigkeit ist deine Gefahr, Kind. Die Freude bringt dich meinem Herzen näher.

Märtyrerin der Reinheit

Ich bin dir näher als du glaubst! Verzweifle nicht, Kind, und laß dich nicht entmutigen. Denk an Meine Worte: Ich will eine *Martyrerin der Reinheit* aus dir machen. Es gibt auch ein unblutiges Martyrium. Und wahrlich, das ist erst der Anfang deiner Leiden. All die Qual, der Ekel und die Angst, selbst in Sünde zu fallen oder eingewilligt zu haben, soll zur reinsten Sühne werden für jene Priester, die die Reinheit mit Füßen treten.

Jesu Herz bezwingen

Du mußt diese Dinge nun dem Vater sagen, Kind, da dir die Augen darüber aufgetan. Dadurch, daß du dich so tief erniedrigst, dem Vater alles anzuvertrauen – daß du dich schämst und dich gänzlich verdorben und verloren vor ihm fühlst, so sehr, daß du manchmal nicht einmal wagen wolltest, seine Schuhe zu küssen, – dadurch bezwingst du Mein Herz, Kind, und tilgst die Schuld der andern. Richte über niemanden mehr, Kind, nun du der Sünde ins Auge gesehen. Warum? Seelchen, fragst du Mich. – Nun einem Wüstling würde das nichts ausmachen – dir aber ist es zur Qual; von dir habe ich eine heiße Reue und Zerknirschung und kindliche Demut zu erwarten. Willst du Mein Herz nicht also trösten? Ich verspreche dir: Meine Engel werden dich behüten und du wirst nur strahlender aus all diesen Anfechtungen hervorgehen.

Wenn du hochmütig und selbstsicher wärest, müßte ich dich allein lassen; weil du aber arm und schwach und klein, neige Ich Mich zu dir, um dich aufzurichten – nach der Versuchung.

Es war keine Sünde, Kind, aber du mußt mit allen dir zu Gebote stehenden Mitteln dagegen kämpfen. Ich kann es nicht hinwegnehmen von dir. Nimm es aus Liebe zu Mir an, um Priester davon zu befreien, die nicht damit fertig werden. – – – Du wirkst Gutes, indem du das nächtliche Gebet übst. Gerade das Knien, das dir schwerfällt, schafft Mir den Zugang zu einer stolzen Seele. Glaube immer, daß ich alles von dir annehme und verwandle.

Ermütigung und der Zustand der Traurigkeit sind immer Versuchung und Spiel des Bösen.

Notwendige Stille

Du lebst nicht nur vom Brote, du lebst von Meinen Worten. Ich aber kann Mich dir nur mitteilen, wenn du in der Stille bist. Du bist für sie geschaffen mehr denn ein anderer Mensch, denn deines innersten Wesens Anlagen haben die Beschaulichkeit zum Ziel. . . Diese jedoch wird nur gewonnen in Zurückgezogenheit und Stille. – Auch wenn du damit den Menschen manchmal unverständlich wirst. Laß dich nicht entmutigen. Gib Mir deine Scherben, Ich füge sie wohl zusammen.

Du bist für die Stille geschaffen. Erinnere dich der Zeiten wo du sie entbehren mußtest – wurdest du nicht krank davon?

Du mußt es fertig bringen, sorglos durch die Tage zu gehen, wie ein Kind, das die Welt nicht kennt, aber geborgen in Meiner Liebe.

Selbsterziehung

Suche dir keine großen Opfer – bring Mir nur die kleinen dar in großer Treue, wie es für ein schwaches Kind angemessen ist und glaube, damit bin Ich sehr zufrieden.

Die Nacht gehört dir, Mein Kind. Nun so nütze sie, um deine und Meine Sehnsucht zu stillen. – Du weißt, wenn du demütig bist, erhältst du alles von Mir.

Verliere dich nicht an irdische Empfindungen. Sie stören Meine Gemeinschaft mit dir. Kehre immer wieder zu Mir zurück und zu deiner Seele, so elastisch wie ein Perpendickel.

Ja jeden Tag ein bestimmtes Opfer, das bewahrt vor Zersplitterung und erzieht zur Treue im Kleinen.

Du weißt auch, wie sehr dein „Ich“ noch groß ist und vorherrschend. So groß es ist, soviel werde Ich in deinem Herzen verdrängt. Erschrick nicht, Mein Kind, Ich führe dich – du darfst nur mitgehen.

Du brauchst Mich nur anzurufen mit dem Wunsche, dich mit Mir zu vereinigen – und siehe: Ich bin bei dir wie bei der wirklichen Kommunion. Ich tilge alle deine Schwachheiten. Vereinige doch recht oft *all deine Mühen und Versagen und deine guten Werke mit Meinen Verdiensten.* Allein bist du nichts – mit Jesus bist du reich und stark und dem himmlischen Vater wohlgefällig.

Seelenrettung

Ich bin in deinem Herzen: Das ist die Welt, Mein Kind, die andere vergeht!

Daß es schlimm aussieht, beunruhige dich nicht! – Vieles geschieht aus Barmherzigkeit und Liebe, indem ich durch Katastrophen das Leben vieler verkürze, um ihnen die Gelegenheit zur Todsünde und einem schlimmen Ende zu nehmen. Viele vermögen auch noch durch diesen gewaltsamen Tod ein schlimmes Leben zu sühnen und so gerettet werden für den Himmel. Es wird noch mehr kommen – – – erst dann werden sich viele wieder an Mich erinnern. Bete, bete doch recht viel für die Sünder, daß sie sich bekehren.

1952
Keine selbstgewählten Opfer

11. Januar 1952

Ich verlange nicht die Bußwerke und Aszese der Heiligen von dir; dazu bist du zu zart und es würde dir nur schaden. Was du Mir geben kannst, sind die täglichen kleinen Nadelstiche, die dich vielleicht noch mehr verwunden und quälen als eine selbst gewählte große Buße.

Laß Meine großen Heiligen Lilien und Rosen sein in meinem Garten. Du erquicke Mich mit dem Duft und der Bescheidenheit des Veilchens. Auch wisse, daß in selbstgewählten Opfern stets die Gefahr des Stolzes und der Überheblichkeit lauert. In den Opfern jedoch, die Ich dir biete, liegt weitaus größere Liebe, wenn du Mir getreulich zurückgibst, was Ich dir ausgesucht.

Priesterleben

12. Januar 1952

Wie ein guter Priester sein soll? *Es ist* notwendig, daß sie in ein persönliches Verhältnis zu Mir kommen. Daß sie das innerliche Gebet pflegen, – daß sie in all ihren Amtshandlungen innerlich bleiben und nicht der Macht der Gewohnheit verfallen, – daß sie sich gleichsam immer wieder erheben lassen von den Mysterien, – daß ihre Lebensweise einfach, zurückgezogen und vorbildlich sein soll. So viel sie an sich selbst arbeiten, werden sie die Gemeinde mitziehen. –

Daß sie heute so gehetzt sind, – auch dem Gesetz der Müdigkeit und Erschöpfung unterworfen – das macht, daß so viele ihren Weg verfehlen und ermatten. Und doch bin Ich ihre Kraft und Stärke, wenn sie nur kommen und Mich anrufen.

Der Wille

29. Januar 1952

Ich sage es dir ganz eindringlich: In allem suche Meinen Willen und wahrlich, du wirst mit allem fertig werden ohne Bitternis, vielmehr wird freundliche Ruhe dein Herz erfüllen.

Ich weiß, was dich so sehr bedrückt. Dich habe ich bestimmt, zu helfen und zu heilen und die Ordnung herzustellen. Du siehst und fühlst mehr als die anderen, weil dein Ohr an Meinem Herzen ruht, und lauscht. Das ist eine Last – aber bedenke wohl, es ist die Liebeslast Meines Herzens, das Seufzen des Hl. Geistes.

Schließe dich in jedes Meßopfer ein; so kannst du jeden Augenblick unter dem Kreuze stehen und Mein kostbares Blut sammeln zum Heil für viele. Bete, bete doch immer. Glaube Mir, kein einziges Wort von dir geht verloren. Ich höre sie alle, wenn du dem Seufzen des Hl. Geistes in dir nachgibst.

Nichts Besonderes verlange Ich von dir, Kind, nur das geduldige Ertragen dessen, was Ich dir jeden Augenblick biete. Es verlangt heroische Aufmerksamkeit und Liebe von dir, – ein gänzliches Lassen von dir. Verlange nichts nach deinem Willen und verweigere auch nichts.

Wunder der Liebe

27. Februar 1952

Ja Mein liebes Kind, also liege Ich vor dir, klein und bescheiden in der Gestalt des schimmernden Brotes. Betrachte Mich gut und es werden dir viele Anmutungen kommen. – Ich gebe dir Meine überreiche Gnade – weil Ich will, daß du ein Wunder Meiner Liebe seiest in dieser kalten, gottlosen Welt. Erschrick nicht ob dieser Verheißung. Du brauchst nur „Ja" zu sagen und Mir in allem zu folgen. Vertraue, daß Ich dir immer helfen werde. Ich halte Mein Versprechen, auch wenn du versagen solltest.

So sehr liebe Ich dich, daß ich alles machtvoll füge in deinem Leben, auch jetzt wieder! Weil du erblühen sollst als Wunder Meiner Liebe, – und in Meiner Welt. Um die andere Welt kümmere dich wenig, Kind. Sie verwirrt dich nur und entzieht dich Meinem Einfluß. Deshalb verschließ dich nach innen und lausche der anderen Welt. Sie ist deine Befreiung.

Nein, Ich zürne dir nicht ob deiner Schwäche. Ich kenne doch deine Natur und Zerbrechlichkeit und wie sehr du zu leiden vermagst. Du hast Mir deine Qual gegeben, – Ich gebe dir dafür Meine Liebe.

Empfangen und beten

27. Februar 1952

Du mußt elastischer und fügsamer werden im Hinhören auf die Stimme des Hl. Geistes. Wenn Dir Eingebungen kommen, mußt du sie festhalten und ausführen ohne Rücksicht auf die Wehleidigkeit deines „Ich" und sein Bluten. Auch das immerwährende Gebet übe in dem felsenfesten Vertrauen, daß du Mein Herz damit tröstest. – Glaube, daß Ich dich den Tod der Liebe sterben lasse.

16. März 1952

Bleibe gelassen. Denk an das einfache Beispiel, daß man von einem unkundigen Kinde nicht das Schreiben verlangen kann. Wohl aber kann man ihm die Hand führen. So ist es auch mit den Seelen: Aus euch selbst seid ihr nichts. Ich aber führe euch wohl. Preiset euch also glücklich, so schwach und hilflos zu sein – umso mehr Liebe habt ihr zu erwarten.

28. März 1952

Ja durch deine Versäumnisse hast du Mir die Hände gebunden und manches verdorben. Aber Ich verdamme dich nicht, bist doch ein Kind in all diesen Dingen. Weine nicht! – Es macht dich nur wachsamer! Siehst du ein, warum Gebet und Opfer so notwendig sind? – Du weißt nun auch, wie du dagegen angehen mußt. Der Böse schmeichelt natürlich deiner Natur, während Ich verlangen muß, was ihr zuwider und anstrengend ist. Es kommt jetzt nur darauf an, daß du deine Natur bezwingst aus Liebe zu mir, – auf den Entschluß im rechten Augenblick.

Ja durch die Gnade siehst du nun, wie unendlich klein und fehlerhaft du bist und wie unendlich geduldig und langmütig Ich zu dir bin, – wie sehr Ich dich liebe! – Aber auch, wie sehr du ernst machen mußt, um Mir die Freiheit zu geben, dich als Werkzeug benützen zu können. Ein ganz strenges Maß ist notwendig, das du an dich selbst legen mußt und unerbitterliche, straffe Zucht. Nur niemals verzagen! Niemals sich entmutigen lassen. Immer anfangen, ohne zurückzuschauen. Bei Mir ist es nie zu spät!

Ich brauche dein Gebet, wenngleich du es kaum zu stammeln vermagst vor Trockenheit und Öde. Gewiß es wäre süß, die Stunden in Zwiesprache mit Mir zu verbringen – aber das kann nicht immer sein! Du darfst nie ein ungezügeltes Verlangen darnach tragen, wie es der Böse einzuimpfen versteht. Dann bist du nämlich dir selbst preisgegeben. Nach Mir seufzen und dich sehnen darfst du dich, Kind, das ist natürlich, – aber du mußt alles Mir überlassen.

Ja, die Welt ist schrecklich geworden. Die Menschen höhnen Meiner und schweigen mich tot. Sogar in den Herzen der Kinder bin Ich nicht mehr daheim. –

Jesus, der Retter.

1. April 1952

Laß dich nicht verwirren, Kind. Das ist Versuchung! Du bist keinen einfachen Weg gegangen, das ist wahr. Du hast Mich gesucht mit einem brennenden Verlangen. Und Ich habe Mich finden lassen. Habe Ich dir nicht gesagt, auch wenn deine Schuld rot wäre wie Blut, Ich würde dich dennoch lieben und erlösen?

Gewiß, diese Liebe ist unfaßlich für ein kleines Menschenhirn. Überdenke doch einmal wieder, wie wunderbar Ich alles gefügt habe in deinem Leben, weil Ich dich eben liebe und Meinen Plan mit dir habe.

Du warst damals (1942 – 44) in einer furchtbaren Glaubenskrise. Und dein Beichtvater hat es nicht erkannt und ernst genommen. So bist du krank geworden an deiner Seele. Auf den Tod krank. Es kam alles darauf an, dich zu retten. Ich habe es mit allen Mitteln getan. Ich habe dich von deinem Beichtvater getrennt und dem andern übergeben, der die Befähigung hatte, dich mit Liebe zu überwinden und zu retten. Worte allein waren nur dazu angetan, dein Herz noch mehr zu verhärten und zu quälen. Du brauchtest das Signum der Tat um dich aus deiner Verfinsterung der Skepsis und Lethargie zu retten. Vater hat seine Probe bestanden und es ist wirklich so, daß du ihm durch Meinen Willen alles verdankst. Er bedenke: eine Todeskrankheit ist nicht von heute auf morgen überwunden. Du bist unendlich zart und anfällig geblieben und wirst immer wieder unter den Nachwehen leiden. Du hast noch manche Krise zu überstehen. Deshalb wache Ich eifersüchtig darüber, daß du so oft als möglich bei Vater bist und er Gelegenheit hat, dich zu beobachten und dich aufzufangen.

Ja nun ist wieder alles wie am Anfang, Kind. Gehe ruhig weiter ohne umzusehen.

Habe keine Angst! (Schwere Angst ist ihr gleichsam angeboren). Natürlich sollst du dich an die andere Welt anschließen – aber nicht aus tödlicher Angst vor dieser Welt – obwohl du mit dem Glauben an Meine Welt deine tödliche Angst allein über-winden kannst! Du sollst dein Herz im Himmel halten, weil Ich es gerufen habe, Kind. Und Ich habe es gerufen, weil Ich alles Schwache und Ängstliche rufe und an Mich ziehe, um Mich darin zu verherrlichen. Aus

Liebe zu dir habe ich alles so gefügt. Fürchte dich also nicht, geh nur auf Mich zu mit deinen Kinderschritten und glaube immer, daß Ich dich mit geöffneten Armen und liebevollem Herzen an Mich nehme. Ich bin Dein Heiland gestern, wie heute und morgen ebenso.

Nicht mutlos werden! Vertrauen

7. Mai 1952

Tue alles, was der Vater dir sagt. Er muß dich führen auch durch die Nacht. Glaube Mir: Auch wenn das Gebet und die hl. Messe mit Kommunion dir zuwider ist und beinahe wie ein *Krampf* erscheint, an dem dein Herz unbeteiligt und enttäuscht ist – wenn du dennoch getreu bist, fließen alle Gnaden dir zu – auch dann noch, wenn du sie nicht einmal wolltest. – Laß dich also nicht täuschen! Werde nicht mutlos! Setze jetzt den Glauben ein und wisse, es ist ihm zum Heile, daß er nun vom Gefühl befreit ist. Es ist viel für dich, Mein kleines Kind, aber Ich trage dich dennoch.

Noch würdest du die alles verzehrende Liebe nicht ertragen. Darum schone Ich dich. Habe trotzdem das Vertrauen, daß auch die *letzte Wand eines Tages zwischen Jesus und dir zerfällt und deine Seele ganz untertaucht in Meiner Liebe, um darin zu sterben.*

Jetzt sollst du blühen und kannst es nur, wenn du dich ganz verströmst und deinen *wirklichen Beruf erfüllst, nämlich: die Liebe.*

Ich weiß, wie sehr du unter Zerstreuung, Lärm und Geschäft leidest, Mein Kind, weil es deiner Natur zuwider und dich von der Innerlichkeit abhält. Denke, daß das augenblicklich die Opfer sind, die du Mir schenken kannst. Ich liebe auch dein Straucheln, wenn du nur dein Herz Mir offenhältst. Ich führe dich, langsam aber sicher.

Die Loslösung von allem ist so wichtig. So lange das nicht der Fall ist, muß die betreffende Seele große Schmerzen und Zerrissenheit auskosten. Aber nicht verzweifeln. Auch Meine Heiligen brauchten oft Jahre dazu.

Mit sanfter Gewalt

13. Mai 1952

In allem spürst du den Hauch der Vergänglichkeit und dein Herz zittert dabei in verhaltenem, unbegreiflichen Weh. Doch das ist Gnade, um dich an Mein Herz zu ziehen mit sanfter Gewalt.

Groß ist die Eigenliebe und wie schwer zu töten. Also mußt du frohlocken über jede Gelegenheit, die dir geboten, sie zu unterdrücken. Vater liebt dich gerade dann am allermeisten, wenn er dich demütigt.

15. Mai 1952

Alles in dir dürstet nach Mir und du möchtest Mich festhalten mit jeder Faser deines Herzens. Diese Meine Gegenwart zu kosten, ist ein großes Glück und noch mehr Gnade. Du siehst, wie nur ein geringes Entgegenkommen deinerseits Mein Herz bezwingt.

Habe keine Angst vor dem Kreuz, wenn du es lieben lernst, wird es dich tragen. Niemals ist die Bürde schwerer, denn die Kraft, sie zu tragen. Je schwächer du bist, desto liebreicher nehme Ich dich auf die Arme um dich zu tragen, wie eine Mutter ihr Kind. Du mußt nur deine Schwäche einsehen und Meiner Liebe vertrauen.

Ich werde dich niemals enttäuschen. Ich habe ja dieses Verlangen nach Abtötung und Buße in dein Herz gelegt, zum Ausgleich Meiner unaussprechlichen Tröstungen. Wenn du getreu bist und all die kleinen Schmerzen und Opfer auf dich nimmst und willig den Einsprechungen Folge leistest, kann Ich auch unaufhörlich bei dir sein, und dich mit Meinen Aufmerksamkeiten und Tröstungen überhäufen. Du darfst es nur nie verlangen! Aber vertrauen darfst du, daß Ich es dir geben werde.

Gnadenwirkung

Du hast schon immer mehr gesehen und gefühlt als andere. Deine süßesten Augenblicke galten dem Schauen auf die Monstranz. Du hast dich nur verwirren lassen durch das Erkennen, daß andere Menschen ganz gleichgültig sind. Das hat dich verwirrt und du wußtest nicht mehr, was Wirklichkeit ist.

Warum Ich dich erwählt habe? Jede Erwählung ist ein Geheimnis. Ich habe die Sehnsucht, Mich zu verherrlichen in einem Meiner kleinsten Geschöpfe. Fürchte dich nicht, danke Mir einfach und hänge Meinem Herzen liebevoll an. – Nimm eine der besonderen Blumen! Sie ist nicht aus sich selbst, was sie ist. Der Schöpfer hat sie so schön gemacht. Sie fragt jedoch nicht, warum gerade sie so schön ist. Sie blüht einfach und haucht ihren Duft mit großer Natürlichkeit aus bis sie verwelkt. – So sei auch du! Blühe, dufte und frage nicht und ängstige dich nicht. Erschließe den Kelch deiner Seele einzig und allein Mir und empfange wie eine Blume den köstlichen Tau Meiner Gnade, auf daß er wie eine Perle ruhe auf dem Grunde deiner Seele und alle deine guten Kräfte entfalte.

Sage dem Vater, daß er heute getan, wie er immer wirken und für dich entscheiden sollte, da du zu schwach, die Initiative zu ergreifen. V's. eigene Seele geht ja dabei auch niemals leer aus. Dein Weg ist ja auch sein Weg, wenn auch in anderem Maße. Ihr sollt Hand in Hand hineingehen in Mein Herz.

Warum es mit dem Priesterstand heute so aussieht? Jedem werden bei der Priesterweihe besondere Gnaden verliehen: Der eine hält sie fest und wird heilig, der andere verliert sie gar bald. Ein großes Unglück ist es auch, daß Meine Priester wohl von Anfang an einen Beichtvater haben, jedoch gänzlich der Seelenführung entbehren von einem gotterleuchteten, erfahrenen Mitbruder. So verflachen sie schnell. – – –

Ja, Mein liebes Kind, es kommt immer darauf an, Gott nicht einen einzigen Wunsch abzuschlagen und jeder, auch der geringsten Einflüsterung der Gnade zu folgen ohne Aufschub. . . Wer das tut, kommt sehr rasch in Meine Nähe.

Macht doch, Vater und du, eine Zeit aus, da ihr beide, wenn auch getrennt, vor Mir euch niederwerft zum Gebet und so eure Herzen in Mir vereint sind. Es fließen Euch große Gnaden daraus zu.

Priestergefahr

(Was andere Frauen betrifft, die den Priester für sich, für ihre Unerfülltheit gewinnen wollen:) Eine Freundschaft mit Frauen ist für einen Priester von Übel. Sie ist nur erlaubt zwischen 2 Menschen, die Gott verbunden hat, entweder durch das Sakrament der Ehe oder durch eine außergewöhnliche Fügung, nicht aber allgemein.

Diese Worte sind allgemein gesprochen für alle Meine Diener! Ein Priester muß auch einmal sogar grob und hart sein um der besseren Einsicht willen. Diese Seelen sind nicht in Gefahr, verlorenzugehen, dazu haben sie sich viel zu viel Versicherungen geschaffen für ihr Heil. Heilig werden sie sowieso nicht! Sie lieben nicht Mich, sie lieben sich selbst!

Licht von oben!

18. Mai 1952

Mein liebes Kind, sättige sich wieder an Meinem Licht. Bete, bete viel!

Nimm dir vor, lieber zu sterben, als im Gehorsam lau zu sein. Glaube, der Gehorsam bringt dich Stufe um Stufe ins Licht, neben Buße und Abtötung.

Meine liebenswürdige Mutter liebt dich unaussprechlich und vermittelt dir alle Gnaden, wenn du in Gefahr bist. Erkenne sie als deine Gebieterin auf dem Weg zu Mir an. Das Gedenkan an SIE in das tägliche Gebet einflechten, ebenso zu deinen heiligen Engeln! – Sieh den Weihrauch! Also wirst du emporsteigen zu Mir in unvergleichlichem Duft. Ich werde dich ebenso verzehren zu Meiner Ehre. Du mußt nur stillehalten und dich gänzlich Mir überlassen.

Nimm den Anblick Meiner Gegenwart (Monstranz) noch einmal fest in dich auf, ehe Ich deinen Blicken entzogen werde. Es soll ein Schmerz sein, wenn du von Mir scheiden mußt. – Will Ich dich doch in Liebe verbrennen.

Ruhe nur in Jesus

19. Mai 1952

Mein liebes Kind! Der heutige Tag (sie war in der Ausstellung in Friedrichshafen) zeigt dir, wie schädlich solche Zerstreuungen für den Verkehr mit Mir sind! Wenn ich den Menschen an Mich ziehen will, dann führe Ich ihn in die Einsamkeit. Nur dort kann ich zu ihm reden. Du hast heute einen Abglanz der Lockungen der Welt gesehen, der nur zu ungezügeltem Hunger nach Besitz führt.

Sage dem Vater er vollziehe im Herz-Jesu-Monat eine feierliche *Erneuerung deiner Weihe* gleich einer Profeß mit der förmlichen Ablegung der Gelübde.

Deine unerklärlichen Leiden sind ein ernster Beweis für die Echtheit Meiner Absichten bei dir. Du sollst immer bereit sein, solche Qualen auf dich zu nehmen, wenn Ich es für notwendig halte. Du wirst deine Ruhe nur in Mir finden. Warum verlangst du Mich nicht ganz und unverhüllt? Auch wenn du dich dafür selbst töten mußt – kannst du denn noch etwas anderes verlangen, denn aufgelöst zu werden in Mich? Glaube doch, daß Ich es tun werde, wenn du stillehältst. Ich werde dir die Gnade dazu geben.

Zweiter Himmel

20. Mai 1952. Vor dem Tabernakel

Ich werde alles tun, dich in Mein Herz zu versenken. Ich will Meinen zweiten Himmel in deinem Herzen aufschlagen. Gehe also nachher nicht weg ohne schmerzliches Losreißen und tausend kleine Liebesbeweise von Mir, wenn du Mich wirklich lieben willst.

22. Mai 1952

Ich schone dich (mit Ansprachen) nur immer wieder, weil du todmüde bist, und am Ende deiner Kräfte. Aber sei getrost: Du wirst es auch noch lernen, den Körper auch im Elend mit dem Geist zu beherrschen. Es kostet nur alles Kampf! War Ich in Meiner Erdenzeit nicht auch müde und betete trotzdem?

Läuterung

24. Mai 1952. Vor der Monstranz

Mein Anblick wird allen Aufruhr in Dir zum Schweigen bringen und stillen.

Auf deine Wunden wird es herniederströmen wie wundersamer Balsam. Ich will dir alles klären und sagen, wonach du brennst.

Der Zustand gestern und heute ist vor allem reine Läuterung. Es ist wirklich ein „Sterben“, – wie du es gestern nanntest –. Und zwar soll die menschliche Natur dabei vernichtet werden, damit du zu Mir erwachen kannst. Diese Todesnot und Qual machen alle Menschenkinder durch, die bereit sind, sich Mir zu nähern und gänzlich auszuliefern. Das geht nur unter Schmerzen. Du bist jetzt wie in Todesnot. All deine Nerven liegen bloß wie ein einziger verwundeter Strang. – Ich kann dir das nicht ersparen, mein süßes Kind, Ich muß dich läutern, auch wenn deine Zartheit fast zerbricht. – Es gibt da keine andere Hilfe für dich als zum Vater zu gehen, daß er dir helfe. In diesem Zustand darfst du ihn nicht schonen. Dich aufzufangen vermag ihm eine Wohltat zu werden.

Das Dämonische bei diesen Qualen ist die Versuchung bis zur Verzweiflung. Du hast es doch schon so oft erlebt, Mein Kind. Das ist Zulassung kraft Meiner unerforschlichen Weisheit. Auch darfst du nicht glauben, daß Satan mit Freuden zusieht, wie du auf Mich zugehst. Gerade in diesen „Todesstunden“ vermag er dir zuzusetzen. Deshalb verlangte ich, daß du zum Vater hingehst, daß er über dich bete. Wenn du dich so überwindest (das Hingehen zum V. fällt ihr oft sehr schwer) und dem Bösen widerstehst, hast du alles gewonnen.

Schäme dich deiner Tränen nicht! Sie bezeugen doch nur die Überfeinerung deiner Seele und die ungeheure Ansprechbarkeit deines so vielen Erschütterungen preisgegebenen Herzens. Bleibe ruhig das hilflose Kind und weine und suche Trost, wie du es brauchst.

Ihr Engel

26. Mai 1952. (Ihr Engel beim nächtl. Heimgang):

Fürchte dich nicht! Ich, dein Engel bin bei dir. Ich habe die Macht und den Auftrag, dich vor allem Unheil zu schützen. Sieh nicht zurück und ängstige dich nicht an den Schatten: du bist in Begleitung von mehreren Engeln . . . Ja, du denkst wenig an Mich – ich denke immer an dich und bin nach Jesus dein bester Freund. Nenne Mich „Laetare“, weil Ich die Freude in deinem Leben bin, die dich zur Seligkeit führen darf. Meine Augen schauen ins Licht. Gott ist das einzige Licht. Du wirst es sonst nirgends finden, denn in Ihm. Nenne Mich nicht Deinen Lehrer. Jesus allein ist es für dich in einzigartiger Weise und Ich beuge Mich in Freude vor diesem wunderbaren Geschehen. Folge Ihm, liebe Ihn, wie Er es verdient. Ich diene dir mit Freuden, besonders, wenn Jesus in deinem Herzen ist. O könntest du es schauen, welche Gabe

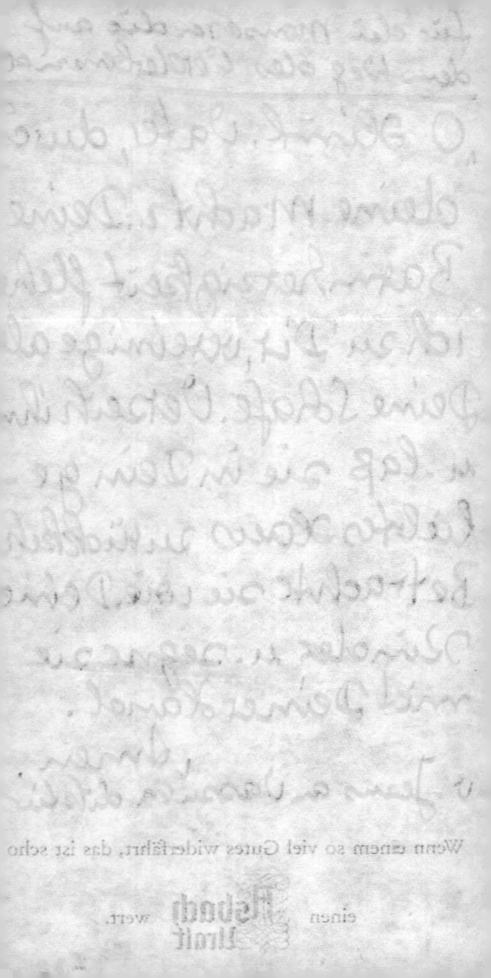

für die Menschen die auf dem Weg des Verderbens sind

„O Himml. Vater, durch deine Macht u. Deine Barmherzigkeit flehe ich zu Dir, vereinige alle Deine Schafe. Verzeih ihnen u. laß sie in Dein geliebtes Haus zurückkehren. Betrachte sie wie Deine Kinder u. segne sie mit Deiner Hand.

Amen

v. Jesus an Vassula diktiert

der Andacht und Anbetung wir Engel besitzen, wie sehr würdest du dich erbauen, und dein Herz zur Ehrfurcht erziehen.

Glückliches Menschenkind, das du Gott genießen darfst und mit IHM dich vereinen ... O könntest du sehen, was eine einzige hl. Kommunion bewirkt! Du würdest niederfallen, wie wir und Gott im Staube anbeten und verherrlichen und Ihn nie mehr beleidigen. Wenn du fehlst, nimmst du Mir Freude, denn ich liebe Gott unaussprechlich und eifere für Seine Ehre. Daran denke, wenn du in Versuchung bist. Ich mahne dich immer! – Siehe, Ich habe dich sicher zurückgebracht und deine Furcht ist geschwunden, weil ich durch Gottes heiligen Willen dich trösten durfte und stärken. Vergiß nicht IHN zu preisen und zu danken. Liebe Gott allein!

Sühne für Priesterversagen

27. Mai 1952

Viele, viele Priester sind durch Frauen in schrecklichem Irrtum. Aber du kannst das weiße Kleid eines Priestertums erneuern. So oft du verzichtest, schwindet ein Riß oder Flecken und die alte Schönheit steht auf. – Die wahre fruchtbare Sühne liegt nur im Verzicht dessen, womit Ich vorher so beleidigt wurde. Das kann Ich dir nicht ersparen, Mein armes Kind. Aber denke daran, daß Ich es dir tausendfach mit der Süße Meiner Liebe ersetzen werde.

Ich habe das zum Gebot gemacht: Alles, was außer der Ordnung geschieht, ist Sünde. Und daß gerade Meine Priester nicht die Kraft besitzen, sich reinzuhalten, da sie doch Vorbild sein sollen, das verwundet Mich tief! Und ich sage für alle: Wenn sie nur den Versuch machten, zu kämpfen, wären sie schon gerettet, denn ich stehe allen bei, die um Meines Namens willen sich kreuzigen.

Ihr habt den besseren Teil erwählt und sollt es einmal erfahren, was es heißt: der Wahrheit zu dienen und lieber zu sterben, denn auch nur einen Hauch der Sünde zu dulden. Selig, die reinen Herzens sind! Dieses Mein Wort gilt gestern wie heute – und niemand kann es verwischen.

Göttliche Weisheit

1. Juni 1952

Mein liebes Seelchen, du bist heute wie ein Vöglein, dessen Federn vom Sturme zerzaust. Glaube, daß Mein Herz für dich schlägt, das dich mehr liebt als jemals ein Mensch auf Erden zu lieben vermag. Die Liebe allein erlöst und bezwingt dich und heilt deine zahlreichen Wunden. Das ist keine Schande, Mein Kind, – daß nur die Liebe bei dir alles vermag, – das ist glückliche Fügung Meiner Weisheit. Bist du doch auf die Liebe hin erschaffen und bestimmt, die Liebe in ihrer ganzen Tiefe und Fülle zu erleben, wie sonst kaum jemand. Sei also deshalb nicht verwirrt. Und fürchte dich nicht vor der Qual des heutigen Tages; dein Engel ist bei dir und bereit dir zu dienen und dich zu stützen. Denk nur, daß du alles für Mich tust und alles ist gut und in Ordnung.

Am Herzen Jesu siegen

3. Juni 1952

Du hast keine einfache Natur, Mein Kind. Ihre Vernichtung ist viel schwieriger und wehtuender als bei anderen Menschenkindern! Aber bin Ich nicht dein Heiland? Komme also an Mein Herz, – so, wie du in diesen grauenvollen Minuten bist – verwirrt und gelähmt, verzweifelt und krank und mit tausend Schmerzen. Und wolle nicht anders sein. Ich weiß um alles tausendmal besser als du. Schließe deine Augen und tu, was dir der Gehorsam noch eingibt.

5. Juni 1952

Vergiß alles, was dich bedrängt und eile zu Mir. Ich bin die Wahrheit und jedes Meiner Worte bleibt bestehen – auch für diese Zeit. Mein Himmel und Meine Seligkeit ist Wirklichkeit, Kind, auch wenn die Welt zur Hölle geworden ist. Halte dein Herz im Himmel! Bleibe in Meinem Frieden, den ich dir gebe.

Wenn du Mich liebst, werde ich alle deine Bitten erfüllen; denn Mein Herz dürstet nach Liebe und Verstehen. Wenn Mich jemand liebt, bin ICH wie eine Mutter, die schwach wird angesichts ihrer Lieblinge und kein Nein zu sagen vermag.

Vergiß alles, was du immer nach deiner Ansicht verkehrt gemacht und freue dich nur am Augenblick. Ich habe dir doch Meine Verdienste gegeben zum Ersatz für jegliche Versäumnisse. Was grämst du dich also?

Im Gehorsam siegen

6. Juni 1952

Ist es diesmal nicht schon viel besser, Kind? Bist du nicht heimgegangen, obwohl es fast über deine Kräfte ging und hast du nicht sofort auf Meine Stimme gehört und aufgeschrieben, obwohl du kaum erfaßtest, was Ich zu dir sagte? Und nachher alles tatest im Gehorsam. Ein Sieg über dich selbst, der dir Kraft geben soll für die Zukunft.

Himmlische Goldmark

8. Juni 1952

Siehe, wenn immer du etwas tust oder duldest und es ist wie nur ein Pfennig von dir – Ich bin immer bereit Meine Verdienste dazuzutun wie eine

Goldmark – und dein kleines Opfer wird groß und wertvoll durch Mich und Du kannst Vieles damit bezahlen.

Kraft und Hilfe

9. Juni 1952

Sei nicht traurig über deinen Zustand. Gewiß du bist sehr krank und manchmal ein kleines Heldenmädchen und niemand wird es erkennen; Ich allein weiß um den Namen deiner Krankheiten. Aber Ich gebe dir auch Kraft, über deine Kraft zu leiden. Habe keine Angst: Deine Engel sind dir nahe und helfen dir! Glaube an Mich und eile Mir entgegen – und du wirst immer gekräftigt sein.

Der Wunsch

10. Juni 1952

Heute will Ich dir etwas schenken, Kind. Was du dir wünschest, will Ich dir gewähren, wenn es zu deinem Heil ist.

(Maresa: „O Jesus, ich wünsche mir alles, was Du Dir wünschest, das ich wünschen soll! Und ich glaube fest, daß ich es erhalten werde, auch wenn ich nicht weiß, was es sein soll!“)

Das hat der Hl. Geist dir eingegeben, Kind, und es ist die trefflichste Antwort auf Mein Angebot. Vertraue also. Nütze die Gnadenstunde! Ich gewähre dir ja diese Augenblicke und Erlebnisse, Kind, wie jetzt; sie sind nicht mit Gold aufzuwiegen. Das ist der Friede und die Liebe inmitten einer haßerfüllten Welt. – Du fühlst, daß nur eine alles verzehrende Liebe dich zu erfüllen vermag, die eben die Liebe Gottes ist. – (Für dich) bin Ich allein alles, weil du auf Meine Liebe hin erschaffen bist.

Laß dich also nicht verwirren durch Meinen Widersacher, der alle Wege geht, dich zu entmutigen und dich zu hemmen, er lügt! Du bist rein und wirst es bleiben! Versuchung und Verwirrtheit ist nicht ein Fall. Sei ruhig! Mein Name ist „Seligmacher“ auch für dich!

Auch Jesu Schweigen ist Güte

13. Juni 1952

Vertraue Mir vollkommen. Auch wenn ich Mich verberge, bin Ich doch innig bei dir. Schau, damit zeige Ich dir nur immer wieder, daß du allein so schwach und hilflos bist und daß Meine Liebe übergroß, wenn sie sich fühlbar zu dir neigt, – damit du ganz vertraut wirst mit diesem Gedanken und alles von Mir erwartest, dich selbst aber immer mehr vergißt. Sei also nicht traurig. Wirf dich trotzdem in Meine Arme und sage Mir deinen Kummer – und Ich lege Meine Verdienste dazu und irgend eine Seele ist wieder gerettet.

Auch muß Ich dich von Zeit zu Zeit schonen. Du darfst deinen Körper auch nicht vollkommen vergessen, Kind; ein wenig mußt du schon noch Rücksicht auf ihn nehmen. Eine zu große Schwäche hindert im Geistigen wach zu sein. Darum die Tugend der Mäßigkeit. Bei dir sind die Grenzen rasch überschritten, weil du ohnehin so zart und zerbrechlich bist. – Wenn du elend bist, dann tue einfach alles, was dir hilft und sage einfach Ja dazu und alles ist gut. Nicht sich über die Schwäche erregen und den Mut verlieren. Das hilft dir nicht.

Mein liebes Kind! Du hast auch ganz recht empfunden, daß dich all diese äußeren Dinge nicht glücklich machen. Darum halte dich von allem frei. Eine Seele muß ganz leer sein, wenn Ich sie erfüllen soll. Bitte Mich unentwegt um diese Gnade! Nur Ich allein bin imstande dein Herz zu erfüllen und zu besänftigen.

15. Juni 1952

Ich neige Mich nur zu dir, um dich an Mich zu ziehen. Auch wenn Ich schweige, gieße Ich Meine Gnade über dich aus in unverändertem Maße. Schaue nicht auf Meine Heiligen, wie Ich mit ihnen umgegangen bin. Habe Ich nicht die Macht, Mich in jeder Weise zu verherrlichen? Du hast die Seelennacht doch auch schon gekostet, mein Kind, und so, daß du nur mit Schaudern darandenkst.

Denke zurück an deine Jugend: Während deine Kameradinnen in der Vollkraft ihres Aufblühens sich vergnügten, gingst du unter grausamen Schmerzen und unverstandener Qual deinen Weg. Das war deine Läuterung.

Du bist nicht für diese Welt. Du kannst nur atmen in Meinem Licht und besonderer Obhut. – Ich liebe dich unaussprechlich und deine Zartheit und Schwäche rührt Mich zu außergewöhnlichen Beweisen Meiner Liebe. Du brauchst nur anzunehmen und deine Seele dabei lächeln lassen, die Geborgenheit genießen, die du so dringend brauchst.

Ich bin dein Herz

16. Juni 1952. Vor der Monstranz

Ja, laß Mein Licht wieder über dich hinfluten, Kind, wie eine sprudelnde Quelle des Heils. Trinke doch, da du dürstest. Ich bin bei dir, – ja Ich möchte sagen: Ich bin dein Herz.

Laß die Bilder und Ahnungen nicht Herr werden über dich. Das ist eine Gabe, Kind, die in deiner Zartheit liegt, daß du alles fühlst und vorlebst mit großer Intensität. Das ist es auch, was deine Kräfte erschüttert. Halte nur

Mich fest, Ich trage dich! Ich will deine Hände mit himmlischem Reichtum füllen. Darum scheue dich nicht vor der Gelübdeablegung (als Karmelitin). Deine Sehnsucht wird wachsen. Vollbringe du mit deinen schwachen Kräften, was du vermagst; alles andere wirke Ich. Ich schmücke dich für den Himmel.

Ich weiß, was du in deiner Hilflosigkeit brauchst. Bedenke, daß du auf den Tod krank und gequält warst. Das heißt aber nun nicht, daß du nun schon ganz gesundet bist; du bist noch sehr anfällig und zerbrechlich. Deshalb darfst du die Arznei nicht verschmähen. Erst wenn du gekräftigt bist, darfst und wirst du das Opfer bringen, Ich kenne dich, wie niemand dich kennt. Ich weiß auch um das Namenlose in dir und führe es heim. Dazu brauche Ich deine Bereitwilligkeit.

Der freie Geist verliert

19. Juni 1952

Deine Niedergeschlagenheit ist deine größte Gefahr. Sie führt dich immer in die Vergangenheit, anstatt die Gegenwart dich mit vollen Zügen genießen zu lassen. – Siehst du nun, wieviel du eigentlich beten solltest? Wie wunderbar dann jeder Augenblick ausgefüllt? Bedenke doch: über 20 Jahre warst du gefangen in deinen Phantasien und Gedankengängen, ohne daß du davon und von ihrer Schädlichkeit wußtest. Nun kannst du nicht aus eigener Kraft dich davon befreien. Rückfälle müssen immer kommen. Bitte Mich, Ich werde dir helfen.

Mache morgen wieder mit Vater den Tagesplan. Nichts ist unzuträglicher für dich, als uneingehaltene Vorsätze und Gebote. Du brauchst eine starke Hand, die dich eisern festhält und leitet. Dann kannst du leisten. Allein fällst du zusammen.

Die Gabe

20. Juni 1952

Etwas muß Ich dir noch sagen: Diese Erkrankung ist ein liebevolles Geschenk Meiner Güte, damit du bei deiner Weihe Mir etwas zu geben hast, sonst wärest du allzu unglücklich. Sage nicht, daß das gar nichts wäre. Ich weiß, wie dir zumute ist und wie nur äußerste Anstrengung dich aufrecht hält, und wie gerne du bei Vater nachgeben würdest. Aber du willst tapfer sein.

Verhängnis

22. Juni 1952

Lies gerne die ewigen Wahrheiten. Dein Brevier ist ein schönes Lehrbuch. Nimm es täglich zur Hand. Dann wirst du froh. Das ist das Verhängnis des

Menschen, daß er die Welt wichtiger nimmt als Mein Reich und Meine Wahrheit. Weltliche Beschäftigung und Körperpflege geht vor. Wenn er im Beruf versagt, schämt er sich, vor Gott schämen sich die wenigsten ihrer Lauheit. Wie töricht! Da die Welt nicht das letzte Ziel ist.

Wenn du für deine eigenen Bedürfnisse keine Zeit mehr verwendest, wirst du reich sein an Zeit! – – –

So nahe

27. Juni 1952

Es ist keine Täuschung, Seelchen, Ich bin bei dir wie dein Atem. Du siehst ihn nicht, du fühlst ihn nur und hörst ihn, wenn du aufmerksam bist. So hörst und empfindest du auch Mich. Jage also die Zweifel von dannen. Du bist keinem Wahn verfallen. Du taumelst nur in Meine Arme und Meine Liebe hinein, weil Ich immer bereitstehe, dich aufzufangen.

Vereinfachen, folgen

28. Juni 1952

Sei nicht ungeduldig auf dich selbst, Seelchen. Um in der Tugend voranzuschreiten braucht der Mensch sein ganzes Leben dazu. Dein Unglück ist ja nur, daß du so viel vor dir siehst und alles auf einmal zwingen willst. – Du mußt vereinfachen. Jede Woche einen Punkt vornehmen, deinem Seelenführer dein Leid und Zappeln klagen. Überwinde so das Gefühl des Verlorenseins und des Überdrußes. Du kannst nicht immer auf Wolkenpfaden weilen, Seelchen. – Du mußt durch den Vater mehr an den Gehorsam gebunden werden. Fange wieder mutig an. Bete! Glaube! Vertraue!

Glaube, alles, was dich jetzt so mißtrauisch und kritisch (gegen dich selbst) macht, kommt nicht von Mir. Sich nicht darum kümmern! Sage dir heute nur immer das Wörtchen: Trotzdem!

abends:

Wie gut, daß du dich heute überwunden und zum Vater gegangen bist trotz deines Aufruhrs im Herzen. Du hast Fehler gemacht, gewiß, du kennst dich ja. Du kannst niemand widersprechen und bist im Augenblick immer verwirrt, sodaß du nicht mit Überlegung antworten kannst. Dann bist du zu Tode unglücklich und möchtest eine kleine Einsiedlerin werden, anstatt zu kämpfen! – Du bist nicht allein mit dieser Veranlagung. Es ist nicht Falschheit, es ist Schwäche, die deiner Natur zugrundeliegt.

Bete noch für alle die Betreffenden (die ihr Böses nachgesagt) und segne sie – und für dein Versagen sprich zu Mir, wie Vater dir so schön angelernt: „Jesus, ich danke Dir, daß Du mich gedemütigt hast!“ Ich bin doch die Sonne in deinem Herzen und diese Sonne geht niemals unter! – Vater möge darüber wachen: Tüchtig essen, sorglos schlafen und von Herzen fröhlich sein! – Gäbe es etwas, das deinem Wesen mehr mangelte als diese goldene Regel der Karmeliter, was dein Wesen mehr entfaltete und schützte als dies? Du brauchst eine Regel, – eine äußerst einfache – das ist sie! Das andere kommt später. Sei also ohne Angst und Unruh. Es geht jeden Tag besser.

Bemühe dich um Offenheit zum Vater, auch wenn große Hemmungen in dir sind. Mit dieser Überwindung schüttelst du die Macht des Bösen von dir ab und bereitest Mir große Freude. Ich habe dich doch an Mich gezogen in überströmender Liebe und Erbarmen, Kind!

Es geschieht mit Meiner besonderen Fürsorge, daß Vater allein die Weihe an dir vollziehen soll. Er soll an den Gnaden und an deinem Glück in vollem Maß Anteil haben. Er verdient es um dich und damit nimmst du ihn noch inniger hinein in dein Licht. Du bist ihm nähergerückt, Mein Seelchen, hinein in einen geweihten Stand. Ebenbürtig steht ihr nun vor Mir zu gesegnetem Wirken berufen.

Querschläge

1. Juli 1952

Deine Natur bäumt sich in diesen Tagen auf und macht dir Schwierigkeiten, weil der Böse auch sie betört. Das muß dich nicht beunruhigen. Schau vorwärts: Ich stehe vor dir, *um Mich dir zu vermählen.* Freue dich und wirf alle falsche Drangsal ab. Diese Weihe ist Anfang und vermittelt die großen Gaben des Heiligen Geistes. Erwarte alles von Mir – und du wirst alles erhalten.

4. Juli 1952. Herz-Jesu-Freitag (vor der Weihe:)

Ich habe alles weise gefügt. Gewiß es ist viel Störung dabei. Ich lasse es zu, daß du dich an Äußerlichkeiten nicht verfängst. Das Äußere ist unwichtig, Mein Kind, so schön und erhaben es auch sein soll. Es soll aber auch nicht mehr sein als Sinnbild der alles übersteigenden Wirklichkeit, die nur die Seele zu fassen vermag. Ich habe dich ja bereits geschmückt mit dem hochzeitlichen Gewand der heiligmachenden Gnade (gestern bei der Generalbeichte), mit dem Schleier der Jungfräulichkeit, mit der Krone des ewigen Lebens, mit dem Ring Meiner unbegreiflichen Treue. D a s sollst du in den äußeren Symbolen sehen, Mein Kind. Ich will mit meinem ganzen Frieden bei dir sein.

Nur niemals grübeln und den eigenen Gedanken nachhängen, weil dann immer auch der Böse sich einschaltet. Um das zu vermeiden, beschäftige dich mit Gebet, Lektüre oder Arbeit.

Natürlich sollst du auch deinen Namen erhalten bei der Weihe und Vater nenne ihn auch bei der Weihe: Maria Theresia von der Barmherzigkeit Jesu und vom heiligsten Antlitz. – Das bedeutet, daß du vor allem immer über Meine übergroße Barmherzigkeit nachdenken sollst und daß du dich ganz in Mein heiligstes Antlitz versenken sollst, das in übergroßer Liebe zu dir erstrahlt.

Vor der Weihe ruhe noch etwas. Als Profeßurkunde gilt deine frühere Weihe, die du noch mit der Gelübdeformel ergänzen kannst. Dann ist alles echt, Mein Seelchen es gilt genau so, wie wenn du in einem Kloster eingekleidet würdest.

Vermählt mit Christus

6. Juli

Mein liebes Kind, wünsche dir in der (Weihe-)Oktav was immer du begehrst und bitte Mich darum – und Ich werde es dir gewähren. – Du bist Mir nun vermählt und mit dem Segen der Kirche geweiht und dein Name ist: Braut Christi. Betrachte, welchem Bräutigam du deine Jungfräulichkeit geopfert! Und dann frohlocke! Fürchte dich nicht mehr! Ich lenke alles zum Besten. Warum kannst du nicht daran glauben Kind? So sehr hat man das Vertrauen deines armen Seelchens mißbraucht und zerschlagen. Doch Ich werde es besiegen! Ruhe in Meinen Armen als Mein vielgeliebtes, kleines Kind! Ich hüte dich liebreicher denn eine Mutter.

Weihe ist nicht Tabor

13. Juli 1952

Daß es bei deiner *Weihe* so gegangen, Mein Kind, habe Ich in weisester Klugheit gefügt. Es sollte niemals der Gedanke aufsteigen können, auf den Wellen einer schnellen Begeisterung oder im Zwang einer Stimme oder Vision gehandelt zu haben. Du solltest die Gewißheit haben, daß es ein reiner Willensakt war ohne jede Taborstimmung. Das gibt dir die Sicherheit in späteren Zweifeln für die Echtheit deines Entschlusses. Wende deinen Blick jetzt vorwärts, deine Vergangenheit ist untergegangen in Mir. Gib alles aus den Händen, damit du Mich festhalten kannst; denn Ich allein bin Deine Liebe.

17. Juli

O Kind, wenn du wüßtest, wie nahe dein Gott dir ist und wie angenehm deine Gefühllosigkeit Ihm ist! Das ist Läuterung, Kind, und zu deinem Nutzen. Verzichte also gern auf die Taborstunden von früher und lerne Mich um Meiner selbst willen lieben, ohne ungestüm Trost und Süßigkeit zu erwarten.

Ich bin dennoch derselbe! Nur du sollst dich ändern, um mündig zu werden. Sei getreu und Ich werde dir mit ewiger Treue vergelten.

Wenn du versagt hast, dann sei demütig, d. h. auch wieder mutig zum Gutmachen.

Den Augenblick leben

20. Juli 1952

Mein liebes Kind! Durch diese Gedanken von vorher (nicht mehr genügend Zeit), laß dich nicht verwirren. Sie sind Versuchung, um dich zu lähmen. Ein einziger Augenblick vor Mir genügt, um ein ganzes Leben zu ersetzen. Es kommt nicht darauf an, wie viel Zeit du noch zur Verfügung hast, sondern nur, wie du diese Zeit benützest: Lebe nur den Augenblick!

Auch kommt es auf Erhebungen und besondere Gnadenerweise nicht an. Sie sind nur Dreingabe für die menschliche Schwachheit. Vertraue Mir, daß Ich weiß, was jedes braucht.

23. Juli 1952

Ich habe dich lange mit Milch und Honig genährt und tue es noch. Du weißt, wie sehr dein Wesen aus Gefühl und Gemüt besteht; also mußte es erst von dieser Seite her erobert werden. Quäle dich also nicht und vergewaltige dich nicht! Ich allein bin dein Ratgeber.

Nur für den Himmel

30. Juli 1952

Mein Seelchen, warum zweifelst du wieder und lebst in Angst? Freilich bist du am Ende deiner Kräfte, Kind, und daher fühlst du dich auch den andern Menschen gegenüber unterlegen und ausgeliefert. Das ist eine natürliche Reaktion. Schenk Mir dieses Leid! Ich bereite dich nur für Meinen Himmel; deshalb lasse Ich es zu, daß du dieses neue Leid erfährst, von den Menschen dich verkannt zu glauben, – jedoch nur in ganz geringem Maße, deinen schwachen Kräften angepaßt. Auch Ich bin diesen Weg gegangen in ungleich schwerer Form. Ich liebte dich nicht, wollte Ich dich diese Bitternis nicht kosten lassen.

3. August 1952

Jeder Mensch ist Stimmungen unterworfen. Die Kunst der Heiligen war es, gerade darauf nicht zu achten und unbeirrbar das zu tun, was ihnen geboten. Versuche es nochmals und werde nicht mutlos. Daß du dich so schwach fühlst, soll dich nur Meinem Herzen näherbringen. – Ja, so wie du dich am Samstag geschaut, sollst du sein: Ein heiteres, unbeschwertes, reines Kind! Mein Kind!

4. August 1952

Ich kenne deine Fehler und Schwächen. Ich habe dich dennoch erwählt. Es ist dir ja nicht gleichgültig. – Du leidest ja, das ist dein Kreuzweg, daß du dich aufscheuerst an dir selbst. Ist das nichts, Seelchen? – Komm doch zu Mir und trinke an den Quellen Meiner Liebe und wirf allen Kummer auf Mich.

Immer ganz im Dienste Jesu

5. August 1952

Du kannst aus dem Zustand, der über dich verhängt ist, nicht herauskommen. Mein *Wille ist einzig, daß du stillehältst.* Der Zustand ist wie ein Kleid, das du angezogen bekommst und das man dir auch wieder auszieht, in dem du dich selbst nicht bewegen kannst und sollst. Jage diese verzweifelten Gedanken fort und höre auf, dich selbst anzuklagen. Bedenke auch deine übergroße körperliche Schwäche. Wenn Meine Kraft dich nicht hielte, wärest du längst zusammengebrochen. – Solltest du nicht im Grunde deines Herzens jubeln, daß Ich dich an Mich gezogen und geliebt, um dich zu retten und heimzuführen? Ich sehe weiter – Ich wirke nur zu deinem Heil!

Auch wenn du glaubst, du müßtest verworfen sein, Kind – es ist nur Läuterung. Auch Meine Heiligen haben diese Zustände oft erst später erkennen können. Zur Zeit der Läuterung waren auch sie im Dunkel. – Warum dir Meine Stimme plötzlich so zweifelhaft erscheint, hat auch dieser Umstand zu Folge, daß dir dabei jeder Genuß genommen ist. Es bleibt nur das gesprochene Wort, ohne daß deine Seele emporgehoben wird wie früher. Du spürst diese Änderung schmerzlich. Deshalb ist es doch Meine Stimme. Früher waren diese trostreichen Begleiterscheinungen notwendig um dich anzulocken und festzuhalten. Aber das Wesentliche sind sie nicht. Im Gegenteil! So bist du *weniger Täuschungen unterworfen, wenn dein Gefühl und Gemüt unberührt bleibt.* Dann bleibt nur die einfache Wahrheit. Bin Ich nicht der weiseste Seelenführer, darfst du Mir nicht blind vertrauen? Wenn du wüßtest, wie lieb Mir deine Seele ist, Meine kleine Braut!

Auch wenn du nicht darandenkst, ist *alles,* was du tust, *durch deine Weihe in besonderer Weise Mir anheimgegeben* und dargebracht. Es gibt keine Minute mehr in deinem Leben, die nicht Meinem Dienste geweiht wäre – auch wenn du nie mehr daran denken würdest. Selbst deine Ruhe dient Mir zum Lob. – Suche nicht ängstlich nach allen möglichen Übungen, das ist überholt. Tue einfach, was der Augenblick dir gebietet.

Was immer auch kommt – es ist nur Durchgang zu eurem Heil! Du fühlst nur alles mit entsetzlicher Wucht, weil du zart und ansprechbar bist von jeher. Aber damit hilfst du auch anderen – wie du auch deiner Ärztin geholfen, als ihr Leid auf dich übersprang. Das ist keine Einbildung oder eine Verrücktheit, das gibt es wirklich. Du bist von Anfang an dafür vorbereitet, weil Ich es so wollte. Andere haben andere Gaben, du hast eben diese und sollst sie ganz natürlich ertragen. Du geh unbeirrt deinen Weg, – auch wenn niemand an dich und deine Mission glaubt. Im Himmel wird es einmal offenbar werden, wer den besseren Teil erwählt. Bleibe also in Ruhe und Gelassenheit. Nur blinden Gehorsam bis ins Kleinste und völlige Preisgabe der eigenen Meinung und des Willens! Schlafe jetzt sorglos!

Bedenke, wie müde du bist und kaum mehr fähig zu schreiben. Wenn es aus dir selbst käme, könntest du in diesem elenden Zustand nicht mit solcher Schnelligkeit Meine Gedanken zu Papier bringen, Kind. Glaube Mir und quäle dich nicht mehr!

Sich vertrauensvoll unterordnen

8. August 1952

Versprich Mir, von nun an dich jeder eigenen Meinung zu entäußern und deinen Willen unter Vaters Willen zu beugen, als Meinem Stellvertreter und zwar bedingungslos. – Das ist die einzige Möglichkeit deine Seele aus diesem Sumpf der Zweifel und Verwirrungen zu lösen. Deine Seele wird erst dann gesunden, Kind, wenn du dich ganz dem Vertrauen hingibst und kraft der vielen Beweise an Meine Vorsehung glaubst, die dir gleichsam die Hände unter die Füße breitet, damit du dich nicht verletzest. Sorge dich um gar nichts mehr und du wirst Mich zwingen für dich zu sorgen wie eine Mutter für ihr Kind.

Alles zur Verherrlichung Jesu

9. August 1952

Schreibe manchmal auch deine Worte auf, Kind, die du zu mir sprichst. Es ist gut für später!

Maresa: „O Jesus, ich habe heute abend die Gewißheit, daß Du immer so gut zu mir sein wirst. Es ist fast wie ein Wunder, da ich doch durch so viele Ängste gehe. O Jesus, warum fühle ich Dich heute wieder, – so nahe?“)

Weil ich es Dir gegeben habe aus Barmherzigkeit, um dir zu helfen. Damit dir das Glauben leichter fällt. Die Hemmungen in den kritischen Zeiten sind ja gerade die Versuchung. Was Du jetzt durchmachst, ist ganz große Anfechtung und ebenso das Spiel deiner überzarten, durch die Krankheit stark angegriffenen Nerven. In diesem Zustand bist du immer an der Grenze und findest kaum Linderung, nicht einmal durch die Aussprache beim Vater.

Man muß dich behandeln wie ein krankes Kind mit sehr viel Liebe und Zartheit. – Du wünschtest dir heute Abend sehnlichst, Vater möchte doch anrufen. Hat er es nicht bald darauf getan? War das nicht wie Balsam für dein Herz? Damit habe ich dich auch gerettet und deine todkranke Seele geheilt. O Kind, siehst du denn nicht, *wie dein kleines Leben in Meinen Händen liegt?* Wie du vertrauen darfst und deine tödliche Angst beschwichtigen? Ich weiß doch, wovor du dich so namenlos fürchtest. Alles, was zart ist und fein, unterliegt dieser Versuchung, besonders: sich zu fürchten. Weil es nicht für diese Welt geschaffen ist, leidet es unsäglich an der Welt. Wenn du Angst hast, koste sie – Ich habe sie auch angenommen. Für alles, wofür du keinen Namen findest, habe Ich die Erklärung. – Das ist dein großer Fehler, daß du an allem hängen bleibst und dich verletzest. Für dich gilt buchstäblich, daß du nur im Augenblick leben sollst.

(Maresa: O Jesus, warum kann ich nicht so vertrauen und warum muß ich immer so Angst haben?)

Weil das in deiner Veranlagung liegt, Mein Kind, und weil deine Seele schon tödlich daran erkrankt war, als sie ohne Führung und Hilfe: (1942–44). Das ist wie eine Eisschicht, die erst durch viele Bemühungen gesprengt wird. – Glaube Mir, gerade deine Veranlagung dient Mir dazu, Mich in einem Menschenkind wunderbar zu verherrlichen.

Lebensregeln

10. August 1952. Hl. Messe

... Fehler heilen oft mehr und sicherer, als eine unverdiente Tugend. Es ist heilsamer für den Menschen, dann und wann wirklich zu stolpern, als erhaben zu sein über Fehler, weil es ihn viel demütiger hält. Ich liebe nur, wer sich Mir demütigen und zerknirschten Herzens nähert.

11. August 1952

Wirf alles auf Mich, auch das quälende Spiel deiner überempfindsamen Nerven. Du fühlst nun einmal den leisesten Nadelstich, während andere erst auf einen Stoß reagieren. Das geschieht aber mit Meinem besonderen Willen, Kind, weil du Meine Worte sonst gar nicht vernehmen könntest und auch nicht den Zustand der anderen Seelen empfinden und erkennen. Wenn es dir so unerträglich wird, komm doch zu Mir!

Mitleiden

13. August 1952

(Maresa: „O Jesus, warum quält mich das geringste Leid der Mitmenschen weit mehr als mein eigenes? Es ist so entsetzlich...")

Weine nicht, Seelchen, es ist dir auferlegt und liegt in deiner Empfindsamkeit. Sei tapfer und trage es still, auch deine namenlose Angst. Glaube Mir, dein leibliches Elend ist an vielem schuld. Je schwächer du bist, umso empfindsamer und verwundeter wirst du.

(Maresa: Jesus, warum ist die Welt so ohne Sicherheit?)

Du fühlst es besonders, Kind, wie unzuverlässig alles ist. Du sollst ja mehr an den Himmel denken und dich in Meine Geborgenheit flüchten. Etwas anderes wird dein Grauen nie lindern können.

Auf das Wunder der Liebe hoffen

17. August 1952

Der blinde Gehorsam ist das einzige wirksame Mittel *gegen* die Gewalt der inneren *Finsternis.* Was hat Vater dir befohlen?: Über nichts mehr nachdenken. Du bist wie in einem Netz gefangen, aus dem dich nur ein anderer befreien kann!

Die furchtbaren Ängste sind dir auferlegt, um dich zu prüfen und zu reinigen. Es wird noch schlimmer kommen. Doch Ich führe dich. Habe ich dich nicht bei diesem Namen gerufen „Braut Christi“? Deshalb verzage nicht.

Gerade die Kleinen sind Meine Lieblinge. Ich liebe sie sehr, wenn sie nur Meinen Namen lallen und wie ein Hündlein auf Meine Hände sehen, ob ihnen nichts zufällt. Ihre Schwäche entzückt Mich, wenn sie demütig sind und alles von Mir erhoffen. Hoffe auch du auf das Wunder Meiner Allmacht und Liebe und laß dich nicht täuschen durch die Gedanken der Finsternis.

Gewiß, du wirst noch viel zu leiden haben – aber es wird dir immer süßer werden, im Leid dich zu versenken. Wenn das Leid dir süß vorkommt, Kind, dann hat es auch seinen Schrecken verloren. Merke dir: Überall bin Ich. – Und Ich nenne dich Mein Kind, Mein Töchterchen, Meine Braut und Mein Blümchen, Meine weiße Taube Meinen Augenstern. Ich trage dich an Meinem Herzen und nähre dich mit Liebe. – Willst du nicht endlich daran glauben und sorglos schlafen?

23. August 1952

Tue nie mehr, als du froh vermagst. Wenn etwas nicht geht, dann erwarte Ich nur deine Geduld und Sanftmut im Aushalten.

Welche Wirkung

26. August 1952

Mein liebes Kind, du mußt Vater noch alles sagen, auch wenn es dich demütigt. Denke, daß du dadurch einem wirklichen Sünder die Zunge lösest.

Und daß du Mir damit Freude machst, Kind weil du dein Ich dabei bezwingen lernst. Rede deshalb immer schnell (= nicht hinausschieben). Gerade diese Überwindung ist wertvoll. Wenn du dir als große Sünderin vorkommst und dich schämst vor dem Vater, dann gibst du mit dieser Demütigung einem armen Sünder die Reue.

(Maresa: „ O Jesus, ich mache Dir so viel Kummer und Du bist so gut! “)

Ich bin die Liebe, Ich bin alles, was du suchst. Nichts wird dein Herz befriedigen, denn Meine Liebe.

27. August 1952

Du sollst nicht anders sein wollen, als du bist, Mein Kind. Gib dich nie anders. Sei ruhig klein und schwach und hilflos und blamiere dich nach deiner Ansicht; gerade diese deine Kleinheit soll durch Meine Gnade deine Größe werden zu Meiner Ehre.

Dein Wesen muß sich entfalten. Das ist natürlich und es erfüllt sich damit Mein Wort, daß du kämpfen sollst um die Reinheit und gerade das wird ein Teil der Sühne sein. Darum bleibe ruhig bei allen Anfechtungen.

28. August 1952

Die Jungfräulichkeit ist ein hohes Gut und unerläßlich jenen die Mir nahekommen wollen. Ihr Lohn ist unvergleichlich und für keinen Menschen zu fassen.

2. September 1952

Um deine volle körperliche Kraft zurückzubekommen, dazu bist du nicht hier, Mein gutes Kind. Deine Seele sollte gesunden und sie wird es auch.

Leid ist Liebe

3. September 1952

Ein Menschenkind soll nie seinen Herrn und Schöpfer fragen nach dem Warum. Sein kleines Hirn ist nicht imstande, Meine Weisheit zu verstehen. Das Leid, das ich zulasse, ist Meine unermeßliche Liebe. Schlimm ist das Leid, das ohne Mich getragen wird, weil es unfruchtbar ist.

Was du dir jetzt hier angewöhnt hast (im Urlaub), setze dich damit zu Hause durch: Hl. Messe, Brevier, Besuchung des Allerheiligsten. Das ist das Element deiner Seele; soll sie leben, mußt du es ihr gewähren.

4. September 1952

Vater und Ich wissen um dein Martyrium, das genügt. Je mehr du verkannt wirst, umso süßer suche Ich dich heim. Ertrage Demütigungen aus Liebe zu Mir. Von Menschen erwarte keine Rechtfertigung.

Du selbst verzichte vor allem auf deine eigenen Ansichten und Einfälle. Es hilft dir nur blindes Vertrauen. Damit entzückst du Mein Herz.

10. September 1952

Ihr kleinen Menschenkinder glaubt immer, ihr müßtet etwas leisten vor Mir und euch anstrengen. Ich liebe den Menschen aber wie er ist. Natürlich heische Ich Ehrfurcht. Aber wenn du müde oder traurig bist, warum dann sich verbergen anstatt gerade in diesem Zustand Mich zu suchen? Darauf warte Ich ja, daß man *Meine Barmherzigkeit in Anspruch nimmt.*

Harte Schule aus Liebe

18. September 1952

Ich bin es, der zu dir spricht. Ich habe vor, dich ganz zu vernichten, um Meiner Gnade Raum zu schaffen.

Du wirst noch öfters Dummheiten machen, um dich vor Vater recht demütigen zu müssen, wobei du jedesmal glauben wirst, es nicht fertig zu bringen. Ich will es aber. Alles, worauf du stolz bist, will Ich dir knicken, weil Ich dich liebe. Du wirst auch deine heutige Schwäche dem Vater sagen. Das ist die Sühne, die Ich verlange. Du sollst daraus lernen, *eine Karmeliterin* zu sein und trotzdem sorglos schlafen und vertrauen, daß Ich jede Dummheit von dir auszulöschen und gutzumachen vermag. Also nicht zurückschauen. Weiter kämpfen. Opfere deine Gebete und Schmerzen auf für deine heutige Schwäche und ziehe damit den Schlußstrich. Es ist der Böse, der dich unruhig machen will.

Fürsorge für Zartheit

26. September 1952

Jesus sorgt für alles. Jesus kann seiner kleinen Braut keinen Wunsch abschlagen. Du sollst gänzlich geborgen sein. Siehe, so sehr buhle Ich um dein Vertrauen mit allen Mitteln, damit deine arme, gequälte Seele endlich gesunde in Meiner Fürsorge. Freue dich also!

Ich bin die wahre Sonne allen Lebens und das Licht! Tauche darin unter wie das Tröpfchen im Meer und vergiß, daß du bist! Folge der Liebe!

Vor der Blutreliquie

Mein armes Kind, du bist gequält von Unruhe und geplagt von Hemmungen. Es sind Versuchungen des Bösen. Es wird sogar noch schlimmer werden, weil Ich es zulasse. Dafür mußt du dir merken: Je eher du in diesem

Zustand zu Mir findest, umso besser für dich! Das mußt du lernen. Berichte darüber auch dem Vater und sage ihm, daß du ihn immer mehr brauchen wirst. Du bist so unendlich zart und schwach und empfindsam wie eines der feinsten Pflänzchen. Ein einziger zu starker Windhauch könnte dich zu Tode knicken. Weil ich dir trotz deiner Schwäche die Prüfungen eines Heiligenlebens nicht ersparen kann, habe Ich dich dem Vater anvertraut, als ein überaus zerbrechliches, kostbares Gut. –

Das sind deine Opfer, die Ich von dir fordere. Mit ihnen schenkst du Mir Seelen und stillst Meinen Durst.

Wert des Verzichts

28. September 1952

Versuche es nur einmal, Mein Seelchen, auf deine Gedanken zu verzichten. Ich helfe dir. Wende dich Mir zu – und wahrlich, damit leistest du mehr, als wenn du 8 Tage fasten und büßen würdest. Dies bringt dich Meinem Herzen in einer einzigen Minute näher, als Jahre angestrengter Arbeit. Damit erquickst du Mich unendlich und erringst einen herrlichen Sieg. Denn es ist immer Versuchung des Bösen, der alles daransetzt, dich von deinem Heil abzubringen. Ich habe unendliches Mitleid mit deinem Seelchen, das sie Mir (1942 – 1944) so sehr verdorben haben und Ich ruhe nicht, bis es wieder hergestellt. So wirst Du Vaters Krone in seinem Priestertum.

Um der Demut willen

30. September 1952

Vater hatte keine Zeit mehr für dich. Dein „Ich" ist dadurch getroffen. Du mußt eine von Mir geschaffene Gelegenheit darin sehen, die innere Abtötung zu üben, indem du das Unbehagen still erträgst. Dein Seelengrund muß dabei unberührt bleiben und dein Lächeln unverändert.

1. Oktober 1952

Mein kleines Kind, Du mußt dir schon gefallen lassen in der Nacht der Empfindungen zu sein und gleichsam von einem Abgrund in den andern zu stürzen. Blind vertrauen! Das heißt ja, in diesem Zustand unvermindert an Meine Liebe glauben.

Auch das Empfinden, alles verkehrt zu machen – es ist dies Mein Wille – läßt die Demut aufblühen. Ich will niemals, daß du „fertig" bist und das Empfinden hast, alles geleistet zu haben in vollkommener Weise. Du sollst immer dein Unvermögen fühlen. Da sage doch einfach zu Mir: Siehe Mein

Jesus, ich habe wieder alles verdorben und nichts zuwegegebracht. Nun mußt Du für mich einspringen. Ich überlasse mich dabei ganz Deiner Liebe und Güte. – Laß Mich doch Wiedergutmacher deiner Fehler sein! Wenn du wüßtest, welche Süßigkeit es Mir bereitet, deine Fehler gutzumachen.

Sich ausliefern zur Entfaltung

22. Oktober 1952. Beim Ansehen des hl. Antlitzes

Höre Töchterchen: Wenn immer du zu diesem Bild deine Zuflucht nimmst und Ich sehe dich dabei an, werde Ich auch zu dir sprechen. Und wenn Ich dich nur beim Namen nenne. Du mußt aber vertrauen! Sage Vater, er achte z. Zt. mit außergewöhnlicher Sorge auf dich, um eine Dummheit zu verhüten. Du bist hart an der Grenze.

(Es gärt in ihr). Beuge dich Meiner Vorsehung. Ich weiß, warum Ich diesen Sturm über dich kommen lasse: Damit du aufblühen mögest zu vollendeter Schönheit und Reife. Vertraue, vertraue, vertraue! Du sollst das Wunder Meiner Liebe werden; dazu ist es notwendig, daß auch die letzten Hemmungen und Verkrampfungen sich lösen. Du mußt erst ganz Mensch sein, um ganz Heilige sein zu können. Sei also immer alles ganz und verleugne die Natur niemals. Halte sie nur in Zucht! Kämpfe freudigen Herzens, verzage nicht – der Lohn ist ewig!

Die Lebensstille

1. November 1952

Du brauchst eine sorgsame Führung, weil alles in dir darauf angelegt ist. Allein würdest du bald knicken. An den Gehorsam gebunden, wirst du dich wunderbar entfalten.

Laß dich nicht überwältigen von der Zeitkrankheit, daß die Menschen die Stille nicht mehr ertragen können. Wahrlich, es wird der Tod ihrer Seelen sein.

Du tu nur, was dir der Gehorsam erlaubt. Hierin bin Ich streng.

Um ein Lächeln

10. November 1952

Sei ganz ruhig und habe nur den Willen zur Offenheit gegenüber Vater und unbedingten Gehorsam. Dann kannst du nicht irre gehen. Und merke dir: Alles, was dir geschieht, kommt von Mir und ist in weisester Absicht ersonnen. Ich wirke kein Unheil. Ich spende Liebe auch im Leid. Dich, Meine zarteste, süße Blume, dich überschütte Ich nur mit Liebe und wenn Ich ein

Wunder dazu wirken muß; Ich tue es, um Dich am Leben zu erhalten; denn Ich allein vermag zu ermessen, wie zart und unendlich schwach deine Kräfte sind. Meine Wonne ist es dich lächeln zu sehen, weil ich weiß, wie schwer es Dir fällt. Fliehe in Mich, verbirg dich in Meinem Herzen und vertraue siegreich in der Angst. Wer Mir vertraut, für den habe Ich jegliche Sorge übernommen. Tröste dich also, Mein armes Kleines, und bezwinge Deinen Jesus mit einem stürmischen, unermeßlichen Vertrauen.

Läuterung

15. November 1952

Alles dient zu deiner Läuterung, Kind! Daß du dabei unbegreifliche Qualen erduldest, ist natürlich, Kind! Kein Mensch kann das ermessen, als dein Jesus allein. Ihm zeige deine Wunden und Er wird Balsam in sie gießen.

27. November 1952. Nachts

Ja, nun siehst du es selbst ein, Mein Kind, wie du selbst *nichts* vermagst. Auch das Gebet ist Gnade. Niemand kann Mir etwas geben, was Ich ihm nicht zuvor geschenkt. Erwarte deshalb alles von Mir, von dir selbst jedoch nichts. Ich will dich die Abhängigkeit von Mir lehren.

Meine Kraft ist es, die dich zu diesem Gebet (vorhin) befähigte. Und Ich sage dir: Nur 5 Minuten jetzt in dieser Verfassung die du dem Gebet widmest, bringen dir mehr Verdienste ein, denn ganze Nächte im Überschwang des Gefühls und dem eitlen Hochgefühl einer selbst gewählten Aszese. Du sollst nichts leisten, ohne Mir allein das Verdienst zuzuschreiben. Wenn es Mir beliebt, dich vor Ohnmacht stöhnen zu lassen, dann sei ruhig. Ich weiß,was Ich tue. Du aber sollst sorglos sein.

Immer vereint

8. Dezember 1952. Vor der Monstranz; nach der Anbetung:

(Maresa: Jesus, nun muß ich mich von Dir trennen. Wie weh das tut!)

Ja, Mein Kind, das ist das Leid der Liebe. Aber gib Mir dein Herz und laß es bei Mir im goldenen Schrein – und Ich werde es voll Liebe an Mich ziehen.

13. Dezember 1952. Nachts; nach Küssen des Kreuzes.

O daß du vielmals das Zeichen Meines Leidens und Sterbens so verehren wolltest, – es tröstet Mich sehr. Auch Deine Anstrengung um Andacht, dein Frieren und Wachen tröstet Mein Herz, weil nur die Liebe das zu geben vermag.

(Maresa: O Jesus, lehre mich beten, ich kann es nicht mehr!)

Mein gutes Kind, nun bist du dir zum 1. Mal bewußt, wie sehr du nichts vermagst in Meinen Augen. Deine Bitte rührt Mich. Deine frühere Leichtigkeit, dich mit dem Gebet zu beschäftigen – worauf du manchmal stolz sein wolltest – war einzig und allein das Geschenk Meiner Gnade. Ebenso deine Unschuld. – Sei also nicht verzagt, wenn es dich Mühe kostet – lerne nur die Demut dabei.

(Maresa: O Jesus, möchten doch meine heiligen Engel für mich im Gebet vor Dir verharren, wenn ich es nicht kann oder verhindert bin!)

Sie tun es längst für dich, Mein Kind. Wenn du wüßtest, mit welch zarter Liebe sie dir dienen. Hab nie mehr Angst, sie sind beständig um dich und bist ihrer Liebe und Obhut sicher.

31. Dezember 1952

Werde nicht zappelig, daß dir weniger gelingt als einer Benigna, – weil du ein Schmetterling bist und unbeständig. Ich liebe auch Meine Schmetterlinge – wozu hätte Ich sie denn geschaffen, wenn sie nicht auch Mein Lob verkündeten? Gerade dieses dein Schmetterlingswesen vermag Mich zu entzücken, weil es dich nur immer kleiner macht und hilfloser und ratloser und um Barmherzigkeit und Geduld bettelnd.

Du darfst nie mehr der Angst so gänzlich verfallen. Glaube, daß du Mich in den Versuchungen nicht beleidigen kannst, weil Ich es bin, der das zuläßt, daß dich der Böse bedrängt. Das letzte Wort spreche immer Ich. Wenn der Weg auch dunkel ist, vertraue, daß Ich weiß, daß es für dich der beste Weg ist. Liebling Meines Herzens, sage einfach zu Mir, daß ich alles an dir wirken muß, weil du noch schwächer und unbeständiger als eine Benigna seiest. Und glaube Mir, Ich wirke noch größere Wunder an dir als an jener. Denn nichts ist Mir wohlgefälliger, als ein kleines hilfloses Seelchen, das sich Meiner Liebe überläßt.

Verdemütigung

Siehe Ich bin es, der alles so gefügt, auch mit Oma, daß sie dich gänzlich auf die Seite stellt und du liebst, ohne daß diese Liebe Anerkennung findet. Am Anfang schmerzt es – aber je mehr du Mich liebst, umso mehr Süßigkeit wirst du in diesen Gelegenheiten zur Verachtung finden. Damit wirst du Meinem Herzen ähnlich.

Auch mit F. ist es so. Ich lasse es zu, daß sie dich wie eine dumme Gans behandelt und jeden Anstand vergißt, damit du an Demut gewöhnt wirst. Es trifft dich sehr, weil du überempfindsam bist. Aber du sollst nur mehr Meine Anerkennung suchen. Auch habe ich dir immer gesagt, daß du den Preis für andere bezahlen mußt.

Es ist eine ungewöhnliche Herablassung von Mir, wenn ich durch ein kleines Menschenkind andern eine Botschaft zukommen lasse und wie sehr es Mich dann schmerzt, wenn diese Menschen es nicht ernst nehmen mit Meinen Worten. Deshalb ist es notwendig, daß du das Opfer bist, um ihnen diese Gnade der Unterwerfung zu erkaufen.

Wenn Vater dich einmal scheinbar übergeht, so schmerzt dies deine Natur wohl. Aber du kannst die Eigenliebe damit wunderbar töten.

Reinigung von der Eigenliebe

3. Januar 1953. Nachts

Ich hungere danach, den Seelen zu helfen. Wie wenige lassen Mich das tun. Sie sind erwachsen auch vor Mir und verschmähen Meine Einmischung, die doch nur brennende Liebe ist für ihr Heil. Du kleinste Blume Meines Herzens, verstehe Meinen Schrei nach kindlichen Seelen und leiste ihm Folge. Nichts sollst du vollbringen, als diese Kindschaft, die reine Liebe ist.

O, man kommt auch zu Mir ohne Geißelung und Nachtwachen und Fasten. Ich bin nicht düster, wie ihr Mich hinstellt. Größer ist es, Mich selber die Seele reinigen zu lassen mit Meinen Mitteln, weil es größere Demut erzeugt. Ihr wißt ja nicht, wie selbstgefällig die Eigenliebe ist und welche Wege sie ersinnt, um euch zu überlisten. Würdet ihr euch ganz Mir überlassen, wäre sie bald getötet. Ihr kleinen Seelen, wie liebe Ich euch!

Selbst, wenn du noch nichts fertiggebracht hättest von allem, was Ich dir geboten – Ich liebte dich deshalb nicht weniger. Wenn du nur klein bist und dein Unvermögen Mir anheimstellst! Ich verzeihe dir alles und heilige dich trotzdem. Du mußt es nur von Mir erwarten. Mein süßes kleines Kind, Meine kleine Braut.

4. Januar 1953

Diesmal eine Lehre über die Krankenkommunion. Ich sage das nicht nur für Vater allein, Kind. Höre: Wenn Meine Diener mit Mir zu den Kranken gehen, dann sollen sie selbst ganz durchsichtig sein. Denn meist werden sie selbst mehr erwartet als Ich.

H. haben deshalb abgesagt, weil Vater diesmal nicht soviel Zeit für sie gehabt hätte. Schau, um einer menschlichen Regung willen versagen sie Mir den Eintritt. Doch Ich sage: Alle jene, für die Vater keine Zeit übrig hat, empfangen weit größere Gnaden und Tröstungen, als jene, die scheinbar von ihm bevorzugt werden, indem er sich Zeit für sie nimmt und mit ihnen verkehrt.

Abends: Halte deine *Regel:* Sorglos zu schlafen – und du tust mehr, als wenn du deine Sorgen überdenkst. Ich habe sie zu den Meinen gemacht. Das gebe dir Ruhe!

Nicht vergelten! Lieben!

12. Januar 1953

S. hat dir sehr weh getan und du hattest dich so auf sie gefreut. Habe du die größere Liebe und werde nicht irre. *Liebe sie* zu Mir hin! Laß nicht merken, wie sie dich mit Füßen tritt und demütigt – strahle sie unvermindert an mit deiner Fürsorge und Liebe. Vater erzähle ihr alles, was du, das schwache in ihren Augen so minderwertige, daneben geratene Kind auf sich genommen hat für sie. Er gebiete ihr aber, weiterhin dich so be-handeln und zu verwunden, als ahnte sie nichts. Sie hat es sich bereits verscherzt, deine Freundschaft zu genießen. Du mußt auf sie verzichten – damit erkaufst du ihr den Frieden. – Gerade, weil du eine Aufgabe an ihr zu erfüllen hast, ist es notwendig, daß du gedemütigt wirst und von der natürlichen Anhänglichkeit befreit. Dafür bin *Ich* dein!

Dem Lamme folgen

25. Januar 1953

Denk auch an deine heiligen Engel. Sie sind wirklich hier bei dir in diesem Raum und beschützen deine Zartheit wohl. Und von ihnen hebe deinen Blick zum Himmel. Du sollst einmal bei jenen sein, die dem Lamme folgen. Deine Krone für diese Erdenmühsal ist dir sicher.

Ich habe dir keine großen Schrecknisse vorbehalten, weil sie deine Zartheit zerbrechen und damit Mein Werk zerstören würden. Darum hüte Ich dich wohl.

Jene, die dem Lamme folgen sollen, müssen die Jungfräulichkeit be-wahrt haben von Anfang an bis zum Ende, Kind.

Lebe wieder von innen nach außen, nicht umgekehrt! Meine Welt, ist dein Element, in dem du zu leben vermagst. Deshalb habe Ich dich so oft an das Krankenbett gefesselt, um dich vor der Welt zu behüten. Das Irdische macht dich krank. Ich habe dich für Mich geschaffen.

Seelennahrung

3. Februar 1953

Mein Seelchen, Du mußt mehr beten. Diese Nahrung braucht deine Seele. Du darfst dich nicht so sehr in Äußerlichkeiten einspinnen lassen, sonst muß

Ich dich wieder krank werden lassen, denn deine Seele ist Mir inniger am Herzen gelegen als dein Leib.

Zuneigung Jesu

5. Februar 1953

Armes Kind, du hast keine Schuld. Es ist dein Elend und deine Natur, daß all diese Ängste dich so sehr angreifen und überwältigen, daß du an Mich und Meine Welt nicht mehr zu denken vermagst. So schwach bist du und hilflos preisgegeben. Ich verstoße dich deshalb nicht, sondern neige Mich in Mitleid und Liebe über dich und behüte dich wie Meinen Augenstern. Ich lasse nicht zu, daß du strauchelst. Wenn du dich zu Mir nicht wenden kannst, dann fliehe zu Vater. Bei ihm bist du wenigstens für Stunden frei von deinen Bedrängnissen und Meiner Welt nahe. Sonst könntest du es nicht ertragen. Darum ist dir diese Heimat (der Vater) gegeben.

Gelassenheit gegen Ränkespiel

17. Februar 1953

Es gibt eine Tugend: die Gelassenheit! Wenn du sie übtest, wärest du ein Schrittchen weiter auf dem Weg zur Heiligkeit, Mein Kind. Das heißt nur: Ganz ruhig bleiben in allen Situationen und alles (wie sonst) tun, als wenn nichts geschehen wäre. – Es sind Prüfungen, Versuche des Bösen, dich von Mir zu entfernen. Er sieht, daß Ich Meinen Triumph in dir vorbereite, – nun ist er am Werk, dich zu verwirren. Doch du sollst dich nicht verwirren lassen. Überlaß dich Mir!

Nun bitte Ich dich, Mein Seelchen, sei in dieser Fastenzeit so froh, wie du noch nie warst und ohne Sorgen. Damit machst du dem Himmel unendliche Freude. Wenn Ich dir die Erkenntnis gebe, wirst du sehen, daß all diese Sorgen und Ängste nur ein großangelegtes Ränkespiel des Bösen sind, um deinen Geist von dem einzig Notwendigen, von Mir und Meinen Worten, abzulenken. – Ich wache eifersüchtig darüber, daß nichts und niemand die Blume Meines Herzens stört. Im Verborgenen soll sie sich entfalten. Ihre Sonne sei die Liebe.

Heiligste Erziehung

25. März 1953

(Maresa: „O Jesus, sprichst Du wirklich wieder zu Mir? Ich weiß, daß ich nicht würdig bin!“)

Ich liebe dich unvergleichlich. Mit ewiger Liebe liebe Ich dich. Ich habe geschwiegen, um dich zu prüfen.

In der nächsten Woche, der Leidenswoche, will Ich dich mitnehmen von Station zu Station; fürchte dich nicht: Mein bitteres Leiden ist die heiligste Vollkommenheitsschule. Bereite dich vor!

26. März 1953

Seelchen, du mußt es lernen ohne Menschenfurcht Meinem Willen zu folgen. Du brauchst Meine Gegenwart. Dazu gebe Ich dir ja einen Teil deiner Gesundheit zurück, damit du Kraft hast, dem Drängen der Gnade nachzugeben.

Wie Ich dich liebe! Deshalb ermahne Ich dich ernst und innig, doch nunmehr von allen Nachläßigkeiten und der Untreue auch in unbedeutendsten Dingen abzulassen; (denn) das ist der Anfang der Lauheit und eine große Gefahr für die Seele. Dein Wille wird dir helfen.

6. April 1953

Siehst du, wie Ich dich liebe? Daß alles – Meine Wege der Liebe sind? Und was gibst du Mir dafür?

(Maresa: Ich habe nur mich selbst!)

Gewiß, aber du kannst dich Mir ganz schenken und ungeteilt. Zögere nicht, um Meinetwillen alles dahinzugeben und Mir zu folgen. Laß dich nicht davon abbringen. Selbst wenn man dich lästern und schmähen würde und alle das Haupt über dich schütteln – du müßtest gehorchen. Du darfst Vater und Mutter nicht mehr lieben als Mich.

9. April 1953

(Maresa: „Jesus, ich bin so niedergeschlagen und gefühllos.“)

Kümmere dich nicht darum, Kind! So bist du Mir wohlgefälliger, als wenn du in Ekstase wärest, weil es dich Überwindung kostet zu beten und die hl. Geheimnisse zu feiern. Bei dir will Ich es sichtbar machen: Suchet zuerst das Reich Gottes und alles andere wird euch dazu gegeben werden. Du sollst nur vertrauen und lieben und fröhlich sein.

15. April 1953

Überwinde dich, Kind (zum Gebet). Bedenke: Kein Blümchen vermag zu blühen, ohne daß es begossen wird. Auch keine Menschenseele vermag zu gedeihen ohne den Tau der Gnade. Du weißt aber, Gnade erhält man durch Gebet und Sakramente.

Kostbares Weh

29. April 1953. Kommunion

(Maresa: O Jesus, warum bin ich so empfindlich?)

Glaube, daß Ich es in einer einzigen Minute von dir nehmen könnte. Doch Ich will es nicht; denn das Weh deiner Empfindsamkeit ist unendlich kostbar in Meinen Augen, – auch weil es dir Demütigungen verschafft.

2. Mai 1953

Höre Mein Kind! Ich verlange nun etwas sehr Schweres von dir. Ängstige dich jedoch nicht. Du kannst alles, wenn Ich dich stärke. Du sollst von nun an mit all deinen Kräften dazu beitragen, deine Natur zu überwinden, um fröhlich zu sein. Auch du sollst heroisch werden durch Meine Gnade – dann bist du Mir ein Stück näher gekommen. Traue dir jedoch selbst nichts zu. Erwarte alles von Meiner Liebe. Immer wieder werde ich Rückschläge über dich kommen lassen um dich demütig zu erhalten.

Wenn immer du in Zukunft etwas tun willst, dann bitte Mich zuerst (um Hilfe) darum. Das ist eine Übung wahrer Demut und von sehr heilsamer und lehrreicher Wirkung.

Brandopfer gesucht

4. Mai 1953

(Maresa: „O Jesus, die Welt!")

Noch ist die Stunde nicht gekommen, aber wehe, wenn sie einbricht.

(Maresa: „Jesus, was kann man dagegen tun?")

Tut Buße und geht in euch! Betet!

(Maresa: „O Jesus, wie kann man unser Deutschland retten?")

Wenn nur 10 sich opferten in reiner Absicht, würde Ich ein ganzes Volk retten. Doch reine Brandopfer heische ich. Wo aber finde ich jene, die sich opfern, d. h. auch ihre Natur, um Mir Genugtuung zu leisten? Deshalb bitte Ich die Meinen, daß sie beten und Buße tun, damit noch einige gerettet werden. Mein Zorn ist furchtbar – Meine Liebe aber unendlich!

Staub vor Gott

19. Mai 1953. Nachts

... Ihr kleinen Menschenkinder lebt in der irrigen Vorstellung, wenn ihr glaubt, vor Gott gelten zu können! – O daß ihr einsehen lernen wolltet wie ihr ohne die Gnade Staub in Meinen Augen seid! – Aber je kleiner du bist, umso mehr ziehst du die Gnade an, wie eine Blume anzieht durch ihren Duft.

Nur öfter dein Herz zu Mir und dem Himmel erheben – das wird dich stärken.

Nachfolge

20. Mai 1953. Bei hl. Kommunion

Du hast gestern (betr. der bevorstehenden Reise des Vaters) richtig gefühlt und erlebt, wie es sich abwickeln wird bei Vater und diesen Menschen und bei dir. Und deine Seele zitterte davor. Habe Ich nicht auch gezittert am

Ölberg? Warum soll das Schande sein? Es zeugt nur von deiner außergewöhnlichen Leidensveranlagung und Empfindsamkeit. Daß du dann zu Vater flüchtest und weinst, – o das ist keine Schande. Bin Ich nicht auch am Ölberg zu Meinen Jüngern gegangen? – Deshalb sagte Ich dir gestern, dein Gefühl sei echt und klar. Du solltest Vater sagen, daß ich dieses Erlebnis nicht umsonst dir auferlegt habe. Ich wollte damit Vater einen Fingerzeig geben.

Die ganze Natur schenken

30. Mai 1953. Nachts

Nicht verzagen! Weißt du nicht, daß die Reue vieles zu ersetzen vermag und gutzumachen? Ebenso Buße und Sühne! Außerdem hat das Opfer wohl Raum in deinem Leben.

Wenn du zweifelst, bist du auch im Gehorsam wankelmütig und dadurch unruhig. Glaube ist alles, Kind! Schenke Mir deine Natur ganz, Mein Kind, – vor allem deine Gedanken! Mühe dich immer wieder darum, denn Großes kannst du dadurch wirken. Denke, dein Jesus wartet auf dieses Opfer, um Seelen retten zu können.

Ich will keine besonderen Opfer und Leistungen von dir; Ich will nur deine ganze Liebe. Du sollst *den* Weg zum Himmel nehmen, den Ich dir von Ewigkeit her vorgezeichnet. Schaue deshalb nicht auf andere.

Innere Leere

1. Juni 1953

Mein Kind, Ich schenke dir zarteste Aufmerksamkeit, indem Ich dir sage, daß es an Fronleichnam regnen wird. Nimm diesen leisen Wink Meiner Liebe dankbar an. Damit ist dir viel Mühe abgenommen.

(Maresa: „Jesus, warum?“)

Sieh, Mein Kind! Eure Prozessionen und Bittgänge sind Mir nicht mehr wohlgefällig und angenehm, weil sie gar wenig der Ehre Gottes dienen. Fühlst du es nicht selbst? Ist nicht alles nur Äußerlichkeit? Dies verletzt Mein liebevolles Herz allzusehr; denn nur Kälte erwarten Mich und Unverstand.

Sammle die Kinder um dich, Seelchen, und führe ihre Herzen Mir zu. Bete mit ihnen und mache sie zu kleinen Aposteln Meiner Liebe. Ich werde Meine Gnade dazuschenken – schenke du dich selbst dazu.

5. Juni 1953

Du bist nicht hilflos ausgeliefert der Masse und dem Geschehen der Zeit. Ich habe deinen Weg bestimmt. Sei also ruhig und wie ein Vogel im Nest, so geborgen. . . Ich vollende dich, wie Ich verheißen.

Nicht sich nachgeben

(Maresa: „O mein Heiland!“)

Ja ich *bin* dein Heiland und werde es die ganze Ewigkeit hindurch sein, mit unaussprechlicher Liebe. Dann erst wirst du ruhig sein, wenn du *auf ewig ruhest in Mir* und all deine Sehnsucht in Mir sich erfüllt.

(Maresa: „Jesus, meine Schwäche . . .“)

Es fällt dem Menschen schwer, sein wirkliches Elend gelassen zu ertragen. Glaube Mir doch, wenn du dein Versagen geduldig hinnimmst und trotzdem heiter durch deine Tage gehst, entzückst du Mein Herz weit mehr, als wenn du dich im Bewußtsein deiner Vollkommenheit befindest. Sei fröhlich auch im Fallen und habe den Mut deine Schwäche ganz auszukosten, – und Mich um Hilfe und Verzeihung anzuflehen ohne auszusetzen. Damit gibst du Mir die Ehre. – Es ist nur die Eigenliebe, die sich wehrt gegen Unterdrückung. Sei froh, daß Ich dich kleinmache, denn den Kleinen nur kann Ich Mich im Übermaß schenken.

Nachts: Mein gutes Kind! Immer wieder muß ich dich auf die *Notwendigkeit des Gebetes* aufmerksam machen. Dein Fehler liegt darin, daß du immer noch allzusehr vom Gefühl abhängig bist. Du mußt lernen, gleichsam blind zu beten. Das Gebet und die Sakramente vermögen in aller Stille und Unempfindlichkeit zu wirken – wie die aufgenommene Nahrung im Körper. Wie du aus Gewohnheit ißt, – so sollst du auch aus Gewohnheit beten – und nicht verwirrt sein, wenn es dich wie eine mechanische Handlung anmutet und du nichts, aber auch gar nichts empfindest dabei. Tue es einfach, weil du weißt, daß es notwendig ist. Das Gefühl trügt! Der Verstand kann nicht irren, wenn du ihn Mir unterwirfst. – - -

Es ist so, Mein Kind: Satan hält furchtbare Ernte. Sein Werk ist es, dem *Menschen die Zeit geraubt zu haben,* wenn der Mensch Zeit *hat.* Das tötet die Seele und Meine Stimme, die so leise ist wie das Säuseln des Windes. Der Mensch vermag nicht mehr das Gebot der Ruhe einzuhalten. Alles bietet Satan auf, diese Ruhe zu stören (Illustr., Kino, Fernsehen, Sportplatz, Lärm, Verkehrsmittel). Aber Meine Getreuen müssen gegen diesen Strom schwimmen. Sie müssen inmitten dieses Tosens sicher stehen und ihr Herz im Himmel halten. Mit Meiner Gnade geht es!

Nichts erzwingen!

10. Juni 1953

Du hast nicht Unrecht getan: Du darfst dich nach Mir sehnen und Mich erwarten. Nur etwas erzwingen darfst du nicht! Du bist heute nur übermüdet durch die Arbeit und Überanstrengung. Schlafe, Seelchen, und alles ist wieder gut! – Es ist auch gut, daß du mit Vater über alles gesprochen. Offenheit ist ein wunderbares Heilmittel.

12. Juni 1953

Trockenheit und Dürre ist nur Prüfung. Überlaß dich in dieser Zeit ganz dem Vater und dem Gehorsam. So überwindest du deine Natur und lernst Mich in reiner Absicht lieben, – Vertraue! Ich lasse nur zu, was dich Meinem Herzen näher bringt. Gerade, wenn du nichts fühlst, fühle Ich deine Liebe reiner.

Wundere dich nicht, wenn du gänzlich durcheinander bist, Mein armes Kleines: je feiner ein Kunstwerk, umso feiner die Auswirkungen eines Stoßes.

Fürchte dich nicht: *Ich pflücke Meine Blume* nicht eher, denn bis sie vollendet, wie Ich sie immer geschaut.

Liebe gesucht

14. Juni 1953

Ja Mein liebes Kind, es ist so: Selbst die Besten schließen noch *Kompromisse,* du weißt es ja! Das aber verletzt Mein Herz gar *bitter.* Darum suche Ich deine Liebe als Ersatz für all die Kälte und Nichtbeachtung derjenigen, die noch zu den besten zu zählen sind.

(Maresa: „Jesus, ich sollte noch viel mehr beten. Wie schrecklich viel Zeit habe ich vertan und wie bange ist mir deshalb.“)

Glaube nicht, was dir der Böse einflüstert, daß man es nicht gutmachen könne, weil es längst zu spät sei. – Du kannst gutmachen durch einen einzigen Augenaufschlag: Ich messe dich nur mit dem Maßstab Meiner Liebe. Mut! Du bist längst in Meinen Händen verwurzelt.

25. Juni 1953

Ich allein sehe, daß du manchmal zu schwach bist zu allem. Warum sprichst du nicht mir Mir darüber? Wenn du unfähig bist, den *Rosenkranz* zu beten, dann sage zu Mir: „Jesus, ich kann nicht beten! Nimm dafür ein Ave an, das Dir die gleiche Liebe geben will und ersetze mit Deinen Verdiensten, was meiner Schwachheit fehlt!“ Glaube Mir, Ich werde es tun, weil Ich dich liebe.

Barmherzige Liebe

17. Juli 1953

Deutschland geht noch einmal dem Dunkel zu, da es seine Stunde nicht genützt. Um barmherzig zu sein, muß Ich die Menschen schlagen. Umso mehr aber erwarte Ich Vertrauen von den Meinen, die Ich liebe. Ich schütze und lenke sie mit zärtlichster Weisheit.

Falle in Meine Arme, daß sie dich tragen. Es ist dir ja nur auferlegt, Mein Kleines, daß du das Dämonische in allem fühlbar wahrnimmst ... Du darfst deshalb nicht irrewerden. Immer bin Ich mächtiger und Herr auch über die Finsternis.

Du sollst lernen nach dem Himmel zu seufzen, nachdem es dir wie eine unerträgliche Qual erscheint, diese Erde noch länger zu ertragen. Fliehe in Mein Herz! Dort ist der Balsam für alle Wunden!

Mimosen-Natur

21. August 1953

Vater kann alles für dich in Ordnung bringen, dazu ist er da. Du gehe weiter, als schliefest du; d. h. kümmere dich nur um ewige Dinge. Du zweifelst nun wieder an allem, Kind, und es ist so einfach.

Du bist viel kränker und elender, als jemand ahnt; ja als du selbst ahnst. Außerdem bist du dazu geschaffen, alles und jegliches zu fühlen und empfinden zu müssen, was andere Menschen nicht einmal ahnen. Dadurch ist dein kleiner zarter Körper in dauernder Vibration und Aufruhr. Daran kannst du nichts ändern: das ist dein Kreuzweg. Außerdem habe Ich dir eine so zarte Seele gegeben, die diesen Schwingungen ebenfalls unterworfen ist. Das geht Hand in Hand und ist auch das Geheimnis deiner Aufzehrung, die niemand ahnt. Und dann bist du eben ein Kind, ein wirkliches Kind, das seine Kinderschmerzen und Kümmernisse hat, die von den Erwachsenen nicht ernst genommen werden wollen und die doch dein kleines Leben treffen bis ins Mark. Was tut da ein Kind? Es verbirgt seine Tränen nicht, flieht zur Mutter um Schutz und Hilfe.

Das ist das ganze Geheimnis deines kleinen Lebens.

Es gibt für dich keinen anderen Weg, denn den des Gehorsams, des blinden Gehorsams. Gerade darin zerstöre Ich dein Ich, indem Ich dich unfähig mache, auch nur im Geringsten selbständig zu sein oder etwas zu leisten. Denke nur täglich an Mich und daß es nur darauf ankommt Meinen Willen zu tun.

Wenn du Angst hast, dann *habe* Angst, und wenn du verwirrt bist dann sei ruhig – – das ist *dein* Leben, das du zu leben hast und niemand kann sagen, es müßte anders sein! Vertraue auf Mich und glaube, daß Ich dich liebe, wie du bist.

Ich sage es dir noch einmal: Du bist so zart wie eine Mimose und es liegt in diesem, deinem zerbrechlichen Wesen, daß alles dich angreifen und verwirren muß und nur in Liebe wieder ausklingen kann. Niemand wird das ändern. Nur Meine Liebe wird dich tragen. Sie (die andern) sollen dich lieben und froh machen.

Jesus allein

22. August 1953

Mein Kind, es geschieht mit Meinem Willen, daß du dich in den Augen der andern unbrauchbar, untauglich und seltsam fühlst. Ja, Meine süße Blume, es wird noch schlimmer und schmerzlicher werden. Doch, wenn du wüßtest, wie anziehend diese Demutsübung dich Meinem Herzen macht, dann würdest du es gerne auf dich nehmen. Das ist das Sterben der Natur, Meine weiße Taube, und wie weh es tut, weiß Ich wohl. Auch dazu habe Ich dich hierher geführt, daß du auch darin dich üben könntest. Deine Natur sucht noch geschöpfliche Liebe, – aber ich will sie dazu führen Mich allein zu suchen! Auch sollst du immer mehr fühlbar erkennen, daß du aus dir selbst nichts bist, daß du einzig von Mir allein Hilfe zu erwarten hast. – Das ist ein Läuterungsweg, meine Blume, und er ist sehr schmerzlich. Aber denke an das Ziel: Ich werde dich dafür aufheben aus dem Staube deines Nichts und mit göttlicher Liebe an Mich ziehen. Sei also Mein weißes Lamm und laß dir alles gefallen und wehre dich nicht – dulde!

24. August 1953. In der Kapelle, abends.

Sei nicht verwirrt. Dies ist das Sterben der Natur, das Absterben den irdischen Dingen und Geschöpfen. Doch dadurch kommst du Mir unendlich näher. Daß es deine zarte Natur erschüttert, ist nicht ungewöhnlich. An diesen Dingen wirst du dich ja verzehren wie ein flammendes Licht. Weißt du nicht, daß Ich Mich in deinem Opfer verherrlichen will? Es ist wunderbar, für Mich hingeopfert zu werden.

Spiegel Gottes

30. August 1953

Die Welt heute tötet den Vorsehungsglauben mit ihrer Technik und Wissenschaft. Deshalb habe Ich mir in dir eine Blume der Barmherzigkeit und Liebe geschaffen, um den Menschen Mein wahres Wesen wieder zu zeigen, dessen Bild sie ganz verloren haben.

Laß Mich für dich sorgen. Wenn dein Vertrauen wächst, wächst auch Meine Macht, für dich zu sorgen. Ich verlasse dich nicht. Du sollst ja ein Wunder Meiner Barmherzigkeit sein.

31. August 1953

(Maresa: O Jesus! Heute Nacht . . .!)

Du hast Dinge gefühlt, die andere nicht fühlen. Es ist auch Anteil an Meiner Todesangst und -not. Gerade du, Meine kleine, zarte, schwache Blume hast soviel Anteil daran kraft Meiner Gnade.

(Maresa: Jesus, warum greift es mich an, wenn Du mit mir sprichst?)

Ich will dich ja aufzehren in der Zeit, die Ich Mir dazu vorgesehen.

(Maresa: Jesus, bilde ich mir nicht alles ein?)

Diese Dinge kann man sich nicht einfach einbilden. Sei nur recht demütig, gehorsam und offen, dann ist alles gut.

Kindliche Ohnmacht

1. September 1953

(Maresa: Jesus, warum muß ich diesen Weg gehen?)

Weil die Macht heute in den Himmel wachsen will: Die Macht und Selbstsicherheit und der Stolz des heutigen Menschen beleidigen Mich sehr. Da habe Ich Mir ein Wesen geschaffen, das bereit ist, Zeit seines Lebens die Ohnmacht des Kindes zu tragen und klein zu sein und hilflos, – das auch bereit ist, deshalb unverstanden, einsam und gedemütigt zu sein, wie die meisten Kinder. Du sollst als erwachsener Mensch den Weg des einsamen Kindes gehen, auf dessen Pfad die Demut blüht, denn das entzückt Mein Herz.

3. September 1953

(Maresa: Jesus verzeih mir; es war unrecht!)

Gib mir deine Fehler und Armseligkeiten und verzage nicht! Ich gebe dir dafür Meine Barmherzigkeit.

Verborgenheit bis zum Tod

11. September 1953

Glaube an Meine Liebe. Auch wenn du vor Verlassenheit stöhnen möchtest. Diese Nacht ist eine Meiner größten Gnaden, wodurch Ich ein Menschenkind läutere. Laß keine Gelegenheit vorübergehen, dich vor der Mutter zu demütigen.

Ich will, daß deine Gnaden verborgen bleiben hinter deiner Armseligkeit und deinem Versagen. Erst bei deinem Tode soll es offenbar werden – nicht um deinetwillen – um Meiner Ehre willen! Denn alles ist von Mir.

Armut

25. Oktober 1953. Christkönigsfest (Kommunion)

Du hast Mir Armut versprochen. Du wirst *deshalb tiefere Freuden* genießen, Kind. Du sollst auch heute den Festtag einmal wieder fühlen, auch als Braut!

21. November 1953

Wenn Ich in deiner kleinen Seele Nacht werden lasse, dann ist es nur um deines ewigen Heiles wegen.

(Maresa: „O liebst Du mich noch?")

Ich liebe dich mit unverminderter Liebe. Aber es ist Zeit der Bewährung. Ich bin nicht unzufrieden mit dir, Kind. Deine mühsamen Psalmen und Gebete rühren Mich zutiefst. Ich weiß wohl, wie sehr du unter dieser Nacht leidest und am kommenden Winter – alles, alles will Meine Blume knicken. Aber Ich bin doch bei dir in jeglicher Not!

Leiden bringt Liebe

16. März 1954

Mein Kind, verzweifle nicht! Ich werde dir helfen, wie immer werde nicht irre an Meinen Fügungen!

(Maresa: „Warum sind diese Menschen so?")

Sie sind jung und du weißt, daß sie ständig in der Sünde leben – wie soll das gute Früchte zeitigen? Ich weiß, wie sehr Meine Getreuen heute unter diesen Menschen leiden. Aber denke daran, was es erst für Mein liebevolles Herz bedeutet, diese Christen zu ertragen! Auch der Hl. Vater leidet wie du. Aber überlasse das Gericht Mir! Ihr dürft nicht mutlos werden. Wisse: Das Leid allein bringt dir die Süßigkeit Meiner Liebe in ihrer ganzen Fülle.

Lächelnd bitten

4. Mai 1954. Nächtl. Gebet

Wie wenig versteht ihr Mich doch! Ich will nicht die düstere Aszese! Ich will euer Lächeln und freiwilliges Verzichten in der Freude!

(Betr. Wohnung) Gewiß, Ich kann alles machen, was Ich will. Bitte Mich nur einmal fortwährend darum. Wenn du wüßtest, welch ein Entzücken es für Mich ist, von einem Kinderherzen gebeten zu werden. Wieviel mehr noch von dir, die du Meine kleine Braut bist, – Mir angetraut für Zeit und Ewigkeit.

Sei lieb, gut und freundlich zu allen und vergiß dein Leid dabei.

Die große Verheißung

21. Juni 1954

Erinnerst du dich nicht mehr Meiner früheren Worte: Am *Schluß (des Lebens) werde das Allerheiligste ganz nahe bei dir sein!* Willst du Mir versprechen, diese Nähe dann auch wirklich zu nützen? Es ist ja dein wahres Glück. Alles andere ist für dich nicht das Leben. Hier ist dein Glück und dein Ziel!

18. Juli 1954

Mein liebes Kind, du mußt bei der Jugend bleiben. Du sollst noch Großes darin wirken. Das ist noch deine Aufgabe.

(Maresa: Dann werde ich noch nicht sterben?)

Habe keine Angst. Man kann in wenig Zeit sehr viel tun. Und ehe das Strafgericht ergeht, werde Ich dich und Vater heimholen! – Durch Meine Gnade und Vater's Mühe bist du gewachsen im Vertrauen – aber es ist nie genug!

Für die kommende Zeit

8. August 1954

Es ist alles Prüfung, Seelchen, spürst du nicht, wie der Böse Fallstrick um Fallstrick dir legt, um dich von Mir und deiner Berufung abzubringen? Mein armes Kind fällt oft, aber ich bin gut und abermal bereit es aufzunehmen an Mein Herz.

Führe auch wieder gewissenhaft dein Heft über Meine Worte, denn Meine Stimme ist kostbar und du sollst alles bewahren für die armen Menschen der kommenden Zeit, – daß ihnen kund werde, daß Ich auch heute noch und zu allen Zeiten über jedem Einzelnen wache mit unendlicher Liebe und Sorgfalt.

14. September 1954.

(Maresa: O Jesus, die Welt!)

Sie liegt im argen, gewiß, – aber eine einzige Opferseele kann in ihrer stillen Kammer das Weltgeschehen bestimmen. Willst du nicht zum Ende noch Mir helfen?

1. Oktober 1954

Eröffnet einen Kreuzzug der Barmherzigkeit für diese Welt und die Welt kann noch einmal gerettet werden.

Geheimnis der Heiligkeit

24. September 1954

Es ist eine große Versuchung, dieser Überdruß und Ekel an den Menschen, die dich für Mein Werk unbrauchbar machen will. Du kannst sie nur überwinden, indem du allein auf Mich schaust und aus Liebe zu Mir da sein willst.

Immer wieder muß Ich es dir sagen: Das Geheimnis der Heiligkeit ist das immerwährende Gebet um Gnade. Versuche es immer wieder!

8. Dezember 1954

Scheue nicht Mühe und Trockenheit und Gleichgültigkeit, – bitte wirklich ohne aufzuhören, und du wirst sehen: Ich lasse dich nicht!

Opfer notwendig

21. Dezember 1954

Trage diesen armen Priester mit. Trage sie alle, sie sind arme schwache Menschen, die unendlich viel Hilfe brauchen. – Ja, hier war schon viel Schuld und Sünde, Kind. Ich brauche auch Sühne dafür. Ich habe dich nicht umsonst an diesen Platz gestellt, Mein Kleines. So vieles erwarte Ich von Dir. Ich brauche dich ganz, opfere dich ganz ohne Einschränkung zur Sühne.

Keine Kompromisse

8. Februar 1955. Komm. Heimweg.

Es ist so, wie Ich dir schon früher gesagt habe: auch unsere Priester sind z. T. verweichlicht und glauben der Welt und Mir dienen zu können. Ich aber fordere alles. Die Welt von heute wird nur durch heilige Menschen gerettet werden, vor allem aber durch heilige Priester, die ernst machen und Meine Nachfolge ganz leben in vollem bewußten Verzicht. Auch die Träger der Kirche sind heute in Gefahr, von den Krankheiten der Zeit angesteckt zu werden. Deshalb muß Ich die Wunden der Kirche aufdecken, um sie zur Besinnung zurückzurufen.

Die Maß- und Zügellosigkeit der heutigen Zeit bringt nur Verfall. Dann muß Ich die Menschen durch Not wieder zwingen zur Einfachheit zurückzukehren. – – –

Nach oben brennen

6. März 1955

Siehst du an dir, daß das geistige Leben viel Zeit braucht, daß man Geduld haben muß und warten können? „In der Geduld werdet ihr eure Seelen besitzen." Ich bin der weiseste Seelenführer.

Du kennst Meine Wünsche. Ihr sollt die neuen Wege gehen und ein Beispiel geben (Wege der Barmherzigkeit). Es ist noch vieles zu tun in eurer Gemeinde für das Reich Gottes.

Aber *ein* Herz muß zu brennen anfangen, wenn irgendwelche Mißstände behoben werden sollen. Dann wird nämlich dieses Herz im stillen beten und opfern und so dazu beitragen, eine Seele zu bessern. Solange alles schläft und blind ist, bleiben alle Dinge beim alten. Wenn aber einer erwacht und sehend wird, kann sich vieles ändern.

19. Juni 1955

Zweifle nicht! Was Ich versprochen habe, gilt immer. Auch wenn du kleine – ja sogar auch große Umwege machst, ändert sich nichts, was Meine Vorsehung von Ewigkeit her beschlossen. Fürchte dich also nicht! – Um Geld nicht sorgen! Arm bleiben!

Juli 1955

Vertraue! Du wirst nicht krank werden, wie du denkst! Noch mußt du beim Vater sein und dem Himmel entgegenreifen.

Helfende Liebe

(Maresa: O Jesus, wenn ich an eine hl. Gertrud oder Hedwig denke – wie kann das sein?)

Deine Demut vermag die Edelsteine und das Geschmeide dieser Heiligen zu ersetzen. Fühle dich nur als ganz armseliges, unwürdiges Kind, – dann kann Meine Liebe dich erheben und schmücken. Und glaube Mir: Alles, was du diesen Heiligen nachzuahmen versuchst, wird dir durch Mein Entgegenkommen erleichtert werden. Noch ehe du dich abmühst, werde Ich dir mit unendlich gütigem Lächeln Meine Arme entgegenhalten, Mein Kleines.

Nie aufhören zu bitten

19. Oktober 1955. Heimweg n. Komm.

Sei nicht unglücklich über deine scheinbaren Rückschritte und Fehler. Du bist dazu da, immer wieder zu fallen und aufzustehen, um Dich für Mich zu bereiten.

Ich habe gewünscht, daß sich in diesem Monat alles für dich lösen möge. Ich habe auch die Macht, alles zu wirken, aber gegen den Willen der Menschen wirke Ich nicht. Auch hast du selbst manchmal Schuld, indem du zu bitten aufhörst, wenn etwas sich nicht erfüllt. Du mußt in festem Vertrauen solange beten, solange etwas noch nicht verloren ist. Nicht müde werden. Ich habe dir immer gesagt: dein Vertrauen könnte Mein Herz besiegen.

In meine Hand geschrieben

13. November 1955

Fürchte dich nicht, du bist Mein auf ewig. In Meine Hände habe Ich dich gezeichnet. Du bist Meine Braut und wirst es bleiben. Ich sorge wunderbar für dich. Glaube, wenn es dunkel ist um dich, bin Ich dir am nächsten. Mein Mitleid ist über dir und Meine Liebe. Laß Mich deine Liebe sein.

30. November 1955

Vertraue Mir blind. Mache dich frei von Sorgen um irdische Dinge. Nur eine Sorge kenne: Dein Weg zu Mir. Ertrage die Angst, ohne dich an sie zu verlieren. Vertraue!

Säume nicht mehr die hl. Gelübde abzulegen. Überspringe diese letzten Mauern deiner Schwachheit; Ich werde es dir hundertfach vergelten.

Abends: Mein Kind, wenn die Angst dich überfällt und du einsam bist und voll Grauen – wie eben – dann fliehe zu Mir und spreche: Ich vertraue Dir! Dann setze deinen Glauben ein, daß Ich allmächtig bin und den Menschen liebe. Das wird dich trösten!

Wachsamkeit Jesu

27. November 1955. In der Kirche

Mein Kind fürchte dich nicht! Sei geduldig! Ich mußte deine Gesundheit von dir nehmen, um dich aus der Betriebsamkeit und vor allem (aus der Arbeit) vom Rathaus zu lösen, wo deine Seele in Gefahr. Du empfindest es selbst, wie dich die 8 Tage Einsamkeit der Gnade wiederum geöffnet. Einmal mußte Ich wieder laut und deutlich sprechen, damit Mein Wille geschehe.

Deine Unruhe und Nervosität kommt von deinem Kranksein. Ertrage es.

Hinfallen und Aufstehen – das ist ein Gesetz im geistlichen Leben, auf das es ankommt. Wenn du es gelassen erträgst voll Flecken und Fehler zu sein und Dummheiten über Dummheiten zu machen, dann bist du auf dem Weg der Vollkommenheit.

Nachts:

Ich bin bei dir, Mein Kind. Laß dich nicht verwirren. Du bist in diesen Tagen aufs neue zu Mir hin aufgebrochen – nun setzt der Böse alles daran, es zu verhindern.

Wenn du trotzdem – gegen deine Angst und dein Verzagen – auf Mich vertraust, dann vollbringst du das, was Ich von dir erwarte und bist Mein vielgeliebtes Kind.

Gewiß, Vater hat dich nun monatelang quälen und martern müssen, jedoch nicht ohne Meine Fügung. Aber du solltest ja reifen daran und geprüft werden. Ehe du zerbrochen wärest, habe Ich ja eingegriffen.

Es wird alles gut. Du mußt nur ernst machen, sehr ernst mit allem. Glaube Mir doch: Wer sich Mir ganz überläßt, den verlasse Ich nicht. Jesus und Maresa vermögen alles.

(Maresa: „O, daß Du wiedergekommen bist!“)

Ich bin nicht wiedergekommen – Ich war immer bei dir! Ich war dir so nahe wie deine Hand. Ich war in deinem Herzen.

In der Welt und zu Hause bist du in Gefahr. Ich will, daß du unter der Obhut von Vater für Mich allein aufblühen kannst.

Schwerste Prüfung

28. November 1955. Nachts

Schäme dich deiner Tränen nicht. Deine *Seelenangst* ist eine der *schwersten Prüfungen,* die über dich verhängt wurden. Ich weiß es wohl. Aber Vater ist da, dich aufzufangen. Er bedenke, daß du trotz deiner Jahre ein Kind bist und daß Kinder *ihre* Schmerzen haben, an denen sie leiden können bis zum Kranksein, so ernst und schwer. Du bist wieder schwer krank, daher deine Not. . . Aber in Vaters Pflege wirst du dich wieder erholen.

Wärest du ohne Vater und seinen Schutz, ach, die Welt hätte dich längst zu Tode getrampelt.

Habe deine Krankheit lieb, sie hat dich heimgeholt an Mein Herz. 2 Jahre haben dich Mir entfremdet und genommen – in 2 Tagen habe Ich dich heimgeführt. Und es ist alles gut!

29. November 1955. Kirche

Sorge dich nicht um die Zukunft. Fürchte dich nicht. Ich will keine Gemma Galgani aus dir machen. Ich will nur deine Kinderleiden. Ich gebe dir nicht mehr als deine zarten Schultern tragen.

1. Dezember 1955. In der Kirche.

Ich ziehe dich an – o folge Mir! Nur eines ist wichtig: Dein Weg zu Mir. Nur darum sorge! Das andere betrachte gelassen und mit übernatürlicher Bewertung. Nur an Mich denke und daß Ich in allem auf dich warte.

Ehre um Liebe

3. Dezember 1955

Es schmerzt dich immer von neuem (Trennung von ihrer Freundin). *Ich* habe diese Bande zerrissen um deines Heiles willen. Eine große Gefahr habe ich damit von dir genommen.

Wenn sie nun ungut von dir denkt – willst du es nicht um Meinetwillen auf dich nehmen? – – – Ich war der Sohn Gottes und sie haben nicht an Mich geglaubt. Du aber bist nur ein armes Menschenkind. Kannst du deine Ehre nicht opfern? Wenn du dafür Meine Liebe empfängst? Es sind nur kleine Leiden, die ich dir aussuche. Ertrage sie still.

Diese plötzlichen Einladungen von allen Seiten sind auch ein Fallstrick des Bösen, dich nicht zur Ruhe kommen zu lassen. – Je mehr du unter Menschen weilst, umso unsicherer und unruhiger wirst du, weil sie das Kind in dir verletzen und deine Arglosigkeit mißverstehen. Nur beim Vater kannst du dich entfalten, alle anderen Hände zerstören nur.

Bleibe für dich, du sollst unter dichten Schleiern verborgen dein Leben führen.

Das Erlebnis

Wundere dich nicht über deine gesundheitlichen Rückschläge und angegriffenen Nerven. Du fällst ja nur immer wieder vom Himmel auf die Erde. Das Erlebnis Meiner Stimme ist eine große Erschütterung auch für deine körperliche Konstitution. Aber es wird niemals so sein, daß andere es merken.

6. Dezember 1955. Bei hl. Kommunion.

Wenn es wieder Nacht wird (in dir), dann glaube, daß ich mitten in deinem Herzen bin. Ich will dich heilig machen und selig!

Du wirst nicht ernstlich krank. Es sind dies deine früheren Leiden, die nur ein paar Stunden, oder eine Nacht dauern und am Morgen ist es wieder gut. Sei geduldig aus Liebe zu Mir! Ich habe es dir auferlegt, damit du Mir Opfer zum Darbringen hast.

Retten!

22. Dezember 1955. In der Kirche, abends.

(Maresa: „O Jesus, zeig mir einen Weg die Menschen zu retten!“)

Ich werde bald auf den Kreuzzug der Barmherzigkeit zurückkommen. Du sollst das Werkzeug sein und das Opfer. Fürchte dich nicht. Vertraue! Ich brauche Menschen, die freiwillig (dem gewöhnlichen Leben) entsagen.

(Maresa: „O Jesus, das werden nur wenige sein!“)

Es ist besser nur 10 Getreue, als 50 Schwankende. Ein einziger Heiliger vermag das Weltbild zu ändern!

29. Dezember 1955

Was dir Leid verursacht bei Vater, das kommt von Mir: Damit du Gelegenheit hast, Opfer zu bringen und dich zu überwinden. Damit lege ich die Axt an dein Ich, Kind, das fallen muß, willst du Mir ähnlich werden und für Mich tauglich.

30. Dezember 1955

Mein Mitleid mit deiner Schwäche und Zartheit ist immer um dich. Immer werde ich alles für dich fügen zu deinem Heil. Ich lasse dich nicht mehr los! Sei getrost!

Erste Gehversuche

1. Januar 1956. Hl. Kommunion.

(Maresa: „O Jesus, ich schäme mich so!“)

Du sollst nur demütig sein, Kind! Es wird niemals so sein, daß du mit ganz reinem fleckenlosen Gewande vor Mir stehst, wenn Ich es dir nicht zuvor gegeben habe. Du sollst Mich nur lieben.

Du bist ein Kind, ein kleines Kind, das die ersten Gehversuche macht und naturgemäß immer wieder hinfallen muß und sich beschmutzen und wehtun. – Dieses Kind aber versucht aus eigener Kraft ein fröhliches „Immer-wieder-aufstehen“, weil nur ein paar Schritte entfernt Jesus steht mit ausgebreiteten Armen. Ich habe dich in Mein Herz eingeschlossen – Mein bist du auf ewig!

(Maresa: „Jesus, warum bist Du so gut zu mir?“)

Das ist das Geheimnis der Erwählung, Kind, das du erst im Himmel einmal ganz begreifen wirst. Gib dir jetzt nur eine Antwort darauf: Weil Jesus mich liebt mit unendlicher heiliger Liebe.

Immer aufopfern

10. Januar 1956. Heimweg.

Du leidest, Kind, daß Vater morgen verreist! O, du bist ja zum Leiden geboren, Seelchen, damit deine Hände niemals leer sind für Mich, deinen Bräutigam.

Wenn du auch nicht darandenkst, Mir immer alles aufzuopfern – seit deiner Weihe habe ich immerfort Gaben von dir zum Heile vieler Seelen und zum Heil der Welt. – Deshalb bist du *so mimosenhaft erschaffen, um an allem leiden zu können.* Bleibe deinem Wege treu und werde ein Werkzeug Meiner Barmherzigkeit für die arme verblendete Welt.

Von oben geführt

17. Januar 1956. Heimweg.

Liebes Kind! Noch einmal will Ich es dir eindringlich sagen, daß es für dich nur diesen einen Weg zur Heiligkeit gibt, nämlich diesen einen Weg in der Verborgenheit beim Vater.

Wenn es Satan gelingen würde dich mürbe zu machen, sodaß du einen selbstgewählten Weg gehen wolltest, wärest du für Meine Aufgabe verloren.

Über dein *fortwährendes Ungeschick sei nicht traurig.* Du weißt nun, daß Ich viele Meiner *Auserwählten damit belaste.* Es hütet dich vor Stolz und Überhebung. Dieser Stachel muß sein als Ausgleich für die erhabenen Dinge, die dich bedrängen. Nur so kannst du im Verborgenen blühen nach Meinem Willen.

Sich Jesus überlassen

3. Februar 1956

Das ist eine menschliche Begierde: Viel und immer mehr zu wissen. Daß es dem Aufstieg zu Mir hinderlich ist, das weißt du längst. Bleibe also in Ruhe und schaue nur auf Mich.

Ich frage dich: was ist größer und Meinem Herzen angenehmer – wenn *du* um deine Zukunft dich sorgst und Versicherungen eingehen willst – oder wenn du es *Mir allein* überläßt für dich zu sorgen?

Gewiß, du mußt dabei einen Sprung tun, einen Sprung, der dir gefährlich erscheint – aber nur so überwindest du den Graben, der dich von Mir trennt.

Glaube Mir: Du brauchst für deine Anliegen *keine langen Gebete zu sprechen.* Dein liebendes, kindliches Gedenken genügt. Denn die Liebe vermag alles, nicht die Leistung irgendwelcher Art. – Es genügt ein Gedanke, um Mein Herz zu rühren. –

18. März 1956

Du mußt wieder beichten, Seelchen, du solltest alle 8 Tage beichten!

(Maresa: „O daß Du wieder zu mir redest, obwohl ich so zerstreut bin!")

Du *bist zerstreut* – auch das lasse ich zu. Denn deine Bemühungen, dich trotzdem *zu sammeln, sind Mir wertvoll.* Nur so ist das Gebet ein Verdienst.

Daß du so unter den gewöhnlichen Menschen leidest, ist notwendig für Mein Werk, Kind. Ertrage es still!

Für andere ertragen.

24. März 1956

Die Versuchungen und Prüfungen sind groß – aber Meine Hilfe ist mächtiger. Ich helfe Dir. Bring Mir nur kleine Opfer und Abtötungen dar, so wirst du Mir helfen Seelen zu retten, nach deren Rettung ich dürste.

28. März 1956

Was du gegenwärtig spürst an Unpäßlichkeit, das ist dir auferlegt für Meine Diener in diesen Tagen, von denen manche am Ende ihrer Kräfte sind. Auch Vater sollst du damit helfen.

Der Himmel sorgt

21. April 1956

Fürchte dich nicht, Kind! Es ist nur Prüfung! Du sollst dabei an dein Armutsgelübde erinnert werden, gegen das du z. Zt. so heftige Versuchungen spürst. Du sollst verzichten lernen, und das Irdische für gering achten. Und wenn du nur einen Mantel besäßest, Kind, du bräuchtest dir keine Gedanken machen, wo der neue herkäme. Alles Irdische soll für dich unwichtig sein. Gerade heute, wo die Menschen bereit sind, ihre Seelen und die Seelen ihrer Kinder zu verkaufen um einer Mode, eines Vergnügens, einer Leidenschaft willen, sollst du mitten in der Welt sein, als wärest du nicht von dieser Welt.

Und Vater! Willst du ihn nicht Verdienste erwerben lassen? Wenn Vater die Anstaltsseelsorge trotz allem gewissenhaft und treu versieht, – ohne Gedanken an das Geld, Kind, dann sühnt er mit die ungeheure Verblendung Meiner Verwalter der Kirche, die ihr Vertrauen nur mehr auf Geld und Macht gebaut. Ich aber sage euch:

Die neuen Herren stehen schon bereit, auf Meine Zulassung hin der Kirche zu rauben, was sie nicht in Meinem Geiste freiwillig geben mag. Mein Herz wird unaufhörlich beleidigt von Meinen Auserwählten. Nur Meine unendliche Liebe vermag sie zu retten.

Liebe deshalb die Armut, Kind, und schäme dich ihrer nicht aus Sühne und zur Rettung vieler.

O zeigt Mir, daß ihr Meinen Dienst um Meinetwillen liebt! Und Ich stelle euch die Güter Meines Reiches zur Verfügung!

Immer auf dem Weg

1. Mai 1956. Heimweg.

Ich bin bei dir! Ja, deine Fehler und Schwächen sind groß, aber sie müssen sein. Wie stolz wärest du ohne sie! Ich will nur deine Liebe. Garade darin sollst du wahre Liebe lernen, daß du dich immer wieder vor Mir verdemütigst.

Das Wesentliche ist: dein Weg zu Mir! Daß du ein verborgenes, gottgeweihtes Leben führst an deinem Platz, in deinen Verhältnissen trotz aller äußeren Schwierigkeiten.

Um deine Verborgenheit und Geborgenheit sicherzustellen, habe Ich dir Vater gegeben.

Welches Menschenkind ist so innig bei Mir wie du? O komm doch in Meine Arme und überlaß dich Mir ganz.

(Maresa: „O Jesus, trotzdem fürchte ich mich und bin voll Sorgen!)

Du bist ein Kind des Atomzeitalters und der Technik. Dir fällt es schwer an übernatürliche Kräfte und Weltführung zu glauben. – Was dich zittern macht, ist eine Scheinwelt, Kind. Die Wahrheit bin Ich. Meine Welt sollst du in dir hegen und ihr vertrauen.

(Was Maresa an einem Tag an Vertrauen und Glauben gewonnen, kann schon am nächsten Tag nicht mehr da sein. Mit einer übernatürlichen, eben göttlichen Geduld, führt Jesus Maresa bei fast jeder Einsprechung wieder zum Glauben und Vertrauen. Ein Mensch könnte diese Schwachheit auf diese Dauer nicht aushalten. 5 oder noch mehr aufeinanderfolgende Einsprechungen haben deshalb manchmal immer den gleichen Inhalt, wenn auch mit anderen Worten.)

Eile in Meine Welt

27. Mai 1956

Löse dich von dieser Welt und eile in Meine Welt, die dich allein erfüllen kann. Horche nach innen!

Ich war innig bei dir, auch wenn du es nicht fühltest. Deine Anstrengungen im Gebet sind Mir köstlich. *Traue niemals dem Gefühl,* traue Mir!

Wundere dich nicht über deine Unfähigkeit. Du bist sehr elend Kind, und krank, – beinahe zu elend, Meine Stimme zu vernehmen.

Strenge dich nicht an heroisch sein zu wollen, weil es andere gewesen. Nur jedem das seine! Dein Weg wird so klein sein, so klein deine schwachen Füße sind. Und dennoch wird er dich zu Mir bringen. Wenn du selbst etwas tun willst, wird es dich nur irreführen. Du hast dich Mir überlassen: Ich führe dich – auch wenn du es nicht fühlst.

Verwende die Zeit, die du übrig hast für deine Seele und es wird dir genügen. Wie töricht, Romane zu lesen und Filme zu besuchen. Wie getäuscht seid ihr doch, Meine armen Kinder, daß ihr diese Welt so wichtig nehmt.

3. August 1956

Wenn du mit Menschen verhandeln mußt, sei dir der Verantwortung bewußt, die jedes Gespräch mit sich bringt. Du wirst auch das nicht von heute auf morgen fertig bringen, ja es werden immer wieder empfindliche Rückschläge kommen. Aber bin Ich nicht dazu da, allen Schaden gutzumachen? Warum rufst du Mich nicht dazu auf? Ich werde immer deine Fehler gutmachen!

7. August 1956

Fürchte dich nicht! Niemand soll es wagen dürfen, das Kind in dir zu töten, das ich Mir ausersehen habe. Gehe ruhig deinen Weg, Ich führe dich!

Der andere Weg

19. Oktober 1956

Fürchte dich nicht! Du sollst *deinen* Weg gehen und nicht davon abweichen. Was dich ängstigt unter den andern, ist nur das Gefühl eben deines anderen Weges. Aber Ich will es so. Du sollst nicht vergleichen und sollst dich auch nicht anfüllen mit Wissen und Lernbegierigkeit. Du sollst nur eine Wissenschaft lernen: Die Wissenschaft der Heiligen und der Heiligkeit. Auch wenn du vor den andern als beschränkt giltst! Es nützt dir nur und schützt dich vor Überheblichkeit und Geltung. Sei nicht traurig! Denke nur an *deinen* Weg und Meine Macht, dich zu führen.

29. Oktober 1956

Du sollst wieder auf Meine Stimme hören, Kind. Ich brauche dich für Meine Missionen. Erschrecke nicht, Ich verlange nicht zuviel von dir. Nur in kleinen Schritten führe ich dich.

Fürs erste übe dich nur in der Sammlung. Halte dich wieder offen für Mich. Das andere werde ich dir langsam beibringen. Erfülle Mir nur diesen einen Wunsch!

Bitten, bitten

7. November 1956. (Friedensbetstunde abends).

Fürchte dich nicht, Kind! In Meinem Erbarmen suche ich Mein Volk, die Welt heim und versuche sie an Mein Herz zu ziehen. Wieviel Zeit die Menschen auf einmal für Mich haben! Mein Volk findet zu Mir. Und Ich lasse Mich bitten. Ich halte die Welt auf in ihrem rasenden Taumel in den Abgrund – wenn sie Mich darum bittet.

11. November 1956. Abendandacht

Wenn du wüßtest, wie gut Ich es trotzdem mit den Menschen meine! Ich bin wahrhaft der Vater der Erbarmungen und der Gott allen Trostes. Aber die Gerechtigkeit verlangt Sühne. Betet, betet ohne Unterlaß.

13. November 1956. Nachts.

Fürchte dich nicht und quäle dich nicht! Ich habe dir versprochen dich und die Deinen hinwegzunehmen, ehe der Sturm über die Erde rast. Noch ist es nicht so weit. Ängstige dich also nicht. Vertraue Mir! Ich werde euch helfen und euch retten in Meiner Liebe.

(Diese Angst vor der kommenden Weltkatastrophe kommt oft in Maresa hoch und wird immer von Jesus wieder beschwichtigt!)

Prüfungen

3. Januar 1957

(Maresa: „Jesus schweigt gänzlich und Vater auch. O wie sehr hätte ich Vaters Zuspruch nötig. Der Böse strengt sich ja so sehr an, das Werk Gottes zu zerstören, mich zu überlisten und so zu Fall zu bringen. Dabei verdiente ich es sogar, wenn der Heiland mich in diesen gräßlichen Versuchungen unterliegen ließe. Ob es Jesus ist, der Vater eine Binde vor die Augen und einen eisernen Ring ums Herz gelegt, um ihn blind und gefühllos zu machen für das, was in Seelchen vorgeht? – Dann müßte ich es annehmen. – Nicht Müdigkeit, die Seelenqual hat meinem Gesicht jede Farbe genommen: Inneres Leiden, das die Seele in Todesangst versetzt und für das es keine Worte gibt. Dabei läßt es Jesus zu, daß man in Trockenheit und Überdruß ist und am heftigsten angegriffen wird vom Bösen. – Und doch betete ich mehr als in früheren Tagen und konnte ich Jesus sagen, daß ich Ihm vertraue und Ihm danken für die Gnade, daß er mich so leiden läßt. Es ist für Oma und für meinen armen Sünder; ich weiß es wohl. Und heute abend quält mich ein brennender Durst nach Wiederholung dieser Leiden, – ja nach mehr! Wie ist das möglich? – O Heiland, Du hast mir Vater gegeben – Du nimmst ihn mir nun stückweise fort – ich liebe Dich trotzdem. Nun habe ich nur noch Dich allein. O verlaß Du mich nicht, Jesus, und schone mich nicht, führe Du mich und zeig mir auch in allem Leid den Weg der Demut und des Gehorsams. Wenn er nun auch bittere Opfer kostet – ich will sie nicht ausschlagen. Jetzt nicht mehr. Ich will folgen – ohne Trost und Hoffnung – nur laß mich nicht verzweifeln, Jesus und Dich dadurch beleidigen. Stärke mich!)

Gegen die eigene Natur

10. Januar 1957. Hochamt.

Stehe schnell auf, Kind, ohne Zögern, damit dein Sünder sich anhaltend bekehrt. Siehst du, mit solchen Opfern fängt man an. Folge sofort – in Windeseile gehorchen. Wenn du es einmal nicht getan, dann demütige dich sofort, damit Ich bei dir bleiben kann.

(Maresa: „O Jesus, warum ist das mit Vater über mich gekommen?")

Ich habe es dir auferlegt, daß dein Ich geläutert werde. Es ist sehr schmerzlich, aber Meine Liebe verlangt es. Es fordert deine Demut und deinen guten Willen. Immerwährende Verdemütigung vor Vater, so schwer es dir auch fällt. Das muß dir zur zweiten Natur werden. Sei darin streng und unerbittlich gegen dich selbst.

Der bittere, tägliche Tropfen Wermut und Myrrhe (der Vereinsamung), den du trinken sollst, ist für Mich! Vergiß das nicht, Seelchen. Ich gebe dir dafür köstlichen Trunk.

Ich habe das Leid für dich längst in unendlicher Weisheit und Güte abgewogen und bestimmt, deiner Schwäche entsprechend. Vertraue Mir und du brauchst dich nicht zu fürchten. Wenn Ich schweige, bin Ich mitten in deinem Herzen, höre alles, was du Mir sagst, – auch wenn du dann nur stammeln kannst und dich verlassen glaubst. Präge dir ein: Jesus ist immer und in allen Augenblicken bei mir!

Opferung

24. Mai 1957

Fürchte dich nicht! Du wirst niemals mit solchen (?) Menschen zu tun haben. Es wird dir nichts geschehen. Fürchte dich nicht! Dafür bin Ich am Kreuz gestorben, Kind, und habe Ich Mich solchen Menschen ausgeliefert, damit du ruhig sterben kannst.

Du mußt nur beten, Kind, viel beten – auch wenn du glaubst, Ich würde es nicht hören und es sei ohne Sinn, weil es kalt und arm ist. Du willst ja Mir Freude machen, nicht dir! Für Mich ist es wertvoll, wenn du betest ohne Erhebung. – Ich bin bei Dir!

Vaterschutz

23. Juli 1957. Abendbesuchung in der Kirche.

(Maresa: „Ich bat um Verzeihung für vorgestern." (Zusammenstoß mit N.))

Fürchte dich nicht. Ich bin bei dir. Ja Ich bin es wirklich und habe dir bereits verziehen. Es war die große Unsicherheit, die dich bewog, am Sonntag so zu handeln. – Es ist aber so, wie Ich zu dir sagte, Kind: Vater muß dich auch vor Angriffen und Ausfälligkeiten von N. beschützen, wenn du so hilflos bist und verängstigt. Er kann nicht verlangen, daß du allein fertig wirst. Deine Seelsorgsarbeit darf nicht darunter leiden, auch wenn du vieles ertragen mußt. Vater muß es sich vorstellen: Ein kleines weißes Lamm und eine *Tigerkatze (N.)* in einem Haus! Das Lamm braucht einen starken Beschützer. N. ist ein armer Mensch; aber sie braucht einen Willen, der dem ihren mit eiserner Konsequenz entgegensteht. Das braucht deshalb nicht gegen die Liebe sein. Betet viel für sie!

Verkannt!

1. Oktober 1957. 22^{30} Uhr

Am Sonntag wird es dir wieder besser gehen, Kind, da wirst du wieder gesund sein. Nur noch 4 kurze Tage, an denen du tapfer sein mußt. Dafür werden Vater und deine Angehörigen die Grippe nicht bekommen. Jesus hat dafür dir diesen Anteil aufgebürdet.

(Maresa: „O Mutter, meine (himmlische) Mutter!")

Maria: Ja, Ich bin Deine Mutter und helfe dir. Der Himmel allein weiß ja, welch *furchtbarer Kampf sich fortwährend in deinem zarten Körper abspielt* und wie schwer es für dich ist. Niemand glaubt dir; alle verkleinern die Tatsache, *daß schon lange Zeit böse Bazillen deinen Organismus stören* und deine Kräfte schwächen. Ich rechtfertige dich heute schon, damit du nicht an dir selbst verzweifelst! Ruhe nun in Frieden.

Selig

20. Dezember 1957

Fürchte dich nicht, Ich bin fortwährend in inniger Weise bei dir. Ich muß dich nur durch das Dunkel des Glaubens führen, weil du einmal sehr selig werden sollst: Meinen Himmel will Ich dir schenken. Warum Ich heute zu dir spreche? Ich habe deine Sehnsucht gesehen, – und ich wollte dir danken, daß du diese Kleinen zu Mir geführt.

Sage Vater, er hat vor seinem Gewissen recht getan und gehe seinen Weg unbeirrt weiter. Ich habe gewußt, daß Vater Meinem Anruf folgen wird, deshalb habe Ich es ihm ins Herz gegeben.

Wehe!

Nur wenige Priester sind es, die Meinem Anruf furchtlos folgen.

Wehe Deutschland, das Mir die Unschuld seiner Kinder vorenthält.

Vater durfte es heute erleben und hat es verstanden, was Mein Heilandsherz will.

Ich werde die Bischöfe und Priester zur Rechenschaft ziehen, die das Dekret eines heiligen Papstes, das nicht widerrufen ist, mißachten. Sie werden sehen und bereuen, wenn es zu spät ist, wenn sie keine Möglichkeit mehr haben, es gutzumachen. Nur Meine Barmherzigkeit wird sie retten.

Ernst einer Weihe

4. Februar 1958

Fürchte dich nicht und sei nicht verzagt – traurig. Es war alles ein großer Teufelsspuk heute, um deine Weiheerneuerung zu verhindern. Daran siehst du, wie ernst und wichtig und echt deine Weihe Mir ist. Wie gut, daß ihr heute trotzdem die Erneuerung vorgenommen.

Ich bin bei dir, wie am 1. Tag. Was Ich von dir erwarte, ist Vertrauen, Glaube und blinder Gehorsam. Das ist alles, Kind.

16. März 1958

Fürchte dich nicht! Denke niemals, daß etwas in deinem Leben nur Zufall oder von Menschenhänden gefügt sei. Alles kommt von Mir allein. Sei getrost: Ich werde dich vollenden!

Glaube nicht, du müßtest dich anders zeigen oder anders sein. Sei so, wie Ich es dir eingebe und wie du bist. Die Menschen laß reden und glauben, was sie wollen.

Heute ist Sonntag Laetare, Rosensonntag. Auch ich schenke dir eine goldene Rose – die Rose Meiner Liebe und Zuneigung. Sie leuchtet dir immer auf im Edelstein deines Ringes, auf daß du sie nie vergißt.

Preisgegeben

Ohne Datum. Abends 20^{30} *Uhr.*

(Maresa: „Wie schwer war mir heute Abend; eine Zentnerlast lag auf meinen Schultern. Ich schleppte sie mühsam in die Liebfrauenkirche ganz nahe zum Tabernakel. Aber auch ER war unnahbar ferne. Da schüttelte das Seelchen Angst und Entsetzen.

Meine so selige, kindliche Freude war zusammengeschlagen von einem Gesicht, das ich glaubte, zu kennen. Ob es ausgeschickt war zu meiner Beschattung, mich packte so der Ekel und ich bäumte mich auf gegen die Ohnmacht, die dem Guten gegen alle Niedertracht die Hände bindet. Warum kein Schutz mehr? Warum diese üppigen Auswüchse der Bosheit und Gemeinheit? – Muß ich denn dauernd verfolgt sein von diesen Krämerseelen, die etwas aus mir machen wollen, was ich gar nicht bin? So fing der Tag an – und so hörte er auf. Und ich bin dazwischengepreßt wie eine Zitrone und kann mich nicht wehren. Werde verfolgt von Bildern und Zwiegesprächen, die mich an den Rand der Selbstaufgabe und Verzweiflung treiben. Und nichts verscheucht sie, ihr unverschämtes Grinsen wird nur umso höhnischer. Mein hilfloses Beten dagegen verliert sich in tödlicher Stille. Und wieder packt mich Angst und Ekel. Was habe ich verschuldet – was mache ich falsch? Warum hält sich Jesus verborgen hinter dichtesten Schleiern? Es ist grauenvoll – bin wie ein verlorenes Blatt im Winde...“)

9. Juni 1958. Segensandacht

Fürchte dich nicht! Versenke dich in Mein heiligstes Herz! Ja, die Sünde ist furchtbar in den Augen Gottes – aber größer ist die Liebe und Barmherzigkeit Meines Herzens. Wenn die Menschen daran glaubten und Meiner Liebe Antwort geben würden – wie glücklich könnte ich sie machen!

Glaube du an Mein Herz, das dich so sehr liebt und versenke dich ganz darin!

14. Juni 1958. Heimweg

Verwende weiterhin große Sorgfalt auf Mein allerheiligstes Altarsakrament. Ich bin ein Gefangener in allen Tabernakeln – der Gefangene der Liebe – und Mein Herz ist unvergleichlich empfindsamer als das deine. Hilflos bin Ich Menschenhand und -laune preisgegeben. Naht Mir voll Vertrauen – Ich enttäusche euch nicht!

Nur klein sein

24. August 1958

Du nimmst dir immer zuviel vor, Mein Kind, glaubst immer noch, vor Mir etwas leisten zu können! Immer noch bist du nicht ganz zerknirscht vor Mir und klein. – Du kannst nichts – ohne Mich!

Daraus folgert: Daß du demütig und beständig bittest um alles und nicht selbst etwas vollbringen willst.

Auch habe Ich dich immer gewarnt, von dir aus große Verzichte leisten zu wollen. Alles hat seine Zeit – und Ich allein weiß, wann es Zeit ist. Nie soll der Mensch größer sein wollen, als er ist und allein, ohne inständiges Flehen zu Mir, Entsagung üben zu wollen. Das geht nur mit Meiner Gnade, Kind! – Das ist die Antwort auf deine Zweifel. Ich will dich klein machen, immer kleiner.

Einheit

21. November 1958

Fürchte dich nicht! Du wirst bis zuletzt in der Geborgenheit bleiben. Siehe Mein Herz! Laufe hinein in Mein Herz – und alles ist gut!

17. Dezember 1958

Fürchte dich nicht! Wisse, gerade, wenn etwas schwer ist, stärke ich Dich. Nicht du leidest – Ich leide in dir! Vertraue Mir also und Meiner Liebe.

3. April 1959

Sei getrost. Fürchte dich nicht! Du hast Mich schmerzlich gesucht. Aber siehe, Ich war mitten in dir!

Die Hilfe: Barmherzigkeit

19. April 1959

Du hast nun von der Gnade getrieben, das immerwährende Gebet gefunden zur *Anrufung Meiner Barmherzigkeit* und es will dich wundern, daß Ich es dich erst jetzt nach 9 Jahren gelehrt habe. Du mußt mit Meiner Zeit rechnen, Kind. Jahre sind für Mich wie ein Tag. Im Leben der Gnade will alles organisch wachsen, nicht stürmisch.

Dieses Gebet ist das *einzige Mittel, gegen Versuchungen* der bösen Gedanken anzugehen. Benütze es treu. Diese Gedanken sind nicht dein Wesen. Es sind Anfechtungen, die sein müssen.

Vertrauen gewagt

24. April 1959

Fürchte dich nicht! Da du Meine Stimme wieder vernimmst, kehrt auch die Qual der Zweifel wieder, ob du richtig vernommen und keiner Täuschung unterlegen bist. Immer gilt: Wenn du dich Vaters Urteil unterwirfst, ist kein Trug möglich. – Ich liebe das Vertrauen, das ein Wagnis verlangt.

Mein Herz liebt dich unaussprechlich. Würdest du es sehen, – wahrlich: du könntest es nicht ertragen.

Leben mit der Kirche

3. Mai 1959. Maiandacht.

(Maresa: „Ich betete, Gott möge mich keiner Täuschung anheimfallen lassen und dem Bösen unterliegen.“)

Jesus: Ja, auch um diese Dinge sollst du beten. Doch wisse, wenn du unaufhörlich Meine Barmherzigkeit anrufst, ist dieses Bitten eingeschlossen. Es genügt ein Gedanke daran.

Ja, hier (in der Kirche) hast du immer deine glücklichsten Stunden verlebt. Das Leben mit der Kirche ist die Welt, in der du von jeher Erfüllung gefunden. Laß es dir niemals rauben. *Das* ist die Wirklichkeit – das Leben der andern ist nur Schein und wie eine Seifenblase gering.

Nie sich suchen

Bete viel, bete noch viel mehr und du wirst auch Meine Stimme wieder öfters vernehmen. – Aber laß dir von Vater Demutsübungen aufgeben in dieser Zeit, auf daß du nicht dich selbst suchest in deinen stürmischen Bitten. Sage Mir auch aus dem Grund deines Herzens, daß Du mit *allem* einverstanden bist, was Ich tue, und Mir überläßt, ob die Prüfung zu Ende sein soll oder nicht. Ich sage das zu deinem Heil, Mein Kind!

Vergiß nicht, der Teufel hat wenig Freude am fortwährenden Gebet.

Störungen

16. Mai 1959

Bete, Mein armes Kind, um das Dunkel zu erhellen. Der Böse setzt alles daran, das Gute, welches dieses (Barmherzigkeits-)Gebet bewirken will zunichte zu machen. Er will nicht zulassen, daß Ich ihn in seinen Werken, die er bisher kraft der Willigkeit *von* N. ungestört vollbringen konnte, störe und beschneide. Doch vertraue Mir. Nichts erschüttere deinen kindlichen Glauben an Mich und Meine Liebe.

Fehler machen

22. Mai 1959

(Maresa: „Ich grübelte über meine Fehler nach.")

Kniee nieder und küsse 3-mal den Boden. Bete ein Ave Maria mit ausgebreiteten Armen. – Und nun bleibe nicht mehr hängen an deinen Fehlern. Laß die Vergangenheit ruhen. Du mußt Fehler machen, um einzusehen und zu erkennen, daß du Staub bist und aus dir selbst nichts vermagst. Erwarte jedoch alles von Mir. Du bist ein Nichts – wohl aber ein vielgeliebtes, für das Ich Mein Leben dahingegeben.

Deine Beunruhigungen sind Versuchung des Bösen, um dir das „Jesusgebet" zu rauben.

Ich brauche dein kleines Leid, das für dich so groß; denn alle Erlösung setzt Opfer voraus, Opfer bis aufs Blut. – Schenke Mir also deinen Schmerz und Kummer, auf daß Ich wirken kann.

Im Goldofen der Läuterung

23. Mai 1959

Fürchte dich nicht! Kind.

Ich bin die Weisheit und auch die Barmherzigkeit. Höre nicht auf zu beten, Mein Kind.

Muß ich dich nicht so hart prüfen im Goldofen der Läuterung, um deinen Glauben zu stärken – denn es ist der Glaube, der durch deinen Mangel an Vertrauen jeweils schwach wird und klein. – Vertraue und bete, ohne Nebengedanken. Kämpfe – es geht um dein Heil! Um das Kostbarste, das du besitzest: Deine Liebe zu Mir.

Kostbare Akte

28. Mai 1959. Fronleichnam

Fürchte dich nicht! Es wird alles gut! Wenn du wüßtest, wie süß Mir deine Vertrauensakte sind und wie sehr sie Mein Herz anrühren, wärest du bereit, noch Monate in diesem Zustand zu verbringen. Bete also weiter und vertraue vollkommen, wie Vater es tut. Ich will dich vollenden – doch das geschieht unter Schmerzen, die dir keine geringere als Meine Hand bietet. Halte also tapfer aus und zweifle nicht!

Laß das Gebet auf deinen Lippen nicht mehr verstummen.

(Später: Maresa: „O Jesus, ich will alles, was Du willst!)

Ja, Mein Kind, dieses Gebet fehlte noch bisher in deinem Leben. Bete es nun oft! Es wird deinen Verstand und deinen Willen Mir gefügig machen. Dieses Gebet ist ein Mittel, sich Mir ganz zu überlassen. Wende es oft an – und dein Wesen wird Mir ganz angehören.

Beim Nachtgebet

Maria: Vertraue Meinem Sohn ohne Vorbehalt. Beleidige Ihn nicht durch Zweifel und Mißtrauen, die Seinem heiligsten Herzen solch tiefes Weh bereiten. Vertraue und glaube Ihm.

Grüble nicht. Aber rufe Meine Barmherzigkeit unaufhörlich an. Ja, auch in der Sache mit A. Je öfter du betest: Herr erbarme dich ihrer – umso schneller werde Ich dich erhören können. Es ist Mein Wille, daß Schluß werde.

Alles zum Sieg

27. Oktober 1960

Fürchte dich nicht! Du bist Mein. Ich werde nun wieder zu dir sprechen. Tue von dir aus alles, Meiner Stimme zu gehorchen. Komme ganz in Mein Herz.

Du hast ganz richtig gesehen, daß diese beiden Krankheitszeiten dieses Jahr nur Vorübung sind für ein glückliches Sterben in Mir. So sehr liebe Ich dich!

Fürchtet euch nicht vor dem Bösen. Auch die Bösen müssen Meinen Plänen gefügig sein. Sie vermögen euch kein Jota zu schaden, ohne daß Ich es weiß und zum Guten lenke. All die Bosheit des Teufels und seiner willigen

Werkzeuge, die euch umkreisen, müssen sein, um das Gute umso herrlicher und reiner erstehen zu lassen. Auf daß eure Himmelskrone umso leuchtender erstrahle, habe Ich Verfolgung und Anfechtung um euch erstehen lassen – nicht zum Untergang – einzig zum Sieg. Betet und vertrauet.

Vergessener Vater

31. Oktober 1960

Sei Mein geliebtes Kind, das sich ganz seinem liebreichen Vater anheimgibt. Fast niemand will vor Mir ein hilfloses, schwaches Kind sein. Sie alle trachten danach, zu leisten und zu wirken aus eigener Kraft. Sie vergessen, daß sie einen Vater haben, der so gerne für sie sorgen würde. Sie ziehen es vor, selbst zu sorgen. Bleibe du Mein schwaches Kind, dem Ich tun darf nach Meiner milden Liebe. Du wirst es nie bereuen.

18. November 1960. Nach der hl. Kommunion

(Maresa: „Ich empfahl die Schule ganz fest Jesus.“ Maresa ist jetzt Hilfslehrerin).

Fürchtet euch nicht! Es werden ganz andere Dinge geschehen und sich vorbereiten, sodaß man weder an Schulbauten noch an Fabriken wird denken können. Aber durch Armut und Not hole Ich Mein Volk zurück an Mein Herz und rette es.

Kleine Maresa

9. Dezember 1960. Nachts

(Maresa: „Jesus, daß Du wieder zu mir sprichst!“)

Ich habe dich heute allein gelassen, damit du siehst, wie klein du bist. Ich habe dir angekündigt, daß Ich dich klein machen will; so wehre dich nicht dagegen und werde nicht mutlos. Ich muß dir nur zeigen, was Maresa ist und was Jesus mit Maresa ist. Maresa allein ist klein, arm und hilflos und manchmal abscheulich; – aber Jesus liebt diese Maresa so sehr, daß Er eine andere aus ihr machen will. Damit du nicht stolz wirst, muß Ich dich manchmal allein lassen. Je schmerzlicher und beschämender solch ein Fall für dich ist, umso schneller kann Ich dich aufheben.

Harter Prüfstein

12. Januar 1961

Ja, Mein Kind, A. ist der Prüfstein in deinem Leben. Noch schlägst du dich wund an ihm. Nur das Gebet vermag dich darüber hinwegzuführen. Wenn du von ihr verletzt bist, sag doch einfach wie ein Kind vor dich hin: „Ich verzeihe ihr, ich verzeihe ihr!“ Dies wird deiner wunden Seele gut tun.

29. Juli 1961. Disentis, vor dem Tabernakel

(Maresa: „O bitte sei mir nicht böse, wenn ich auf die Stimme wartete.")

Ist es nicht verständlich, daß du hier, an diesem Gnadenheiligtum Meiner vielgeliebten Mutter Meiner Stimme harrtest? Es ist wahrlich ein Gnadenort hier Mein Kind, und du sollst dich ganz in die Hände Meiner Mutter geben, denn nur an Ihrer Hand vermagst du den Weg zu gehen, der dir vorgezeichnet ist. Gleich wie Ich der Mittler zum Vater bin, so ist Maria Mittlerin zu Mir.

Wenn dein Herz trocken – nun, du hast so viele Gebetbücher; warum benützest du sie nicht?

30. Juli 1961. Disentis

Maria: Fürchte dich nicht! Ich werde dich stets führen und leiten. Jesus wird nie vergessen, daß du dich im zarten Kindesalter Ihm bereits geweiht hast. Und wenn du auch auf Umwegen gehst – Ich führe dich ans Ziel.

5. August 1961

Fürchte dich nicht! Nur weil ihr diese Wallfahrt gemacht, mußtest du die Schläge (von Seiten der Hölle) aushalten. Doch weil du treu betetest, konnte nichts dir zum Schaden gereichen.

Der Schmuck Jesu

10. August 1961. Königstein

Fürchte dich nicht. Es wird noch kein Krieg kommen. Es ist noch nicht soweit. Ich bin unendlich langmütig, denn es gilt so viele Seelen zu retten vor dem ewigen Tode. Auch du sollst Anteil daran haben.

Lege nicht zu viel Schmuck an, Mein Kind, denke daran, daß Mein einziger Schmuck die Dornenkrone war.

Doch sonst freue dich an allem, nur denke daran, daß alles dich zu Mir führen soll.

13. August 1961. Königstein nach d. hl. Kommunion

... Weil heute Sonntag ist, hast du dich geschmückt; doch denke daran, daß Ich arm und entblößt war.

(Doch): Alles Schöne, das du erlebst, sei dir Stufe zu Mir. Ich hole Mir deine zarte Seele durch Freuden heim, weil das Leid sie allzu schnell zerschlägt.

Ertragen – schwer wie Gold

26. August 1961. Auf dem Heimweg

(Maresa: „Jesus, ich fürchte mich vor A.")

Fürchte dich nicht! Siehe ein einfaches Bild: Hier die kleine Maresa an der Hand des großen Jesus – und dort jene Frau A. – geblendet vom Spiel des Bösen – ! Wer hat Grund sich zu fürchten? Niemals die kleine Maresa, denn sie hält die Hand Jesu fest.

Vater ist nun wieder im Hause mit dieser Frau, die das Priestertum haßt und ein williges Werkzeug des Gegenspielers ist. Mit seiner Hilfe gelingen Störungen.

Da Vater sich nicht im Glanze seiner Jahre sonnt, da ihm das Ganze (mit A.) eine Last ist – wiegt die Duldung und das Ertragen unvermeidlicher Dinge in Meinen Augen schwer wie Gold.

27. August 1961. Beim Abendgebet

(Maresa: „Jesus, hilf mir für die Zukunft!")

Ich sehe wohl, wie deine Seele hungert und dürstet nach Einsamkeit und Zweisamkeit mit Mir, nach Stille und Ordnung. Deshalb soll es hier auch ein Ende nehmen und ein neues Leben beginnen für dich und Vater.

Zukünftige Rettung

8. November 1961

Fürchte dich nicht, Ich bin unverändert bei dir. Satan tobte gegen dich, weil du zu den Kleinen gehörst, die mitwirken sollen an der Rettung der Welt.

Fürchte dich nicht! Die Angst ist die Tochter Satans, die dich lähmen will für Mich. Ich bin dein Heiland nach wie vor. Du hast noch eine Aufgabe zu erfüllen.

12. November 1961. Hochamt

Ich werde die Meinen retten, so wunderbar, wie Ich es noch nie getan habe. Du mußt nur an Mich denken und Mir alles schenken! Dann ist alles gut.

Die kommende Katastrophe wird die ganze Weisheit, Güte und Barmherzigkeit göttlicher Allmacht offenbaren. Ich werde die Welt retten. Das Unbefleckte Herz Meiner geliebten Mutter wird triumphieren *und Rußland wird sich bekehren.* Ich habe alles vorbereitet. – Nein, du bildest dir diese Dinge nicht ein, Mein Kind! Ich lasse dich vielmehr teilhaben an der glücklichen Gewißheit und Ahnung einer kommenden Zeit. Christsein bedeutet ja glauben an den Sieg des Gottesreiches ohne Wanken.

Frühling der Kirche

Dezember 1961

O Mein Kind, ein ganz anderer Frühling bricht an in der Kirche, als bestimmte Kreise sich erwarten. Nicht die Masse wird es sein, die sich bekehrt, die scheinbar mittut in Eile – nein: Meine armen Kinder, die verachtet werden und leiden, bitter leiden – sie sind es, die den neuen Frühling einleiten.

6. Januar 1962. Hl. Amt

Beten, Kind, um alles beten ohne Zweifel am Erfolg! Nur so wirst du abhängig von Mir, selbst im Kleinsten. Das ist notwendig, um derartig zu werden und Mir näher zu kommen.

Ich schaffe dir und Vater ein Plätzchen – ein Häuschen, in dem ihr ein gott- und naturverbundenes Leben führen könnt, wie ich es tat zu Nazareth.

9. Januar 1962

Was schadet es, wenn ihr verleumdet werdet und verfolgt? Nehmt es als Buße für alle eure eigenen Sünden und als Sühne für die Sünden anderer. Diese Dinge sind eine Auszeichnung, Kind; denn Ich lade sie nur solchen auf, die Ich für wert empfinde dafür und die Kraft haben, sie zu tragen.

Edler Vater

Das 2. Mal wurde jetzt Vater für dich die Entscheidung. Ihm habe Ich es 100-fältig vergolten.

Beide Male ist der edle Priester so sehr Meinem Willen entgegengekommen, daß er für dich identisch wurde mit Mir selbst. Und dies alles, um deine Seele zu retten, deine glühende, leidenschaftliche, ungestüme Kleine, ja so kleine und hilflose.

Warum Ich sie rettete? – Weil du als Kind dich Mir anheimgegeben und anvertraut.

Hemmende Lasten

11. Februar 1962

Es wird alles gut werden. Nur eine kleine Verzögerung jetzt, damit du einmal nur deinem Jesus blindes Vertrauen entgegenbringen lernst. Es kommt alles wieder, Kind! Dein wahres Leben ist nur eingeschlossen wie der Kern in der Schale, durch die allzu schweren Lasten der Arbeit und Zerstreuung. Ihr werdet in Ruhe nach G. umziehen können.

Wohnungswechsel! Nun in Grafertshofen.

Mai 1962

Ich habe dir eine Kirche wiedergegeben, die ganz dir gehört und wo du Meinen Altar schmücken darfst. Die Unannehmlichkeiten und das Mangelhafte im Haus wiegt diesen Glanz nicht auf! Um den Armen näher zu sein, habe Ich euch hierhergeführt; denn die Armut ist Meine geliebte Tochter. Das Haus wird nicht einstürzen! Deutschland wird nicht kommunistisch!

16. September 1962

Wenn ihr hier eure Mission erfüllt habt (gegenseitige Heiligung, der Ort G. soll nicht mehr in frühere Finsternis zurückfallen), kann Ich euch auch wieder wegführen von hier – wenn ihr Mich darum bittet! Ich gehe an keiner Not vorbei.

Vorbereiteter Sieg

20. Oktober 1962

Es wird noch mehr Angst kommen, Kind, denn ich brauche Opferseelen. Gewiß: Der Sieg ist vorbereitet, der Sieg Meiner Unbefleckten Mutter. Aber vorher wird die Welt geschüttelt werden. Doch keine Angst: Ich schütze die Meinen. Vergeßt nur das Beten nicht!

Nimm als Opfer an, das du Mir zuliebe bringst, deine Aufgabe nun: deinen alten Eltern alles zu sein in Geduld und Selbstlosigkeit. Im Frühjahr wird sich dann das endgültige Plätzchen finden, das dir wieder Zeit läßt zum geistigen Leben mit Vater.

21. Oktober 1962

Opfere alle deine Verdienste Meinem Herzen auf zu Meiner Verfügung. Du wirst froh werden dabei.

Es kommen schwere Seelenleiden für dich – doch, wenn Ich ein Leid anbiete, gebe Ich dir zugleich eine liebevolle Gabe.

Das Kinderherz

5. Mai 1963

Deine Aufgabe ist es still und verborgen im Kleinen zu wirken und immer mehr Kind zu sein. Übe dich im Kindsein und in der Liebe in deinem kleinen Kreis; denn unsagbar süß ist es für Mich, das Kinderherz eines erwachsenen Menschen zu besitzen. Das ist deine Aufgabe, deine Selbstheiligung im Verborgenen.

Heiligung

18. August 1963

G. wird auch einmal gerichtet werden, weil es die Stunde seiner Gnade nicht erkannt hat. Ihr habt eure Mission hier erfüllt. Du darfst getrost sein: Ihr werdet ernten dürfen, was ihr gesät habt: d. h. Ihr werdet Ruhe finden und Stille schon in 4 Wochen.

Warum ihr so viel mitmachen mußtet? – Weil ich eure Seelen heiligen will, um euch in der Ewigkeit all das schenken zu können, was euch von jeher zugedacht war. Deshalb müssen Prüfungen kommen. Alles, was ihr mitgemacht habt, sollt ihr gemeinsam aufopfern für G., dann ist auch der bittere Stachel weg.

(Am 6. 10. 63 starb die Mutter von Maresa. Sie wußte nichts vom Geheimnis ihrer Tochter).

18. Oktober 1963

Ich bin dir näher denn je in deinem Kummer. Grüße von Mutti, sie ist im Licht!

(Maresa: „Jesus will uns so selig machen wie sie!")

10. Dezember 1963. In Ulm

(Ihre verst. Mutter: Nicht weinen, Muschi. Mutti ist doch immer bei dir, – vielmehr als vorher, weil ich jetzt überall mit dabei sein kann. Vorher mußte ich mir immer Sorgen machen, wenn du fortgingst. In der Ewigkeit sind wir bald so verbunden, wie nie im Leben. Das Sterben war nur schwer wegen euch, vor allem wegen dir. Aber du warst tapfer und das hat mir geholfen.)

Für den Himmel reifen

12. Juli 1964. Hl. Kommunion

(Maresa: „Ich danke Dir so sehr für alles.")

Du sollst Mir nur zulächeln dafür, Mein Kind, sollst Mein Kind des Lächelns sein – so wie du es einmal für eine Ewigkeit lang sein sollst, – und wie deine Mutti es jetzt ist, – die Ich mit unendlicher Liebe umfange und alles, alles lohne. Ihr Menschenkinder könnt einander nur spärlich lieben, habt nur ein Tröpfchen Liebe zum Verschenken, Ich aber bin das Meer der Liebe . . . und durchdringe alles.

(Maresa: „Jesus, wo warst Du all die lange Zeit?")

Ich war immer bei dir. Ich stand immer bereit mit offenen Armen, um dich aufzufangen, wenn du strauchelst. Nur reden konnte Ich nicht zu dir, weil du für den Himmel reifen mußt und dazu muß Ich dich kämpfen lassen – auch einmal allein. – Wenn du auch Kind bleiben sollst, so mußt du doch jene andere Reife für den Himmel erlangen.

Heute sollst du es wieder einmal verkosten, wie süß Ich bin und auch, welchen Anteil deine Mutter nun hat durch Meine Gegenwart. Dein Wesen kann nicht erfassen, was es heißt, Mich zu genießen in alle Ewigkeit. Was du heute verspürst, ist ja nur ein Staubkörnlein davon, deinem kleinen menschlichen Wesen angepaßt.

Du Meine kleine Blume, Mein armes zerzaustes Vögelchen, so lächle Mich doch an und fürchte dich nicht. All deine schreckhaften Gedanken flößt dir der Böse ein, um dir deinen kleinen, großen Kinderglauben zu rauben und dich unglücklich zu machen. Aber der Sieg ist Mein. Halte Mich ganz fest und es kann dir nichts geschehen.

6. August 1965. Andacht (Monstranz)

(Maresa: „Dachte an Mutti, daß sie all das Gute jetzt nicht mehr erleben darf.“)

Sie hat es nun in reichem Maße. Du wünschtest dir immer eine heilige Mutter – nun hast du sie. Sie wird viel beitragen zu deiner eigenen Heiligung.

Ungeist in der Kirche

Mein heiligstes Herz wird beleidigt und mißachtet, Kind, – du fühlst es richtig. Es geht ein Ungeist durch die Welt und leider auch durch Meine Kirche. Nicht ihr, Meine Getreuen, seid die Wölfe im Schafspelz, sondern vielmehr jene, die das Maß verloren haben. Ihr dürft kämpfen für die gerechte Sache, ja ihr sollt gar nicht die Hände in den Schoß legen. Werde also nicht irr, Mein Kind! Doch wie sehr tröstet Eure Sehnsucht nach Mir und euer Opfer Mein Herz.

23. Oktober 1966. Vor der Monstranz

Du wunderst dich, daß Ich dich anspreche, Kind. Ich wartete darauf, daß du es wieder einmal erbitten würdest, nach so langer Zeit. Du hast ja auch keine Gelegenheit mehr dich in Meinen Anblick in der Monstranz zu versenken. Nicht als ob es davon abhängig wäre – aber für dich habe ich von Anfang an Meine Gegenwart im Altarsakrament spürbar gemacht. Der Anblick der Monstranz ist für dich die mühelose Erhebung deines Herzens zu Mir. *(Maresa sagte einmal: „Die Hostie ist für mich nicht eine Brotsgestalt, sondern etwas Lebendiges.)*

Fürchtet euch nicht vor Krieg oder Not oder Schmerz. Laßt euch nicht verwirren !

Es fegt ein Sturm durch Meine Kirche – und viele morsche Äste bricht er ab – auch unter Meinen Freunden

Vertrauen und Leiden

28. März 1968

(Maresa: „Jesus, ich vertraue Dir.“)

Du kannst Mir kaum Schöneres sagen. Es tut Mir weh, wenn ihr euch so wenig im Vertrauen übt und in Ängsten euch quält! Ich habe dich fest in der Hand – auch wenn du Mir davonlaufen willst –. Ich habe die Macht, für dich alles zu tun. Deine einmalige Weihe gibt Mir die Möglichkeit dazu.

Eure Leiden um die Kirche sind Mir kostbar. Danket Mir, daß ihr auf der rechten Seite steht. Es ist Gnade. Auch die Kirche geht ihrem schweren Gericht entgegen. Sie richtet sich selbst.

11. April 1968

Du bist daran, dich zu verzehren. Du wirst auch aufgezehrt werden für den Himmel, Mein Liebes. Fürchte dich deshalb nicht vor Tod und Sterben.

Fegfeuer

Angst vor dem Fegfeuer ist nicht gut, Mein Kind. Bete doch: O, Jesus, ich lege mein Fegfeuer in Deine Hand! – Wenn Ich weh tun muß, tue Ich es in Liebe. Im Fegfeuer wirkt sich ja nur Meine unendliche Liebe aus. Was ich dort an den Seelen wirke, ist verbunden mit unendlichem Trost. Führt es doch die Seele ohne Hindernisse zur seligen Vereinigung mit Mir.

Einheit

5. November 1969. Vor dem Tabernakel

Ich muß es dir wieder sagen: Komme hierher. Hier ist dein Platz. Komme mit Vater!

Ihr seid Menschen. Deshalb die Reibung mit anderen. Sei du die Betende, Schweigende, Liebende. Erst sei jeder eins mit Mir, dann erst gelingt menschliche Einheit.

6. November 1969

Du mußt es wieder lernen, nach innen, auf Mich zu lauschen. Es ist eine verzehrende Sache. Es fordert dich ganz. Doch wieviel unnützen Gedankenballast wirft es ab! – Die Spitze der Seele muß ruhen, auch wenn es unten brodelt und kocht.

Du bist traurig, hängst vergangenen Jahren nach, wo du so mühelos Meine Sprache aufgenommen! –

Tue es nicht! Ich erwarte nur Deine Demut!

Liebe üben

9. November 1969

Christsein vollzieht sich vor allem im Kampf um die Liebe. Erst jetzt ist es euch gegeben, sie radikal zu üben und immer wieder anzufangen. Du spürst, in welche Tiefen das geht und wie ungeheuer schwer es ist und wie sehr ihr am Rande bisher gelebt.

Daß es euch verzehrt und eure Bequemlichkeit stört – was tut es? Wollt ihr über Mir sein, der Ich diesen Weg bis ans Kreuz gegangen?

10. November 1969

Das ständige bei Mir Verweilen, soll keine Anstrengung sein. Vielmehr sollen deine Gedanken wie eine Magnetnadel mühelos zurückschwingen zu Mir, ihrem Pol!

11. November 1969

Ja, du hast einen großen, schönen Engel zur Seite. Wie wenig denkst du an ihn. Doch getrost – er denkt immer an dich!

Moderne Kirchen

12. November 1969. In D. vor einem modernen Tabernakel

So geht man heute mir Mir um. Ich bin den Menschen ausgeliefert. Sie tun mit Mir nach ihrem Willen. Ich aber schweige.

Störe dich nicht an dem Grauen über solche Kirchen. Sie sind mehr des Satans als Gottes. Es ist kein guter Geist in ihnen. Der Mensch steht in der Mitte – nicht Gott!

Was sprichst du von 7 verlorenen Jahren? Warum diese Traurigkeit? Diese Jahre waren ein einziger Spaziergang mit Mir – Hand in Hand. Wir waren nur beide sehr schweigsam, doch niemals getrennt.

Herzenswärme

2. Dezember 1969

Ich war dir immer hautnah – nur dein Köpfchen war zur Seite gebogen.

Wenn du wüßtest, wie sehr es Mich entzückt, daß der Anblick der großen weißen Hostie dir so viel bedeutet. Dein Glaube, Deine Gemütsbewegung und dein kindliches Entzücken treffen Mich jedesmal ins Herz. Bewahre dir dieses Kindheitserlebnis unerschütterlich! Mich schauert ob der Kälte und Gleichgültigkeit vieler Priester und Gläubigen!

Der Augenblick

4. Dezember 1969

Du sollst nicht in der Zukunft leben und sorgen. Jetzt im Augenblick sollst du das Deine tun. Im Augenblick – wörtlich – verstehst du? Das ist das ganze Geheimnis der Heiligkeit. Nur so stehst du im Willen Gottes und verzichtest auf deinen eigenen.

Besonderer Gnadentag

5. August 1970

Glaube und vertraue (betr. Halsgeschwulst bei Vater). Es sind kleine Prüfungen, Zeichen dafür, daß Ich vor der Türe stehe und anklopfe.

(Maresa: „Auch bei mir oder nur bei Vater?")

Auch bei dir! Ihr seid ja eine Einheit: Du und Vater! Ihr sollt euch vorbereiten auf Meine Ankunft und euch gegenseitig helfen. Wenn es Zeit ist, findet ihr auch den Platz, um euch zurückzuziehen, – damit du Gelegenheit hast, dich noch ganz zu verzehren.

Jesusbegegnung

9. August 1970

Du spürst heute eine Kraft, die dir fremd ist, die du bisher nicht besessen. Ihr habt Mich, den Verlassenen, erwählt – deshalb ist euch Meine Liebe am nächsten, wenn Ich euch als Gekreuzigter, verlassener Jesus begegnen kann. Als solchen sollt ihr Mich lieben, nicht nur annehmen. Dann kommt die Kraft.

27. Oktober 1970. Rosenkranz- Andacht/Dom Innsbruck

(Maresa: „Bitte, nimm mich nun ganz, läutere mich, zieh mich und mache mich heilig, wie es in deinem Plane ist.")

Du mußt alles hingeben, dich selbst ganz und gar. – Ich will dich nun weiterführen, näher zu Mir!

Heute ist ein besonderer Gnadentag (Wohl Engelweihe) für euch, du hast es ja spüren dürfen, wie machtvoll die Hand deines Engels sich auf dich legte.

Tagebuch-Notizen

9. August 1972

(Maresa: „Ich soll ein Tagebuch führen! Es ist Dein Wille, Jesus! Es fällt mir schwer, denn ich bin so gebunden. Du weißt alles. Du weißt Dinge, die ich nie aussprechen kann, weil ich die Ausdruckskraft dafür nicht habe. Du weißt, wie sehr sie mich quälen. Deshalb: Bitte, bitte, löse mich von meinen Fesseln – wenn Du willst, Herr!

Gib mir noch eine Chance. Vollende mich rasch!

So viele Jahre meines Lebens habe ich mich nun bemüht und nichts oder sehr wenig nur ist geschehen. So begreife ich endlich, daß ich Dich bitten soll, mir zu helfen – daß ich Dir vertrauen soll – daß Du alles kannst, weil Du die Liebe bist. Erhalte mir den Glauben an die Liebe. In ihm allein kann ich geborgen sein.

Ich muß nun gehen, Herr. Gib mir, daß ich den Augenblick lebe, auch wenn es so sehr anstrengend ist. Gib mir, daß ich nur liebe, den ganzen Tag. Nein, nicht nur liebe, gib, daß ich Liebe bin!

Herr, ich will zu dir kommen vor den Tabernakel. Wievielmal hast Du schon auf mich gewartet und ich habe Dich allein gelassen. Herr, ich schaue Dich nur an und halte Dir meine Hände hin, darin der Schmerz liegt: Der Schmerz über Versäumnisse, der Schmerz, daß ich so wenig geliebt habe und auch andere Schmerzen, Du weißt es! Ich fühle die Verlassenheit, die Unsicherheit, die Trockenheit: Alles liegt auf mir und bedrängt mich sehr. Doch der Schmerz bist Du! Dich kann man nur lieben, Herr!)

Mit Christus am Kreuz

15. August 1972

(Maresa: Herr, ich bin müde, lustlos und ohne Kraft. Es fällt mir schwer etwas zu tun. Ich versage sehr. Aber ich will meine Ohnmacht annehmen und tragen – durchtragen mit Dir am Kreuz! Ich muß bei Dir innehalten und mein Ja sagen! Für Dich, Herr, und für die andern.

16. August 1972

Herr, in einigen Minuten bin ich bei Dir, bei Deinem Opfer und Kreuz. Ich gebe mich ganz hinein. Es ist die einzige Möglichkeit, den Tag zu bestehen: Mit Dir am Kreuz, mit Dir im Opfer!

Herr, meine Müdigkeit ist so groß, daß es mir schwer fällt, sie zu ertragen. Du weißt es, wie viele Mittel ich schon ausprobiert habe, sie zu bekämpfen. Vergebens. Es gibt nur noch ein Mittel, Dich, Dich zu lieben in dieser Krankheit. (Und doch:) Mein Charakter ist so schlecht. Ich bin mir selbst zum Hindernis auf dem Weg zu Dir. Doch, – ich will zu Dir – auch über mich selbst hinweg. Nimm meinen Willen, – er ist Dein. Nimm mein Leid, meine Not, meinen Schmerz, meine übergroße Müdigkeit, um darin Dich allein zu finden.

9. Oktober 1973

Ich habe starke Schmerzen, aber unwillkürlich denke ich daran, daß sie viel zu gering sind, um sich das Paradies zu verdienen.

Nur noch einen einzigen Willen haben: Den Willen Gottes. O, daß er sich mir deutlich kundtun würde! Ich kann ihn nur im Augenblick leben.)

Verkennung

10. Oktober 1973

(Maresa: Jesus, du rufst mich und lädst mich ein zu reden! Ich will meinen allergrößten Kummer nur Dir unterbreiten. Du weißt, wie einem zu Mute ist, wenn man verstoßen wurde. Du hast es selbst mitgemacht, verkannt zu sein. Auch Dir wurden die besten Absichten verdreht. Du weißt, wie weh das tut und wie sich die Hölle darüber freut. Du warst heilig, ich bin es nicht.")

Ausgleich

15. März 1975. Hl. Messe

Du wirst das Fegfeuer durcheilen, Mein Kind, in brennendem Verlangen nach Mir.

(Maresa: „Dachte an alles was ich versäumt!")

Keine Sorge: Du hast dich Mir geweiht und hingegeben, seit deiner Erstkommunion und seitdem springe Ich für dich ein und mache deine Versäumnisse gut. Deine Weihe galt für immer!

Beim Rosenkranz:

Denke daran, daß du Meiner lieben Mutter Rosen schenken willst. Überreiche sie Ihr durch Mich, das ist Ihr besonders wohlgefällig.

Im Dunkel glauben

31. März 1976

Es ist dir viel – alles genommen worden im geistigen Leben: Alles Gefühl, alles Wissen, auch der Trost vom Vater her. Das ist Prüfung, nur Prüfung. Ich arbeite an dir, auch wenn du glaubst, alles sei verloren. Bleibe ruhig. Wenn du Mich, wie jetzt, nur einen Augenblick spürst, weißt du, wem du geglaubt hast und bist glücklich und sicher. Bleib so auch im Dunkel.

Du bist geschädigt durch die Einstrahlung des Bösen. Doch habe keine Angst. Ich sorge für Alles.

24. Juli 1976

Du bist viele kleine Schritte auf Mich zugegangen, spürst du es? Doch nur, weil Meine Anziehungskraft wirkte. So kannst du Mich wieder hören. Auch weil du gelernt hast, dein Ich auszuschalten und jede Art von Geltung. Du bist anders geworden. Spürst du es?

29. Januar 1977

Mein Kind, du mußt dich befreien von dem Gedanken, daß ein Schnitt durch dein Leben geht mit dem Tode. Dem ist nicht so. Auch *in der Ewigkeit wirst du wirken, – ja noch mehr als hier* wirst du Mir dort helfen, Seelen zu retten. Weißt du nicht, daß die glorreiche Kirche mit der streitenden eng verbunden ist? Also Mut, Mein Töchterchen, und Freude.

Bei allen Versäumnissen und Nachläßigkeiten nimm *Mein Herz, das Ich dir zum Tausch* gegen das deine angeboten und *halte es dem himmlischen Vater hin* – so biete Ich Ersatz für deine Schwäche. (Herzklopfen) Ja, für einen Augenblick hast du den Tausch physisch erfahren, – damit du glaubst!

Die Kleinste der Kleinen

31. Januar 1977. Kommunion

Beginne langsam wieder mit kleinen Abtötungen. Sie tun Meinem Herzen so wohl.

Quäle dich nicht ab mit vorgefaßten Gebeten. Ich weiß, daß du zu klein dafür bist. Du bist die Kleinste der Kleinen, die Ärmste der Armen, die Armseligste unter den Armseligen. Wenn du dich sehen könntest, du würdest es nicht ertragen. Deshalb verberge Ich dich gnädig vor dir selbst. Und dennoch liebe Ich dich so sehr. Kannst du es begreifen, daß Ich dich liebe?

Wie gut, daß du es verstanden hast, daß du nicht warten kannst auf Tugenden und Vollkommenheit, um Mich zu lieben. – Daß du begriffen hast, daß ich erst bei deinem letzten Atemzug dich als heilige Gabe dem himmlischen Vater darbieten werde, bekleidet mit Meiner Heiligkeit, Meinen Tugenden. Deine Größe besteht einzig darin, in Demut das Meine anzunehmen. Fliehe nicht im Bewußtsein deiner Schwäche – halte dich eng an Meiner Seite, dann ist alles gut.

Anbetung

31. Januar 1977. Ewige Anbetung

Heute ist dir der Ort hier wie eine Heimat, vor allem dieser Lichterglanz der Kirche. Er erinnert dich an unvergessene Gottesdienste deiner Kindheit.

Du glaubst dich zurückversetzt – und dennoch ist es nicht mehr, was war. Höre nur auf die Worte der Priester; wie unpersönlich ist die Art ihrer Gebete. Verdiene Ich es nicht mehr, mit Meinem Namen als ein lebendiges „DU" angesprochen zu werden? Welche Kälte weht Mich an von solchen Andachten. Dein Herz fühlt es und tröstet Mich dadurch.

Trotzdem, Mein Töchterchen, neige ich Mich liebevoll herab und höre, – höre auf sie alle, die verlernt haben, mit Mir zu sprechen als Ihrem Herrn und Meister.

(Maresa: „Ich empfahl Ihm Vater.“)

Ja, Mein Kind, er ist einer Meiner Priester nach Meinem Herzen. Er steht in Sühne stellvertretend für seine Brüder, die sich in Aktivitäten leerlaufen und nichts vorzuweisen haben. Dafür lebt Vater in Vergessenheit und Ohnmacht. Sag ihm, das ist schon Demut!

Wirf deine Sorgen auf Mich

2. Februar 1977

Daß du gestern und heute krank bist, ist Prüfung, ob du von nun an ohne Angst bist, geborgen unter Meinen Flügeln der Liebe. Es wird morgen besser sein. Ja, noch greifen dich diese Dinge an. Aber getrost: Du wirst dich wieder daran gewöhnen.

Du bist erschüttert in deinem Wesen, weil Ich Mich wieder dir zugeneigt. Das beunruhigt dich noch und versetzt dich in Anspannung und deine Leber registriert dies. Bemühe dich wieder um Gelassenheit und alles wird gut!

3. Februar 1977. Hl. Messe

(Maresa: „Ich dachte an unerledigte Arbeiten.“)

Ich will nicht deine Arbeit, Ich will Dich! Ich bin es, der dich (in deinen Arbeiten) hemmt und zurückhält, damit du lernst bei Mir zu bleiben und Maß zu halten. Sei gelassen, wirf deine Sorgen auf Mich. Werde klein, daß Ich dich tragen kann!

Auch das ist Sühne

5. Februar 1977

(Maresa: „Jesus, verwunde mich mit einem Pfeil Deiner Liebe!“)

Ja, nicht wahr, du würdest dich Mir nicht mehr verweigern, wenn Ich Mich dir ganz zuneigen würde in ständiger Vereinigung. Du fliehst nur, weil du Mich nicht fühlst und dich allein glaubst.

Verstehst du nun auch deine Lebensumstände, Kind, die dir so zu schaffen machen? Meine Liebe hat sie ausgesucht, um dich klein zu machen und klein zu halten; denn du wärest so gerne groß geworden. Aber deine Kleinheit allein zieht Meine Barmherzigkeit an.

Maresa: (Vaters Husten bei der hl. Messe) „Ich bat Jesus, ihn mir zu geben.“

Mein Kind, Vater bat Mich um Demut. Das ist sie. Es ist Sühne für den Stolz so vieler seiner Mitbrüder. Damit kann er ihre Herzen erweichen. – Für dich ist das Knieen beschwerlich; es verursacht dir Schmerzen und Beklemmung. Auch das ist Sühne.

Fürchte dich nicht!

6. Februar 1977

Dein kleines Nichts muß ganz ausgelöscht sein, wenn es Meine Stimme hören soll. Verstehst du das?

Die Müdigkeit ist es, die ich heute den Meinen zumuten muß als tägliches Kreuz.

Habe ich dir heute Nacht zuviel zugemutet, daß Ich schwieg? O wie rührten Mich deine kleinen Angstgebete! Vertraue Mir nur, es ist alles gut.

7. Februar 1977

Ich bin bei euch – wie versprochen – alle Tage bis ans Ende der Welt. Fürchtet euch also nicht. Ich habe euch zu nichts Außergewöhnlichem ausersehen. Euer Kreuz besteht im Alltag, in dem Leben, das Ich euch geschaffen habe. Nur eine „Margherite" braucht ihr zu sein. Nur euer Innenleiden wird gefordert und eure äußerste Liebe.

(Maresa: „Warum trifft es die Focolare auf einmal so hart?")

Sie haben Mich als den Gekreuzigten erwählt, Kind. Und dieses Mein Kreuz ist es, das die Welt erlöst. Sie opfern sich für die andern, für das Werk in Deutschland. Doch sei getrost, sie werden nicht weniger sondern mehr!

(Maresa: „Ich fürchtete um Vater, wenn er bei der Marian. Priesterbewegung ist.")

Fürchte dich nicht! Von Vater wird nicht das Martyrium verlangt. Meine Mutter ruft ihn in den Dienst des Betens und Sühnens in den Gebrechen und Beschwerden des Alters. Er soll wissen, daß er nicht unnütz ist.

Geborgen in Gott

9. Februar 1977

Mein Kind! Ich muß dich in scheinbar ausweglose Situationen führen, um dein Vertrauen zu festigen. Wenn du ohnmächtig stehst, eine kleine Desolata, erst dann kann Ich eingreifen und für dich handeln. Begreifst du das? Je uneingeschränkter du dich Mir vertraust, umso uneingeschränkter kann Ich dir helfen. Es ist schwer für dich, dies zu lernen – denn gerade hier setzt der Kampf Meines Gegenspielers ein.

Doch: Du bist überall geborgen in Mir.

(Maresa: „. . . ich bin nicht würdig!")

Nein niemals bist du der Gnade Meiner Nähe würdig und kannst es nie werden – nur klein kannst du sein. Einzig dein Nichts zieht Mich an.

Bei der hl. Kommunion:

Ich sehe wohl deine rührenden Versuche gegen all das Dunkel und die Finsternis, die dich umgeben will, anzugehen. Immer, wenn du einen Akt des Vertrauens dagegen ansetzt, rufst du Mich sofort zurück, wenn du Mich scheinbar verloren glaubst. Ich bin immer bei dir. Ich umgebe dich wie die Luft die du atmest.

Wisse, immer wenn Ich Mich dir nähere, nähert sich auch der Widersacher. Das ist deine Bestimmung vom Mutterleibe an, von dem Augenblicke an, da du Meiner Mutter geweiht wurdest. – Das ist der Schlüssel zu all den Rätselhaftigkeiten deines Lebens. Doch kannst du es mit Händen greifen, daß Ich immer der Sieger geblieben bin. Ich lasse dich nicht untergehen.

Daß du dich schwach fühlst und unfähig und ständig am Versagen, ist notwendig. Nur so lernst du demütig sein und alles Gute Mir zuzuschreiben.

Durst nach Seelen

10. Februar 1977

(Maresa: „Ich sah Vaters geweihte Hände.“)

Ja, Kind, welch ungeheurer Frevel geschieht mit Meinem heiligsten Leib! Sie häufen Sakrileg auf Sakrileg. O wie Ich leide ...

(Maresa: „Jesus, wie kann ich Dir helfen?“)

Indem du Mich in dir leiden läßt. Deine zarte Empfindsamkeit ist Balsam für Meine Wunden. Gehe mit äußerster Sorgfalt um mit den heiligen Geräten, ich bitte dich. Ich dürste nach Seelen.

(Maresa: „Jesus, gib mir Deinen Durst!“)

Du würdest ihn nicht ertragen können.

(Maresa: Dann gib mir einen Tropfen davon!)

Kniee dich, wie gestern, immer wieder nieder vor Meiner Gegenwart und bitte Mich um Seelen. Damit stillst Du meinen Durst.

Alle Angst kommt vom Bösen

11. Februar 1977

(Maresa: „Ich hatte einen schrecklichen Traum.“)

Fürchte dich nicht. Der Widersacher ist es der dich schrecken will und verwirren. Der Traum wird niemals eintreffen. Feiere die hl. Messe und bete den Rosenkranz. Das sind die Waffen gegen die Ränke des Bösen. Alle Angst kommt von ihm.

Bei der hl. Kommunion

Wenn du die *Weihe (an das Unbefleckte Herz Mariens)* vollzogen hast, wird die Angst schwinden. Der Böse flößt die Angst ein, um in letzter Sekunde dein Ja zu verhindern. Er ahnt, daß es um etwas Entscheidendes geht. Sei mutig! Wo anders als in Meinem Herzen und im Unbefleckten Herzen Meiner Mutter könntest du Geborgenheit finden und Schutz vor schlimmen Zeiten?

14. Februar 1977

(Maresa: „O Jesus, ich bin so armselig und bringe nichts fertig!")

Du wirst es nie fertig bringen. Ich werde dir diese Schwäche belassen, die deinem Temperament entspringt. Sie ist Grund zur Demut und Kleinheit. Du sollst immer wissen, daß du allein versagen mußt.

Der Schmerz

21. Februar 1977

(Maresa: „O Jesus, ich habe keine Phantasie mehr!")

Wie gut, Mein Kind, dann habe Ich Raum in dir. Deine Phantasie verdrängt Mich. Weine ihr nicht nach. Freue dich Meiner!

Wenn Ich dir entschwunden bin, dann suche Mich. Das Gebet ist die Brücke und der Wegweiser, Mich zu finden.

Mein Kind, wenn dein Schmerz um die Einsprechungen nicht wäre, würdest du dein Leben nicht ändern. Wie ein Schmetterling würdest du von Blume zu Blume flattern als glückliches Kind der Welt. – So aber teilst du Meinen Schmerz und zitterst um diese heillose Welt. Und d a s i s t e s , was Ich dir auferlege.

Wie ein stiller See

22. Februar 1977

Deine Seele muß sich ausbreiten vor Mir, wie ein stiller See im Gold der Abendsonne sich breitet.

Die Leiden des Rückens (sie hat auf der linken Seite des Rückens einen Muskelbauch) ist besonderer Gnadenerweis meinerseits. Ich ziehe dich dadurch sanft ans Kreuz zu Mir.

23. Februar 1977

Maria: Du empfindest es, daß es Meine Stimme ist, nicht wahr? Sie ist leiser und einfacher als die Stimme Meines Sohnes. Du wirst Mich nun öfters vernehmen. Es ist dies die Frucht eurer Weihe (an das Unbefleckte Herz Mariens), die ihr diesmal bewußt vollzogen habt. Ihr habt euch schon öfters Mir geweiht, doch noch nie so wie jetzt. Nun kann Ich wirken. Es wird sich nun

Manches ändern. Du wirst Mir noch nicht gleich aufs Wort folgen können, doch je besser du es lernst, umso öfter kann Ich zu dir sprechen.

Geheimer Kreuzträger

24. Februar 1977

Jesus: Mein Kind, Ich sehe deine inneren Leiden. Ich würde sie dir nehmen, wenn es einen anderen Weg ins Himmelreich gäbe. – Willst du Mir nicht zugestehen, daß Ich mittrage? Siehe: Ich trage den größeren Teil. Deshalb geh nicht weg von Mir!

Diese inneren Leiden – Preis für die Gnaden – sind Anteil an den Leiden Meines verschmähten Herzens. Es ist dies das empfindsamste Herz, das jemals in einem Menschenkind gewohnt. Tröste es durch dein Leiden.

Geheimnis der Seelenrettung

25. Februar 1977

Du bist im Begriff, das Geheimnis der Seelenrettung zu erahnen. Es ist dies ein Liebesgeheimnis.

Nicht deine Gebete und Worte nur vermögen etwas zu bewirken. Die Liebe ist es, die Mein Herz rührt. In dem Maße, in dem du an Meiner Erlöserliebe teilnimmst, vermagst du zu retten. Dein Herz muß dürsten, wie das Meine, es muß lieben und verzeihen und in Stellvertretung sühnen.

Bei der Abendmesse: Du bist glücklich, nicht wahr? Weil du arbeiten konntest. Ich habe dich nicht gehindert, weil du oftmals aufblicktest zu Mir. Deine innere Freude kommt von Mir.

26. Februar 1977

Ihr seid auf Erden einzig und allein um eure Brüder zu retten. Mit euch, ihr Allerkleinsten, will Ich die Welt retten. O seid klein, immer kleiner. Versteht, daß ihr nichts seid.

27. Februar 1977

(Maresa: „Ich dachte an meinen Tod.")

Ich selbst werde dich abholen. Glaubst du nicht? Ich werde ebenso glücklich sein, wenn dein Angstweg zu Ende ist. Ich werde dich umhüllen mit Meiner Liebe.

9. März 1977

Durch einen Menschen wie R. kann die heillose Welt heil werden. Sie nimmt ihre Umgebung ganz auf sich. Das ist Anteil an Meinem Erlöserleiden. In euch will ich Mein Leiden um die Seelen zu vollenden.

Wie die Perlen einer Kette

13. März 1977

(Maresa: „Ich verspürte den Wunsch ganz Kind, ganz klein zu werden für Ihn.")

Ich brauche dich nicht dazu zu machen, – du bist es geblieben. Ich habe dich dazu angehalten. Spürst du es nicht schmerzlich, wenn du mit Erwachsenen zu tun hast? – Hier liegt der Grund für dein Leid, dich in einer Gemeinschaft nicht geborgen zu fühlen, die so sehr auf Aktivität ausgerichtet ist.

(Maresa: „Ich dachte über Buße nach.")

Mein Kind, du bist in den Geist der Buße eingedrungen. Je öfter du Abtötung übst, umso leichter erscheint es dir. Je mehr du schwach wirkst und zurückfällst, umso fordernder wird der Trieb nach Bequemlichkeit und Naschhaftigkeit. Abtötung jedoch ist unerläßlich für eine Seele, die Mir nahekommen will.

(Maresa: „Ich dachte, das was ER mir sagt, sollte ich sofort ausführen.")

Das sollst du lernen: Gehörtes nicht überdenken, sondern üben, – tun! Vollbringer des Wortes sein.

Retten! Retten!

17. März 1977

(Maresa: „Ich dachte: Wieviel versäumt, vertan!")

Mein Kind, höre Mir gut zu: Wenn ihr einmal erkannt habt, was ihr verkehrt gemacht habt, so genügt es, Mir euer vergangenes Leben an-heim zu geben. Ich vermag etwas daraus zu machen. Nur nicht hängen bleiben an irgendwelchen Grübeleien und Mutlosigkeit. Das wäre ungesunde Eigenliebe.

(Maresa: „Ich dachte: ich möchte noch lange leben, um zu helfen, Seelen zu retten!)

Auf dieses Angebot habe Ich gewartet, Mein Kind. Das zeigt, daß Du reif bist. *Doch du wirst Mir im Himmel helfen, Seelen zu retten.*

Jetzt: Lebe nur den Augenblick, den ich dir biete, wie die Perlen einer kostbaren Kette. Dafür erhältst du Kraft, nur für den jeweiligen Augenblick – immer soviel, daß du ihn bewältigst.

26. März 1977

Heute – dein Erstkommuniontag. Ich komme im Licht wie damals. Ich hole dich bald! Gib alles aus den Händen! Nur eines ist wichtig: Jesus und du! Deine Vertrautheit mit Mir! *Damit du am Ende deines Lebens gleichsam nur über die Schwelle trittst von einem Zimmer ins* andere – an Meiner Hand.

Ich weiß, daß du noch etwas leisten möchtest für das Reich Gottes. Doch, wenn du lebst, wie Ich es wünsche, hast du weit Größeres getan. Du bist dann wie der unterste Teil eines Brückenpfeilers, den man nicht sieht, der aber doch die größten Lasten trägt.

Ich kenne deine Sehnsucht nach den Brüdern, nach Gemeinschaft! Dein Opfer bringt dir die Gemeinschaft der Heiligen ein!

Umkehr

6. Mai 1979

Lege die Sühneweihe ab. Dann kann ich dein ganzes Leben annehmen. Du bereust ja und hast den Vorsatz neu anzufangen. Wirf dich in Meine Arme, die weit geöffnet sind. Ich wartete Tag und Nacht auf diesen Augenblick. Das ist die Treue Gottes.

Diese Krankheit von Vater dient dazu, euch zurückzuholen zu jenem Leben, das du so begeistert und hingebungsvoll einmal begonnen – mit Vater. Ihr seid Umwege gegangen – doch du bist die Gleiche geblieben, – nur reifer bist du geworden. Doch immer noch bist du Mein vielgeliebtes Kind.

Auch wenn du keine fühlbare Änderung verspürst, so hat sich doch alles in deinem Leben geändert – hin zu Mir!

Wenn erst die Mutter (bestellte Fatimamadonna) bei dir sein wird – wie gut wird das für dich sein!

Schlußbemerkung zum 1. Teil:

Am 4. September 1979 starb nach kurzem, schwerem Leiden Maresas Seelenführer Pfarrer Otto Timme, der sie 31 Jahre hindurch in Liebe und Geduld betreut hat. Er hat sein Sterben für Maresa aufgeopfert. Gott hat ihn durch Maria noch in der Sterbewoche in den Himmel aufgenommen.

Kurz vor seinem Sterben fragte ihn Maresa: „Was soll jetzt aus mir werden?“ Ohne eine Sekunde zu zögern, sagte ihr Pfr. Timme: „Du hast Pfr. Rudrof“. So ging an diesen die Verantwortung.

2. Teil

Die Vollendung von Maresas Leben und Leiden in ihren 7 letzten Lebensjahren.

Maresa hat keine eigene Wohnung mehr, sie lebt als Gast in einer anderen Wohnung, in Ottobeuren

Umstellung auf den neuen Seelenführer, Pfr. J.F.

17. Oktober 1979. In der Basilika hört sie die Stimme des am 4. September 1979 verstorbenen bisherigen Seelenführers Pfr. Otto Timme

(Maresa zweifelt ob Pfr. O. T. im Licht sei. Sie bekam Angst!)

Pfr. O. T.: Ich habe dir einmal gesagt, wer am Anfang der Woche stirbt, wird von der Muttergottes am Samstag in den Himmel geholt, – wenn er entsprechend mit der Muttergottes lebte. Ich bin am Dienstag gestorben Kind!

Maresa: „Das Fegfeuer. – ist es so schrecklich?“ Es ist höchste Liebe!

Maresa: „Bist du heilig?“ Ich bin heilig, – heilig geworden! Auch du sollst es werden. Doch keine Angst, die Mutter tut es!

Maresa: „Aber wie soll ich heilig werden?“ Wenn du geduldig alles annimmst und tust. Einfach den Willen Gottes tun und weitergehen wie ein Kind. Alles der Reihe nach. Kümmere dich nicht darum. Vertraue!

Du weißt auch, daß du von Dämonen umgeben bist. Dadurch hältst du sie von anderen ab. Nimm dein heiliges Öl zu dir; es wird dich schützen. – Du wirst einmal staunen, wie vielen du geholfen hast. Auch ich kann nur staunen. Bleibe bei Pfr. J. F., solange Gott es will und ihn dir läßt.

Maresa: „Ich dankte Jesus.“

Jesus: Vater ist nach wie vor dein Vater, der für dich sorgt und dich beschützt. – Jetzt geht es um eine Aufgabe, die du besser erfüllen kannst als Vater in seinem hohen Alter. Vater hat sich auch geopfert, sein Leben verfrüht dafür gegeben, du weißt es. Das machte ihn heilig. Vater führt nach wie vor, – ja besser als jemals; denn er ist nun im Lichte!

Wie stark wirst du sein, Meine kleine Seele. Ich habe eine Aufgabe für dich bereit; doch erst mußt du zur Ruhe kommen. Wie sehr bittet Vater für dich, beschützt dich, segnet dich!

Namensgebung

3. November 1979

Jesus: Sei ganz offen zu Pfr. J.F. Nur so kannst du geschützt sein vor Verwirrung. Fürchte dich nicht! Er wird dich verstehen.

Jesus weiß, wie schwer alles für dich ist. Doch du hast Mich als Jesus, den Verlassenen, erwählt – und dein Name ist: Maria-Desolata!

Meine Liebe kann nicht anders, als dich ganz in dieses Mysterium hineinzunehmen. Es beginnt ein neuer Lebensabschnitt, Kind. Ich sagte dir einmal: Am Ende deines Lebens wird ein anderer dich führen!

4. November 1979

Jesus: Lebe deinen Namen, so wie Meine geliebte Mutter, die ganz entäußerte, alleingelassene, – trostlos allein gelassene, zu sein. Doch Meine Mutter stand aufrecht unter dem Kreuz. Sie wird auch dich halten, daß du stehen kannst. Übe dich in blindem Vertrauen.

Jesus: M.-Desolata ist ein besonderes Kind Gottes. Sie ist immer unfähig aus sich selbst etwas zu tun. Sie ist nicht dazu bestimmt eigene Wege zu gehen, das kann sie gar nicht! Sie ist wie ein Kind – am Laufgurt gehalten von Gott des Vaters Hand.

Sie darf fallen – tut sich weh, aber es kann ihr nichts Ernstes passieren, selbst wenn sie dem Abgrund zustrebt. Sie ist ja gehalten von Gott des Vaters Händen.

Doch wenn Ich es will, kann sie eine Aufgabe vollbringen, die nicht in ihr selbst stecken kann.

In Jesu Verlassenheit

6. November 1979. In Ottobeuren

Jesus: Es beginnt alles von Neuem. Doch das ist ein Zeichen Meiner Liebe. Du hast Mich als Jesus, den Verlassenen, erwählt und glühend umfangen. Diese Liebe lege Ich dir wieder ins Herz. Bitte Mich täglich darum und umarme jeden Schmerz. Ebenso übe dich im Verlieren, kleine Desolata, damit Ich dich ergreifen kann. Fange noch einmal von vorne an!

Du spürst die Dämonen der Lüfte, Kind, und ihre Gewalt. Du stehst unter Angriffen und fühlst dich allein. Doch keine Angst: Du bist Mein Kind.

Armes Kind, erst jetzt erwacht deine Seele zum Schmerz um Vaters Heimgang. Bisher lag sie in Agonie. Nun lebt sie in tiefer Erschütterung und möchte erzittern in Grauen und Angst. Doch aller Schmerz, alle Angst und Verlassenheit, jedes Erbeben der Seele in Not und Bedrängnis bin Ich, der verlassene Jesus. Umarme Mich, zieh Mich an dich, nenne Mich beim Namen und du bist im Frieden.

Da ich die Meinen liebte, liebte Ich sie bis zum Ende. Das gilt auch für euch! Das Leben geben für einander bedeutet nicht nur einmal zu sterben – es heißt Augenblick für Augenblick sich hinzugeben für den andern.

7. November 1979. In O. unterwegs. Wieder Stimme von Pfr. O.T.:

Pfr. O.T.: Du sollst dir keine Sorgen machen um irdische Dinge; du bekommst immer Hilfe. Gott weiß, was du brauchst. Gehe wie ein Kind an Seiner Hand. – Denke nicht mehr daß irgend etwas umsonst war. Wir haben nur zu danken – eine ganze Ewigkeit zu danken!

10. November 1979. In der Basilika

Jesus: Du spürst ein neues Aufkeimen in deiner Seele. Sprich dein „Adsum" (= ich bin bereit!). Das, was du heute Nacht hörtest (das Haus erzitterte unter dröhnenden Schlägen, die alle Hausbewohner aus dem Schlaf rissen und erschreckten), ist der Auftakt. Sei wachsam und bleibe sicher im Vertrauen!

11. November 1979. In der Basilika

Jesus: Ich nenne dich nun „D e s o l a t a " (= die Verlassene). Du bist die Braut des verlassenen Jesus.

Tu 25. November 1979. Hl. Messe

Jesus: Wie sehr leidest du. Sei nicht verzweifelt, armes Kind; tauche tief in den Schmerz und gehe hindurch – und du findest immer Mich, Deinen Jesus. Diese Todesangst und – Not ist eine Vorwegnahme (deines Sterbens). Schenke sie Mir – für dich und für andere.

Das alles (durch den Tod des Vaters) so anders gekommen, das quält dich. Ich habe dir damit eine harte Vertrauensprüfung auferlegt. Bei deiner Erstkommunion gabst du Mir mit deinem Jawort einen Blanko-Scheck. Durfte Ich ihn nicht einlösen?

In Kreuzesliebe

18. November 1979. Bei der hl. Messe (in Tutzing zur Erholung)

Desolata: Vater Ottos Namenstag! Warum ist er mir genommen worden?

Jesus: Vater gab sein Lebensopfer für dich, für deine stürmische Seele, die jetzt ihre letzte Reifung erlangen soll. Von Vater wurde das leibliche Leben gefordert – du gabst dein Leben für ihn, indem du als kleine Desolata neben seinem Kreuz aufrecht stehen geblieben bist. – Siehe, jetzt ist wieder die Zeit, da Ich die Kreuzesliebe neu dir ins Herz senke, die Liebe zu Mir, dem gekreuzigten und verlassenen Jesus, zu dem du am Anfang deiner Liebe oft gebetet: „Herr, gieß das Leid in Schalen aus über mein so junges Leben". Jetzt will Ich dich vollenden. Wie Gold im Feuer sollst du geläutert werden. Dazu gehören Tränen und Schmerzen, Trockenheit und Leere, Angst und Verlassenheit. Doch deine Liebe wird überwinden.

Abends:

Jesus: Sag schnell Ja zu diesen neuen Schmerzen, zu Zwiespalt und Beunruhigung. Es gilt, Mich darin zu erkennen und zu lieben. Verstehe alles unter deinem Namen: Desolata. Vergiß auch nicht, was Vater zu dir immer gesagt: „Nicht fürchten, du bist normal, ich weiß es. Du wirst nie geisteskrank!" Es sind dies nur Anfechtungen. – Verstehe auch: der längst fällige Zusammenbruch (von der Krankenpflege des verstorbenen Vaters) vollzieht sich jetzt in dir, nach dieser Zeit der inneren Agonie.

Tu 26. November 1979

Desolata: „Mein Jesus, die Wunde, die mir Vaters Tod geschlagen, wird nie mehr heilen, ich spüre es!"

Jesus: Sie soll auch nicht heilen, Kind. Es ist dies die Wunde Meiner Verlassenheit. Damit bist du in Wahrheit die kleine Braut des verlassenen Jesus geworden. Diese Wunde hilft dir in den Himmel hinauf.

Tu Kloster 27. November 1979. Hl. Messe

Desolata: ...Armer Jesus!

Jesus: Dein mitleidiges Herz empfindet mit Mir, was es für Mich bedeutet, in diesem bizarren Gehäuse („moderner" Tabernakel) wohnen zu müssen als Gefangener Meiner Liebe – Tage und Nächte gefangen in der gedankenlosen Willkür der Menschen.

Meine Sehnsucht rief dich hierher, um Mich zu erquicken an deinem Mut beim Empfang der hl. Kommunion, an deinem Erzittern und liebevollem Mitleid, geliebtes Kind. Wie wohl tust du Mir!

Du sollst für viele ein Halt werden. Ich habe einen Auftrag für dich! Wenn nötig, werde Ich dir eine Botschaft zukommen lassen.

Desolata: „O Jesus, bitte nicht; ich kann das nicht, ich bin so arm und ein Nichts vor Dir. Du weißt, ich bin, was das geistige Leben anbetrifft, deine dümmste Schülerin..."

Jesus: Gerade deshalb, kleine Braut des verlassenen Jesus, wende ich Mich dir zu und gebrauche Ich dich. Sei Mein vielgeliebtes Kind. Jetzt ist die Zeit der Vorbereitung.

Desolata und ihr Engel/Ihre Antenne

28. November 1979. Hl. Messe

Desolata: „O Jesus, die Weltlage!"

Jesus: Es sind Vorwarnungen, die Menschen aufzurütteln. Was dir Angst einflößt, Kind, sind die Auswirkungen des Bösen. Vergiß nicht, du hast bei der Engelweihe einen (besonderen) Engel erhalten, – d.h. daß du der

Feindschaft zwischen Maria und der Schlange preisgegeben bist. Daher deine überwachen Sinne für jene andere Welt. Dein Engel kämpft mit dir. Und solltest du 100mal am Boden liegen in diesem Kampf, er nimmt dich 100mal wieder auf und stärkt dich. Er zeigt dir Mein heiligstes Antlitz. Bei diesem Anblick überwindet deine Liebe das Böse und gehst du von neuem in den Kampf.

Abends

Jesus: Spürst du nicht, daß alles dazu dient, dich wieder zu öffnen für das Übernatürliche? Jede Erschütterung dient dazu.

Desolata: „O Jesus, der Anruf von Pfr. J. F.!“

Jesus: Es war anders, nicht wahr? Es hat dich befreit und dir Frieden gebracht. Ich habe dich enger an diesen Stab gebunden, damit du fester stehst. – Du schwimmst in Ängsten! Die Angst ist dir angeboren, und du hast ihre Beherrschung nicht in der Hand. Es ist dies deine Antenne für die Überwelt. Du kannst es nur ertragen für Mich. Du kannst aber auch immer wieder den Sprung wagen ins Dunkel mit dem Glauben, daß Meine Hände dich auffangen. Vertraue grenzenlos, und Ich kann dich führen als Mein Werkzeug. Tue, was dein Inneres dir eingibt!

In der Wunde Jesu

Tu 30. November 1979. Hl. Messe

Desolata: Ich dachte an den Abschied von hier (von Tutzing)!

Jesus: Aller Schmerz ist dein, wie Abschied, Trennung, Veränderung, jeder Schnitt – all das ist dein! Ich habe deine Seele in die Wunde Meiner Verlassenheit eingeschlossen. Darin atmet und lebt sie. Der Schmerz ist die Quelle, an der deine Seele trinkt. Ich nehme deine erzitternde Seele fest in die Hand und du wehrst dich nicht dagegen, nicht wahr? Deine Seele sei wie eine sanfte Welle auf den Wassern Meiner Liebe. Vertraue Mir!

Desolata: Ich rätselte um die Einstellung des Priesters am Altar!

Jesus: Ich vertraue dir diesen Priester an. Bete für ihn. Er meint es gut; aber seine Seele ist schwach und schwankend.

Desolata: Jesus, was ist das jetzt in mir?

Jesus: Du fühlst eine fremde Kraft in dir, die dich hält. Das ist die Gnade deiner Berufung, Kind, die du nun spüren darfst.

30. November 1979. Auf dem Berg vor der Alpspitze

Jesus: Erinnerung. Auch dies ist die Wunde Meiner Verlassenheit. Dein Schmerz sei wie ein Tautropfen in einem Blütenkelch. Bescheint ihn die Sonne, leuchtet er auf: Die Sonne bin Ich, Dein Jesus, der dich unaufhörlich betrachtet mit Liebe. Erwärmt es dich nicht? Freue dich! Du sollst dich viel freuen. Du spürst Meinen Atem in der gewaltigen Schönheit der Natur, die dich umgibt. – Meinen Atem, der alles durchdringt und lebendig macht. Du saugst ihn ein, wie einen köstlichen Duft. Hier fühlst du dich dem Himmel näher, und es ist so; denn mit dem Körper ist auch deine Seele emporgehoben.

Stufen ins Licht! Gratwanderung

4. Dezember 1979. Abends auf dem Weg zur Messe in Tutzing

Desolata: „O Jesus, der Mond, die Bäume, das Licht!"

Jesus: Weißt du nicht, daß deine Seele angelegt ist auf die Schönheit und Harmonie des Himmels, da sie davon trinkt, so oft sie direkt mit Mir in Verbindung tritt. Deshalb liegt die Natur dir zu Füßen, die Musik und jede wahre Kunst wie ein Wunder Gottes. Das ist nich für alle, die diesen Weg gehen, Kind; für dich sind es Stufen ins Licht, weil du Mich, immer nur Mich darin findest.

Du darfst heute abend wieder trinken von Meinem kostbaren Blute. Ich möchte dich überschütten mit Meiner Liebe, um dich zu stärken für alles, was Ich mit dir vorhabe. Du wirst Meine Hand festhalten, die Ich so liebevoll dir biete, nicht wahr? An dieser Meiner Hand führe Ich dich über Brücken und Schluchten und Abgründe, ohne daß dir etwas geschieht. Gehe mit geschlossenen Augen und wisse, dein Jesus ist vor dir darübergegangen, um es dir zu erleichtern.

Tu 6. Dezember 1979

Jesus: Lebe nun gut auf den Montag hin, Kind. Dieser Tag der Aussprache ist sehr wichtig für dich, wie für deinen neuen Seelenführer. Pfr. J. F. wird dir manchen Schlüssel geben. Sei dankbar und glaube.

Tu 8. Dezember 1979

Desolata: Beim Eintreten in die Pfarrkirche war das Allerheiligste ausgesetzt und ein Strom von unsagbarem Licht kam auf mich zu. Ich weinte.

Jesus: Es sind Tränen der Wonne: Ein Geschenk der liebreichsten Mutter. O neige dich zu Ihr und weihe dich Ihrer Liebe in kindlichem Vertrauen. Sie ist dein Stern in der Nacht, dein Trost in der Trostlosigkeit, deine Hilfe in jeglicher Not!

Im ständigen Verlieren heute hast du Mich geliebt, nun erwartete dich Meine Gegenliebe. Wie sehr habe Ich dich erwartet.

Desolata: „Jesus, ich habe Angst vor Täuschung oder daß es nur ein Spiel der Nerven ist."

Jesus: Deine Seele ist wie Glas und vibrierend wie die Flügel der Libelle – und deine Nerven schwingen mit wie die Saiten eines feinen Instrumentes, – doch das ist Gnade.

Heute war der große Durcheinanderwerfer eifrig am Werk. Warum? Um dir deine Offenheit und Unbefangenheit Pfr. J. F. gegenüber zu nehmen, um deine Beichte zu stören. Erinnere dich an deinen Anfang bei Vater. Versprich deinem neuen Seelenführer Aufrichtigkeit und Gehorsam, damit er dich sicher führen kann in all den Stürmen, die dich erwarten. Du brauchst diese starke Hand, die dich führt, stützt und auffängt. Ohne eine solche Führung bist du stets in Gefahr.

Höre: Sooft du Meine Stimme vernimmst, wartet dein Feind auf dich, um dir den Glauben zu verdunkeln und dein Vertrauen zu stören. Deshalb sag Mir immer, daß du Mir glaubst, blind vertraust, – auch wenn du nicht verstehst. Ich weiß, es nimmt dir den Atem, möchtest fliehen, weil dein Weg eine Gratwanderung ist auf dunklem, schmalem Pfad, – weil dich Unaussprechliches bedrängt und bedroht. Hier hilft nur glauben!

Du wirst immer leiden, kleine Desolata, weil du leidensfähig bist durch die Zartheit deiner Konstitution. Ich bin der Schmerz! So oft du Mich liebst, trifft dich also Schmerz. Erwarte Mich täglich, erkenne Mich und nenne Mich beim Namen und bereite Mir ein Fest durch deine Liebe. Wenn du so durch den Schmerz hindurchgehst, triffst du auf Mich, der Ich nur Liebe bin.

Der Plan des Himmels

Tu 10. Dezember 1979

Jesus: Kleine Desolata! Verlieren, immer verlieren! Doch wisse: In Pfr. J.F.s Mission bist auch du miteinbezogen. Du wußtest es in dem Augenblick, als er davon sprach.

In dir, in deinem Herzen laufen die Fäden zusammen. Ein Plan Gottes! Du mußt es aushalten, die Werke in dir zu vereinen. Du hast dein Leben der Einheit geweiht: „Vater, gib, daß alle eins seien!" In diesem Wort birgst du das Werk Mariens (Fokolare), die Marianische Priesterbewegung, das Werk der kleinen Seelen und das Opus Angelorum in dir. Du kannst sie in dir zur Einheit bringen, weil ich es will. Du bist in den Riß gelegt, der zwischen den Werken Gottes noch klafft. Auch darin bist du Desolata und Braut des Verlassenen.

Das Beisammensein mit deinem neuen Seelenführer knüpfte das Band um eure Seelen. Du weißt doch, bei besonderer Seelenführung muß der Beichtvater die ihm anvertraute Seele mit Meiner Hirtenliebe lieben und das Beichtkind wird davon angezogen, sodaß es völlig offen sein kann und Mein Wort erfüllt: „Wer euch hört, hört Mich!" Bei solcher Seelenführung wird ein

Band geschlungen um zwei Seelen, das im Himmel geknüpft wird. Nichts kann euch trennen. – Für Vaters Priestertum warst du eine andere kleine Maria, nun sollst du es ebenso sein für deinen neuen Beichtvater.

Als du mit diesem neuen Vater den Rosenkranz betetest, öffnete sich für dich gleichsam der Himmel, und die Mutter war bei dir. Deine kleine Seele wollte sterben vor Wonne in diesem Augenblick. Es sind dies Geschehnisse, die dich überwältigen wollen – doch sie sind notwendig.

Auch die Wahrnehmung des wunderbaren Duftes nach dem Trinken des Wassers (Rosenduft – sie wußte nicht, daß es San Damianowasser war) ist dir ein Zeichen. Doch nun ruhe aus, Kind, von deinem starken Erleben und sammle neue Kraft.

Tu 11. Dezember 1979

Jesus: ...Meine geliebte Mutter war die Desolata, weil sie Mich, ihren geliebten Jesus, verlieren mußte. Unter diesem Aspekt bist du Ihr geweiht. Sie neigt sich voll Mitleid über all deine Schmerzen. Sie behütet dich für Mich. Bei jedem Rosenkranz neigt Sie sich über dich in einem unsagbaren Lächeln der Liebe, das deine Seele berührt. Sie nimmt dir jedes Ave Maria aus der Hand wie eine süßduftende Blume und reicht es Mir.

Maresa: „Jesus, Jesus!“

Nicht zweifeln, kleine Desolata. Stürze dich in blindes Vertrauen hinein wie in ein köstliches Abenteuer.

Ich vollende dich rasch – doch Ich bitte um dein Ja zu Meinem Plan. –

Die Mutter, Meine geliebte Mutter, benötigt dich, Kind! Es ist ihr Plan. Wie könnte Ich Ihr eine Bitte abschlagen. Ihre Liebe zu dir ist unbeschreiblich; bist du doch Meine kleine Braut, die Sie schön machen will.

Nachts beim Sturm:

Desolata: Die Natur, die arme mißhandelte Natur! Ich höre ihren Aufschrei und kann nicht helfen. Es geht alles über mein Herz!

Jesus: Armes Kind, das Rasen des Sturmes, entfesselt von den Dämonen der Lüfte, geht über dich hinweg, – ja geht durch dich hindurch, durch dich, die du die Schöpfung deines Gottes in deinem mitleidsvollen Herzen trägst und deshalb in ihr Leiden miteinbezogen bist. Du bist wie von elektrischem Strom berührt und an der Grenze deiner Fassungskraft. Neige dich über alle gequälte Kreatur mit heimholender Gebärde!

Desolata: „Jesus, ich möchte schreien! Es ist eine Urgewalt in mir. Was ist mit mir?“

Jesus: Du gehst den Weg deiner Berufung, Kind, und deine Sendung bricht sich Bahn. Und ein Durst nach Leiden erfaßt deine Seele, den niemand löschen kann denn Ich, der verlassene und gekreuztigte Jesus.

Tu 13. Dezember 1979. Hl. Messe, Kommunion

Desolata: „Jesus, laß mich sühnen dafür!" (Eine Hostie fiel dem Priester zu Boden).

Jesus: Du hast es gesehen, und es schmerzt dich – der Priester beachtete es kaum. O Kind, wenn du wüßtest, wie man mit Mir umgeht! Liebe Mich, umarme Mich, deinen verlassenen Jesus, für soviel Kälte und Gedankenlosigkeit mit der glühenden Liebe deines Herzens.

Tu 14. Dezember 1979. Hl. Messe

Jesus: ... O Kind, wenn die einzelnen Werke voneinander ihr Spezificum kennen lernen würden und achten und annehmen, wie rasch kämen sie zur Vollendung und würden Meine Wünsche erfüllen. Birg dieses Anliegen wie ein Knospe in deinem Herzen, die sich zu kostbarer Blüte entfalten soll.

Tu 16. Dezember 1979

Jesus: ... Es wird nie zwischen deinem Beichtvater und dir Mißverständnisse geben, weil ich es nicht zulasse. Ihr seid für diese Zeit für-einander bestimmt, und eure Seelen werden im Gleichklang gehalten. Du bist in Meinem Herzen und er im Herzen der Mutter, und diese beiden Herzen sind eins.

Aus den andern Menschen bist du wie herausgenommen und stehst auf einsamer Höhe; das schmerzt dich und demütigt dich. Es ist aber notwendig, Kind, damit du – wenn Ich dich rufe oder Meine geliebte Mutter, eine geneigte Ebene bist, auf der die Menschen zu Mir kommen können. Das bedeutet, daß die Liebe zu den Menschen, zu aller Kreatur, zu Meiner ganzen Schöpfung – dich restlos verzehren wird.

Liebe zu den Geschöpfen

18. Dezember 1979. Wieder in Ottobeuren

Jesus: ...Als Kind schon habe ich dir die Liebe zu den Geschöpfen so stark ins Herz gelegt, daß es dich Tränen kostete und unverstandenes Leid. Du warst wie ein Teil von ihnen, und du empfandest dich wie unter einem Schleier von Schwermut, wenn du den Geschöpfen in die Augen blicktest. Aus den Augen deines Tieres (Pfr. T. wurde mit einem Dackel beschenkt) blickt dich die ganze ratlose Not der unverstandenen Kreatur an, die unschuldig leidet. Du trägst Meine Schöpfung im Herzen mit einer schmerzvollen Sehnsucht nach Erlösung derselben. Der Hund soll von euch so behandelt werden, daß er ein einziges Lob Gottes sein kann. – Ich sagte dir auch, daß das Tier – ein direktes Geschenk von Mir – für dich mehr eine Quelle von Leiden sein wird, denn Freuden. So durftest du das ganze unverstandene Leid eines solchen Geschöpfes in dir erfahren, die Trauer des Unerlöstseins.

Gnade und Last der Berufung

Jesus: Noch etwas: Du bist auch in den Riß zwischen alt und neu gelegt. Du bist berufen, die kostbaren Perlen im einen, wie im andern zu entdecken und zu einer Kette zu verflechten. Dafür hast du ein überwaches Empfinden. Deshalb dein namenloses Leid nach dem Konzil und dein untrügliches Gefühl. In dir wird es ausgetragen, in dir prallt es aufeinander, bis einzig Mein Wille sich erfüllt.

Du batest Mich um Verdemütigungen. Deine Demutsübung soll sein, daß du täglich bei deinem jetzigen Vater beichtest und dich schonungslos anklagst. Dieser Beichtvater ist für dich ein Geschenk Meiner innigst geliebten Mutter; er hat die Fähigkeit dich vom Abgrund zurückzureißen, wenn du davor stehst. Er fühlt die Gefahr!

Du bist Mein seit deiner Erstkommunion, da du Mir das Ja gegeben, ohne zu wissen, was du damit getan. Dein kleines Herz brannte vor Liebe. Und Ich habe dich immer wieder zurückgeholt, wenn du Mir davongelaufen. So auch in diesen Monaten wieder. Du kannst nich verlorengehen, denn du bist Mein.

Nicht wahr, du weißt doch, daß das Negative, das dich fortwährend bedrängt und bedroht, personifiziert ist und eine „Gewalt", deren Namen du kennst. Du bist von Anfang an gegen sie in den Kampf gestellt worden. Wie oft hat sie dich stürzen lassen, dich bis an den Rand der Verzweiflung getrieben! – Ich kann diese Last nicht von dir nehmen, denn sie ist deine Bestimmung und es hält dich armselig vor Mir und hilfebedürftig. O mach Mir die Freude, dich immer und immer wieder aufheben zu dürfen mit unendlich barmherziger Liebe, wenn du gefallen.

Kind, wenn dein Seelenführer bei dir ist, weihe dich aufs neue deinem Weiheengel und binde dich noch enger an ihn, denn auch Er ist „Gewalt" und kann dich schützen. Er kämpft an deiner Seite.

Desolata: Jesus, der süße Duft?

Jesus: Kleine Geliebte, die Himmlische Mutter ist da. Sie tritt dir immer näher, betrachtet dich mit himmlischem Lächeln, bis Sie dich in die Arme schließen wird und an ihrem Herzen bergen. Die dunkle Gewalt warf sich stets dazwischen, wenn sie dich leise rief. Deine Angst aber hielt dich dann zurück. Nun bist du stark genug, ihn zurückzuweisen. Dein Beichtvater wird dir beistehen, denn er ist ein Bote der Mutter.

Liefere dich Mir gänzlich aus, damit dein Einsatz bald beginnen kann. Bitte deinen Seelenführer, daß er deinen Mund mit einem Segenskreuz verschließe zu heiligem Schweigen. Wie eine duftende Knospe soll er sich schließen, im Innern die Blüte bergend. Eine kostbare Blüte, Kind!

Kampf und Hilfe

21. Dezember 1979. Vor dem Tabernakel, Anbetung

Jesus: ... Ich weiß, welchen Erschütterungen du zur Zeit unterworfen bist. Deshalb habe ich es gefügt, daß dein Beichtvater diese ganze Zeit bei dir sein kann. Denn du bist in Gefahr. Nütze die Zeit! Er übe eine straffe Tagesordnung ein. Es ist Meine Zeit, Seelchen, die anbricht. Gnadenzeit! Von der Mutter erfleht.

Ich sage dir es heute schon: Es wird dich treffen mit ganzer Wucht, wenn er plötzlich (wegen seiner anderen Priesteraufgabe) nicht mehr da ist, bis an die äußerste Grenze deiner Kräfte. Du bist an einem Punkt wie in Seeh., als die Angriffe dich ununterbrochen trafen. Du warst damals aufgegeben, dein Leben wollte erlöschen. Vater rettete dich. So rettet dich auch dein jetziger Beichtvater.

22. Dezember 1979. Besuchung vor dem Tabernakel

Jesus: Du weinst! Ganz lautlos fließen deine Tränen, um alle Schuld deines Lebens zu bedecken mit silbernen Perlen. Vereine deine Tränen nun mit den Meinen – und sie werden abwaschen jede Schuld und Untreue.

Dein Beichtvater darf kein Mitleid mit dir haben, nur Güte. Du bist wieder an einer Wegbiegung angelangt, auf der einen Seite stehe Ich und rufe dich bei deinem Namen – auf der andern Seite lockt die dunkle Gewalt! Er zieht dich von Mir weg, indem er dein Vertrauen mit ausgeklügelter Raffinesse stört und verwirrt. Er ist ein Gegner, dem nur vollkommenes Kindsein sich entgegenstellen kann.

23. Dezember 1979. Hl. Messe

Jesus: ... Kind, bei deinem Beichtvater steht die Mutter, die Siegerin in allen Schlachten. Sie, die Satan fürchtet wie ein Kriegsheer – sie ist die Gewähr dafür, daß keine Täuschung möglich. Deshalb wurde dir dieser Priester gegeben, zu deinem Schutz und Heil.

Von dir will Ich nur dein Herz, deine Liebe und dein Vertrauen. Diese drei Dinge sind Mir kostbar, weil du die dunkle Gestalt überwinden mußt, wenn du dich Mir nähern willst. Wieviel mehr Anstrengung kostet es dich als andere, – kraft deiner Bestimmung.

24. Dezember 1979. Nachts

Desolata: O Jesus, mein Jesus.

Jesus: Du bekommst die Schläge ab, kleine Desolata, die andere Seite wütet. Es wird dich sehr demütigen. – Es dient alles dazu, dich vorzubereiten, daß nur mehr Ich allein deine Stütze und dein Halt bin, – daß du nichts mehr hast, an das du dich halten kannst, denn Mich allein. Arme Kleine, durch welche Schule mußt du hindurch! Laufe Mir nicht davon, Ich bitte dich! Bleibe ganz natürlich trotz allem, auch wenn dein Sein bis in die Grundfesten erschüttert wird.

Desolata: „O Jesus, du entschuldigst mich immer...“

Jesus: Ich bin der gute Hirte, auch für dich! – Doch es wird die Zeit kommen, wo du auch Mich nicht mehr spürbar haben wirst. Die Mutter wird dann bei dir sein.

Desolata: „O Jesus, die Begegnung mit meinem Beichtvater ist nicht mehr so wie in Tutzing.“

Jesus: Weil der andere sich dazwischen wirft. Du weißt: er kann dir eine Gestalt vollkommen verdunkeln und verzerren. Du kannst nichts anderes tun als dulden.

Desolata: „Jesus, ich habe Angst vor der Messe, vor dem vielen Beten heute.“

Jesus: Ich weiß es Kind. Es wird für dich eine starke Quelle der Leiden sein; du hast Erfahrung, was dir geschehen kann. Doch fürchte dich nicht: Es wird auch Hl. Nacht werden für dich!

Desolata: „O Jesus, ich hörte doch die Stimme meines Beichtvaters, wie ist das möglich?“ (Beichtv. ist noch unterwegs)

Jesus: Sie rief dich zur Ordnung, nicht wahr? Die Stimme war stark und fordernd, und du bist erschrocken. Doch sie hält dich, wenn du in Gefahr. Hüte dich aber, Kind, und sei wachsam; du weißt, die dunkle Gewalt kann Stimmen nachbilden und dich täuschen.

Desolata: „Jesus, Du weißt, wie es mich gestern abend ins Herz traf, als Pfr. J.F. von den beiden Werken sprach. Warum bin ich in allen?“

Jesus: Weil ich einen Menschen brauche, der die Harmonie herstellen kann zwischen diesen Werken in sich und damit für die anderen. Es muß über dich hinweggehen, kleine Desolata. Du liegst im Riß. Sie werden immmer an dir reißen. Alle. Doch du bist nicht allein. Du hast diesen B.V. bekommen, der dich stützt und hochreißt.

Die übernatürliche Einheit von Maresa und Beichtvater

25. Dezember 1979. Abends

Jesus: Du wirst das Licht bringen müssen in die Dunkelheit... Ja, du Meine kleine, schwache überzarte Desolata, Du kleine, vielgeliebte Tochter der Himmlischen Mutter.

Desolata: „Jesus – und mein B.V.?“

Jesus: Du wirst ihm den Weg bereiten. Ihr seid eine Einheit! Du gehst den

Weg Mariens. Jetzt ist Verkündigung, wo du fragst: Wie soll das geschehen? Deine einzige Antwort kann nur sein: Siehe ich bin eine Magd des Herrn, an mir geschehe Dein Wille! – Bald kommt der Gang über das Gebirge, nicht um das Magnificat zu singen, einzig um deiner Aufgabe entgegenzugehen.

Noch etwas, Mein Kind! Aus allem, was Ich gesagt, geht hervor, daß Mein Herz und das Herz der Mutter eins sind und ihr in den beiden Herzen. Also steht nicht nur dein B.V. an deiner Seite – du stehst auch an seiner Seite. Du bist – wie bei Vater es war – eine kleine Maria für sein Priestertum und seine Aufgabe.

Kind, wie das dein Herz verwundet, nicht wahr: Du, geführt von Mir, deinem einzigen Bräutigam – er geführt von der reinsten Mutter, die er so liebt. Es gehört dies zum Plan der Mutter, Kind! – Deine Schmerzen werden alles beschleunigen.

Desolata: „Jesus, mein geliebter Jesus, laß ihn nie um meinetwillen leiden! Gib es mir!

Jesus: Er ist tragfähiger als du. Er hat seine Schule schon bekommen. Du stehst am Anfang und mußt in Eile lernen und begreifen. Da ist es notwendig, daß er so stark mit dir verbunden daß er mit-leiden kann. Das hat mit Mitleid nichts zu tun. Das ist der Gleichklang der Seelen, der euch bestimmt ist.

Nicht irdische Sorgen stehen bei euch: Einzig und allein die himmlischen Dinge mögen euch beschäftigen. Sie sind es auch, die euch stärken.

Schrittweise Schulungsübergabe von Jesus auf Maria

26. Dezember 1979. Rosenkranz

Maria: „Meine kleine Tochter! Nun darfst du Meine Stimme vernehmen. Voll Sehnsucht erwartete ich diesen Augenblick, da du dich ganz Mir öffnest.

Ich bringe dir den Glauben, den Jesus von dir erwartet.

Ich weiß um dein Sterben; deshalb drücke Ich dich voll Zärtlichkeit an Mein Herz wie (einst) Stefanus. Du denkst an dein Sterben!

Du trägst Meinen Schmerzensnamen. Fürchte dich nicht. Ich, die Mutter, bereite dich darauf vor und stärke dich. Komme, eile, springe in Mein Herz hinein – in die Mitte Meines Herzens, auf daß du geborgen seiest und ernährt werdest an den Quellen Meiner Tugenden. Ich will dich ganz, Meine liebe Tochter, will dich für Jesus mit Meinen Tugenden schmücken, damit Er Mich in dir findet und du so auch eine wohlgefällige Tochter des Vaters werdest.

Kind, nun wird alles besser gehen, vor allem auch für deinen B.V., an dessen Seite du stehen sollst als wahre kleine Desolata, wie du bei deinem Vater O. gestanden in den letzten Wochen seiner Passion. Im Augenblick

Marienstatue der Desolata, aus der Maria auch immer wieder zu ihr sprach.

seines Todes, den du voll angenommen, hast du deinen Namen aufstrahlen lassen für alle, die dabei waren und bist du brauchbar geworden für Meinen großen Plan, den Meine Liebe für dich ersonnen.

Meine kleine Tochter, dein neuer Vater ist jetzt so lange hier, damit eure Herzen sich verbinden in völligem Gleichklang, wie Jesus es wünscht. Du weißt: Es ist hohe Zeit! Du bringe Meinem geliebten Sohn Ruhe, Frieden, Stärke durch Jesus, den Verlassenen, der in dir ruht. Er bringt dir immer Mich. So soll es bleiben.

Später

Jesus: Wenn dein B.V. oder du beim Rosenkranz den Namen „Jesus" ausspricht, ist das jedesmal ein Kuß der Liebe zum Ersatz für die Kälte und Lieblosigkeit der Menschen – eine unendliche Wohltat für Mein Herz.

Du brauchst dich nie fürchten, du wirst über „Nattern und Ottern schreiten" und nichts wird dich verletzen. Die Mutter führt dich hindurch bis zum Ziel, das dir gesetzt. In den Armen der Mutter kann man jeden Tod sterben. Du bist ihre vielgeliebte Tochter! Sie wiegt dich in den Himmel hinein mit unaussprechlichem Lächeln, das über dir schwebt wie ein Rosenwölkchen des Abendhimmels.

In der Feindschaft zwischen Maria und Satan

27. Dezember 1979. Hl. Messe

Desolata: „O Jesus, Du weißt, was ich fragen soll!“

Jesus: Mein vielgeliebtes Kind, die Antwort ist einfach. Dein B.V. gehört der MPB (=Marian. Priesterbewegung) an, wie du dem Werk Mariens. Er hat ihre Aufgabe zu erfüllen wie du die deine. Wenn ein anderer Ruf an ihn ergeht, wird es kurzfristig sein.

Warum zitterst du, Kind? In deiner Schwachheit wird sich Meine Kraft und Stärke verherrlichen. Gewiß, es trifft dich mit voller Wucht, was auf dich zukommt! Doch vergiß niemals mehr: Du bist an der Kette der Mutter (= Rosenkranz). Wenn du auch in Schluchten und Abgründe und Tiefen geschleudert wirst, du bist an der Kette und kannst niemals verlorengehen, wie du auch deine Berufung niemals verlieren kannst, weil du Ihr Kind bist. Weihe dich Ihr täglich, und Sie kann über dich verfügen.

Du mußt Licht sein für andere in der Finsternis, die über die Erde sich breiten wird. Ich, der verlassene Jesus, muß gelebt werden in voller, äußerster Konsequenz, – auch in der Kirche. Sie wird in Meinen Schrei hineingenommen: „Mein Gott, Mein Gott, warum hast du Mich verlassen?“, bis sie mit Mir sich in die Hände des Vaters übergibt: „Vater in deine Hände empfehle ich Meinen Geist!“ Dann kommt die Auferstehung und der Triumph. – Du und dein B.V. haben in dieser Zeit die Aufgabe, Licht und Fels zu sein.

Maria: Meine vielgeliebte kleine Tochter! Du stehst heute unter starken Angriffen, du suchst Schutz und Hilfe. Komm, komm doch zu Mir, die Ich die Ursache deiner Leiden bin. Durch Mich bist du hereingenommen in die Feindschaft zwischen Mir und Satan und stehst du im brodelnden Kampf. Ich kann dir helfen und dich stärken, denn Ich bin die hohe Frau, von der Sonne umkleidet, den Mond zu ihren Füßen, von Sternen umkränzt, – für Satan furchtbar wie ein geordnetes Kriegsheer.

Gib mir deine kleine Hand und fühle den Druck Meiner Zärtlichkeit und Liebe und unseres Einverständnisses miteinander. So stelle dich den Angriffen, und du wirst siegen. Es ist Einübung, Kind!

In der kommenden Zeit wirst du wie ein Seismograph die Ausstrahlungen des Bösen in Natur und Schöpfung auffangen müssen und ertragen, – wie du auch die Ausstrahlungen der Menschen ertragen mußt. Doch fürchte dich nicht, du wirst hindurchgehen wie eine Schlafwandelnde, dein Licht in Händen hochhaltend über alles Grauen hinweg, ein Lächeln auf den Lippen und eine heimholende überirdische Liebe im Herzen, die alles bezwingt.

Ich habe dich an die Seite Meines Sohnes J.F. gestellt, um ihm Meine Liebe und Mein Vertrauen in ihn zu bezeigen. Du bist nicht leicht zu führen wegen der Überfülle deines Charismas und wegen der Empfindsamkeit deines ganzen Wesens – doch in Wirklichkeit führe ja Ich.

Nützet die Zeit gut, Meine Kinder, zieht euch zurück zu heiligen Gesprächen. Ich halte Meinen Sohn ständig in Meinem Herzen. Du empfängst durch ihn also Herznahrung, Kind! Unmittelbar von der Mutter.

Meinen schmerzensreichen Namen trägst du, die kleine, zarte, ängstliche Desolata. Erkennst du die Berufung? Immer und überall sollst du Desolata sein, d.h. du sollst stehen, wo die andern fallen, du sollst im Verlieren groß sein, um alles zu gewinnen. – Gehen wir zu Jesus, Kleine, immer nur zu Ihm. Bist du doch seine kleine, geliebte Braut und Mir deshalb so teuer.

Besuchung in der Kirche

Maria: Dein Herz klopft zum Zerspringen und das stört dich sehr und hindert dich am Knien. Du mußt dich daran gewöhnen, liebe kleine Desolata. Es wird oft so sein, wenn du Meine Stimme vernimmst. Dein Körper schwingt mit!

Du mußt dich heute noch spritzen (mit Herzmitteln u.a.). Es wird dir helfen. Du bekommst immer wieder gesagt, was du tun sollst. Sei also ganz geborgen. –

Ja, es regnet Gnaden in diesen Tagen über dich!

Gib dich ganz den Orgelklängen hin – es ist für dich, um dich zu stärken, zu erfreuen und zu trösten. Wenn du klassische Musik hörst, Mein geliebtes Kind, so vertreibt sie die bösen Geister, und dich hebt es empor die Nähe des Himmels. Warum? Es geht um die Schwingungen und Ausstrahlungen. Genauso wie du, dein ganzes Sein die Ausstrahlung des Bösen auffängt, wirst du auch von den Ausstrahlungen des Guten erfaßt und emporgehoben. Für dich ist es so manchmal lebenswichtige Notwendigkeit.

Du fürchtest, eines Tages Meine Stimme nicht mehr zu hören. Ich sage dir mit Bestimmtheit: Es hört von jetzt an nicht mehr auf. Da jetzt die Zeit der Schulung ist, muß es so stark sein.

Jesus: Du tragst die Frage im Herzen, warum du nicht früher sterben durftest. – Meine kleine Geliebte, es sind so wenige, die hochherzig genug sind, diese Zeit anzunehmen und durchzustehen. Du hast Mir mit deinem brennenden Kinderherzen damals bei der Erstkommunion die Vollmacht dazu gegeben, und es war dir so ernst. Nun löse ich dein Ja ein. – nicht um dich zu quälen, einzig und allein aus Liebe, aus unbeschreiblicher, für dich unbegreiflicher Liebe! Es ist Erwählung, Kind!

Beim Tischgebet

Jesus: Du lernst bei diesem Vater die Hände wieder zu falten wie als Kind. Wie gut ist das und notwendig, kleine Desolata. Deine ganze Erziehung, alles, was du als Kind und junger Mensch an echt kath. Gut in dich hineintrinken durftest, ist jetzt notwendig. Du trägst einen Schatz im Herzen.

Mutterliebe

Vor dem Schlafen

Maria: Meine vielgeliebte Tochter, heute sollst du in den Armen der Mutter schlafen. So lange hast du die Mutterliebe entbehren müssen. Nun drücke ich dich an Mein Herz voll Liebe und küsse dich mit dem Kuß Meines Mundes. Blicke in Meine Augen, vergiß alles andere und schaue nur in diesen Himmel hinein. Die Mutter singt dir ein Wiegenlied: „Mit ewiger Liebe habe ich dich geliebt!“ Laß die Tränen der Wonne fließen, sie reinigen dein Herz. Du spürst Meine Liebe fast physisch, Meine Tochter, daher deine Tränen.

28. Dezember 1979. Hl. Messe

Jesus: ...Mein gutes Kind, alles, was jetzt mit dir geschieht – weißt du, was dazu beigetragen hat und diese Wunder bewirkt? – Deine kleinen Gebete vor der hl. Wandlung und bei der hl. Kommunion, die du so ernsthaft ein Leben lang unentwegt zum Himmel gesandt. Darin liegt dein ganzes Herz, dein Kinderherz der Erstkommunion und bezwang Meine Liebe.

Bei Besuchung in der Kirche:

Jesus: Du bist heute so geschwächt, Kind, so daß Ich nicht viel mit dir sprechen kann. Doch du bist in Meinen Armen.

Der geringste Anlaß überfällt dich mit harter Wucht, weil du die zarteste bist von allen, du kleine, blumenhafte Desolata. Wie sehr brauchst du die Mutter!

Aber du hast auch wieder einen Vater bekommen, der stark ist und dich emporreißt, wenn du am Stürzen bist. Wie oft wirst du stürzen müssen!

Siehst du die Menschen alle, Menschen, Menschen mit toten Seelen in unbeschreiblichem Zustand? Hilf retten, kleine Desolata, nimm alles auf dich um zu retten, was noch zu retten ist. Deine Liebe wachse über dich hinaus und verzehre dich vollständig im Dienst unserer Herzen, die brennen vor Liebe. Und du, kleine Desolata bist daran entzündet worden... und sollst leuchten und sollst wie eine Fackel durch die Welt gehen und allen leuchten in tiefster Finsternis.

Du Wunde der Verlassenheit

29. Dezember 1979. Morgens

Desolata: „Jesus, Mein Jesus, dieser furchtbare Schmerz...!“

Jesus: Meine kleine, geliebte Braut, du Braut des gekreuzigten und verlassenen Jesus: Es ist dies die Wunde Meiner Verlassenheit am Kreuz, die du heute empfangen. Sie ist so überaus schmerzvoll, weil sie eine geistige Wunde ist. Du kannst sie nur immer wieder für Augenblicke ertragen. Ich gebe sie dir jetzt, da dein B.V. noch da ist; denn er kann dich bewahren vor Verzweiflung und Verwirrtheit. Es ist Einübung, Kind!

Desolata: „O Jesus, die Mutter ist nicht mehr da!

Jesus: Sie ist einen Schritt zurückgetreten, wie unter dem Kreuz, weil Sie in dir heute Mich als ihren gekreuzigten und verlassenen Jesus erkennt. Du erlebst sie heute als Desolata, Mein Kind. Du kannst Sie heute nur im Glauben erfassen.

Desolata: „O Jesus, wenn man mir nur nichts anmerkt!“

Jesus: Wenn deine Not sichtbar wird, dann laß dich dadurch demütigen und verkleinern. Du wirst an die äußerste Grenze kommen, Kind, doch es kann dir nichts geschehen.

Hl. Messe

Jesus: Kind, Mein geliebtes Kind! Du Meine kleine Braut, höre: Qual, Verlassenheit, Trockenheit, Leere, Not, Blöße, Unvermögen, Durst, Schmerz, Schwäche, Wunde – all das bin Ich und bist du durch Mich! – Der hl. Vater ist in Gefahr! Schenk ihm deinen Zustand!

Abendliche Besuchung

Jesus: Wie wohl haben Mir deine zarten Küsse getan! – Wie tapfer war auch deine Demut und dein Gehorsam!

Desolata: „Geliebter Jesus, bei diesem Beichtvater kann ich nicht ausweichen; er hat mich so fest in der Hand!

Jesus: Liebe kleine Maresa, erkennst du Meine Liebe zu dir, da ich diesen Priester zu dir gesandt und ihn bestimmt habe für deinen letzten Höhenweg.

In welch kurzer Zeit hat er deine Seele sanft, doch fest gewendet, hin zu unseren heiligsten Herzen! Von Ewigkeit her ersonnen in Weisheit und göttlichem Ratschluß.

Desolata: „Welche Freude überflutet mein Herz!“

Jesus: Dein Herz möchte zerspringen, kleine Geliebte, da du den Triumph der Auferstehung und des Unbefleckten Herzens neben der Agonie in deinem Herzen spüren darfst. Die Wunde Meiner Verlassenheit war die Voraussetzung für die Auferstehung. Da du in diese Wunde eingeschlossen bist, bist du auch in Meinen Triumph miteinbezogen. Die Gnade deiner Berufung ist das Licht, das in dir leuchtet und dich beglückt.

22 Uhr

Jesus: Dein augenblicklicher, so schwer zu ertragender Zustand, den kein Arzt erfassen kann, hängt einzig mit den schweren Erschütterungen zusammen, die dich seit Monaten heimsuchen. Du brauchst unendlich viel Ruhe.

Wenn du gekräftigt bist, mußt du einem etwaigen Ruf von Br. (Fokolare) folgen! Vergiß nicht: Du mußt dem Werk Mariens zur Verfügung stehen, bis du für deine andere Aufgabe abberufen wirst.

Dein Vater wird immer wieder bei dir sein zu heiligem Austausch der Seelen. Es ist alles Vorbereitung, sage ich dir: Du wirst dann sein. wo er ist.

Desolata

30. Dezember 1979. Morgens

Jesus: Kind, immer wieder muß Ich es dir sagen: Hier ist das Zeichen! Dieser Vater, der dir gegeben, ist ein Zeichen der Echtheit für dich. O wie dein Glaube sich daran stärken wird!

Ich gebe dir Meine Mutter: Dein hl. (verst.) Vater O. steht in Ihrer nächsten Nähe, so kann er für euch die größten Gnaden erbitten.

Desolata: „O Mutter, Vaters Herz, hilf bitte, nimm mein Herz dafür!"

Maria: Auch hier mußt du Desolata leben! Nur dabeistehen bei Seinem Kreuz. Auch Ich konnte und durfte Meinem Jesus nicht helfen. Nur Mein Herz war immer bei Ihm und hüllte Ihn ein in Meine Liebe.

Jesus: Mein Kind, du wirst dich immer wieder anbieten müssen. Spürst du es nicht an deinem eigenen Herzen, daß du dich von ihm etwas fernhältst? – O Meine geliebte Braut, in welches Abenteuer gehst du hinein! Liebe für Liebe, Opfer für Opfer. Wer hat, dem wird gegeben werden! Verstehst du das Wort?

Abends

Desolata: „Jesus, du bist so liebend zu mir, bis in mein Gefühl!"

Jesus: Es ist dies die Frucht deiner so zarten, sanften Küsse bei Kreuz-Wunden-Verehrung, die du mit so ehrfurchtsvoller, für Mich bezaubernder Scheu gibst. Mit welcher Sehnsucht wartete ich darauf! Und dein Vater durfte es dir sagen! O Meine süße Geliebte, ich brenne vor Liebe zu dir und will dich immer näher an Mich ziehen.

Vor der Kirche

Jesus: Dein Herz stört dich! Ich weiß es! Doch, Kind, es geht in diesen Tagen um die Herzen: Um Unsere Herzen, um eure Herzen! Wie ist es da möglich, daß dein Herz nicht stark davon betroffen ist?

An diesem Kreuz (jetzt am Tabernakel der Kapelle befestigt) vollzog Desolata ihre heilige Wundenverehrung

Du möchtest davonlaufen, nicht wahr, geliebtes Kind? So greift es dich an! – Doch du mußt weitergehen, kleine Desolata, aufrecht weitergehen. Du wirst in Zukunft immer unter den andern sein müssen in diesem Zustand; weil du Desolata sein sollst. – Doch Ich bin unaufhörlich bei dir, beinahe schmerzhaft nahe bei dir. Ich lasse dich nicht mehr; denn deine Zeit ist da.

Silvesternacht: Bitte um Leiden

31. Dezember 1979

Maria: Mein Töchterchen, du wirst in den kommenden Zeiten Meinen Jesus auf deinem Herzen tragen mit unendlicher Sorgfalt und Liebe.

Desolata: Mutter, was ist mit Ottmaring? (Fokolare-Bewegung)

Maria: Geliebte kleine Maresa. Mein Sohn Jesus ließ von deinem Vater deine Hände salben für die Handkommunion*, ist dir das kein Zeichen für seinen hl. Willen? Ebenso, daß du bereits in der Liste dort geführt!

Desolata: Mutter, du bist so ernst heute?

Maria: Meine kleine Tochter! Ich sehe die Menschen heute, und du siehst sie auch – Menschen, die sich hineinstürzen in Sünde und Schuld in dieser heraufsteigenden Nacht, da ein Neues Jahr aus der Ewigkeit sich naht. Sie aber spüren nichts! – Mein Töchterchen, bitte Jesus um Leiden, damit du Mir helfen kannst zu retten und so Mein gemartertes Herz tröstest mit deiner Liebe.

Nicht knien jetzt, du bist zu schwach! – Schaue nicht hin! Es sind nur die Geister, die dich stören wollen. Beachte ihr Huschen nicht.

Du bist so müde, Kindchen! Doch blicke auf Jesus, den Verlassenen, Gekreuzigten. Er ist die Müdigkeit und will von dir getröstet werden. Umarme ihn und halt ihn heute an deinem Herzen.

Allen Menschen aber, die dir begegnen, mußt du Licht sein. Niemand soll umsonst an dir vorübergehen.

* Hände sind nach Jesus nicht würdig für die hl. Kommunion; darum Salbung (wie beim Priester!). Schon am 21.12.79 sagte Jesus: „Wenn immer du bei der Fokolarebewegung nicht ausweichen kannst, gestatte Ich dir die Handkommunion, weil du ja nicht auffallen darfst. Dein Pfarrer segne, salbe deine Hände dafür und ermahne dich: Nur im äußersten Notfall! – Du wirst bei dieser Art des Kommunionempfanges einen maßlosen Schmerz und Schauer verspüren; denn ich werde dich Meine Majestät fühlen lassen zur Sühne.“ Daraus mußt du erkennen, daß es der Wunsch Meines Sohnes ist, daß du für einige Zeit dort bist, sobald du gekräftigt.

Das Schlachtfeld

1. Januar 1980. Morgens

Maria: Meine geliebte Tochter, sorge dich nicht! Ich bin immer bei Meinem geliebten kleinen Sohn, deinem Vater, und schütze und behüte ihn.

Er ist der Herold Meiner Liebe und trägt Meine Fahne hoch bis in die feindlichen Linien hinein. So auch bei dir gestern und die böse Gewalt mußte weichen. Der Kampf wird stärker.

Kleine Desolata! Du bist das Schlachtfeld, auf dem gekämpft wird, und du darfst nicht stürzen... Daß du, das kleine armseligschwache und zarte Mädchen in Meinen großen Plan miteinbezogen bist, schlägt dem Feind ins Gesicht. Deshalb biete Ich alles auf zu deinem Schutz und deiner Hilfe. Alle meine Engel sind bei dir, wenn du kämpfen mußt. Fürchte dich nicht, sondern glaube an eine strahlende Kraft, die dich erfassen wird, – auch wenn es so aussieht, als wärest du vollkommen zu Boden geschlagen.

Wenn du das einhältst, was dein Vater dir angegeben, wird sich deine Wandlung mit Hilfe der Kräfte des Himmels langsam vollziehen. Du lebst von Meiner Kraft, Mein Töchterchen, die dir zuströmt, so wie es für Meinen Plan notwendig ist. Ohne diese Kraft bist du hilflos und schwach.

Deine Schmerzen heute, dein Elendsein, deine fast tödliche Schwäche sind Sühne, geliebtes Kind, die ich brauche, um retten zu können.

Freue dich, Meine geliebte kleine Desolata, du Mein Kind der Schmerzen, in welch ein Neues Jahr darfst du eintreten.

Noch etwas, mein Liebling! Den Hosenanzug trägst du nur mehr bei den Fokolare; nicht wahr? Da bist du im Schutz der Gemeinschaft. Wenn du ihn sonst trägst, kann der Böse dich heftiger angreifen; denn du bist dann kein Abbild deiner himmlischen Mutter.

Ich, die Mutter, bin das Band, das euch (V. u. Maresa) umschließt, Ich die Mutter, bin eure Heerführerin, Ich, die Mutter, bin die Süße in eurer Bitternis, bin der Sieg in euren Niederlagen, bin Mutter, immer nur Mutter für euch, jeden Augenblick eures Lebens.

Abends

Jesus: Mein Kind! Gestern hast du einen Sieg errungen, und dein B.V. hat dir heute früh gesagt, daß du Anteil hattest an Meinem Sterben, daß alles echt und wahr ist. (Maresa erlebte, auf der Couch liegend, bei geschlossenen Augen das Sterben Jesu. Das Gesicht verfiel, die Nase wurde spitz. Kaum hörbar hauchte ihr Mund in italienisch: „Mein Gott, Mein Gott, warum hast Du mich verlassen!" Kurz darauf fiel ihr Kopf auf die Seite. Sie lag da wie eine Tote, kurze Zeit. Dann veränderte sich ihr Gesicht. Es begann von innen her zu strahlen bis zur Verklärung. Sie öffnete die Augen! – Das war Überschau über ihren letzten Lebensabschnitt). Und seine Barmherzigkeit hüllte dich ein. So warst du beruhigt; denn auch dich hat es getroffen wie ein Blitz. Es war für dich schwer zu ertragen, weil es dich an Früheres erinnerte, – an Niederlagen, scheinbare Niederlagen, Kind, weil du verkannt wurdest. Es traf dich heute so schwer, bist du doch von gestern noch ganz erschöpft.

Ich sage dir ein für allemal für diese Zustände: Laß sie geschehen und schalte dich selbst vollkommen aus. Betrachte dich nur außerhalb von dir. Glaube nicht, du müßtest dich dagegen wehren, – nein – du mußt es an dir geschehen lassen, wann immer es dich erfaßt. Du mußt es lernen, dabei nur an Mich und an die Mutter zu denken, wenn du denken kannst. Ganz streng möchte Ich dir sagen: Diese Zustände haben nichts mit den Nerven zu tun.

Geliebtes Kind, so fügte sich Stein an Stein, und du solltest zermahlen werden. Heute, an diesem ersten Tag des Jahres 1980, war die Hölle los und wirbelte Menschen und Natur durcheinander. Du bist der Seismograph, der ausschlägt, verstehst du? – Außerdem verdunkelte der Böse – du hast ihn auch am Geruch wahrgenommen – dir deinen Vater plötzlich, und es war dir, als spreche er chinesisch. Wie eine Wolke sank es da plötzlich auf dich nieder: das grausame Dunkel und die Finsternis der kommenden Zeit. Es überwältigte dich mit schärfster Wucht und möchtest Angst bekommen . – Wirf dich wieder einmal auf den Boden. Nur mit Demut kannst du siegen.

Schließe die Augen, Mein süßes Kind, und sprich nur: „Ich glaube alles, restlos alles, vor allem dann, wenn ich zweifeln möchte." Nur so kommst du durch.

Geliebte kleine Desolata, du wirst morgen deinen Vater mit einem Lächeln entlassen (zur anderen priesterlichen Aufgabe), dem Lächeln der Desolata! Weißt du, was es ist? Das Lächeln, in dem das Kreuz von Golgotha und die Sonne des Ostermorgens sich spiegelt. Ein Lächeln, das den Himmel entzückt, weil es aus 1000 Schmerzen geboren.

Braut des verlassenen Jesus

2. Januar 1980. Morgens

Jesus: Kleine Desolata, komm in Meine Arme. Laß dich überfluten mit dem Atem Meiner Liebe. Trinke an den Quellen der Wasser der Betrübnis Meines Herzens und stärke dich darin. Ich habe dir einmal gesagt: Wenn dein Vater von dir geht, wird es dich treffen mit aller Wucht. Dein Menschsein trifft es, kleine Desolata, das schutz- und hilfebedürftig ist, dein empfindsames Herz preßt es zusammen, da es immer wieder gleichsam atomaren Erschütterungen ausgesetzt ist und so manchmal dein innerster Wesenskern in Todesnot vibrieren muß. All dies aufzufangen in Barmherzigkeit und Festigkeit – dazu wurde dir dein Vater gegeben. Er hat seine Aufgabe in diesen Tagen ganz in Meinem Willen vollbracht. – So wie Ich dich in Meine Arme schließe und überflute mit den Wassern Meiner ewigen Liebe, so tue Ich es auch bei ihm. Er hat die gleiche Prüfung zu bestehen wie du, kleine Desolata. Doch: du in Meinem Herzen, er im Herzen der Unbefleckten Mutter – beide Herzen eins; diese Realität kann keine Trennung verwischen und auslöschen. Von Ewigkeit her seid ihr bestimmt für diese Zeit, für Unsern Plan miteinander – in Unseren Herzen eingewurzelt – eine Aufgabe zu erfüllen, einen Strahl Unseres heiligen Willens zu befolgen, den nur ihr erfüllen könnt. Aufstrahlend stehe diese Gewißheit bei euch in jeder Abschiedsstunde.

Ihr habt nur einen Bräutigam: den gekreuzigten und verlassenen Jesus! Aller Schmerz ist Sein, alle Trennung, aller Abschied: es ist immer Jesus, der Gekreuzigte und Verlassene, der euch umarmt mit ewiger Liebe durch die Wunde seiner Verlassenheit hindurch, hinein ins Licht, hinein in den Sieg, hinein in die Freude.

„Mein geliebtes Kind, Mein Sohn! Ich habe dir Meine kleine Braut anvertraut: Sie ist die Braut des gekreuzigten und verlassenen Jesu. Unter diesem Aspekt mußt du sie immer sehen. Sie ist allem unterworfen, was nicht normal, nicht schön, nicht Freude, nicht Friede, nicht Harmonie ist. Sie muß 1000 Tode sterben durch die Wunde Meiner Verlassenheit. Diese geistige Wunde Meiner Passion, diese Meine schmerzvollste und größte Wunde ist nicht zu verstehen für euch; sie kann nur gelebt werden, in Mir! Gib Meiner kleinen Braut Sicherheit; sie ist noch zu stark getroffen von gestern. Das Leid ihrer Tage, da du fern bist von ihr, wird diese Dunkelheit sein: „Mein Gott, mein Gott, warum hast Du mich verlassen." Bedenke immer: sie ist zart und klein, ein Mädchen nur mit zitterndem Herzen. Durch dich muß sie stark werden und sicher, Mein Sohn. Gib ihr alle Hilfsmittel, die du zur Verfügung hast: Gebet, Segen, Gnadenwasser, Kreuzzeichen – und dein Erbarmen. Doch niemals Mitleid!"

Hl. Messe

Jesus: Meine kleine Desolata. Du mußt lernen, in Meiner Wunde aus- und einzugehen. Jesus, den Verlassenen, umarmen und von dieser Umarmung weg zu den Menschen gehen und ihnen Meine Liebe bringen. Jesus für Jesus verlassen, auch im Schmerz! Um deine Gesundheit mache dir keine Sorgen.

Wie war es in Seeh.? Du warst getroffen bis in den Lebensnerv hinein. Du hast deine Lebenskraft von dir schwinden gesehen wie einen Schleier, an dem gezogen wird. Du warst aufgegeben – und trotzdem standest du plötzlich wieder auf den Füßen. Es ist alles nur Umwandlung, Prüfung. Gehe weiter mit unbeirrtem Schritt.

Verstorbener Pfr. O. Timme:

Pfr. O.T.: „Mein Liebes, höre, was ich dir sage: Glaube und vertraue! Du kannst nicht sehen, was ich sehe: deine Erwählung von Ewigkeit her und den Plan Gottes. Ich, dein Vater, der 31 Jahre dich betreute, sage dir fest: Glaube! Ein anderer darf vollenden, was ich nicht mehr konnte: dein neuer Beichtvater. Ich liebe ihn sehr, mehr als ich jemals einen Freund geliebt. Ruft mich immer an. Ich bitte unaufhörlich für euch, daß ihr standhaltet. Und seid euch bewußt: das Rätselhafte in deinem Leben rührt von der dunklen Seite her. Es liegt im Plan der Hölle, dich zu vernichten. Dazu ist diese eine dunkle Gewalt ausersehen, die dich immer wieder angreift. Gott läßt es zu. Doch er kann dich nie von Gott losreißen! Also glaube!

Nachmittags

Maria: Meine süße, kleine, strahlende Desolata! Fühlst du, wie die Mutter dich zart und sachte auf dein Kreuz legt? Wie behutsam sie es tut,um dich daran zu gewöhnen? Wenn es die Mutter tut, ist der Schmerz gelindert. Siehst du ein, wie sehr dir die Mutter und ihre Zärtlichkeit fehlte? Liebe kleine Desolata, keine Angst!

Braut in den Kreuzesarmen Jesu

2. Januar 1980

Maria: Mein Kind! Komm in meine Arme. Du fühlst dich verloren. Die Mutter reinigt dich.

Ich gebe dir auch eine Hilfe: Wenn du durch das Telefon angerufen wirst, dann mache dich ganz leer, so sehr, daß dein Ich gestorben ist und du den „Bruder“ ganz in dich aufnehmen kannst. Dann kann er Jesus begegnen in dir, und er spricht nur mit Jesus. Maresa darf nicht mehr existieren. Das heißt, daß du bei keinem solchen Telefongespräch etwas für dich wünschen darfst, keine Aussprache, keine Unterhaltung, nichts. Die kleine Maresa darf nur Kanal sein. Du wirst sehen, es belastet dich nicht mehr.

3. Januar 1980. Morgens

Jesus: Komme zu Mir, Meine Geliebte, und küsse Mich mit dem zarten Kuß deiner Liebe, damit Ich dich umfange mit Meinen Kreuzesarmen!

Komm an Mein Herz und trinke an den Wassern Meiner Gnade und liebe Mich! Empfindest du im Augenblick, was dir besher fehlte? Was ich sehnsuchtsvoll erwartete? Danke deinem Beichtvater sehr, daß er es dir kundtat (5 Wundenverehrung).

Du dürstest in diesem Augenblick nach Schmerzen, nach Meinen Schmerzen. Ertrage diesen Durst heute, damit du, – wenn der Schmerz dich trifft – ihn beglückt umarmst. Wirf dich zu Boden und liege vor Mir im Bewußtsein deines Nichts. Wenn du so vor Mir liegst im Staub der Erde, umflutet dich Mein Gnadenmantel und bedeckt dich ganz. Und Meine Liebe gießt sich aus über Mein kleines Nichts, über Meine kleine geliebte Braut.

Hl. Messe, Basilika Ottobeuren

Jesus: Meine kleine Geliebte, wie sehr wartete ich auf dich. Fürchte dich nicht, wenn Ich dich mit Meinen Kreuzesarmen umschließe. Zugleich ist hier in der Basilika der Himmel für dich offen, und deine Seele atmet Schönheit, Harmonie und Glanz. Deine Seele dürstet danach durch den direkten Kontakt mit Mir –, bis alle irdische Schönheit in dir zusammenfällt und sich allein konzentriert in Mir, – bis Deine Seele nichts mehr sucht als den Himmel in sich, der Ich bin in dir.

Heimweg:

Jesus: Liebes. kleines Menschenkind, mache dich zum Nichts, damit du untergehst in Mir. – Meine Geliebte, der Bräutigam schmückt die Natur mit dem strahlenden Weiß für seine Braut, damit sie sich satt trinke an Reinheit, Unberührtheit und Glanz. Eile, Meine Geliebte, eile, damit du Mich küssest mit dem Kuß deiner Liebe. Ich warte!

Nachm. vor dem Kreuz!

Jesus: Küsse Meine Wunde und wisse, wenn ich schweige, ist sie dein. Denn Meine Stimme ist der Himmel für ein Menschenkind, und ihr Fehlen bedeutet Schmerz, Nacht und Verlassenheit, tiefste Verlassenheit und Verlorenheit. Und die kleine Seele dürstet und sucht ihren Bräutigam unter 1000 Schmerzen.

Erkennst du, wie kostbar die Zeit geworden ist?

Wie dein ganzes Leben eine totale Wandlung erfahren muß?

5. Januar 1980. Heilige Messe

Jesus: Vorsicht Desolata, Satan greift an. Wappne dich!

Desolata: „O Jesus, bei der hl. Messe?"

Jesus: Glaube und vertraue, Kind!

Desolata: „O Mein Herr und Gott, ich kann nicht mehr glauben an all das; ich liege vor Dir und vor meinem Beichtvater wie der Abschaum der Menschheit; alle Sünden der Welt sind in mir. Ich fürchte mich, Jesus, ich habe namenlose Angst. Ich kann nicht beten bei dieser Messe!"

Jesus: Dein Vater betet für dich. Du leide die Messe mit deinem Vater; er leidet auch.

Desolata: „O Jesus, du mein Gott, o mein Gott, warum hast du mich verlassen?"

Jesus: Ich bin mitten in deinem Herzen!

Desolata: „Es ist mir so entsetzlich schlecht, Jesus, ich kann nicht mehr."

Jesus: Kind, du weißt es, wenn Satan dich so stark bestrahlt, ruft das eine tödliche Übelkeit hervor, wie wenn du vergiftet würdest. Sei tapfer, kleine Maresa, fürchte dich nicht.

Desolata: „O Jesus, die andern sind ja noch da (in der Kapelle)! Es ist arg."

Jesus: Geliebte kleine Desolata, du mußt dich daran gewöhnen, mitten unter den Menschen zu sein in diesem Zustand, das vermehrt deine Qual! Habe nicht auch Ich mitten unter den Menschen Mich hingeben müssen in höchster Qual?

Desolata: „O Jesus, diese Todesangst! Jesus, mein Jesus, in deine Hände lege ich meinen Geist!"

Jesus: Meine Todesangst, Geliebte! O Kind, es wird dich treffen mit voller Wucht, wenn dein Vater wieder auf Priester-C.-Reisen ist. Deshalb Einübung und dein unstillbarer Durst nach Leiden, sonst könntest du es, wenn es dich trifft, nicht überstehen.

Desolata: „Jesus, ich kann nicht kommunizieren in diesem Zustand, ich fürchte mich!"

Jesus: Nicht für die Gerechten bin Ich gekommen, sondern für die Sünder! Kleine Kreuzesgeliebte, o opfere dich hin in grenzenlosem Vertrauen – und du siegst!

13 Uhr

Jesus: Liebe kleine Maresa! Ein Mantel der Angst und Dunkelheit ist über dich gefallen, und du bebst. Dein Kreuzweg beginnt, liebe kleine Desolata. Sei tapfer. Verbirg den schneidenden Schmerz in deinem Herzen. Flüchte in die Wunde Meiner Verlassenheit, in die Ich dich einschließen will.

Es geht alles über dich hinweg! Du mußt sterben, kleine Maresa, damit die andern leben können – 1000 mal sterben, Tag für Tag, so wie eben.

5. Januar 1980. Nachm., vor dem Tabernakel

Jesus: Komm, Mein geliebtes Kind! Du stehst gleichsam in tosender Brandung und tödliches Dunkel hüllt dich ein. Ein Weh ohnegleichen! Doch du mußt ein festes Credo sprechen und dich erinnern: In dir wird alles ausgetragen, in dir wird alles ans Licht gehoben und geklärt. Deine große Liebe muß alles in dir halten und bewahren, auch wenn es schneidend wehtut.

Du bist das Opfer. Alles geht über dich hinweg! Du kannst es im Augenblick nicht erreichen. Du kannst nich durch die reißenden Wasser schreiten. Du mußt aufrecht stehen und warten und dulden und glauben, kleine Desolata, glauben in undurchdringlichem Dunkel und maßlosem Erschrecken.

Fürchte dich nicht: Hinter dir steht Mein Kreuz, und die Gnadenbäche Meiner Kreuzeswunden umfließen dich und beruhigen den Sturm und die tosenden Wasser – wenn du glaubst!

Die tiefe Leidenszeit beginnt

7. Januar 1980. Vor der hl. Messe

Maria: Mein Kind, du bist in einem Zustand vollkommener Verwirrung. Ich drücke dich an Mein Herz und küsse dich mit dem Kuß Meiner Liebe. Vieles ist in deinem physischen Zustand begründet. Das andere ist eine Hauptangriffsfläche: dein Niedergezogenwerden in die Untiefen des Negativen, des Verneinens, der Zerstörung, der Vernichtung. Es zieht dich fortwährend mit starken Armen und Gewichten von Blei dorthin. Und du, das kleine, durchsichtig-zarte und blumenhafte Menschenkind sollst dich aus diesen Armen befreien und dagegenstemmen. Welch ein grandioses Schauspiel für den Himmel!

Mein Töchterchen, gib Mir deine Hand. Die Mutter ist mächtig, den feindlichen Gewalten zu gebieten. Deshalb gehe mit geschlossenen Augen deinen Weg. An Meiner Hand wird die hauchzarte Menschenblüte stark wie ein Baum, der in den Himmel ragt und den kein Sturm und Unwetter beugen kann.

Noch etwas laß dir sagen: Dein kleines empfindsames Herz blutet nach deinem und Meinem Jesus immerfort in Sehnsucht und Liebe. – Jesus hat dir den Trost entzogen, der dich immer wie reinste Himmelsseligkeit umflutete, wenn Er mit dir sprach.

Er muß es tun, meine kleine Desolata, denn auch das ist Schulung. Es ist für dich ein Sturz vom höchsten Himmel in tiefste Verlorenheit und Verlassenheit. Deine Gefahr ist nun, wenn dein Vater nicht bei dir sein kann, daß du versinkst in die Untiefen der bösen Gewalt, um dich vollständig zu verwirren. Doch Ich, die Mutter, wache über dir und lasse es nicht zu: Das sei dein Stab und dein Licht!

Deine Leidenszeit beginnt, Meine liebe kleine Tochter; doch es ist Jesus, dem du nachfolgen darfst. Biete Ihm immer wieder dein noch zitterndes, zuckendes Glaubenslicht an und hüte es wie einen kostbaren Schatz, daß es dir niemals verlösche. Deine Liebe muß es wachhalten, – deine Liebe, die dir am Erstkommuniontag aufgeblüht bei deiner schicksalhaften Begegnung mit Meinem geliebten Sohn Jesus, der dich umfing in erster glühender Umarmung und dich küßte mit dem Kuß Seiner allmächtigen, ewigen Liebe.

Deine Liebe ist nie gestorben, Kind. Jesus ist für dich immer dein einziger Jesus geblieben und wird es bleiben. Die Liebe siegt immer.

Bei der hl. Messe

Jesus: Kleine Desolata! Du mußt stark werden für die Zeit, die du neben diesem Vater leben wirst. Du mußt alles mitansehen, alles dulden, alles ertragen können, was über euch hereinbricht, ohne zu zittern. Du bist doch diesem Priester gegeben, daß er eine irdische Maria Desolata habe, die aufrecht stehen kann bei all den Kreuzen seines Priestertums, die ihn, – dich, euch alle erwarten. Das ist deine Berufsgnade! Du fühlst sie wieder stark werden in deinem Herzen; sie beglückt dich und umjubelt dich, denn: das ist die Erfüllung deines Lebens. Der Sieg strahlt wieder auf in deinem Herzen neben der Agonie.

Kind, mit diesem Priester wirst du noch große Dinge vollbringen müssen. Ihr werdet in Deutschland retten müssen, was noch zu retten ist.

Ein Netz ist über die Erde gespannt, ein Netz von Liebe. Ihr müßt starke Knoten darin sein, das Netz zusammenzuhalten über Deutschland. Ihr müßt Pole sein, um andere Pole anzuziehen, damit ein Feuer entstehe, das alles verbrennt, was verbrennen muß, damit eine neue Kirche, eine neue Welt entstehen kann.

Nicht genießen, sondern kämpfen

8. Januar 1980. Morgens, vor dem Kreuz

Jesus: Du wirst heute sehr viel leiden müssen... Du bist ja in den Kampf mit den bösen Gewalten gestellt von Anfang an. Deshalb ist für Mich dein kleiner Glaube mehr als der Glaube eines starken Mannes. Es ist dir in allem, – ob es ein Duft ist, ob es die Einsprechungen sind, oder eine Schau – immer ein Zweifel möglich und vor die Füße gelegt. Du kannst diese Gnaden nicht genießen, wie ein Kind sich darin sonnen würde. Du mußt im Augenblick des Geschehens schon kämpfen. Das ist deine Bestimmung, geliebte kleine Maresa, und dazu brauchst du immer den Priester..., dir nur dazu gegeben in so außergewöhnlicher Weise.

10 Uhr, Besuchung

Jesus: Geliebtes Kind! Nenne deine himmlische Mutter oft „Königin“. Sie ist die Königin des Himmels, die Königin der Engel, die Königin des Universums, die Königin der Erde und vor allem auch deine Königin. Sie muß dir für Ihren Plan Befehle erteilen dürfen und Anweisungen. Du kleines, zartes, schwaches Mädchen sollst Ihr gehorchen und an Ihrem Mund hängen wie ein Ritterknappe bei seiner hochgeschätzten Herrin. Du mußt Ritterrüstung anlegen, mußt dich wappnen mit dem Schild des Glaubens und abwehren mit dem Schwert der Liebe: So kämpfe für deine Königin, furchtlos und treu. Kind, sprich dein Ja, daß, wenn dein Vater bei dir ist, die stärksten Angriffe dich quälen dürfen. Das stört dir dein Beisammensein, – doch es ist auch der Preis.

Alles verlieren

8. Januar 1980. Vor der Madonna

Desolata: „Meine himmlische Königin, was willst Du von mir?“

Maria: Wirf dich vor deinem Herrn und Gott nieder, sooft du kannst. Demütige dich vor Ihm, küsse den Boden, mache dich zum Nichts und schweige! Nur dann können die Gnaden regnen über dich.

Mein kleiner Ritterknappe, nun geht es dir wie allen, die der Himmel sich erwählt hat zu Werkzeugen seiner Liebe: Sie werden nicht anerkannt! Sie werden gedemütigt wie Jesus auf seinem Kreuzweg. Aber an diesen Werkzeugen scheiden sich die Geister, Kind.

Ich habe dir mit sanfter Gewalt alles aus den Händen genommen, was für dich Heimat, Geborgenheit, Versorgung und Heim bedeutete: deinen Vater T. Mit seinem Sterben fiel das alles auseinander. Du glaubtest, das Werk Mariens (Fokolarebewergung) und Br. würden es dir ersetzen können. Nun auch hier: Der Boden schwankt und es zerrinnt. Keine Sicherheit sollst du haben, damit Ich allein Mich dir zuneigen kann. Alles Leid, alle Dunkelheit und Unsicherheit, Kind, ist für die Rettung der Seelen. Hilf Mir retten, kleine Desolata, Ich brauche deine Hilfe. Wehre dich nicht! Laß alles mit dir geschehen!

Eine Sicherheit noch: Dein (neuer) Beichtvater wird sich niemals von dir wenden. Er steht fest.

Wenn du dich vor Mir niederwirfst, kann ich noch besser zu dir sprechen.

9. Januar 1980. Hl. Messe

Desolata: „Jesus, ich will bereit sein zu verlieren...“

Jesus: Ja, Meine Geliebte, man muß Gnaden verlieren können, Tröstungen verlieren und sogar Mich verlieren. Das bedeutet dein schöner großer Name, den der Himmel dir gegeben, daß du ihn lebst in vollkommener Weise.

Ich bin nun immer bei dir, bis zu dem Augenblick, da Ich dich heimhole in die ewigen Himmel in einem letzten Kuß Meiner Liebe.

Du wirst Mich nur immer für kurze Zeit verlieren. Doch für diese Augenblikke steht die Mutter bereit, um Dich in Ihre Arme zu schließen und dich zu liebkosen, damit dein Schmerz dich nicht verwirre.

Wie elend du heute bist, Meine süße kleine Geliebte! O mach Gaben der Liebe daraus für die Sünder. Stille Meinen Durst nach Seelen damit! Tröste Mich mit deiner Hingabe. Dein Jesus schreit nach Seelen, die in Gefahr sind, auf ewig verloren zu gehen. O Kind, was bereitet sich in der Welt vor! Rette Seelen, ehe es zu spät ist!

Glaube ist Rettung! – Sühneseele

10. Januar 1980. Auf dem Weg zur Kirche

Jesus: Mein Kind, nur dein Glaube kann dich retten durch dieses undurchdringliche Dunkel, das sich über dich breitet, – breitet über die ganze Welt. Dazu ward dir jetzt dieser Priester gegeben, der im Glauben bereits erprobt wurde und die Prüfungen, durch die du nun geführt wirst, bereits bestanden hat. Es ist dies die gefährlichste Versuchung, die dich heute Nacht angefallen hat wie ein wildes Tier: dich von deinem Beichtvater zu trennen, um ihm Unannehmlichkeiten zu ersparen. Außerdem wurde euer Bund im Himmel geschlossen – wie wäre es möglich, daß deine kleine ohnmächtige Hand ihn zerreißen könnte? Dein neuer Vater hat dir bereits mit Meiner Hilfe, mit der mächtigen Unterstützung Meiner geliebtesten Mutter einen Grund gelegt und ihn verankert, er hat dir Wurzeln verschafft, die dich festigen in Mir. Würdest du dich von ihm trennen, stürztest du in den Abgrund.

Mein geliebtes Kind, du bist wie ein Stein des Anstoßes geworden und liegst quer zu allem. Du bist herausgehoben und auf einsamer Höhe. Du liegst quer zu den Fokolare, quer zu den Menschen um dich, die in den Tag hineinrennen ohne Wissen und ohne Ziel. Du bist erschreckt in dieser Einsamkeit und frierst. Du gehst den Weg Abrahams, und seinen Glauben mußt du dir zu eigen machen.

Ein Zeichen sei dir täglich dein Körper, der immer noch durchhält. Er müßte nun längst am Zerbrechen sein.

Der Zusammenschluß der Werke Gottes muß in den Herzen der einzelnen Glieder sich vollziehen. Das besondere geistige Gut, das jedem Werk zugrunde liegt, muß zusammenfallen in eine einzige Blüte und Harmonie, um den Menschen der kommenden Zeit hervorzubringen. Das ist nur möglich durch ein besonderes Eingreifen des Himmels.

Hl. Messe

Jesus: Kind, Ich sage dir: So wie dein verstorbener Vater dich erkennen und beurteilen konnte, genau so kann es dein neuer Beichtvater, er allein! Wenn du ihn hörst, hörst du Mich und stehst du verankert in der Kirche! – Denke immer daran, dein heiliger verst. Beichtvater hat dir diesen Priester verdient mit seinem Lebensopfer.

Du denkst an deine Gesundheit. Geliebtes Kind, dein jetziger Zustand ist Sühne. Dazu braucht es keiner Besonderheit. Du hast eine Sühneseele. Schenke Mir alles zur Rettung der Seelen. Du sühnst auch für die Sünden und Fehler der Werke Mariens.

Vorbereitung für das Martyrium

10 Uhr, Besuchung

Jesus: Horche auf: Dein Beichtvater darf dir bedingungsweise die Taufe nachholen. Du weißt, du bist damals in der Klinik vertauscht worden, sodaß du evangelisch getauft wurdest. Ich sage dir das, weil es dich früher manchmal beschäftigt hat; auch in Bezug auf deine Angriffe von der dunklen Seite. Du sollst in allem sicher sein.

11. Januar 1980. Morgens, vor dem Kreuz

Jesus: Glaube alles, was dein Beichtvater dir sagt, Meine sanfte Taube, von den Menschen gekreuzigt – von Uns geliebt mit ewiger Liebe. Du mußt vorbereitet werden auf dein Martyrium, deshalb geschieht alles so, wie es jetzt geschieht. Dein Glaube allein kann überwinden. Stelle deinen Glauben gegen alles, was an dich heranprallt; auch wenn es dir unwirklich, ja verrückt vorkommt. Fühle dich geborgen in Unserer Liebe, und sei bereit, für diese Liebe alles zu geben, selbst das Leben. –

Auf dem Weg zum Opferaltar

16.45 Uhr

Desolata: „O Mutter, Mutter..."

Maria: Ich weiß, daß meine arme, kleine Maresa über eine Gewalt steigen muß, wenn sie sich Mir nähern will. Doch mache es wie ein Kind, das unermüdlich versucht, ein Hindernis zu überklettern, bis es drüben ist. Ein Kind hat darin Ausdauer. So übe auch du! Schenke Mir alles für Jesus, deinen geliebten Jesus, daß Er damit Seelen rette, du Meine kleine, so zarte Sühneseele.

Hl. Messe

Jesus: Meine liebe kleine Menschenblüte! Es ist die Zeit gekommen, da dein Jesus das kleine weiße Lamm in die Führung nehmen muß – hin zum Opferaltar. Das kleine weiße Lamm soll sanftmütig, demütig und stumm sein auf diesem Weg, bis es geschlachtet ist und dadurch untergegangen in Jesus, sodaß Jesus und das Lamm eins sind.

Später

Maria: Laß dich nicht ängstigen. Laß alles geschehen. Ich, die Mutter, bin bei dir! Du hast gigantische Anfechtungen im Glauben, – gigantische Glaubensprüfungen zu bestehen, die an dir rütteln mit Macht. Doch Ich, die Mutter, wache!

13. Januar 1980

Maria: Liebe kleine Tochter! Du und dein B.V., Ihr sollt wie zwei Kinder dem Himmel zulaufen, – zwei Kinder, die nur aufwärts schauen ins Licht, daß sie alles andere dafür hinter sich lassen und davoneilen, ohne sich aufhalten zu lassen – angezogen vom Licht. Ich sage absichtlich „zwei Kinder", denn nur Kinder bringen so etwas fertig, einem Stern zu folgen, der ihnen leuchtet, ohne sich beirren zu lassen.

Bedingungsweise Taufe und Sühneweihe

15. Januar 1980. Vor und in der hl. Messe

Jesus: Meine innigst geliebte kleine Braut! Ich will dir sagen was diese heilige Taufe für dich bedeutet!

Es ist eine Taufe für das Kommende, das über dich hereinbricht! Taufe für deinen Kreuzweg, Taufe für dein Martyrium und Taufe für dein Ster-ben. Diese Taufe macht dich zu einem reinen Sühneopfer, zu einer unschuldigen Opfergabe. Meine Mutter wird dich bekleiden mit ihrer Reinheit und Unschuld. Ich werde dich wiederherstellen in Unversehrtheit. Deshalb hüte dich nachher vor Sünde und Schuld, damit du die reine Opfergabe bleiben kannst, die der Himmel sich auserwählt für seinen Plan. Bereite dich gut vor! Die heiligen Augenblicke sollen dir unauslöschlich eingeprägt sein!

Doch fürchte dich nicht, übereigne dich Uns ganz; wiederhole vor deinem B.V. deine Weihe und lege die Sühneweihe (des Engelwerkes) ab – alles nach der Taufe. Damit legst du an die Waffenrüstung des Himmels.

Eile vorwärts, ohne stehen zu bleiben. Eile hinein in den Sieg! Freilich, du wirst auch stürzen und fallen müssen; doch dein tapferes Herz reißt dich empor, dieses kleine Herz, das geschult wurde in unbeschreiblichen Erschütterungen –. Es reißt dich auch empor dein B.V. Du gehst Hand in Hand mit ihm; mag auch die Welt um euch zusammenbrechen, – euer Glaube wird siegen und läßt euch eilen durch Finsternis und Nacht, über Abgründe und Widerstände hinweg – der geliebten Mutter zum Sieg zu verhelfen.

16. Januar 1980. Hl. Messe

Jesus: Meine süßeste Geliebte: Wie sehr erwarte ich den morgigen Tag, da Mein kleines Lamm vor Mir niedersinkt und sich opfert in Liebe, da es alle Angst überwindet, sich in Sühne anzubieten. Merke auf, kleine Tochter: diese eine Sühneweihe beinhaltet für dich alle drei Weihen. Mein geliebtes kleines Lamm bereitet sich vor, zum Opfer dargebracht zu werden.

O Kind, Meine Liebe hat noch diese Taufe ersonnen, um dich zu ermuntern und zu stärken für diesen Schritt, – um dich zu reinigen für das Kommende. Der Kampf wird härter, doch die Kraft wächst.

Mit welcher Liebe drücke Ich Mein kleines Lamm ans Herz! Ich liebe dich so sehr! Sag auch du Mir, daß du mich liebst. Ich habe ein menschliches Herz, – das menschlichste Herz, das je auf Erden weilte – das empfindlichste, leidensfähigste und gemütvollste Herz. Du, Meine süße kleine Geliebte, eile und tröste Mein Herz mit deiner zitternden kleinen Liebe, die sich entzünden soll zu einem Feuerbrand der Hingabe.

Maria: Nicht zweifeln! Wie notwendig, daß dein Vater zu dir kommt. Er bedenke, welchen Erschütterungen du fortwährend ausgesetzt bist. Du wirst in Höhen und Tiefen geschleudert und deine Erschöpfung erreicht dadurch die äußerste Grenze. Mein Wunsch ist, daß ihr diese Tage in äußerster Zurückgezogenheit und Sammlung verbringt, ganz auf Mich, die Mutter, gerichtet.

17. Januar 1980. Heilige Taufe, Sühneweihe

Priestersünden sühnen!

18. Januar 1980. Hl. Messe

Jesus: Du hast Mich gebeten, Kind, diese heilige Messe leben und erleiden zu dürfen mit deinem Vater. Es ist für die unreinen Priester, die ihre Sünde bis vor den Altar, bis an den Tabernakel mitbringen. Mit unreinen Händen berühren sie Mich. O Kind, kannst du ermessen, was das für Mich bedeutet? Mit welchem Ekel Ich Mich abwenden möchte – doch Ich bin ausgeliefert.

Kleine Maresa-Desolata. Deine Sühneweihe gibt mir die Vollmacht, nun all diese Dinge an dir geschehen zu lassen. Siehe wie die Mutter weint bei dieser Messe. Sie weint um ihre Söhne, die in diesen Sumpf der Sünde hineingeraten sind und nicht mehr herausfinden. – Weißt du, was das für ein Mutterherz heißt, um ihre Kinder weinen zu müssen, die blind, aber eigensinnig in ihr Elend, in den Abgrund hineinrennen und die Stimme der Mutter nicht mehr vernehmen, nicht mehr hören wollen? – Doch du, Meine kleine geliebte Desolata, tröste Unsere Herzen mit deiner Sühne! Diese (sündigen) Priester benützen Mich, Meinen reinsten heiligsten Leib für ihre Sünden der Unreinheit; Ich kann sie dir nicht sagen, Geliebte, du würdest es nicht ertragen können. – Was dich jetzt überfallen hat und quält, Kind auch das gehört dazu, eine Martyrerin der Reinheit zu werden. Deshalb habe Ich dir diesen Priester an die Seite gestellt, damit du das andere ertragen kannst. Glaube ihm jedes Wort, das er zu dir sagt. Du weißt, ich spreche in diesen Dingen aus ihm.

Sündenschale für andere

19. Januar 1980

Jesus: Geliebtes Kind! Dein Jesus muß dir noch mehr zumuten. Die dunkle Gewalt nähert sich dir wieder. Am Ende des Rosenkranzes greift er an. Er bietet dir schwer duftende, prachtvolle Orchideen an, wie du noch keine gesehen – wenn du ihm nachgibst. Doch Ich, Dein Jesus, stehe dabei und locke dich mit der Stimme Meiner Liebe. Ich biete dir Meine rosenfarbenen Wunden an in einem Strauß der duftenden Liebe des Himmels. – Du hast bereits gewählt. Ich segne dich dafür, Kind.

Glaube alles, was dein B.V. dir sagt und was Ich durch ihn dir sagte: Du bist nur die Schale, die gefüllt wird mit den Sünden, Freveln und Sakrilegien. Die ganze Schwere der Sünder wird in dich hineingelegt. Nicht du sündigst, du mußt nur ihre Schwere ertragen und sie so sühnen. Das ist die Wahrheit.

Du selbst kannst da nichts mehr sehen und fühlen, denn du bist hinausgeworfen aus allem Sinn des Lebens, du kannst nur Uns glauben. Das ist die größte Demut, die du Gott darbringen kannst: deinen dunklen Glauben!

Die entscheidende Weihe

13.30 Uhr

Jesus: Geliebte kleine Maresa-Desolata, Ich will dir noch einmal sagen, wie du in unseren Herzen bist.

Als du noch im Mutterschoße warst, hat deine Mutter dich vollkommen Meiner geliebtesten Mutter geweiht und übergeben. Mit mütterlicher Sorge wachte Sie über deine Kindheitsjahre. Bei deiner Erstkommunion hat Sie dich Mir zugeführt. Dein Jesus liebte dich, erzog dich und begnadete dich. Ich lehrte dich beten: In dein Herz schließ mich ein und laß niemand zwischen uns sein. So wohntest du in Meinem göttlichen Herzen. Da aber in Meinem Herzen die Liebe glüht zu Meiner geliebtesten und reinsten Mutter und Unsere Herzen eins sind, warst du auch wieder bei deiner Mutter.

Die dunkle Gewalt jedoch, der du ausgeliefert warst von Anfang an im Zeichen der Feindschaft zwischen Maria und Satan, drängte dich ständig von der Mutter weg. Doch Sie stand immer neben dir in blauem Mantel, der dir Schutz und Hilfe sein sollte.

Als du nun die letzte Weihe an Ihr Unbeflecktes Herz vollzogen hast, geschah das damit verbundene Mysterium, daß du in Ihr Herz eingetreten bist. Du bist aber auch in Meinem Herzen!

Meine kleine Maresa-Desolata, nun neige dich in tiefem Erschauern vor diesem Geheimnis der reinsten Liebe: Bei jedem Herzschlag unserer Herzen bist du wie in einer Wiege, die dich von Herz zu Herz trägt in sanften Wellen

– und über dich neigt sich das Antlitz Meiner geliebten Mutter und das Antlitz deines geliebten Jesus, und sie lächeln dich an. Sie überbieten sich in Aufmerksamkeiten und überströmender Liebe. Nur höchste Liebe, göttliche Liebe konnte so etwas ersinnen und geben, denn: „mit ewiger Liebe bist du geliebt". (Weihnachtsansprache des B.V.) Laß diesen Stern von Weihnachten leuchten über dir, auch in finsterer Nacht, und laß dich in diese Liebe fallen ohne zu fragen.

Hilfe bei Angriffen der Hölle

20. Januar 1980. Morgens

Maria: Meine vielgeliebte, kleine Desolata. Es geht heute um den Rosenkranz. Ich löse euch das Rätsel um die Angriffe. – Du geliebter Vater hast die kleine Maresa aus dem Bannkreis des Bösen herausgerissen zu Mir hin und wieder gebunden an die Kette des Rosenkranzes. Da die kleine Maresa aber im Zeichen Meiner Feindschaft mit Satan steht, ist sie seinen Angriffen unterworfen. Er wütet über alles, was mit euch und durch euch beide geschehen ist und geschieht. Er weiß, wenn er die kleine, zarte Maresa vom Rosenkranz abbringen kann, hat er mehr Spiel-raum und Macht. Ich gebe euch den Rat: Betet allein zusammen den Rosenkranz. Ich stelle bei den Angriffen Meinen Fuß gegen Satan.

22. Januar 1980. Hl. Messe

Maria: Mein Töchterchen, Leidenskind, blick zu deiner Mutter empor! Diese, deine besonderen Leiden werden immer sein, wenn dein Vater bei dir weilt. Er ist ja der Priester, der dich opfern soll. Bei ihm bist du auch verborgen vor den Augen der Welt und geborgen in Sicherheit und Frieden. Aus deinen Leiden blüht euch der Becher des Heiles empor. Stärkung für alles Kommende.

23. Januar 1980. 14.30 Uhr, beim Friseur

Jesus: Kind in welche Gefahr hast du dich begeben! Du warst von der dunklen Gewalt gereizt worden und bist wie in einem Schock, um vom Vater weggetrieben zu werden. Da mußt du wie ein Kind in höchster Not zum Vater rennen ohne Rücksicht auf ihn oder andere, mit dem SOS-Ruf: Hilf! – Nicht selber groß sein wollen! Das wird dir zum Verhängnis. In diesem Zustand bist du wie ein Kind voll Entsetzen allein in einem nacht-finsteren Wald und ohne Orientierung. Die Stimmen der Nacht locken von allen Seiten. Doch du findest keinen Weg heraus. Es muß einer kommen, dich bei der Hand nehmen und sagen: Komm! Einer der das Licht hat, das dir weggenommen wurde. Und das ist dein Vater!

Unterwegs zur Kirche:

Jesus: Meine arme kleine Desolata: Ich weiß, es stößt dich von der Kirche zurück. Es ekelt dich voll Abscheu, und du möchtest fliehen. Mein armes, armes Kind! Doch mit deinem Vater zusammen, wirst du es ertragen können.

Opferung

24. Januar 1980. Nach der Messe

Maria: Kind, wie schnell hast du deinen neuen Vater bekommen! Als er dich heute bei der hl. Messe opferte und sich mit, – da öffnete sich der Himmel über euch, und der Himmlische Vater hat das Opfer angenommen. Kind sei deinem Vater dankbar, daß er so geöffnet für die Gnade und ihr sofort entspricht.

Kind, die dunkle Gewalt darf dir näher treten. Ja er darf für Augenblicke in dich eintreten. Du nimmst es wahr an dem häßlichen Lachen, das dich so quält. Doch halte aus, kleine Maresa, es ist für deinen Jesus.

Der Kampf wird schlimmer werden. Ich kann ihn dir nicht wegnehmen. Es ist für einen abscheulichen Feind Meines einzigen Sohnes Jesus, der ihm soviel schadet an den Menschenseelen und in der Welt Unheil anrichtet.

25. Januar 1980

Maria: Geliebte kleine Desolata. Mein Herzenskind! Wieder hast du eine Untiefe bezwungen mit und durch deinen B.V. – Das, was du erlebt hast, ist der Zustand eines schweren Sünders, der sich von Gott gelöst hat und hinausgeworfen ist in die Nacht der tiefsten Finsternis und Sinnlosigkeit. Ich habe dir immer wieder das Licht des Leuchtturmes aufblitzen lassen: Dein B.V. durfte die dunkle Gewalt wahrnehmen, und damit ergibt sich eine Sicherheit für dich.

Noch etwas: Das Gebet, das du heute nach der hl. Messe, auf der Erde liegend, gesprochen, hat Jesus durch den Hl. Geist aus dir emporgesandt, und der Vater hat es angenommen. Laß dich deshalb nicht quälen von der Verwirrung und den Gedanken eines schweren Sünders, den du in dir trägst und austrägst wie eine werdende Mutter Ihr Kind. Schau auf Mich! Du fühlst ja Meine Liebe, die dich hält, sonst wäre es der dunklen Gewalt gelungen, dich hinauszujagen. Dein geliebter Vater, und auch du, kannst daraus erfahren, daß dir nie etwas Schlimmes passieren kann. Ich, die Mutter, lasse es nicht zu! Es geschieht nur, was Gott in seinem wunderbaren Plan beschlossen hat über dich und deinen Vater! Euer Weg in diesem anbetungswürdigen Plan geht gemeinsam.

Später

Jesus: Geliebtes Kind! Wenn so in diesem Zustand die Verzweiflung über dich kommt – und sie kann dich ganz stark überfallen – dann stürze sofort zu deinem Vater in seine Arme, daß er dich aufhalte von einer Verzweiflungstat, zu der du dann fähig wärest.

All das gehört dazu, um einen Sünder zu retten! Sühne, Mein Töchterchen! Doch fürchte dich niemals. Nur: auch in dunkelster Nacht den Vater suchen! Diese einzige und große Überwindung, ja vielleicht einmal gigantische Kraftanstrengung mußt du machen, wenn du Gefahr spürst. Dann renne alle Hindernisse nieder und stürze dich förmlich in die Arme des Vaters mit einem einzigen Aufschrei: Rette mich!

Trost für den Papst

Beim Rosenkranz mit dem Papst (Aufnahme auf Cassette)

Maria: Wie sehr, liebe ich diesen Papst. Er ist direkt aus Meinem Herzen hervorgegangen, und Mein Herz umschließt ihn vollständig. O wie sehr muß er leiden. Tröste ihn, zarte, lichtscheinende Desolata. Tröste ihn! Deine kleinen liebevollen und sorgenden Gedanken und Gebete treffen seine Seele und lassen einen Lichtschein in ihr aufleuchten durch Mich, deine und seine Mutter! Stehe in den Wassern der Trübsal aufrecht und stark, und halte seiner Seele dein kleines, brennendes Licht entgegen. Ein Mysterium! Ich möchte dich einsetzen dürfen als seine Trösterin in all seiner Betrübnis. Halte dich Mir hin, kleine Desolata, und laß geschehen, nur geschehen, auch wenn du nicht verstehst. Ich lasse dich nur einige Augenblicke die Trübsale seiner Seele verspüren – und du wirst es nicht mehr vergessen können. O wie viele Aufgaben hat deine Mutter für dich bereit!

Die entscheidende Selbstauslieferung

Das besondere Gebet nach der hl. Messe

O mein Gott! Ich liege vor Dir im Staub der Erde, zum Nichts geworden vor Dir, vor mir und vor allen. O lösche mich aus, mache mich zu einer Toten, denn nur ein vollkommenes Nichts, vollkommene Leere kann Dich anziehen.

O göttliche Majestät, wenn Du auf mich nicht mehr schauen kannst, so schaue auf Deinen Jesus in mir, den gekreuzigten und verlassenen Jesus, und höre auf den Schrei seiner Verlassenheit, den ER aus mir zu Dir hinaufschreit: Mein Gott, Mein Gott, warum hast Du mich verlassen? – O göttliche Majestät, ich biete mich Deiner Gerechtigkeit an für den furchtbaren Kreuzweg, den die Welt, die Kirche, nun beginnen. O verschmähe deine

Opferschale nicht, gieße alles in sie hinein, was du hineingießen willst. Schone, schone meiner nicht, sondern tröste, tröste mein Volk!

26. Januar 1980

Jesus: Geliebte kleine Desolata. Welche Hindernisse und Barrieren hast du überstiegen und überwunden mit deinem Beichtvater! Nur mit ihm war es dir möglich! – Welchen Vertrauensbeweis hast du Mir gegeben mit der Sühneweihe und dem Gebet gestern, das du voll und ganz mit wachen Sinnen mitgesprochen hast. Du hast dich endlich ganz ausgeliefert ohne Rückhalt und Rücksicht auf dich selbst.

O Meine süße Geliebte, der ganze Himmel jubelte auf; denn nun kann geschehen, was von Ewigkeit her erschaut war und bestimmt.

Du, die kleine, hart verschlossene Knospe, die sich zitternd barg vor der ewigen Sonne, hast dich nun geöffnet. Ich, dein Jesus und himmlischer Bräutigam, habe die kleine Knospe zur Blüte geöffnet mit dem Kuß Meiner Liebe – und sie ließ es geschehen. Ich halte sie offen und gieße nun hinein in diese erschauernde Blüte Meiner Liebe alles, was von jeher dafür bestimmt war. Die kleine, zarte, durchscheinende Blüte beginnt zu duften und zu blühen, dem Himmel zu. Der ganze Tau des Himmels will auf dem Grund der kleinen Blüte erglänzen wie das Sternenlicht in der Nacht, damit sie Licht wird für andere, die kein Licht haben werden in der kommenden Zeit. Und die kleine, unscheinbare Blüte wird zum Trost für Mein Volk, zur Trösterin der Betrübten.

Du bist angenommen und zum Leiden berufen. Du wirst es erkennen können an der Nacht von Sonntag auf Montag, die deine Ölbergsnacht sein wird. Nimm die Hand deines Vaters, und gehe blind Schritt für Schritt weiter, hinein in deine Berufung.

Der Name „Desolata"

27. Januar 1980. Hl. Messe

Jesus: Geliebte kleine Desolata! Geschehen lassen, alles geschehen lassen, Lamm sein ganz und gar. Dein Kreuzweg beginnt und gehst mit offenen Augen darauf zu.

Es liegt auch der hl. Vater auf dir, Kind, durch die Messe, die ihr für ihn geopfert. Auch deinen Vater werde ich dir manchmal aufs Herz legen; denn ich habe dir einmal gesagt: Nicht nur er steht an deiner Seite, auch du stehst an seiner Seite. All dies ist dir gegeben, kleine Maresa; denn dein Name ist Desolata, d.h. auch: Die dabeistand. Du stehst beim hl. Vater und stehst bei deinem Vater – und du wirst noch bei vielen stehen.

Nachmittags

Desolata: „O Jesus, wenn Vater fort ist, ist alles anders!“

Jesus: Meine süße kleine Braut: Es fehlen die Hände um die Opferschale, es fehlen die starken Arme um die zitternden Schultern, es fehlen die barmherzigen Augen für die Not deines Antlitzes, es fehlen die Worte, die deine Seele bis ins Innerste treffen. Und so bist du ganz Braut deines gekreuzigten und verlassenen Jesus. Denn deine Seele ist eingetreten in die Verlassenheit. Und Ich sage dir mit Meiner ganzen Liebe: das, was dich erwartet, wird die härteste Zeit für dich werden. Du kannst es nur als Lamm richtig leben, indem du dich fallen läßt in die Auslieferung. Deine Seele wird schreien nach dem Vater, und er kann nicht bei dir sein, wenn du am Ende bist. Sie wird schreien nach der Vereinigung mit Mir, und du wirst Mich nicht bekommen. Sie wird schreien nach der Mutter und sie nur erleben wie Ich am Kreuz. Diese Stunden wirst du auskosten müssen, Geliebte, und dafür bist du vorbereitet worden in höchster Dichte und Konzentration. Dein Vater hat alles an dich gegeben, was er konnte, an Erziehung, Stärkung, Tröstung, Segen, Heilmittel und Sakramente und Gebet. Und du warst eine gelehrige Schülerin. Daß es nur unter größten Erschütterungen vor sich ging bei der Kürze der Zeit, ist nicht zu verwundern, Kind. Doch – warst du nicht gehalten in hirtenhaften Händen, die das Lamm umfingen mit höchster Liebe?

Opferlamm

28. Januar 1980. Hl. Messe

Jesus: Meine einzig-süße Geliebte. Du bist das Lamm, das auf der Patene liegt und das dein Opferpriester darbringt, und er bringt sich mit dir dar. Der ganze Himmel ist offen über euch und jubelt – und die Mutter, die strahlende Mutter, neigt sich tief vor der allerheiligsten Dreifaltigkeit und betet an und dankt, daß Sie euch, ihre heißgeliebten Kinder, bereiten und rufen durfte in Ihren Plan, der ja der anbetungswürdige Plan des Himmlischen Vaters ist.

Kleine Geliebte: Das Lamm liegt auf der Patene, das Köpfchen gesenkt, und es ist stumm, und die Hände des Priesters umschließen die goldene Schale und halten empor und bringen dar. – Meine süße Geliebte: das ist allezeit die Haltung des Lammes und ihres Priesters. Du, Mein kleines weißes Lamm, sollst immer liegen im Staub der Erde, demütig, mit gesenktem Köpfchen und stumm und so ausgesetzt und hingegeben an alles, was um es geschieht und ist: Ausgesetzt allen Stößen, ausgesetzt allem Getretenwerden, allem Übergangenwerden, allem Staub und Schmutz und aller Erschütterung der Erde. Ja, das kleine Lamm wird Wunden davontragen und bluten.

Aber in den kühlen Nächten, wenn es verlassen und ausgestoßen irgendwo liegt und die Erde sich färbt von dem Blut seiner Wunden, erscheint die Mutter und liebkost Ihr Lamm, heilt, verbindet und bringt Balsam und Trost. Und überall, wo Menschen hinwegschreiten über das Lamm und seine Spuren des Blutes, wird Erlösung zuteil. Ein Mysterium – und doch ist es so.

O Kind, wenn du ermessen könntest, welche Liebe der Himmel über dich ausgießt – dein kleines Herz würde aufhören zu schlagen; denn es könnte die Fülle nicht ertragen.

12.30 Uhr

Maria: Meine geliebte, zarte Desolata! Gib mir deine kleine Hand und geh mit der Mutter in das Paradies deines zu erwartenden Opfers und Leidens hinein. Die Mutter geht mit! Sie geht mit dir und deinem Vater. Keines von euch ist verlassen, auch wenn ihr euch trennen müßt. Ich werde euch überschütten mit meiner wachen Fürsorge und mütterlichen Liebe. Wie halte ich Meine Arme um euch, wie drücke Ich euch an Mein Herz. Ich werde euch beide lenken und führen; denn ihr habt euch beide hingegeben, und dies ist nun eure erste gemeinsame Aufgabe und für dich, Mein Töchterchen, auch Feuertaufe.

Als Opferlamm in 3-wöchiger Behandlung in X.

(Nun fahren Desolata und ihr Vater zu einer Behandlung. Desolata geht freiwillig als Opferlamm – wissend um all das Furchtbare, das auf sie, die Unschuldige wartet – um die Umkehr einer Seele zu erleiden und sie zu retten. Desolata hat Jesus freiwillig das Ja zu diesem Schritt gegeben, von dem sie weiß, daß es sie bis an den äußersten Rand der Not und des Leidens bringen wird).

1. Februar 1980. 17 Uhr, in X.

Jesus: Meine so liebe kleine, strahlende Desolata! Welche Stärkung hast du empfangen durch deinen Vater. Wie leidet er mit dir und für dich. Wie barmherzig ist er und setzt alles für dich ein.

Nun darfst du es spüren; denn morgen ist Lichtmeßtag, Fest Deiner Mutter, der Mutter der Barmherzigkeit. Erwarte deinen Vater als das Licht des morgigen Tages; er bringt dir ja die Mutter (und Jesus im hl. Sakrament).

Glaube, daß ihr bald wieder beisammen seid; denn die Schule geht weiter, die Schule, die du nur durch deinen Vater bekommen hast. Denn nur durch ständiges Zusammentreffen mit ihm entzündet sich deine Seele und öffnet sich zu höchstem Empfangen, zu höchster Hingabe.

Es ist hier kein Haus mit heiliger Atmosphäre. Es ist ein ganz anderer Geist hier. Schein, nicht Wirklichkeit, Willkürlichkeit, nicht Ordnung; Widerspruch, nicht Klarheit! Und du stehst quer dagegen. Das tut dir maßlos weh. Du fühlst dich erbärmlich und schlecht dabei. O laß es geschehen.

Du wirst den Plan Gottes, den Plan der Gottesmutter, nicht durchschauen können. Du gehst hier vorüber wie ein Komet, der am Himmel ein Zeichen aufflammen läßt für jene, die es begreifen wollen. Noch kann dein Licht nicht tiefer dringen, denn diese Herzen sind gepanzert.

Deine Nächte gehören zum großen Teil dem Gebet, starkem Gebet. Auch wenn du müde bist. Das ist ein Hinwegsteigen über dich selbst, über dein Ich, dem du hart entgegentreten mußt ohne Mitleid. Du kannst nicht glauben – und mußt handeln als tief Glaubende; du bist ausgetrocknet und dürr und wie zur Wüste geworden, und du sollst Quellen lebendigen Wassers aus dir strömen lassen. Du bist innerlich ohne Laut und Stimme – und mußt zum Himmel schreien um Barmherzigkeit!

Einzig Geliebte, du bist zum Zeichen des Widerspruchs gesetzt und mußt es hier leben. Doch du hältst dein kleines, blutendes Herz vor dich hin, daß es die grellen Blitzestrahlen der Gegenwehr (Satans) abfange und umwandle in Liebe. – Es sind dies geistige Vorgänge, dem irdischen Auge verborgen. Fürchte dich nicht, die Mutter führt.

Du bist nicht nervenkrank, auch wenn sie dich hier dafür halten. Glaube Mir, nicht ihnen: Ich weiß, wie schwer dir dieses Glauben fällt, wie angstvoll du es nur vollbringen kannst, da dich im Augenblick Meiner Gegenwart die dunkle Macht anfällt und die Nebel des Zweifels über dich wirft. Doch es genügt, wenn du stammelst: Ich glaube! Auch wenn du nichts fühlst! Nur aussprechen! Und immer hast du den Glauben deines B.V. zur Verfügung. Du wirst in morgen wieder erleben wie Balsam für deinen schwankenden Zustand. Dieser, dein Priester, darf die Wunden des kleinen Lammes verbinden und Öl, Öl der himmlischen Salbung und Weisheit, hineingießen. Und das kleine Lamm richtet sich auf und in seinen Augen erstrahlt neu Ergebenheit und Duldung.

Deine Kreuzschmerzen sind etwas, das du Mir und der Mutter schenken kannst im Verborgenen. Sie bieten sich an zur Sühne. Jeder Schmerz, auch der gewöhnlichste ist in deine Sühneweihe hineingenommen. Verstehst du Kind?

Das heißt auch „verlieren", verlieren als Desolata. Du wirst vom Himmel erzogen und stehst da wie ein Kind, das nicht verstehen kann und deshalb nur mit gesenktem Köpfchen gehorcht mit flehender Gebärde: Ich will es versuchen! Und der Himmel nimmt es an! Verstehst du nun immer mehr, warum der Himmel dir so schnell einen neuen B.V. gab? Der Weg, den du gehen mußt, ist nur mit solcher Führung gangbar. Dein B.V. verschließe immer wieder mit besonderem Segen deinen Mund zu heiligem Schweigen; denn die dunkle Macht greift besonders hier an, jetzt, da du stummes Lamm sein sollst.

Auch wenn du nicht viel gebessert von hier fortgehst, mache dir keine Sorge, unter der Fürsorge und Pflege deines Vaters wirst du besser genesen denn sonstwo.

22.30 Uhr

Desolata: „Jesus, das kommt doch jetzt von den Nerven, nicht wahr?"

Jesus: Nein, mein armes Kind! Es sind dies starke Erschütterungen, die dich bis in den innersten Wesenskern hineintreffen; denn du bist Seismograph.

In Angst und Erschrecken

2. Februar 1980. Lichtmeß, morgens in X.

Maria: Mein geliebtes Töchterchen! Komm in Meine Arme, wie gequält bist du! Gib Mir deine Gedanken! Deine Gedanken sind wie ein Fadenknäuel, von brutaler Hand zu Boden geschleudert und im Weitersprung verwirrt. Du stehst angstvoll im Raum, hin- und hergerissen, hin- und hergeworfen. Du bist wie krank an Geist, Herz und Gemüt. Doch beachte: wie, nicht in Wirklichkeit. Du kannst nicht einmal über deinen Zustand sprechen; du kannst ihn nur ausdrücken in Angst und Erschrecken. Du kannst nur alles an dir geschehen lassen, geliebtes Kind. Es läuft alles richtig ab. – Auch die dunkle Macht tut das ihre dazu, indem sie dir Zweifel über Zweifel vor die Füße legt und dir dein Sendungsbewußtsein vollkommen verdunkelt. Du stehst ratlos da in Angst und Not. Aber Mein Knappe muß erstarken und erprobt werden im Kampf. Dabei mußt du noch lernen über Mich, die Mutter, zu Jesus zu gelangen. Ich bin die stets geöffnete Tür, durch die man eintritt in Jesu Herz.

Eure erste Arbeit, – wenn du wieder mit deinem Vater zusammensein darfst, wird die gemeinsame Lesung des blauen Büchleins (von der Marianischen Priesterbewegung) sein. Auch hier mußt du noch in eine Schnellschule gehen. Immer mehr ziehe Ich dich in Meinen Plan hinein, immer mehr mußt du auf Mich hören, immer mehr dich Mir übereignen. Lehrer für dich ist immer dein Vater. Mach deine Seele geschmeidig für seine Anweisungen und Ratschläge. Sein Blick, der ihm durch Mich geschärft ist, wird erkennen, erfassen und behüten.

Glaube ihm jedes Wort und nimm es bitter ernst. Er sagte dir, was dich treffen könnte, und es ist geschehen. In diesem Hause ist alles möglich. Doch dein heimliches Ausweinen und dein Schmerz, dein Schrei um Hilfe haben dich befreit. Auch diese Wunde wird dein B.V. reinigen und verbinden. Du mußt nur ganz offen sein.

3. Februar 1980. In X.

Maria: Mein liebes kleines, armes Kind! Die dunkle Macht greift dich so sehr an. Darum warst du auch gestern so verwirrt, daß du deinen geliebten Vater gar nicht richtig wahrnehmen konntest. Du hast das erst hachher erschreckend empfunden. Wie qualvoll der Abend nachher. Und die lange Nacht: Immer wieder fiel die dunkle Macht dich an.

4. Februar 1980. In X.

Jesus: Meine kleine strahlende Desolata weint... Kannst du nun dein Hiersein erfassen? Bei den andern bist du Licht, eine aufstrahlende Erscheinung – aber allein trägst du das Tränentüchlein. Du lernst diese Verbindung zu leben. Diese Erfahrung müßte dir die Angst und Qual nehmen, die dir die dunkle Macht einredet. Du stehst ja auch in einem starken Prozeß der Umwandlung und das wirft dich hin und her. Glaube mir, daß alles seinen Weg geht, wie vorhergesagt. Diese deine innerste Qual und Not – ist das nicht auch Schmerz, den du Mir anbieten kannst. Dürstest du immer noch nach mehr?

Hingabe unter den Flügeln der Liebe

5. Februar 1980. In X.

Jesus: Heißgeliebtes Leidenskind! Hast du immer noch Durst nach Leiden und Angst, sie könnten dir genommen werden?

Desolata: „O Heiland, du weißt, wie sehr ich darum Angst habe!“

Jesus: Dann komm und tritt ein in die Wunde Meiner Verlassenheit, Ich biete sie dir an und schenke sie dir als den Schatz und die kostbarste Perle deines weiteren Lebens. Sprich nicht, Geliebte. Schlage die Flügel deiner Seele nieder und birg dich unter den Flügeln Meiner Liebe und Treue. Löse dich zu vollkommener Hingabe. Atme tief den Duft Meiner beglückenden Liebeskraft, die Ich über dich strömen lasse wie milden Regen auf das trockene Erdreich.

15 Uhr

Desolata: „Jesus, geliebter Jesus, komm schnell!“

Jesus: Dein Jesus ist da. Ich neige Mich in unendlich erbarmender Liebe über Mein Kind. Das jetzt ist der verzweifelte Kampf, den man hier gegen dich kämpft. Deine Angst ist echt. Du wirst kaum standhalten können! Doch fürchte dich nicht: Zuletzt fällst du in Meine Arme, nicht in die ihren.

Desolata: „Jesus, ich komme mir wie verrückt vor!“

Jesus: Du bist es nicht, Kind! Du könntest es nur gemacht werden, wenn du ohne Schutz ausgeliefert wärest. (Dein Schutz ist jetzt dein Vater). Kein Mensch, auch nicht dein liebster Mensch, kann nachempfinden, was in dir vorgeht und wie es ist, in solcher Verwirrung zu sein.

6. Februar 1980. In X.

Desolata: „Es überfiel mich Todesangst wegen meines augenblicklichen Gesundheitszustandes".

Maria: Mein kleines Töchterchen, hat es Jesus dir nicht angekündigt? Sprach Er nicht von einem Zusammenbruch? Warum hast zu gezweifelt? – Doch Ich halte dich in Meinen Armen. Du kannst alles aushalten, Geliebtes. Nimm es auch an für deinen geliebten Vater, so trägst du ihn in seinem Gesundheitszustand mit.

22 Uhr

Desolata: „O Jesus!"

Jesus: Jetzt hast du die ganze Verdunklung von hier in dir. Du bist kaum mehr fähig, etwas zu denken. Immer mehr fürchtest du dich vor dem drohenden Unheil und meinst: jetzt bin ich nicht mehr normal, bin geisteskrank, ausgeliefert an alle und jeden.

Das, was für dich eine unerträgliche Zerreißprobe ausmacht, ist dein Hinabgezerrtwerden ins Negative, in die Verneinung, Zerstörung, Vernichtung. Jetzt aber wirst du auf neue Art dazu in die Untiefen des Negativen gezogen, Geliebte: indem dir der Schlaf geraubt werden soll. Es ist so, wie du fürchtest, und stehst vor der doppelten Schwere dieses Erlebens: Entweder kein Schlaf und damit Zerrüttung deiner Kräfte – oder Schlaf und damit Auslieferung an die Zwischenwelt... ein Kampf, in dem du kaum standhalten kannst. Deine Seelenführung durch den Vater ist deine einzige Rettung. Er kommt morgen.

Jetzt bist du gefesselt und ausgeliefert: das Lamm, das zum Opferaltar geführt wird. Geliebte Desolata. Auch in diesem für dich nicht mehr faßbaren Zustand erlebst du Mich – deinen gekreuzigten und verlassenen Jesus, und kannst du Mich lieben und umarmen; auch wenn für dich deine Liebe trocken und kalt ist – für Mich ist sie brennende Glut. Und Ich ziehe dich immer mehr an Mich!

An äußerster Grenze

7. Februar 1980. In X.

Jesus: Ich sehe deine Verzweiflung Kind! Du möchtest abbrechen und gehen. – Doch diese verfrühte Tat würde alles in Frage stellen. So heißt es weitergehen, kleine geliebte Desolata, und aushalten. Ich stütze dich mit namenloser Liebe.

Ich weiß, was in deinem Herzen vorgeht: Du möchtest verzweifeln darüber, daß du selbst, aus freiem Entschluß, dich wieder in diese Behandlung gegeben, die dich zweimal schon an den äußersten Rand gebracht und deiner zarten Gesundheit Schläge beigebracht hat, die nie mehr ganz ausheilen konnten. Du kommst in einen Zustand tiefster Verzweiflung. Du fühlst dich gescheitert, und alles ist nur noch greifbarer Wahnsinn. – Und gerade da, wo es immer unheimlicher wird, muß auch dein Vater dich verlassen (wegen Priestercönakel) und allein lassen. Du bist wie eine Ertrinkende, die nur noch die Wasser sieht, aber keinen Halt mehr. Deinem Vater schneidet es genau so ins Herz. Es ist nicht leichter für ihn, dich lassen zu müssen, wie für dich, allein gelassen zu sein: Eure erste furchtbare Prüfung! Doch ihr werdet sie meisterhaft bestehen. Vater im Herzen seiner über alles geliebten Mutter, du im Herzen deines über alles geliebten Jesus! Und nachher: In eurem Nazareth ein immer wieder-kehrendes Beisammensein in gesteigerter übernatürlicher Liebe und Hingabe unter einem Regen von Gnadentau.

8. Februar 1980. 14 Uhr, in X.

Jesus: Meine kleine geknickte Blume. Kind, kleines zitterndes Herz, wisse: Es kann nichts geschehen ohne Mich, deinen Jesus. Wenn Ich schlimme Dinge zulasse, dann bist du trotz aller schrecklichen Auslieferung wunderbar behütet in himmlischer Sorge und Liebe.

Du lebst auch in Abwesenheit der Mutter in diesem Hause in schmerzvollen Wehen, weil du ja ihre Ferne hier ertragen mußt, Ihr „Vor-der-Tür-Stehen". Deshalb neige Ich, dein Bräutigam, Mich liebevoll dir zu, um dich zu stärken. Halte aus, süße kleine Geliebte, weine nur in Mich hinein dein grenzenloses Weh, deine irre Angst. Und wisse: Dein Jesus drückt sein zartes weißes Lamm an seine Brust und drückt ihm das Siegel der ewigen Liebe auf die kleine, leuchtende Stirn. Und das Lamm sinkt in göttliche Ruhe und atmet auf für einen Augenblick ewiger Stille...

22 Uhr

Desolata: „Liebe Muttergottes!"

Maria: Mein heißgeliebtes Kind. Ich halte dir meine Mutterhand entgegen, daß du sie ergreifen mögest, denn du bist einsam und in Not! Sag, willst du dich nicht Mir überlassen? – Ich weiß: du kannst es nicht mehr vollziehen, weil zwischen Mir und dir die Dunkelheit Satans sich breitet und dir jede Sicht auf Mich nimmt. Du sollst Mir den Glauben und das Vertrauen deines B.V. schenken an Stelle deines augenblicklich versteinerten Herzens, damit Ich es nehmen und in unendlicher Behutsamkeit hineinlegen kann in Mein Herz und dich die Kraft Meiner Liebe hinüberwiegt in Jesu Herz.

Verbindende Liebe rettet

22.30 Uhr

Jesus: Küsse Mich, Meine Geliebte, mit dem zarten Kuß deiner Liebe! O wie lange hast du es nicht mehr getan! Du wagtest es nicht; doch nun hat die Liebe dich überwältigt – eine Welle heißester Liebe zu Mir, deinem gekreuzigten Bräutigam.

O wie eile Ich dir morgen entgegen, – wie sehr vertraue Ich Mich den behutsamen Händen deines Priesters an, die Mich zu dir tragen. Wie sehnsuchtsvoll schlägt dir Mein Herz entgegen, dich in Besitz zu nehmen in einem einzigen Kuß der Liebe wie bei deiner Erstkommunion; denn der Bogen des göttlichen Ratschlusses und unergründlicher Weisheit spannt sich von jenem schicksalhaften Erstkommuniontag eines kleinen zarten Kindes bis nach hier, in den jetzigen Augenblick hinein. Unter welchen Umständen, wie heimlich mußt du Mich morgen empfangen, so ganz anders als damals, und doch ist es heute wie damals dieselbe himmlische Liebe, dasselbe zarte Umwerben deiner kleinen Seele, derselbe Kuß der Vereinigung mit deinem ewigen Gott. Fühlst du, was Liebe ersinnen kann? Kannst du erkennen, wie dein Vater Meine geheimen Wünsche, dich betreffend, vernehmen kann?

Du weinst...? O, dein übersensibles Empfinden zittert darum, daß dein Leid zu sehr durch die Güte deines Vaters geschmälert werde. So tapfer ist Meine Braut! So eingestimmt auf Mich, ihren gekreuzigten und verlassenen Bräutigam. – Daß Vater wünscht, daß du am Samstag das Haus hier verläßt, ist nicht falsch und kein vorzeitiges Abbrechen; es war ja vom Haus selbst so vorgesehen. Du mußt auch, um dich am Leben zu erhalten, immer wieder Leid und Schmerz verlieren können und trotzdem von Mir dich geliebt wissen. Verstehe, daß auch hier die dunkle Macht dich hin- und herwerfen will und dich irremachen. Sie will dir die Gelassenheit unmöglich machen, die eine unerläßliche Tugend ist für deinen Weg.

Das, was du heute Abend erlebtest, – erkanntest du die Absicht? – Die dunkle Macht will dich zermürben mit immer rascher aufeinander folgenden Wechselspielen ihrer Macht um dich tödlich zu ängstigen. Doch du siehst, dein Jesus wacht und hütet sein geliebtes weißes Lamm, daß der „Wolf" es nicht zerreiße. O Kind, geliebte kleine Braut, Lämmchen des Himmels, neige dein Köpfchen an Meine Brust und vernimm nur eines: den Herzschlag Meiner Liebe zu dir!

9. Februar 1980. 23 Uhr, in X.

Desolata: „Jesus, o Jesus!"

Jesus: Mein Kind, du fühlst es ganz richtig, daß du aus allem herausgefallen bist. Du mußt auch das noch erleiden und hinnehmen, daß es Nacht ist in dir, wie jetzt, von dem Augenblick an, da dein Vater von dir ging. Es wird sich steigern und dich eintauchen in qualvolle Verlassenheit, Verlorenheit. Du fühlst dich zur Sünde geworden und bist ohne Licht. Du glaubst im Zustand der Todsünde zu sein. Jeder Lichtblick ist dir genommen, die Liebe vernichtet, der Himmel verstummt. Mit dem Gehen deines Vaters ist gleichsam die Verbindung mit dem Himmel unterbrochen worden. Alles scheint dir gescheitert, umsonst. Jetzt bist du wahrhaftig ausgeliefert. Deine Seele versteht nichts mehr und sinkt in Nacht...

Die Versuchung

10. Februar 1980. In der Kirche, in X.

Jesus: Du darfst dich nicht von deinem Vater trennen wollen, Kind! Niemals! Die Schmerzen, die diese Verbindung erzeugt, sind kostbar für dich, für ihn, für andere. Nicht davonlaufen, kleine Maresa! Es kommen größere Leiden! Du hast Mir mit deiner Sühneweihe Vollmachten gegeben, die du nicht mehr zurücknehmen kannst. Das Leiden trifft dich mit immer stärkerer Wucht! Bist du doch die kleine, zarte Braut des gekreuzigten und verlassenen Jesus und als solche hereingenommen in Meine grausamste Wunde der Verlassenheit. Das beinhaltet: Vernichtung, Ausgestoßensein zwischen Himmel und Erde, Todesängste, Niederlage, Verworfensein, allen Lichtes beraubt, tödliche Schwäche, äußerste Qual. Nur einen einzigen Tropfen dieser Meiner Kreuzesqual vermagst du immer wieder in dir auszutragen – ein Mehr würde dich töten.

Um deine dunklen Vorsätze, die Versuchung sind, zu zerstreuen, sage Ich dir: Ich will, daß du nach deiner Rückkehr allen Trost und alle heilende Hilfe deines Vaters annimst. Er allein kann das Grauen und Dunkel deiner Erlebnisse hier aufhellen, die Verwirrung lösen, – er allein kann dir helfen in allem.

Du bist müde, todmüde, – am Ende angekommen. Noch einmal sage Ich dir: Nur dein Vater kann dir helfen, – nur er ist für dich bestimmt, nur er ist die Garantie für alles, – nur er ist die Ruhe, der Friede, Geborgenheit und das Licht für dich! Er kommt wieder, und in nicht zu ferner Zeit seid ihr für immer beisammen, um eure Aufgabe zu erfüllen.

11. Februar 1980. 22 Uhr, in X.

Desolata: „Jesus, mein Jesus, hilf mir!“

Jesus: Du mußt alles auskosten bis zur Neige. Du erlebst deine furchtbare Schwäche, bist eingetaucht in ein Meer von Bitternis und Not. Was jetzt auf dir lastet, ist Steigerung, wie dein Vater es dir vorhergesagt. Schließe die Augen und gehe einfach weiter. Gehe jeden Tag näher auf deinen Vater zu, glaube ihm entgegen wie ein krankes Kind, das alles von seinem Vater erwartet. Du suchst Mich schmerzhaft – und Ich sage dir: du findest Mich gerade in dieser Verlassenheit.

Du fühlst dich gescheitert, meinst, deine Taufgnade verloren zu haben, eine Todsünde auf der Seele zu haben, von Gott getrennt zu sein, glaubst durch irgend etwas Mein Mißfallen erregt zu haben. All dies erdrückt dich fast. Es ist wirklich Nacht in dir geworden. Du glaubst, frühere Beichten wären ungültig gewesen. Dabei bist du die trostlose Alleingelassene von deinem Vater. Auch in dir bebt der Schrei: Mein Gott, mein Gott... Auch Meine Stimme jetzt gibt dir weder Trost noch Licht. So sind die Wasser der Trübsale über dir zusammengeschlagen und überspülen dich in flutenden Wellen. Und deine Seele schreit ihr „Warum?“ hinein in tonlose Stille, in dunkles Schweigen.

Die größte Belastung für diesen deinen Zustand ist, daß du (im Hause) nach außen ausgegossen leben mußt, die Sturzbäche der Reden der andern ertragen mußt. Dazu gemeinsame Spiele! Jeder Tag ein Mehr an Forderungen.

Der Versuch

12. Februar 1980. 23.30 Uhr, in X.

Jesus: Kind geliebtes, neue Schmerzen, neues Leid! Es ist so, wie dein Vater dir heute (am Telefon) sagte: Du bist nun die Maresa von der Hausleitung geworden. Sie wollte immer deine Zartheit brechen und dich umwandeln. Armes geliebtes Kind! Wieviel wird dein Vater an dir heilen müssen. Welches Weh und Schmerzen erwarten dich noch! Doch stimmt es auch, daß Deine Seele ein Licht auf die Seele der Hausleitung wirft, das sie sekundenweise aufhellt. Aber dann ist deine Seele im Dunkel! Auch ein Geheimnis, Kind.

Du hast Angst vor der neuen Behandlung morgen, und mit Recht! Doch auch das mußt du geschehen lassen aus Liebe. All das gehört zum Lamm sein – Lamm in Liebe.

Desolata: „Jesus, merkst Du es, ich kann nicht mehr weinen, mein Gott, welche Qual!“

Jesus: Du hast es gefürchtet, und es ist eingetreten. Auch diese Erleichterung ist dir genommen! Nun kommt die Trockenheit und Versteinerung im Schmerz. Alles kann an dir geschehen, nur – deine Seele kann nicht verändert werden.

Fürchte dich nicht! Dein Vater kann alles wieder von dir abnehmen, was dir jetzt übergeworfen wurde; er kann alles wieder zum Leuchten bringen, was erloschen in dir, – er kann alles wieder in Schwingungen versetzen, was lahm geworden und erstarrt. Dein Charisma wird neu erstrahlen im Licht Meiner ungebrochenen Liebe zu dir, Meiner süßduftenden Blume.

Doch jetzt bist du, Meine kleine Desolata, noch versunken in einem Meer von Schmerz und Angst und Bitternis – so sehr, daß du die Berge bitten möchtest: Seid barmherzig und fallet über mich und decket mich zu!

Schlußakt

13. Februar 1980. 22 Uhr, in X.

Jesus: Ich will noch zu dir sprechen Kind! Du bist am äußersten Ende deiner Tragfähigkeit angelangt. Deshalb habe ich deinem Vater (der in Köln ist) eingegeben, daß er zweimal dich anrufe, – vor allem auch wegen des Schreckens, der dich am Abend treffen sollte.

Beruhige dich, Meine so zerquälte Desolata. Der Schlußakt beginnt. Dein Todfeind greift an mit – Ich möchte sagen: – „verzweifelter" Gewalt! Du bist so hilflos preisgegeben.

Meine geliebte, sterbensmüde, erschöpfte kleine Tochter; auch das ist Zulassung und in diesem geheimnisvollen Plan inbegriffen. Das kleine zitternde Lamm wird nun geopfert geschüttelt von panischer Angst und Not vor der Verurteilung, und deine Verzweiflung erreicht ihren Höhepunkt, denn dein Vater, von dessen Armen du nun gehalten werden müßtest, ist in weiter Ferne. Geliebtes Kind, am Telefon morgen kann er dich auffangen! Daran klammere dich jetzt fest.

Noch etwas möchte ich dir sagen: Glaube deinem Vater! Alles, was er sagt, ist unbedingt wahr. Er allein hat für dich alle Schlüssel in der Hand, er allein trifft deine Seele mit einem blendenden Strahl und hellt sie auf und vermag sie zu wenden ins Licht, in die Sonne Meiner Liebe. Nur noch 4 Tage, Kind, und sein erbarmender Blick ruht auf deinem notvollen Antlitz und löst die Erstarrung von Angst und Pein. (Jetzt aber folgt der furchtbare Augenblick, sie innerlich zu brechen und sie umzuwandeln!)

Abfahrt von dem Behandlungshaus

17. Februar 1980

18. Februar 1980. Zugaufenthalt in München

Jesus: Mein Kind ist wie außer sich. Groß ist deine Erschöpfung. Doch dein Heiland ist da. Der Raum dieser Kirche drückt dich zusammen. Welch eine Disharmonie, welche Diskrepanz, Härte, Kälte und hereinbrechende Dämonie.

Höre Mein leises Klagen aus diesem Tabernakel, in dem Ich die Passion dieser Zeit erleide. Tröste Mich mit deinem Leiden, schmerzhafte Geliebte.

18. Februar 1980. München, Bürgersaal

Jesus: Welche Erschöpfung ist in dir! Zitterst vor Schwäche und Ratlosigkeit. Die Dornenhecke aus Tiefe und Nacht hält es schmerzhaft gefangen. Es ruft nach dem guten Hirten. Wie könnte es anders sein. Du kannst jetzt nicht ohne den Vater sein. Nicht selber aufstehen wollen, geliebtes Kind – Du sollst dir helfen lassen! Denn du bist am Ende.

Erschöpft wieder in Ottobeuren

19. Februar 1980. Hl. Messe

Jesus: Geliebte, du stehst an einem gähnenden Abgrund. Du weißt, daß du hinüberkommen mußt. Sieh, den kleinen Steg, der hinüberführt: Dieser Steg ist dein Glaube.

Glaube jedes Wort, das dein Vater dir sagt, jedes Wort, das dir von oben gesagt wurde. Glaube, daß du Opferlamm bist; glaube, daß du Sühneopfer bist. Glaube an das Geheimnis deines Lebens. Glaube, daß du nicht geisteskrank bist, sondern daß du nur diese geistigen Dinge erlebst wie eine Geisteskrankheit.

Glaube dies alles, und du kannst sicher über den Abgrund kommen, ohne zu stürzen, und flüchte zu deinem Vater.

Nach der hl. Kommunion

Jesus: Glaube, daß Ich dich mit ewiger Liebe liebe, – daß Ich dich mit dieser Liebe überschütte: Ja der ganze Himmel stürzt auf dich! Das, was du jetzt erleidest, ist ein Umwandlungsprozeß. Du sollst in neue Dimensionen hineingenommen werden. Du sollst immer mehr diese geistigen übernatürlichen Dinge in dich aufnehmen und durch sie geöffnet werden. Fürchte nicht für deine Gesundheit. Du hast soviel Kraft, als du im Augenblick brauchst. Du sollst nur alles geschehen lassen, und glaube; dann bist du gerettet!

19. Februar 1980

Jesus: Mein geliebtes krankes Kind! Die medikamentöse Behandlung muß weitergehen, sonst würdest du schweren Schaden erleiden. Dazu gehören auch die Spritzen. Bedenke: Die Hausleitung der vergangenen drei Wochen ist jetzt angewiesen zu tun, was der Himmel will! Ein plötzliches Abbrechen wäre schlimmer als übermäßige Dosierung. Das Einhalten der Anordnung bedeutet auch ein Gehorchen, ein „Sterben des Ich“. Auch dazu die Weiterführung. Mit deinem Vater zusammen kannst du es fertigbringen. Er ist „Arzt“ für dich in dieser Zeit. Als Priesterarzt darf er dich pflegen und heilen.

Noch eines, Geliebte: Frage nicht, denke nicht, tue nicht – lasse einzig geschehen – dann hast du alles getan, was deine Aufgabe ist.

21. Februar 1980. Hl. Messe

Desolata: „O Jesus, ich bin so stumm, bete so wenig!"

Jesus: Meine einzig Geliebte aus dir schreit der Schrei Meiner Verlassenheit empor zum Himmel. Was wolltest du dazu noch an Worten finden? Dein Gebet ist deine Hingabe und sei dein Geschehen-Lassen. Mehr vermagst du im Augenblick nicht zu tun.

Doch höre, Meine Geliebte: Ich schenke dir neu den Glauben! Gewiß, du mußt nach wie vor täglich, stündlich, jede Minute darum ringen und kämpfen – doch es wird anders sein wie früher. Meine innigst geliebte Mutter hat mit Ihrer Bitte für dich dieser Belastung Halt geboten. Danke Ihr sehr, Mein Kind!

Du bist jetzt (als Folge der Behandlung in X.) schwer krank. Doch die Kräfte des Himmels werden dich aufrichten. Es ist nur eine Frage der Zeit.

Behandlungsfolgen

14 Uhr

Desolata: „Liebe Muttergottes, hilf!"

Maria: Kind, Mein krankes beinahe todkrankes Kind! Du stehst unter diesen schweren Folgen der Behandlung in X. Es sind dies Erschütterungen, die nur im geistigen Bereich voll und ganz zu erfassen sind. So hätte es dich unmittelbar während und nach dieser Behandlung dort getroffen, wenn Ich nicht dazwischengetreten wäre. Es durfte aber dort nicht zum Ausbruch kommen! Erst jetzt, da dein Vater bei dir ist, tobt es sich aus. Deinem Vater wird es nicht zuviel. Er verliert die Geduld nicht. Ich, deine mildreiche Mutter und er, dein barmherziger Vater, neigen uns in unendlicher Liebe über dich und lieben dich heim in Unsere Arme, in Unseren Himmel. Geh du nur deine kleinen Glaubensschrittchen, Kind, gehe sie Tag für Tag – und du hast für deine zarten Kräfte Großes geleistet. Nichts anderes kannst du tun; denn du bist gefesselt in dieses furchtbare Geschehen, das kaum zu ertragen ist. Gehe zu deinem Vater! Du weißt: nur Kindsein ist deine Rettung. –

Kind, Mein einziges Kind. Die Angriffe gehen weiter und kommen nun wieder. Doch fürchte dich nicht! Du bist – auch wenn du es nicht fühlst – gehalten in den Armen des Himmels. Dein kleiner Glaube kann es allmählich fassen. Er ist ein Licht, an dem sich vieles entzünden wird. – Meine geliebten beiden Kinder: Blicket auf zu eurer Mutter! Sie ist der Stern für eure Nacht! Mein Plan ist einzig Liebe.

22. Februar 1980. Besuchung

Jesus: Mein geliebtes Kind! Leg deine Hand in die deines Vaters und gehe unbeschwert an seiner Seite. Er führt dich sicher ins Ziel. Nur der Himmel vermag solche Wunder zu tun, wie an euch geschehen. Schenke die Qual deiner Ängste Meiner geliebten Mutter; dann erreichen sie Mich voll Innigkeit, und Ich gieße Mein Erbarmen über dich.

Meine Geliebte: Ich habe alles angenommen, was deine Seele Mir bei deinem Angriff in Liebe und Hingabe sagte. Nur: Ich muß dich schonen, Meine Kreuzesblume, sonst würdest du vorzeitig sterben und das darf nicht sein.

Glaube ist Rettung

13 Uhr

Jesus: Du stehst wieder an einem Abgrund, Kind, in grausamer Dunkelheit und Verworrenheit. Sie umgibt dich wie eine Wand ohne Tür, du bist eingeschlossen. Nur dein Glaube rettet dich!

Glaube mir: Dein Jesus weiß um jede Empfindung, jedes Aufseufzen, um jede Nuance deiner Verfassung; jeder Gedanke geschieht unter Meinem aufmerksamen Blick. Ich weiß auch um das, was du glaubst, nicht aussprechen zu können. Übergib das Meiner barmherzigen Mutter; Sie wird helfen, deine Lippen zu lösen.

Kind, Mein armes, von Mir so geliebtes Kind! Siehe: Ich küsse dich in all diesen dir unverständlichen Schmerzen mit der Wunde Meiner Verlassenheit. Sag Mir: Stille Ich dir damit nicht auch deinen Durst nach Leiden?

Das Problem mit dem Schlafen ist nur zu erfassen unter der Wirklichkeit der Anfechtung von unten, vom Zerstörenden bei dir. Es ist dies die gleiche äußerste Zerreißprobe wie mit dem Essen. – Dein Vater hat dir heute liebevoll zum Schlafen verholfen und wird es auch weiter tun. Du mußt immer wieder zu ihm fliehen und demütig bitten. In welch gigantischen Glaubenskampf bist du hineingelegt worden!

In anderen Dimensionen

23. Februar 1980. Hl. Messe

Jesus: Geliebte, dein Glaube allein kann dich retten. Dein Leben eilt auf seinen Höhepunkt zu und verläuft in überdimensionalen Bahnen.

Dein heiliger verstorbener Vater O. hat vorbereitet und den Grund gelegt zu dem, was jetzt durch deinen jetzigen Vater geschieht. Darum laß dich nicht verwirren durch die Stimmen der Nacht. Die Hölle tobt, denn du gehst den Weg der Erwählung mit großen Schritten voran durch deine Hingabe an die Mutter. Kind, die Schritte werden größer; denn es ist nur noch kurze Zeit der Schulung und Vorbereitung. Der Plan Gottes, der in die Hände Meiner geliebten Mutter gelegt ist, duldet keinen Aufschub.

Mittags

Maria: Deine Mutter, Kind, weiß wie dir zu Mute ist. Welch namenlose Qual für dich, in geschlossenem Raum zu sein und gleichzeitig gefangen in dem, was in dir ist. Ja sogar deine liebsten Menschen empfindest du in diesen Momenten wie Eisnadeln auf der Haut. Es kostet dich übermenschliche Anstrengung, dich ihnen zuzuneigen und Liebe zu sein, – Liebe zu sein, was doch deinem Wesen entspricht. Denn du lebst in zwei Welten, Kind, und diese beiden Welten in dir zur Harmonie zu bringen, ist fast zuviel für deine Seele.

Ausgesetzt den dunklen Mächten / Leben in Passivität

24. Februar 1980

Jesus: Geliebte, du leidest! Der Schlüssel liegt einzig in deiner Bestimmung, dem Kampf und der Auseinandersetzung mit den dunklen Mächten und Gewalten ausgesetzt zu sein Sie spielen in all dein Tun und Geschehen herein. Das furchtbare Schuldgefühl, das dich dabei anspringt wie ein wildes Tier und dich zerfleischt, rührt daher, daß du in vollem Bewußtsein deiner selbst hineingezogen wirst und das Empfinden hast, es selbst zu tun und zu lassen. Doch du bist einem Zwang anheimgegeben, dem du nicht zu widerstehen vermagst. Mitten im Geschehen aber bricht Mein Licht herein; dein Vater kann es immer wieder wahrnehmen. – Schließe die Augen deiner Seele, Geliebte, und gib dich völlig hin in Sanftmut und Geduld. Du bist das Lamm, das geopfert wird. Es wird alles nach ewigem Plan ablaufen wie eine präzise Uhr, eine Uhr der Liebe, der ewigen unausschöpfbaren Liebe.

Hl. Messe

Maria: Mein geliebtes Töchterchen, deine Mutter zieht dich an sich, stärker als es die Mächte der Unterwelt tun. Sie ziehen dich mit Gewalt – ich tue es mit Meiner Liebe. Die Liebe ist stärker als die Gewalt. Die Liebe wird siegen.

Siehe die Patene: Opferung! Das kleine weiße Lamm liegt auf der Patene mit der weißen Hostie und soll geopfert werden – vereint mit Jesus, heute für den hl. Vater. Wenn du glaubst mit deinem ganzen Kinderherzen, daß es so ist, dann kannst du mit deiner Liebe eine Sekunde Licht auf seine Seele werfen, – für eine Sekunde die Wasser der Trübsale, die ihn umfluten mit ungeheurer Intensität, anhalten.

Kind, dein Leben verläuft in anderen Bahnen. Es verläuft nun gleichsam neben-draußen, neben allem Gewohnten, Normalen, und du mußt es lernen, dich in dieser anderen Wirklichkeit zu bewegen und zurechtzufinden.

Du glaubst, dein Leben jetzt verliefe nutzlos, weil du dich bedienen lassen mußt und pflegen, weil dir die Hände gebunden sind. Geliebtes Kleines, das ist die Umkehrung deines Lebens: Du bist in die Passivität hineingenommen worden. Deine Leistungen, deine Taten vollziehen sich nun in diesen anderen Bereichen! Deine wirkliche Tat wird die Erringung des Glaubens sein.

Innere Einheit mit dem Papst

25. Februar 1980. Beim Papst-Rosenkranz

Maria: Mein geliebtes Töchterchen, wie nahe bist du dem Hl. Vater! Herz an Herz! Trinke seine Kraft in dich hinein, seine Glaubens- und seine Leidenskraft, und schenke ihm dafür dein kleines Licht! Wenn du so mit ihm betest, trifft es ihn in regelmäßigen, kleinen Abständen. Du bist nun von der Ausstrahlung des Hl. Vaters umgeben wie mit einem Mantel.

Höllischer Zerstörungswille

26. Februar 1980. 7.30 Uhr

Maria: Komme zu Mir! Die dunkle Gewalt treibt ein grausames Spiel mit dir! Du möchtest gesunden – sie steht dagegen. Ihre wirksamste Waffe ist die fortwährende Beeinflussung deiner Gedankenkraft mit dem Argument: Du mußt in diesem elenden Zustand bleiben, damit du dein Charisma nicht verlierst; wenn du gekräftigt würdest, wäre alles zu Ende und du könntest nicht mehr leiden. Das sind die Untiefen ihres Zerstörungswillens an dir. Nur mit der Unterstützung und liebevollen Führung deines Vaters kannst du hier den Sieg erringen. –

Sage alles deinem Vater! Deine Aufrichtigkeit dem Vater gegenüber schlägt dem Bösen die Waffe aus der Hand. Deine Wirklichkeit ist nicht Krankheit, sondern Umsessenheit, d.h. du bist bedrängt, bedroht und oft unter Zwang gestellt von den dunklen Mächten; Kampf, kleine Maresa, fortwährender Kampf.

27. Februar 1980. Hl. Messe

Jesus: Meine arme zerquälte Geliebte! Dein jetziger Zustand der Betäubung läßt dich Meine Stimme kaum vernehmen. Du bist wie innerlich getötet. Wegen dieses bitterschweren und ernsten Weges, den du als kleine Desolata gehen mußt, ist es notwendig, daß du bald ganz bei deinem Vater bist. Allein bist du zu schwach. Nichts und niemand darf euch stören bei der Aufgabe, die euch zugeteilt ist. Du erlebst auch in etwa die dunkle Nacht der Sinne, Kind; doch dein Jesus umhüllt dich nur sanft damit, sodaß es das kleine Lamm gerade noch ertragen kann.

Versuche nun mit einer letzten Kraftanstrengung, dich aus den Armen der negativen Kräfte zu befreien, um gesünder zu werden, damit du für deine Aufgaben fähig wirst, für ein Leben der Buße und Sühne, damit du alles, was nun auch auf deinem Vater lastet, mittragen kannst und miterlösen.

Hilfe in Not

28. Februar 1980. Hl. Messe

Jesus: Mein innigst geliebtes Kind! Warte auf deinen Vater, und es wird alles wieder kommen. Wie an einer Pflanze Blüte um Blüte sich öffnet in der Lichtwärme der Sonne, so kann dein Vater an der mystischen Blume deiner Seele Blüte um Blüte erschließen! Geheimnis des Himmels! Dein Charisma ist an ihn gebunden.

Es fällt dir auf einmal schwer, die Einsprechungen zu behalten; dein Gedächtnis scheint ausgelöscht und untergegangen in der schrecklichen Betäubung, die dich gefangenhält: Nachwehen der X-Behandlung. Die Leitung dort weiß, daß du geöffnet bist für die Überwelt und setzt unbewußt ihre Kräfte dagegen; sie will dich davon lösen; denn sie kann es nicht ertragen, daß du ein Charisma hast; sie glaubt, davon wärest du krank. Dein Vater kann den Bann brechen.

2. März 1980. Nachmittags

Jesus: Die vergangene Nacht war entscheidend für dich. Du bist so krank und immer noch in einer Krise. Das Wichtigste ist für dich, in die Erschöpfung hineinzufallen, um die ungeheure Spannung, unter der du stehst, zu lockern. Es warten neue Kämpfe auf dich, Kind; deshalb sind diese Tage und Nächte der Ruhe für dich lebensnotwendig.

Nachts, 24 Uhr

Desolata: „O Jesus, ich weiß nichts mehr..."

Jesus: Weil du am äußersten Rand der Erschöpfung angelangt bist, Kind. Du müßtest schlafen, schlafen, Geliebtes. Statt dessen gräbst du hier in Erinnerungen (Schriften des verstorb. Vaters), und deine ohnehin so sehr belastete Seele wird aufs neue erschüttert. Das könnte nicht sein, wenn du vertrauen würdest und deinen kleinen Gehorsam anwenden wie ein Kind!

Dunkler Kampf

3. März 1980. Nachmittags

Jesus: Geliebtes Kind! Sprich heute immer wieder laut vor deinem Beichtvater aus: „Ich glaube. Ich glaube an die Liebe meines Jesus, an die Liebe meiner Himmlischen Mutter". Nur das verlange Ich heute von dir als

Buße und Sühne. Ich habe das kleine verlorene Lamm heimgeholt durch seinen B.V. Ich habe ihn heute Nacht gerufen und zu dir geschickt; denn du mußtest ihn sehen in seinem elenden Zustand, damit du nie mehr vergessen kannst, wie sehr ihn dein Ungehorsam getroffen hat. Diese furchtbare Prüfung und deinen Fall habe ich zugelassen; denn für den schrecklichen Kampf, der dir immer und immer wieder aufgegeben ist, ist es so notwendig, dein Ich und deinen verborgenen Stolz zu brechen. Sei dankbar dafür, Kind, und preise und lobe Mich dafür.

(Anm. Vater kam gestern abends vom Priestercönakel zurück und legte sich bald schlafen. Gegen 1 Uhr nachts hörte er deutlich den Hilferuf Desolatas aus ihrem Zimmer, – 3-4 mal! Sofort stand er auf, ging in ihr Zimmer: Desolata war nicht da! Vater suchte sie und fand sie oben, im Dachgeschoß, vor offenem Fenster. Die dunklen Mächte bedrängten sie fortwährend, sich durch das Fenster hinabzustürzen. Doch sie ließ sich sofort vom Vater in ihr Zimmer hinabführen).

Für diesen furchtbaren Kampf, in den du hineingestellt bist und der deiner wartet, Kind, ist es notwendig, auch eine selige Schuld kennenzulernen durch die Süßigkeit der im Gehorsam vollzogenen Buße, die deine Seele erschüttert, denn du wirst noch oft fallen müssen! Dein Vater hat keine Schuld an dem, was nachts geschehen. Es ist alles unter den Augen Meiner Liebe vor sich gegangen und heilige Zulassung!

Dein Jesus weiß auch, daß du Liebe zu deinem B.V. hast, die umsorgen möchte und schonen aus edlen Motiven. Und gerade das ist dir genommen und untersagt und trifft dich hart: Dein Wesen war und ist liebevoll, ist gewordene Liebe. Doch geliebtes Kind! Du trägst den Schmerzensnamen Desolata, und das besagt eben: nur dabeistehen und nichts tun dürfen! Für dich unendlich schwer. Du mußt es mühsam lernen, wie so vieles andere. Doch dein B.V. hat Geduld, die Geduld Meines Herzens. Fürchte dich also nicht; auch nicht in dem entsetzlichen Dunkel und der erneuten, eng geknoteten Verstrickung, die in dir sind. Jesus und dein B.V. vermögen dich zu lösen und ins Licht zu führen.

Erziehung durch Maria

Auf dem Weg zur Besuchung (Kirche)

Jesus: Geliebte Desolata, komm und lasse dich trösten! Du bist in eine andere Erziehungsmethode übergeben worden. Ich habe dir doch gesagt: Der Himmel erzieht dich! Das geschieht durch deinen B.V. und soll dich nicht erschrecken. Du darfst nur dein Köpfchen neigen und sagen: Ich will gehorchen! Auch wenn du nichts mehr verstehst. Du mußt Kind sein, kleine

Desolata, vollkommen Kind in allem. Denn nur vollkommenes Kindsein vermag dem Ansturm der Hölle standzuhalten, der an dich heranbrandet.

Durch deinen neuen B.V. ist nun deine Erziehung in die Hände deiner Himmlischen Mutter und Königin gelegt worden. Sie tut es mit mütterlicher Konsequenz und Weisheit. Sie geht rasch voran, die Zeit drängt. Sie weiß um den Tag, da du bereit sein mußt.

Jesu Blut

4. März 1980, Hl. Messe

Jesus: Mein einzig geliebtes Kind! Lies wieder täglich in diesen dir von oben gegebenen Worten; es ist so wichtig. Es ist dein Betrachtungsbuch, daraus du Gnaden schöpfen sollst.

Desolata: „Jesus, was ist das in mir?“

Jesus: Meine Geliebte, Mein Blut durchströmt deine Adern und läßt dich diese ungewöhnliche Wärme verspüren, dieses Durchströmen deines ganzen Körpers. So verbinde Ich Mich mir dir.

Opferweg

4. März 1980. Besuchung

Jesus: Kleine Geliebte, Schmerz in allem, – auch im Schlaf. Die dunkle Macht ändert die Taktik! Neue Kämpfe verlangen eure ganze Wachsamkeit. Für dich kommt hinzu, daß deine Überempfindsamkeit das grelle Tageslicht kaum zu ertragen vermag. Es bereitet dir das Höhersteigen des Jahres Schmerzen und greift dich unsagbar an. – Mit dem Fortschreiten der Fastenzeit schreitet auch dein Opferweg voran. Überall ein Tropfen Bitternis. Erleichterung findest du einzig und allein bei deinem Vater.

Frage ihn, ob er dich morgen auf die Cönakel-Reise mitnehmen kann; Du bist nicht gefestigt genug, die Kämpfe allein hier durchzuführen. Es geht um die Demut, Kind, um das Vertrauen zu deinem Vater, das du lernen mußt.

Sklavin des Himmels

5. März 1980. Morgens

Maria: Mein geliebtes, kleines Töchterchen, du bist unsicher und gequält, weil du nicht mehr sehen kannst mit den Augen deines Geistes und deiner Seele. Du bist gebunden an deinen Sinnen und deinem ganzen Wesenskern.

Und siehe: Ich, deine liebreiche Mutter, lege dir noch eine Binde über die Augen, auf daß du gänzlich „blind“ seiest und gezwungen bist, deine kleine tastende Hand auszustrecken nach Hilfe. Diese andere Hand ist die deines Vaters. Diese Hand wurde erschaffen und geformt von Ewigkeit her für die deine, daß sie dich führe mit festem, sicherem Druck. – Die Binde. die Ich dir über die Augen lege, ist Zeichen dafür, daß du „Sklavin des Himmels" sein sollst und allein in seinen Diensten bist. Du bist gerufen in Meinen Plan, genau wie dein Vater, – gerufen zur Rettung und Erlösung.

Deine Reise heute ist anders wie früher. Als kleine schmerzensreiche Desolata, bringe Licht, das aus deinen Schmerzen blüht. Sei Licht im Zug. Licht bei allen, denen du begegnest. Strahle auf wie ein kleiner Stern, der erscheint und vorüberzieht mit mildem Schein des Himmel.

Doch wisse auch: Die dunkle Macht greift heute besonders an. Aber fürchte dich nicht! Ich, die Mutter, stelle Meinen Fuß dazwischen, damit sie dir nicht schaden kann, wenn du für einige Stunden allein sein mußt ohne deinen Vater.

Notwendigkeit einer eigenen Wohnung

Hl. Messe

Maria: Ich will deinen Vater beruhigen: Ich werde ihm sein Töchterchen während seiner Abwesenheit behüten. Du wirst leiden und im Dunkel sein; doch es wird dich nicht vernichten und nicht in Verzweiflung stürzen.

Ich will deinem Vater eine Frage beantworten: Es ist Mein Wunsch und eine Notwendigkeit, daß er eine Unterkunft und Wohnung nehme, wo ihr beide völlig ungestört und allein leben könnt; denn du mußt bei ihm in Geborgenheit und Verborgenheit versinken können, damit an dir geschehen kann, was geschehen muß und den Augen der Welt entzogen sein soll. Deshalb soll dein Vater auch einmal bei dir schaffen und nicht mehr anderswo.

Erlösung der Schöpfung

Im Zug nach Murnau

Jesus: Siehe die Bäume, deine Brüder, – das Wasser, deine Schwester, – die Vögel und Tiere, deine Geschwister; denn sie sind Schöpfung und auch du bist Schöpfung.

Empfange ihre Kräfte, die in ihnen schlummern; erkenne das Geheimnis der Schöpfungsordnung, die in sie gelegt ist, und lebe auch du diese Ordnung. Trage diese Harmonie gottgewollter, himmlischer Ordnung, die in dir sich bilden soll und wirken, dorthin, wo sie nicht ist.

Empfinde, erfasse, erleide die Wehen der Schöpfung, unter denen sie sich krümmt unter der Sünde und Erbschuld des Menschen von Anbeginn bis zu dem Tag, da Ich erscheinen werde in Herrlichkeit, um heimzuholen und zu befreien.

So hole du heim und erlöse in dir die Schöpfung. Erleide sie, dann wirst du sie erlösen. Wisse: So wie der Leib deines verst. Vaters in dem kleinen Stück Erde ruht und diese Erde, diesen winzigen Bruchteil der Schöpfung, ruft und heimholt in die Erlösung kraft der Taufe, des Zeichens des Christen, das sein Leib trägt, – so soll es auch bei dir sein. Durch seinen Leib, der sich vermischt mit Erde, der zurückkehrt zur Erde, wird sie mitbereitet zur Erlösung. – Soviel vermag der getaufte Christ.

Deine Seele ist Tempel des Hl. Geistes. In diesem Tempel opfere die Schöpfung. Opfere sie unentwegt durch das Schwert, das deine Seele trifft bei ihrem mißhandelten Anblick. Sie schreit nach dieser Opferung. Geheimnis Gottes! Du vernimm diesen Schrei und mache ihn zu einem Opfer; denn das einmalige Opfer (Christi) hat erlöst (und wir müssen die Kraft der Erlösung zur Anwendung bringen).

Und wisse; du wirst wiederfinden die Schöpfung in Herrlichkeit, im Licht der Seligkeit, wenn Himmel und Erde sich berühren zu neuem Paradies.

Im Hintergrund

Später

Maria: Mein geliebtes Töchterchen. Sorge dich nicht um deinen Vater. Lebe deinen Namen: Desolata. Wisse: Wie Ich, deine heilige Mutter, meinem Jesus bei seiner öffentlichen Tätigkeit nicht beistehen durfte in zerfließendem Mitleid und ängstlicher Sorge, so darfst es auch du nicht tun.

Du weißt, welche Mühsal Jesus bei seiner Tätigkeit auf sich nahm. Auch er mußte die Angriffe der Hölle erdulden! – So darfst auch du deinem Vater nicht abnehmen, was er um der Cönakel willen aushalten muß. Da aber eure Seelen so eins sind, hast du auch Anteil an all seinem Tun; durch dein eigenes Leid und Ertragen hilfst du ihm, die Herzen zu bereiten.

Später

Jesus: Kind, lehne diese Menschen (im Zug) nicht ab! Stoße sie innerlich nicht von dir weg, sonst gibst du sie preis. Geliebte! Überwinde dich und liebe mit Meiner Liebe – und sie sind heimgeholt. Ihre Seelen schreien nach Liebe, und deine Liebe benötige Ich, dein Jesus und ihr Erlöser. Stille Meinen Durst: Mich dürstet!

Verlassenheit

9. März 1980. 9 Uhr, in Ottobeuren

Jesus: Mein armes Lamm! Deine Seele wurde in die namenlose Trübsal des Hl. Vaters mithineingenommen, in das, was er in dieser Fastenzeit erlebt: den Schrei Meiner Verlassenheit am Kreuz. Du bist nur einen Millimeter gleichsam tiefer in diese Meine Wunde eingedrungen – und siehe, welche Qual! Welche Finsternis, welch Gefühl gänzlicher Verlorenheit, gänzlichen Gescheitertseins, welch unaussprechliche Todesangst, welche Erniedrigung, welche Lähmung, welch Eingeschlossensein in Wände, die sich nicht mehr auftun – ein entsetzlicher Zustand, für einen Menschen normalerweise nicht zu ertragen! Welcher Ansturm der Hölle!

Geliebte Meines Herzens! O halte aus. Klammere dich an deinen Vater, denn du bist schwach und 1000 Gefahren der Hölle ausgesetzt. Du stehst wie eine Blinde vor Schluchten und Abgründen, die dich verschlingen wollen. Halte dich an deinen Vater, denn er ist die auserwählte Hand der Führung.

Erlebnis: Monstranz

9. März 1980. Nachm. Rosenkranz in Immenstadt (Kapelle)

Desolata: Für mich ist die Hostie in der Monstranz nichts Totes, sondern ganz Lebendiges.

Jesus: Mein geliebtes Kind auf der 2. Cönakel-Reise mit dem Vater. Wie viele solcher Reisen wirst du noch mit deinem Vater durchstehen. Wie sehr habe Ich hier auf dich gewartet. Als Schmerzensmann habe ich hier an der Tür auf dich gewartet im roten Spottgewand, die Dornenkrone im Haar, dessen Anblick deinen durstigen Schönheitssinn gefangen nahm, als dein Jesus im Elend, und doch voll Liebe, voll unendlicher Liebe. Du spürst auch beglückend den guten Geist in diesem Hause.

Tapferes Kind, welche Angst und Bitternis hast du gestern beim Cönakel ausgehalten. Nun empfängt dich hier meine glühende Liebe. Meine Liebe hat es sich ausgedacht, dich heute 1/2 Stunde zur Anschauung Meiner Gegenwart zu rufen, in das Licht deiner Erstkommunion...

Siehst du mit den Augen deines Geistes, wie Strahlen aus der Mitte der Hostie sich bewegen auf dich und deinen Vater zu? Sie treffen und verwunden eure Seelen. Sie ziehen euch mit unwiderstehlicher Gewalt hinein in Mein Herz. Meine Feuerliebe hält euch umfangen in unendlicher Hingabe.

In wenigen Minuten schließen sich die Tabernakeltüren, und du bist des beseligenden Anblicks beraubt. Trennung, Geliebte; der Schmerz des verlassenen Jesus und der Desolata. Nur du kannst ihn wirklich empfinden. Damit tröstest du Mein zerrissenes Herz.

Hl. Messe

Desolata: ... „O Jesus, meine Schwäche! Halt mich fest, daß ich nicht falle."

Jesus: Kind, es ist für deinen Priester am Altar und für andere Priester, die am Ende ihrer Kräfte sind. Du wirst nie mehr deine volle Gesundheit

Weg
einer Menschenseele
zu Gott

zurückerhalten; doch wirst du lernen, wie dein Vater, darauf keine Rücksicht zu nehmen.

Deine Seele sieht immer noch die Monstranz. Und ihre Sehnsucht möchte die Tabernakeltüren öffnen, um den Schmerz der Trennung zu lindern. Doch wisse auch: Der ganze Lichtregen der Gnaden, der Meiner Gegenwart in der Monstranz entströmt, fließt nach wie vor über dich und deinen Opferpriester. Geheimnis der Liebe! Geliebte, die innige Vereinigung naht: eine heilige Kommunion wie bei der Erstkommunion – Licht im Licht! „Mich küssen Flammen, fließend zusammen, mein Jesus kommt...!"

Ich frage dich wie damals: „Kind, schenkst du Mir dein Herz? Willst du leiden für deinen Jesus? Willst du für Mich sterben und Mein Opferblümchen sein für immer?" Ich ersehne heute dein gleiches, gläubiges, vertrauendes, brennendes Kinderherz! O gib es Mir neu! – Wie damals: Ein Augenblick übernatürlicher Erwählung und Liebe*. –

Siehst du. Kind, wie schön ein Tabernakel auch heute noch sein kann! Hier kann dein geliebter Jesus, der Gefangene Seiner Liebe, atmen...! Nun naht der Abschied. Dein kleines Herz pocht schmerzvoll. Ich halte es hier bei Mir, du Mein geliebtes Gnadenkind.

Aufs Kreuz betten!

11. März 1980. Altötting – Konradskirche

Jesus: Deine kleine Seele schauert und bebt: Es ist Opferung für dich. Die liebe Mutter hat alles in Ihren Plan so eingefügt, weil Sie dich liebt.

Mit mütterlicher Konsequenz tut Sie das an dir, was du nie fertig brachtest: Deine Mutter will dich zu höchstmöglicher Vollendung führen schon hier auf dieser Welt. Das bedeutet Kreuzweg – Kreuzweg der Liebe. Ihre starken und doch unendlich behutsamen Hände vermögen Meine zarte Geliebte aus allen Verstrickungen zu lösen und auf Mein Kreuz zu betten, wie nur eine Mutter es vermag. Unter Ihren Händen tut es nicht weh, es ist Erfüllung. Deshalb strecke dich ruhig und voll Vertrauen aus auf deinem Kreuz, dem Kreuz deines Jesus, gerötet von Meinem kostbaren Blut, das dich schmükken soll und umgeben gleich leuchtenden Edelsteinen.

* Maresa schreibt in ihrem Tagebuch über ihre Erstkommunion: Als der Priester den Tabernakel öffnete, um das Ziborium für die Kommunionausteilung herauszunehmen, kamen Strahlen von Licht aus dem Tabernakel auf mich zu und hüllten mich ganz in Licht ein. Jesus sprach damals zum ersten Mal zu mir: „Schenkst du Mir dein Herz? Willst du Mein Opferblümchen sein?" Ich sah gar nichts mehr als lauter Licht und viele Blumen... Meine Seligkeit war überwältigend. Tränen der Seligkeit entströmten meinen Augen.

In der Gnadenkapelle

Jesus: Bleibe ganz ruhig, deine körperliche Schwäche ist so groß, weil du immer noch krank bist. Vertraue, daß du durchhalten kannst. Wisse: die ganze Hölle rennt gegen Meine kleine, zarte Geliebte an. Deshalb bist du so stumm und grenzenlos verwirrt. Mein armes, kleines Kind, diese deine augenblickliche entsetzliche Qual und Not um Meine Mutter ist eine kostbare Perle zur Rettung derjenigen, die Meine innigst geliebte Mutter schmähen und verachten ohne Empfinden für das, was sie tun. Warte, bis dein Vater zur hl. Messe kommt. Er wird den Bann brechen, und die Mutter wird dich umfangen.

Nach der hl. Messe

Maria: Mein einzig liebes, kleines Töchterchen! Komm in Meine Arme, daß ich dich liebkose. Siehe: Ich schlage Meinen blauen Mantel um dich, daß nichts mehr dich abwende von dem Weg, den du gehen sollst, den Weg der Erwählung in Meinem großen Plan der Liebe. Ich schenke Dir das Lächeln der Mutter aller Mütter. Blicke nur in Meine Augen und laufe, mein Töchterchen, und laufe. Wenn du straucheln willst, ergreife sofort die Hand deines Vaters; ja lasse sie nie mehr aus, denn sie ist für dich bestimmt, dich zu halten und zu führen.

Nun horche auf, ich will dich beruhigen: Dein verstorbener Vater ist im Himmel, nahe bei Mir! Glaub mir das, da Ich, die Mutter, ihn noch in seinem hohen Alter in die Marianische Priesterbewegung gerufen. Bei Meinem Gnadenbild sage Ich dir dies. Glaube nicht den Stimmen der Nacht! Sie wollen dich nur gänzlich in Verzweiflung stürzen. Ich konnte auch deinen (verst.) Vater O. so heiligen, daß er gleich in den Himmel eingehen durfte.

Bei der Ruhepause

Mein innigst geliebtes Kind, vermagst du zu erfühlen, was himmlische Mutterliebe vermag, die dir jetzt einen solchen Vater wieder geschenkt? Dieser, dein jetziger Vater vermochte – trotz deiner Jahre – das Kind in dir zu erfassen in selbstloser, übernatürlicher Vaterliebe, d.i. die Priesterliebe, die jedem Priester gegeben, im Höchstmaß dem Hl. Vater. O laß dich fallen in diese Liebe – empfange sie wie ein Kind!

In der Gnadenkapelle

Mein Töchterchen! Nun hast du Heimat gefunden hier bei Mir. Hast Mich angesprochen. O wie ich diese Kinderworte in Mich aufnehme. Sprich immer zu Mir; ich antworte dir so gerne. –

Mein Töchterchen, deine Aufgabe ist nach wie vor „Geschehen lassen", mit der Binde vor den Augen; als Sklavin des Himmels: Vertraue dich Mir an mit kleinen Willensakten trotz stärkstem Widerstand. Führe den Kampf nicht mehr allein – laß Mich, deine Mutter, in dir siegen!

Ich rufe dich heran und lege deine kleinen Hände in die deines Vaters und umfange nun diese eure in Ewigkeit verbundenen Hände mit den Meinen und halte sie empor ins Licht des hl. Geistes.

Meine vielgeliebten Kinder, die ihr so tief Mein so betrübtes Herz tröstet: Gehet nun in Frieden!

Plan der Mutter

12. März 1980. Ottobeuren

Maria: Mein liebes Töchterchen! Komm her zu Mir, ganz nahe. Ich lege Meinen Arm um dich und Meine Hand über deine Augen, und Mein Mantel hüllt dich ein, daß du nichts mehr empfindest als den Herzschlag Meiner erbarmenden Liebe. Du hast sie so bitter nötig; denn du stehst dauernd in erschöpfendem Kampf. Auch deine Benommenheit und Betäubung ist Angriff, Kind. Doch Ich brauche deine Hingabe an diese Dinge, d.h. dein „Geschehen-Lassen"; denn damit ziehst du von andern ab, die bei solch einem Angriff der Hölle verfallen würden.

Jesus: Meine liebe kleine Maresa, dank deinem B.V. unendlich, daß er dich zu Meiner Himmlischen Mutter hinführt; denn sie hat Großes mit dir vor. Der große gewaltige Plan der Liebe ist Meiner Mutter übergeben worden von Meinem erhabenen Vater und Mir. So liegt in Ihren Händen die Rettung der Welt und auch deine Rettung. Alles ist ihr übergeben. Und du, kleine Geliebte, bist ein Liebling ihres Herzens. – Der gestrige Tag, der Besuch bei der Mutter, hat einen Markstein gesetzt für deine Weiterentwicklung.

13. März 1980. 8 Uhr

Maria: Mein Töchterchen, erschrick nicht! Du mußt deinen Kreuzweg gehen, den Kreuzweg einer zarten, kleinen Desolata. Du gehst ihn an Meiner Hand. Als die kleine Braut des gekreuzigten und verlassenen Jesus mußt du die Passion seiner größten und schmerzlichsten Wunde erleben und erleiden. Ich, deine Mutter; habe dir den Hunger und Durst nach Leiden und Schmerzen in dein kleines Herz gegeben; damit du Jesus nachfolgen kannst.

Ich höre, wie dein Herz klopft vor der Beichte. Fürchte dich nicht! Ich bin auch dabei! Es geht um die Demut.

Hl. Kommunion

Jesus: Geliebte, fühle dich ganz in der Geborgenheit deines Vaters; denn die Unterwelt zerrt an dir; die Beichte hat sie aufgeschreckt. O wie viele solcher Beichten wirst du noch ablegen. Dein Vater wird das kleine Lamm mit nieversiegender Hirtenliebe aus allen Dornenhecken befreien. Er ist dein Führer, der von Mir das Licht dazu erhält, Augenblick für Augenblick. Du kannst es erfühlen an allem, was er sagt und tut.

Meine Geliebte, Ich habe dir nach der Beichte gesagt, daß du am Karfreitag Mich neu erwählen sollst – neu und bewußt – als Jesus, den Gekreuzigten und Verlassenen, bei der Kreuzverehrung. Dein Vater tue es mit dir! – Ihr dürft die Karwoche gern in Einsiedeln verbringen. Bittte Mich jetzt schon darum, daß du in den heiligen Tagen mit Mir leiden darfst! Du wirst alles durchstehen können unter der Obhut deines Vaters.

Passion der kommenden Zeit tragen

14. März 1980. Rosenkranz

Jesus: Mein Herz schreit nach Liebe! Denn Ich, dein Jesus gehe aufs neue Meinen furchtbaren Kreuzweg durch die Welt. Ich gehe hinein in Meine tiefste Verlassenheit, lebe Meine grausame Passion aufs neue in der Kirche, Meiner geliebten Braut. Du, Meine kleine Desolata, du verlaß Mich nicht! Bleibe stehen bei Meinem schrecklichen Kreuz, und bitte Mich täglich um Meine schmerzlichste Wunde der Verlassenheit; denn du sollst die Passion der kommenden Zeit in dir tragen wie kaum jemand. Dich habe Ich zu Meinem Trost bestimmt. In dich möchte Ich Meine Verlassenheit betten wie in eine weiche Wiege. Doch fürchte dich nicht: Diese Meine schmerzlichste Wunde ist höchste Erfüllung und Vollendung.

Sei Weizenkorn, das in die Erde fällt und stirbt; denn nur vollkommenes Nichts vermag Mich anzuziehen mit unwiederstehlicher Gewalt! Du bist auf dem Weg!

Maria, die Tür zur Vollendung

Bei der hl. Messe

Maria: Mein Töchterchen, blicke mit deiner gewaltsam erschütterten Seele auf Mich! Siehe, Ich bin die Tür zu dem Weg, den du ersehnst, – ich bin die Türe zu deiner Vollendung. Ich bin die Türe zu deinem Jesus, – Ich bin die Türe zu allen Tugenden, die Jesus liebt, – Ich bin die Türe zu dem Duft der Reinheit des Herzens, der Jesus anzieht. Gehe in Mich ein, Mein Täöchterchen, gehe durch Mich hindurch in die Seligkeit. – Lege dein Erschrecken über die Blitzeserkenntnis deiner menschlichen Schwäche, Fehlerhaftigkeit und Ohnmacht ab und benütze sie nur, um dich als Nichts zu fühlen, das völlig unverdient empfängt. Sei demütige, kleine, gehorsame Magd, wie Ich deine Himmlische Mutter.

Dein Vater hat einen Widerstand der dunklen Macht in dir gebrochen, und so bist du auf eine nächste Stufe gehoben, wo die Gnaden reichlicher fließen können. Lösche dich selbst ganz aus, laß dich blind führen. Sei wie gestorben und lebe dir nicht mehr!

Kleine, geliebte Sklavin des Himmels. Du klagst, daß du nichts mehr verstehst und für dieses Leben zu dumm bist! Gerade das erwarte Ich von dir: vollständige Unwissenheit, vollständige Ohnmacht und Unfähigkeit. Sage nur dein tapferes Ja zu diesem Zustand und glaube! –

Mittags

Jesus: Empfindest du, wie Ich dich wieder hineinziehe ins Werk Mariens? (Fokolarebewegung) Wie deine Seele ständig angerührt wird vom Ideal des Werkes? Doch du stehst hilflos da und verstehst nichts mehr!... Alles geschehen lassen, Geliebte, in dir muß ausgetragen werden, müssen gewaltige Eruptionen stattfinden, um die Harmonie der Werke hervorzubringen gleich einer lebendigen Blüte. Halte still und sprich nur dein Adsum (= Hier bin ich)!

Irdisches aufgeben

Nachmittags, Besuchung in der Kirche

Jesus: Geliebte, du schreckst zurück vor dem Opferweg, den du vor dir liegen siehst, nicht wahr? Deine ganze Natur sträubt sich heftig dagegen und will sich aufbäumen! Es gilt, zu verlieren, kleine Desolata, um höchsten Gewinnes willen – süße Gewohnheiten und Gepflogenheiten verlieren – alles, was bisher dein Leben ausmachte. O Ich danke deinem Opferpriester, daß er dein Zagen übersieht und dich mit ruhiger, fester Hand auf den Weg führt, der dir bestimmt. Vertraue ihm, er kennt den Weg, er ist ihn schon gegangen. Du wirst noch oft weinen, doch deine Tränen sind kostbar schimmernde Perlen für Mich, deinen aller Schönheit beraubten Jesus.

Die Wunde

Rosenkranz abends

Maria: Mein geliebtes Töchterchen: Dieser Schmerz eben ist der Schmerz der Wunde deines verlassenen Jesus, den du damals für einen Augenblick erhalten hast. Du kannst ihn nur Augenblicke ertragen; denn noch bist du zu geschwächt. Das, was du sonst spürst in deiner linken Seite soll dich immer erinnern und mahnen an die schreckliche Wunde Meines und deines Jesus.

Mein Töchterchen, nähere deine Seele nun wieder der Seele des Hl. Vaters und empfinde für ihn die Liebe, die du empfängst und die Meine Liebe ist. Diese Liebe vermag den Hl. Vater anzurühren zu tiefem Trost. Du kannst das alles nicht verstehen; deshalb lächle ich dich an und flüstere dir zu: Glauben, nur glauben!

Die äußeren Dinge sind nicht nicht mehr wichtig; sie zerrinnen euch wie Sand zwischen den Fingern. Laßt Mich, die Mutter, sorgen auch für das Kleinste und Alltägliche!

Tränen zum Trösten

Maria: Deine zarte Seele hat heute höchste Höhen und tiefste Tiefen erfahren. Gewaltige Erschütterungen! Gib Mir deine Tränen, Geliebtes, Ich reiche Sie Jesus hinüber gleich einem strahlenden Geschmeide!

Deine kleine zarte Seele weint auch nach dem verst. Vater Otto. Das ist natürlich, Mein geliebtes Kind. Du nimmst damit deinem jetzigen Vater nichts weg. Diese Heimwehwunde soll dir ja für immer bleiben. 31 Jahre gemeinsamen Lebens kannst du nicht auslöschen. Diese Wunde ist eine Gelegenheit, Jesus zu trösten! Wisse, dein Vater O. ist dir so nahe, daß du ihn greifen könntest, näher denn je zuvor. Auch das versetzt deine Seele in Erschütterung. Welch bitter schweren Weg mußt du gehen, doch es ist Mein Weg, der Weg der himmlischen Desolata!

21 Uhr

Mein Töchterchen steht unter starken Angriffen und wird in aller Demut ihren Vater davon in Kenntnis setzen; auch wenn er müde ist; denn im Gehorsam liegt Heil. Wisse, Mein Kind: Solange du deinen Beichtvater schonen willst, solange hat die dunkle Macht die Möglichkeit und Anreiz zu stören. Nach allem, was heute geschehen ist, tobt die Hölle um dich. Es wird dich sehr hernehmen, geliebtes Kleines, aber es geht vorbei, wenn du geschehen läßt und dich vor deinem Vater verdemütigst. Ich, die Mutter, gleiche aus; denn auch dein Vater ist Mein geliebtes Kind und Meiner Sorge anvertraut!

Dunkel und Licht

15. März 1980. Hl. Messe

Maria: Mein Töchterchen, gestern war Höhepunkt, Gipfel in leuchtendem Licht. Das kann nicht immer sein. Heute stehst du im Dunkel. Es beinhaltet Zweifel, Ängste, Not, Betrübnis und Verlassenheit. Laß es geschehen und schenke es Mir, daß ich es durch Jesus Meinem Himmlischen Vater darreiche zur Rettung der Seelen.

Geliebtes Kind, nichts ist Phantasie oder Schein, was du erlebst; es ist starke Wirklichkeit und heiliger Ernst. Kind, allein an dieser hl. Messe deines Priesters, mußt du Wahrheit und Echtheit ablesen können.

Du mußt immer weitergehen auf dem Weg, den du begonnen hast. Siehe, dein Vater Johannes hat durch Mich die Befähigung, alle Verstrickungen in dir und um dich mit großer Festigkeit und Klarheit zu lösen. Zuerst löste dies bei dir neue Verwirrung aus, Kind, aber deine Offenheit hilft klären.

Nachmittags bei der Lourdesgrotte

Maria: Töchterchen und ihr Meine lieben Kinder! Welche Freude ist euer Beten für Mein Herz! Jedes Ave ist eine Rose, die Ich deinem gekreuzigten und verlassenen Jesus anbiete zum Trost für seine Betrübnis.

Deine Seele flattert wie ein müder, kranker Vogel, und du hast das Empfinden, eine zerfetzte kleine Blume zu sein, und bist hilflos. Doch folge Meinem Blick nach Rom zum Hl. Vater: Auch seine Seele ist wie zerpflückt von der Last seines schrecklichen Alltags; dazu physisches Unbehagen. Schenk ihm deine Bitternis, daß sie wie eine süße Blüte seine Seele erquicke.

Deine Mutter sieht auch die Ferne, in der du stehst und zu Mir herüberblickst: Eine Wand steht wieder zwischen uns! Doch, Mein Töchterchen, über eine Wand hinweg kann man rufen, und die andere Seite hört es. Rufe nach Mir, und Ich bin da!

Vorbereitung auf die Karwoche

16. März 1980. Hl. Messe

Maria: Mein Töchterchen, du bist nun ganz Mein. Dein Vater hat dieses Werk an dir vollbracht. Kannst du ermessen, wie sehr Ich ihn dafür liebe? Er hat dich den Armen der dunklen Mächte entrissen, die dich von Mir fortdrängten. Es werden noch schwerste Kämpfe kommen; doch du wirst Mir nicht mehr davonlaufen; du wirst Mich suchen und zu Mir fliehen. Und wenn dich Verwirrung erfaßt, wird dein Vater dich hintragen zu Mir und dich Mir neu übergeben. Bist du doch das Lämmchen des Himmels, das in seine Arme gelegt wurde zu sorgsamer Hut.

Es geht auf die Karwoche zu. In dieses Geschehen sollst du nach ewigem Plan ganz hineingenommen werden auf eine Art und Weise, zu der du jetzt vorbereitet wirst.

Siehe, jetzt ist heilige Messe, – eure Messe. Ich sage dir, Kind: der Himmel ist geöffnet über dieser eurer hl. Messe, die dir immer ein Zeichen der Echtheit sei. Das, was bei der hl. Wandlung an dir geschieht, ist Geheimnis des Glaubens. Glaube, Geliebtes, glaube. Deine Lippen sind gerötet vom kostbaren Blut deines Jesus, – dein Mund ist gefüllt mit dem kostbaren Blut deines Jesus, deine Seele und dein Leib werden getränkt mit dem kostbaren Blut deines Jesus, damit nicht mehr du lebst, sondern Jesus in dir. Der Lichtstrom der Übernatur berührt Seele und Leib Meines Töchterchens und erhebt es!

13 Uhr, in der Basilika

Desolata: „Jesus, mein Vater kann wieder bei Dir sein; er entbehrt es so!“

Jesus: Ich weiß es, Geliebte, doch er findet Mich im Dienst an dir. Wenn Ich Mich zu dir neige und spreche, bist du Mein Tabernakel! Eure Messe ist höchste Gegenwart!

Desolata: „Jesus, nimm mir den Vater nicht wieder, ich flehe Dich an!

Jesus: Wenn du bereit bist alles andere dafür dazuzugeben, ist er bei dir bis zu deinem seligen Ende.

Kampf des Papstes

Abend-Rosenkranz

Maria: Die Wasser der Trübsal um den Hl. Vater steigen bis zu den Knien und er kämpft sich mühsam hindurch. Sein Blick ist auf den Stern gerichtet, der über den Wassern leuchtet. Von Ihm empfängt er seine Weisungen. Und er gehorcht. Obwohl er in unbeschreiblicher Mühsal ist, sagt er dir: Selig, die nicht sehen und doch glauben! Seine Glaubenskraft ist ungebrochen. Lege deine Seele an die seine, und empfange diesen Glaubensgeist von ihm!

Ich schenke dir in dieser Abendstunde noch einmal Mein zärtliches Lächeln, um die Wogen deiner Seele zu glätten. In dir ist Sturm! Gib Mir deine gefalteten Hände und leg sie in die Meinen und danke mit Mir der allerheiligsten Dreifaltigkeit für alles, was heute an dir geschehen. Du kannst es nicht erfassen; denn über deiner Seele lastet die Auswirkung des Tropfens Verlassenheit und hüllt dich in Betäubung und Ohnmacht. Fürchte dich nicht, du bist so behütet, wie nur je ein kleines Kind behütet sein kann.

Im Strom des Hl. Blutes

17. März 1980. Hl. Messe

Jesus: Kind, welche Angstmomente hast du vorhin durchlitten! Du glaubtest, Unsere Stimmen nie mehr vernehmen zu dürfen und zu können; denn deine Seele war ins Schweigen der Hölle gestürzt,– in diese Tonlosigkeit, diese Stille, die Gott nicht mehr hat. Unsagbare Qual! Doch, Geliebte: Ich war mitten in deinem Herzen. Du hast gigantischen Kampf zu kämpfen. Es schüttelt dich, und du weißt nicht wovon, es durchdringt dich, und du weißt nich was. Ein qualvoller Zustand zuweilen. Ich sage dir nur ein Wort zu Klärung: Sühne! Du bist blind und kannst nichts sehen, nicht vernehmen. Nur dein Vater kann und darf sehen und begreifen und dich führen. Du bist wirklich manchmal am Rand des Wahnsinns. Dies Empfinden ist echt. Doch es kann nie wirklich geschehen.

Meine geliebte kleine Desolata, blicke mit den Augen deines Geistes hier auf Mein Herz: Siehe den Blutstrom, der sich daraus ergießt wie ein Wasserfall und strömt über das weiße Lamm in Meinen Armen und von da über die Hände deines Opferpriesters, der das kleine Lamm zu Mir emporhält. In diesen Strom Meines kostbaren Blutes ist euer ganzes weiteres Leben eingebettet zu Opfer und Sühne und Sieg!

Schenken, Verzichten

18. März 1980. Hl. Messe

Maria: Du stehst heute ganz im Negativen, Kind, das ist der Schlüssel! Sag nur ja, sonst nichts!

Jesus: Die Unruhegeister zerren heute an dir, bedrängen dich eng und unnachgiebig. Deshalb tue, um was dich dein Vater gebeten: Gehe einmal über dich hinweg in Demut und kindlichem Vertrauen. –

Die Todesangst, die in dir sich ausbreitet um Unsere Nähe, Kind, überwinde, indem du dich zu Boden wirfst und Mir alles zurückgibst, womit ich dich überschüttete. Habe den Mut, Mir alle Einsprechungen anzubieten und zurückzuschenken. Hab den Mut, Mir Verzichte anzubieten und an Meine unwandelbare Liebe zu glauben. Hab den Mut, bereit zu sein, alles zu verlieren: dein Charisma, die Gnaden, meine spürbare Liebe – alles! Und du wirst Frieden spüren. Denn dann erkämpft deine Liebe den Glauben. Täglich wird der Weg steiler und der Glaube schwieriger... Doch deine Liebe wird siegen!

Deine schmerzvolle Sehnsucht nach Meiner vielgeliebten Mutter und Ihr momentanes Schweigen ertrage es aus Buße und aus Sühne für jene, die Sie bewußt ablehnen! Ertrage es für deine eigene Kälte, mit der du Sie manchmal übersehen hast. Glaube, glaube heute trotzdem an ihre überwältigende Liebe. Sie steht nahe bei dir in Erwartung.

Mittags

Jesus: Meine süße Geliebte, kleine Desolata! Ich umarme dich mit Meinen Kreuzesarmen in unendlich tiefer Liebe. Sieh, in deiner kleinen Seele ist eine neue Blume erblüht. Deine Seele fängt an mit uns zu sprechen, schüchtern noch wie das Stammeln eines Kindes. O wie war deine Seele gebunden und stumm wie in einem unseligen Bann der dunklen Mächte. Dein Vater vermochte auch immer mehr diese Fesseln zu lösen. Sei dankbar.

Wandlung

Nachmittags, Besuchung

Jesus: Meine kleine Desolata, Ich will in dich schütten Meine unendliche Weisheit, Schönheit, Harmonie. Ich will dich damit füllen wie einen Becher voll kostbaren Weines. Du halte still, es ist Wandlung für dich! Wandlung ist Mysterium, ist heiliges Schweigen, Wirf dich nieder, danke, bete an und glaube! Und höre noch mehr auf deinen B.V., befolge seinen leisesten Wink, du brauchst seine Führung jetzt dringender denn je. Da du kräftiger geworden, muß er dich in straffe Erziehung zu Ordnung, Buße, Gebet und Abtötung nehmen. Du kleine Himmelsblüte wirst demütig vor ihm deine Hände falten und in die seinigen legen zu bedingungsloser Hingabe.

16.30 Uhr

Maria: Mein süßestes Töchterchen, hab den Mut, mit Uns zu sprechen, du kannst es. – Weißt du, was heute für ein Tag ist? Heute vor 32 Jahren habe ich, Deine Mutter, dich nach Weißenau geführt, in den Beichtstuhl deines verstorbenen Vaters Otto, und die besondere Seelenführung begann, und damit ein entscheidender Abschnitt deines Lebens. Deshalb bist du heute so gebunden und im Dunkel; denn die Hölle möchte dich vernichten, da du wieder einen neuen Abschnitt deines Lebens begonnen mit deinem neuen Seelenführer.

Heiliges Blut fließt

18 Uhr, Rosenkranz

Maria: Du stehst jetzt unter stärkstem Angriff, Kind, unter bösartigem Ansturm der Hölle, ertrage es für den Hl. Vater. Lege Deine Seele an die seine und schirme ihn ab. Er ist so oft in Gefahr.

Du bist auf deinem bitterschweren Kreuzweg deines Jesus. Deine kleine Hand liegt in seiner blutenden, rechten Hand, die dich führt. Dein Jesus braucht dich, Geliebtes, damit das Blut seiner rechten Hand nicht umsonst geflossen; es muß durch dich fließen, kleine Desolata, um an andern wirksam sein zu können. Mysterium, Kind, das Glauben verlangt. Siehst du, wie Jesus dich liebt? Fühlst du auch Meine Liebe zu Jesus? Mein Geliebtes, diese Liebe möchte ich in deine kleine Seele legen, damit du Jesus nur mehr liebst mit Meiner Liebe. Siehe, Ich kämpfe mit dir. Ich verlasse dich nicht!

Schwere Zulassung

19. März 1980. Morgens

Jesus: Geliebte, dein Ich soll zerschlagen werden. Deshalb lasse ich es zu, daß die dunklen Mächte dich in Fehler stürzen, die dir im Augenblick nicht bewußt sind. Wenn dich nachher die Gnade der Erkenntnis trifft wie ein Blitzstrahl –, ist es ein Schwert, das in deine Seele fährt und dich bereit macht zu Bekenntnis und Buße. Offenbare dich deinem Beichtvater immer mehr. Wirf dich nachhher, bei der Beichte, auf den Boden vor ihm und bekenne. So legst du dich freiwillig auf dein Kreuz, und Ich selbst bin es, der dich aufhebt in Liebe und hineinzieht in Meine Passion.

Hl. Messe

Maria: Mein liebes Töchterchen, die Angriffe der Hölle verstärken sich. Sie sind nüchterne Realität in deinem Leben. Sie stellen dir Fallen und Fußangeln so versteckt, daß du nur mit besonderer übernatürlicher Gnade fähig wirst, nicht hineinzustürzen. Es verlangt Aufmerksamkeit und Wachsamkeit in höchster Konzentration. Gestatte dir keine Abweichungen und Ausflüchte, das ist schon Gefahr für dich!

21. März 1980. 5.45 Uhr

Desolata: „O Mutter, hilf mir!“

Maria: Dein Vater ist einzig und allein dazu bestimmt, die Knoten der Verwirrung bei dir zu lösen. Sage ihm deshalb alles. Ich wirke ja durch ihn. Ich habe seinen Willen, seinen Verstand, seine Gedanken, sein Empfinden in Besitz genommen. Er handelt in allem nur durch Mich. Vertraue Mir also ganz in ihm.

Schweigen über Charisma

Maria: Ich habe Besonderes mit dir vor. Die Stürme, die dich jetzt umbrausen, bereiten vor. Von Anfang an habe Ich eine große Klarheit in dich gelegt, die dich oft in Gegensatz stellt zu den andern. Das ist es, was dich erschreckt, schmerzt und dich erschüttert. Laß es geschehen, Seelchen. Du kannst dich mit niemand vergleichen und sollst es nicht! Wir führen. Dein Vater wird dich noch ganz im Verborgenen halten, denn es muß alles organisch wachsen können in größter Stille.

Besuchung

Jesus: ...Meine Geliebte! Mit welcher Sehnsucht erwarte ich den Karfreitag, da dein Vater mit dir Mich als den verlassenen Jesus erkennen und umarmen wird. Meine Wunde ist geöffnet, euch zusammenzuschließen auf noch dichtere Weise und euch einzuschließen. Es benimmt dir alles den Atem, Kind! Die Mutter ist es, die dich so schnell bereiten will und vollenden. Sie weiß um die Eile der Zeit und um deine Stunde.

Im Zug zum Priestercönakel in Hechingen

Maria: Daß dein Vater dich im Verborgenen halten soll, bedeutet, daß er dich noch im Schweigen hütet. Niemand soll an die zarte, durchscheinende Blüte deines Charismas rühren. Du bist von Jesus, gerade vom verlassenen Jesus, am Kreuz erzogen worden, im Hintergrund zu stehen, nicht ans Licht der Öffentlichkeit zu wollen – nur im Verborgenen zu atmen. Du wünschest es auch nicht anders. Ich bereite dich ganz für Gottes Plan.

Nur ein Tropfen der Verlassenheit Jesu

22. März 1980

Maria: Mein geliebtes Töchterchen, du bist heute einen weiten und beschwerlichen Weg gegangen. Finsternis lag auf dir, so dicht, daß du in Verzweiflung geraten wolltest: das Werk der dunklen Macht. Du bist dann in einem Zustand, den man vergleichen kann mit der Seele eines ungläubigen Philosophen, der dem Nihilismus verfallen. Wie Pilatus möchtest du sagen, nein hinausschreien: „Was ist Wahrheit?" Und mit Nietzsche möchtest du sagen: „Gott ist tot!" Alles ist da für dich zu Ende, auch jeglicher Sinn des Lebens. Deine Todesangst und Verzweiflung wächst. Ohne Gehorsam, ohne den Schutz deines B.V. wärest du da in allerhöchster Gefahr, dein Leben von dir zu werfen; denn du erlebst nur noch ein absolutes Nichtsein in grausamer Intensität.

Geliebtes Kind, dieses furchtbare Erleben, das dich total erschöpft, ist aber auch ein Tropfen der Verlassenheit deines geliebten Heilands am Kreuz. Deshalb mußt du es immer geschehen lassen und einmal sogar diesen Zustand lieben lernen. Bitte Mich nun täglich um Leiden, Kind, um die Verlassenheit deines Jesus, um Seelen, gerade die ungläubigen Seelen, retten zu können.

Du hast seit gestern Höhen und Tiefen in gigantischem Ausmaß und beinahe in rasender Geschwindigkeit erleben müssen. Das brachte dich an den körperlichen inneren Zusammenbruch, den du wohl fühltest. Du bist immer noch im Umwandlungsprozeß und deswegen übersensibel, gefährdet und preisgegeben. Wie hättest du da ohne deinen Vater bestehen können? Deshalb war es eine einzig richtige Entscheidung, daß dein Vater dich mitnimmt auf die Reise. Ich wußte, daß er so entscheiden wird; denn er kann nur mehr handeln nach Meinem Wunsch und Willen, da er sich Mir gänzlich übereignet hat.

Geliebtes kleines Opferseelchen, fasse wieder Mut: Es geht von Stufe zu Stufe. Immer, wenn du angegriffen wirst, mußt du aber sofort zu deinem Vater gehen. Es mehren sich die Angriffe von unten!

Rosenkranz

Maria: Ich weiß und sehe, daß die Hölle mit unvorstellbarer Wut und Raffinesse dir deinen Glauben auslöschen möchte! Doch du gibst nicht nach, nicht wahr? Übergib Mir deinen Glauben, damit Ich ihn dir hüten helfe. – Du erleidest bereits die nächsten Tage wie immer, Kind. Du nimmst mit dieser kommenden Reise viel auf dich. Du hast das Kreuz deines Vaters ständig vor Augen, wie Ich das Kreuz Meines Jesus immer vor Augen hatte.

Ich sehe deine Zweifel und dein Kämpfen um den Glauben. Doch Ich sage dir eindringlich: Du bist nicht seelisch-geistig krank. Du bist so gesund, wie du sein mußt, ein solches Leben zu ertragen. Was dich so mitnimmt, ist nicht Krankheit, sondern die starken Erschütterungen und Angriffe, die dich erschöpfen.

Wirrer Weltgeist

25. März 1980. Im Zug nach Köln

Jesus: Ich will dir den Seelenzustand dieser armen Ordensschwester (die ihr gegenüber sitzt und immer von sich redet) zeigen: Welche Zersplitterung, welches Ausgegossensein! Wieviel Irreführung! Viel guter Wille, doch viel Selbstgefälligkeit. Ganz ein modernes Kind Ihrer Zeit. Wie schwer habe Ich es mit diesen Seelen! Meine Mutter arbeitet an ihnen; das bringt sie in Not. Dieses gewisse Unbehagen läßt sie soviel reden. Sie suchen und wissen nicht was. Sie finden nicht, weil sie immer irgendwelchen Parolen folgen. Ihre Seelen sind umhüllt vom dichten Schleier der Welt. Taktik des Bösen! Gottgeweihte Seelen müssen sich vor dieser Anbiederung an die Welt hüten wie vor der Pest. Es ist gefährlich unter diesem Schleier einzuschlummern; er führt zur Lauheit. Kleine Desolata, hilf Mir, auch diese Seelen zu retten.

Im Bahnhofsrestaurant Köln, Mittagessen

Jesus: Geliebte, niemand denkt hier an Gott. Nur ihr beide, Meine vielgeliebten Kinder, habt ein Gebet auf den Lippen. Freude des Himmels. Siehe, was Ich dir zeige: Die Verbindung eurer Seelen erzeugt ein Feuer, wovon ein Funkenregen niedergeht auf eure Umgebung. So seid ihr Licht in der Finsternis. Kein Funke verfehlt sein Ziel. Das ist Seelenrettung, Kind.

Der tragende Boden

25. März 1980. Abends, im Dom zu Köln, vor dem Verkündigungsbild

Maria: Kleine Desolata! Morgen ist dein Erstkommuniontag! Hast du schon einmal überlegt, daß dein Erstkommuniontag nach dem Fest Maria Verkündigung war? Seine Bedeutung: Ich, die Mutter, stand bereit, Jesus sein kleines Bräutchen zuzuführen. Der Festtag brachte eine besondere Weihe an Mich. Geliebtes Töchterchen! Der diesmalige Erinnerungstag soll dir ganz besonders bedeutungsvoll sein nach allem, was Jesus dir bisher sagte über deine Erstkommunion (erstmals sprach Jesus zu Maresa-Desolata). Bereite dich gut darauf vor!

Noch etwas: Laß dich von keinen persönlichen Empfindungen leiten. Gewiß, du bist jetzt auch müde. Aber du wirst es eines Tages können, ganz innen in dir zu bleiben, wie in einer kleinen Kapelle, und alle äußeren Eindrücke nur als Gleichnis zu nehmen für das, was droben ist.

Jesus: Meine einzig Geliebte! Mache heute deiner himmlischen Mutter Freude, indem du ganz Ihr Kind bist, ganz abhängig von Ihr. Das fällt dir unter den heftigen Anfechtungen schwer. Deshalb neige Ich Mich heute liebevoll zu dir hernieder, um dir in diesem verwirrenden Kampf beizustehen. Es sind ja Ihre Cönakel, die du unterstützen sollst und Ihr Plan, daß du mit deinem Vater durch Deutschland reisen sollst.

Mein liebes Lamm! Laß alles über dich ergehen: ob Blitz oder Hagel, ob Unwetter oder Sturm! Das Lamm hält still. Es schmiegt sich nur eng an seine Einsprechungen. Das ist der Boden, der dich tragen soll. Daß dein Vater so klar und fest ist, soll dir ein Zeichen sein. Wie Bernadette und die kl. Theresia bist auch du in Glaubensfinsternis getaucht: Es sind dir scheinbar die Planken unter den Füßen weggezogen, und du glaubst, in tosenden Wassern und Abgründen zu versinken. Wenn du nur einmal stammelst mit übermenschlicher Anstrengung „ich glaube", vermagst du damit die ganze Hölle in Aufruhr zu bringen. Sie will nicht dulden, daß du heute bei der Mutter bist.

Die vielen Menschen, die hier ein- und ausgehen, greifen dich unsagbar an, weil du für sie eingesetzt wirst. Schon deshalb wütet die Hölle mit Macht. Sie möchte dich von hier vertreiben. Doch es wird ihr nicht gelingen, denn dein Vater ist der Pfeiler, den sie nicht umrennen kann.

Nun setzt die Orgel ein! Für dich Geliebte! Die kleine Desolata ist umgeben und umflutet von gewaltigen Tönen, die die Luft erzittern lassen. Blicke auf, blicke um dich: Siehst du, wie die Geister weichen müssen, wie sie sich die Ohren zuhalten und flüchten. Sie vermögen nicht mehr die kleine Desolata zu stören. Die Königin der Instrumente hat Macht über sie, und die Seele der kleinen Desolata schwingt sich empor in einem jubelnden: Ich glaube!

In Verlassenheit lieben

26. März 1980. Himmerod, Gnadenkapelle

Maria: Geliebte Maresa! Du leidest die Verlassenheit. Deshalb bist du in höchster Not. Du glaubst, dein Jesus hat sich zurückgezogen. O, er ist mitten in dir! Er sehnt sich unsagbar nach deiner zarten Liebe. Verweigere sie ihm nicht. Tue alles wie sonst. Glaube, glaube!

Rettungsnetz

Jesus sagt dir auch, welche Bedeutung es hat, daß du von nun an bei den Cönakel-Reisen deines Vaters dabei bist! Bei allen! Die kleine Desolata knüpft Knoten in das (Rettungs-)Netz über Deutschland. Ein rein geistiger Vorgang, aber ganz real im Plan der göttlichen Liebe. Glaube!

Unterstützen der Priester

27. März 1980. Wengerohr, hl. Messe

Jesus: Geliebte! Durch dein Mitleiden erhältst du die Herzen meiner Priester, die Mir zu Freude geworden. Das ist deine Berufung! Du kannst es nicht erfassen, sondern nur erleiden. Dein Leben verläuft in anderen Dimensionen, an die du dich erst gewöhnen mußt. Du mußt deine irdischen Augen schließen und die Augen deiner Seele öffnen, um mit den Augen von Jesus und deiner himmlischen Mutter zu sehen. Erst dann glätten sich die Wogen deiner Seele.

Im Angriff

28. März 1980. Im Zug

Maria: Deiner Bitte, Töchterchen, direkt zu deinem Vater zu sprechen, will ich nachkommen:

Mein geliebter Sohn! Deine kleine Tochter ist wieder in einer Phase starker Angriffe; deshalb ihre Angst vor dir und Mir und gerät so unter Zwang von unten. Die dunklen Mächte werfen ihr fortwährend Prügel vor die Füße, über die sie stürzen muß. Wir können sie nur immer wieder aufheben. Es ist so notwendig, daß du nun bald allein mit ihr bist, dann wird alles besser. Jetzt ist sie in diesem furchtbaren Kampf, in dem sie beinahe durch die Luft gewirbelt wird.

Geschliffen für die Paßform

29. März 1980. Ottobeuren

Maria: Mein Töchterchen ist heimgekehrt. Diese erste große Cönakel-Reise stand unter dem Zeichen des Turmes, des Widerspruches, der Dunkelheit und Verlassenheit für Mein Kind. Eine einzige Prüfung, denn Satan wütete. Er nützte deine noch nicht gefestigte Gesundheit, deine noch bestehende Anfälligkeit für Zerstreuung; wurdest du doch plötzlich aus dem stillen Nazareth (deiner Wohnung) hineingeworfen in die Arme der Welt, – warst nicht mehr fähig, bei solch geistiger Ermüdung dich in Jesus und Mein Herz zu versenken. Du brauchst deshalb immer wieder das Alleinsein mit deinem Vater. Er ist dir so ganz gegeben, damit du, der kleine, aber so wichtige Stein in Meinem Rettungsplan, geschliffen werdest zur einzig richtigen Paßform, zu dem ihm erdachten Glanz und seiner von Gott gewollten Strahlkraft und Ausstrahlung. Und aus deinem so unendlich belasteten Herzen lächelt Mir schüchtern eine neue, süß duftende Blume der Liebe und Hingabe an Mich entgegen.

Innere Erlebnisse von Maresa-Desolata

Die Einsprechungen sind für Desolata Höhenführungen von Stufe zu Stufe. Eine besondere Stufe war dazwischen ihr Sprechen im Dämmerzustand in der Zeit vom 4. März bis 4. Juni 1980 neben den fortlaufenden Einsprechungen. Was vollzieht sich hier? Jesus gibt die Erklärung am 3.3.80: „...Deine Seele ist es, die da spricht unter dem inneren, gewaltigen Erleben, das sie beeindruckt und gefangenhält". Maria spricht dazu am 13.3.80:

„Höre, meine kleine Desolata: Auch dieser Zustand ist notwendig und vor allem jetzt in der Schulung, Ihn zu unterdrücken würde dir Schaden zufügen. Du spürst ja selbst, daß es in dir drängt und sich etwas Neues entwickelt..."

Jesus erklärt dann am 28.5.80 noch genauer: „...Es wurde dir gesagt, daß deine Seele im Dämmerzustand spricht unter dem Eindruck eines gewaltigen Erlebens, einer erdbebenhaften Erschütterung... Es kommt nicht von dir; deine Seele spricht es nur aus. ...Dein ganzes Sein ist davon gefangengenommen... Das ist Vorbereitung, Hinführung, ist Ausfluß göttlicher Weisheit und göttlichen Erbarmens, auf daß geschehen kann, was geschehen soll!"

Wie schwer auch diese Visionen für Desolata sind, bekundet Maria am 8.1.80: „... Es ist in allem... ob es die Einsprechungen sind oder die Schau, – immer ist ein Zweifel (bei dir) möglich und vor die Füße gelegt. Du kannst diese Gnaden nicht genießen, – so wie ein Kind sich darin sonnen würde. ...Du mußt im Augenblick des Geschehens schon kämpfen..."

Maria gab dem geistlichen Vater von Desolata den Auftrag, diese Visionen zu malen.

So folgt jetzt eine Auswahl aus den Visionen in 17 Texten mit Bildern.

Das Leidenslamm (= Maresa Desolata)

4. März 1980

Jesus: Die Wasser der Trübsale wollen alles überfluten. Sie umspülen das kleine Lamm, und es muß das Meer von Leiden durch seinen Körper und durch sein Herz fluten lassen. Aus seinem Herzen kommen dann die Tropfen der Erlösung für die anderen. Im kleinen Lamm ist es dunkel, damit es in den Seelen hell würde; es ist eingehüllt in Nacht, Nässe und Kälte. Der Morgenstern „Maria" leuchtet und wärmt das kleine Lamm. Es kann nur an den Stern glauben; es sieht ihn nicht. Alles andere ist ihm auch genommen. Der Morgenstern wirft seinen silbernen Mantel um das Lamm. Durch ihn geborgen, sagt das kleine Lamm „Ja", und dieses Ja hält die Wasser der Trübsale auf.

Dieses Ja steht wie ein Kreuz am Ufer. Das Kreuz ist Erlösung, ist Liebe. Das kleine Lamm hat ihn gefunden, Ihn, den seine kleine Seele liebt. Es findet ihn immer im „Ja". Die Wasser der Trübsale, das Meer von Schmerz und Leid ist ja Er, der Geliebte des Lammes, Jesus, der Gekreuzigte. Er nimmt das Lamm in seine Kreuzesarme und hüllt es ein in die Wunde seiner Verlassenheit. Dort hinein gehört es. Dort hat es seine Bestimmung. Dort findet es alles. Dort ist der Schlüssel. Nur dort sind Jesus und das Lamm eins.

Verlassener und gekreuzigter Jesus, das kleine Lamm möchte dich trösten; doch es hat selber keinen Trost. Es kann nur seine Tränen in Deine Wunden fließen lassen, damit sie etwas abwaschen von der Grausamkeit dieser Wunde. Welch eine Wunde! Kein Mensch kann sie verstehen oder empfinden, kann sie nicht ausschöpfen.

Jesus, der gesagt hat: „Ich und der Vater sind eins!" lebt jetzt seine Verlassenheit vom Vater. Ein unfaßbares Geheimnis! Er, der Schuldlose, Heilige, der Sündenlose ist zur Schuld geworden. Alle Sünde der ganzen Welt liegt auf Ihm. – Er hat den Vater verloren, daß wir ihn finden. – In Seinem „Warum" ist alles „Warum?" eingeschlossen, – findet alles „Warum" die Lösung, – die Erlösung.

Immerwährendes Opfer des Lammes

4. März 1980

Jesus: Das kleine weiße Lamm liegt auf dem Buch. Aus dem Buch strömen heilige Quellen der Liebe, und das kleine Lamm trinkt in vollen Zügen in sich hinein die Quellen der Liebe. Das Buch, das blaue Buch mit dem Lamm, ist gehalten von geweihten Händen seines Opferpriesters. Er hält Buch und Lamm hoch über den Abgrund; denn unter dem Buch und unter dem lamm tobt die Hölle. Die Hölle hat Verlangen nach dem weißen Lamm. Die Hölle zieht am Buch und am Lamm. Doch der Priester steht fest. Er gibt nicht her, was der Himmel ihm anvertraut. An seinem Glauben rüttelt die Hölle vergebens. Sie weicht vor ihm zurück und das kleine weiße Lamm ist sicher, doch nur, wenn es nicht eigene Wege gehen will. Das kleine Lamm ist gehalten, unbedingt zu gehorchen.

Über der Dreiheit, Priester, Lamm und Buch steht in unfaßbarer Ferne die Königin. Sie lächelt; denn es ist ihr Werk! Sie hat verbunden den Priester, das Lamm und das Buch. Sie sendet Ihre Engel aus, sie zu behüten, zu stärken, zu verteidigen.

Fürchte dich nicht, Priester, dein kleines Lamm immerdar zu opfern. Sein Blut muß fließen, um zu erlösen. – Das ist der Wille Gottes! – Doch die Königin verbindet die Wunden des Lammes, und so erhältst du es immer wieder weiß und gestärkt zurück.

Die Arme der Hölle berühren das Buch und das Lamm und den Priester.

O, ihr heiligen Engel, streitet für uns; die Hölle zieht alles hinab in ihren Schmutz. Das kleine Lamm zittert und weint. Es wird immer wieder getroffen von der Unterwelt. Heiliger Engel Mun, schlage zurück, und zeige dem kleinen Lamm das Antlitz des verwundeten Herrn, das du trägst unter deinem Mantel.

Beim Anblick seines einzigen Bräutigams ist das kleine Lamm bereit, geschehen zu lassen und zu sterben für seinen einzigen Geliebten!

Das kleine Lamm hat nur einen Bräutigam auf der Erde, den gekreuzigten, verlassenen Jesus. Sein Blut strömt über das Lamm, macht es immer wieder weiß wie Schnee. Sein Blut fließt in den Adern des kleinen Lammes. Sein Blut fließt in den Adern des Opferpriesters. So sind Priester und Lamm eins.

Opferung für die getroffene Schöpfung

9. März 1980. 1. Teil

O welche dunkle Nacht kommt über die Erde! Der Himmel muß es geschehen lassen. Doch über allem ist die Liebe, göttliche, heimholende Liebe! O ewige Liebe, wie groß bist du! Sei ewig gepriesen! O barmherzige Liebe, laß uns vor dir niedersinken und danken, denn auch im schrecklichen Unglück holst du noch heim! Du liebst Deine Schöpfung, – Du hast sie geschaffen.

Du weinst Deine Tränen der Gnade über sie einzig zur Rettung. Dein Herz sinnt Tag und Nacht auf Rettung! Menschenkinder kehrt um! Beleidigt solche Liebe nicht! Solch unaussprechliche Liebe. Der Duft dieser Liebe schwebt über der Schöpfung. Und ihre Kinder, die reinen Herzens sind, werden davon gerettet.

Zerstörung

9. März 1980. 2. Teil

Grausam zerstörte Schöpfungsordnung! Mensch, gibst du dem Bösen alles preis? – Wasser, geliebte Schwester, wohin gehst du? Halt ein, du überflutest ja alle Länder! Willst du zerstören, statt segnen?

O ihr Berge und Hügel, die ihr den Fuß so fest in der Erde verankert habt, ihr wollt wanken? – Erde, du unsere gute Mutter, welcher Riß in deinem Kleid, welcher Spalt, um zu verschlingen! – Ihr Bäume, wie müßt ihr fallen, mit Wurzeln entrissen, – welche Zerstörung! – O Tiere, ihr armen Geschöpfe Gottes. Welche Panik, Angst und Schrei! – Ihr Sterne des Himmels: Wollt ihr fallen? Ein Stern fällt zur Erde und deckt zu. Die Feste des Himmels wankt. – die Sonne blutrot am nächtlich-schwarzem Himmel, stürzend! – Welch verderbliche Luft, sie nimmt den Atem!

Wer wird überstehen? Wer kann überleben? – Mensch, was hast du getan? Den Dämonen Tür und Tor geöffnet. Wehe, wehe!"

O ewige Liebe, wie wenig wirst du geliebt! O nimm mein Herz und finde in ihm Deine Schöpfung in mir, wie sie sich Dir darbietet zur Opferung. In mir will ich ihre Wehen ausleiden! Nimm mich , schone die Erde. – O Herr, ich liege vor Dir im Staube Deiner Erde, biete mich Dir dar. Mein Mund liegt am Saum der Erde, spürt ihren Herzschlag und ruft zu Dir hinauf: Rette, Herr, rette, ehe es zu spät ist.

O Herr, ich biete Dir den geopferten Leib meines Vaters Otto an, der in die Erde gesenkt wurde. Durch die Berührung seines Priesterleibes, mit der Erde, werde sie geheiligt und erlöst; so in jedem Friedhof! – Auch ich werde einmal in dieser Erde liegen. O Herr, ich danke Dir, daß Du mich auch dazu gerufen hast; ich danke Dir, daß ich Christ sein darf. – Laß mich die ganze Ewigkeit hindurch Dich lieben für Deine Liebe. – Rufe mich! Ich bin bereit, gebe Dir alles!

O ewige Liebe, so spät habe ich Dich geliebt! Von Ewigkeit her aber hast Du mich geliebt! – O hätte ich die Herzen aller Menschen, aller Engel und Heiligen, um Dich zu lieben. Hätte ich das Herz Deiner Mutter, der Himmlischen Königin, um Dich zu lieben!

Ringen des Papstes um Rettung

10. März 1980. 2 Uhr nachts.

Engel sind da und Vater Otto. Sie kämpfen für uns. Sie tragen ein versiegeltes Wort für die kommende Zeit. Wenn die Zeit um dieses Wort gekommen, lösen sie das Wort, und das Lamm wird siegen.

Zwischen Himmel und Erde ragt das Kreuz, den Fuß auf der Erde, in einsamer Höhe. Zu Füßen des Kreuzes der Hl. Vater! Er hält die Hände empor zu empfangen das Blut des gekreuzigten Lammes. – Er schüttet das Blut in alle vier Himmelsrichtungen der Erde, zu retten, was noch zu retten ist. Er sinkt zusammen am Kreuz, von Fieberschauern geschüttelt. Über dem Gesicht, das benommen, die Schauer der kommenden Zeit. Er sieht und hört und bietet sich an der Gerechtigkeit, zu lösen die Welt von Sünde und Schuld. Er zittert vor der Verantwortung, die ihn in die Erde drückt wie ein Kreuz, das zu schwer wird. – Er weiß, was er tun muß, und er ringt mit Gott um Aufschub, um noch viele seiner Söhne und Töchter zu retten. Doch die Zeit holt ihn ein, die schreckliche Zeit, und er richtet sich auf am Kreuz, steht mit dem Rücken zum Kreuz, und seine Augen flammen in ungebrochener Kraft, und er ruft es hinaus zum Himmel und hinein in die Welt: „Adsum!" – es geschehe! Und er holt aus und wirft die Fackel, die ihm der Engel gegeben. – Dann stürzt er zu Boden mit einem klagenden Wehlaut, von neuen Fieberschauern geschüttelt, denn er weiß, was er getan, und er weiß, was nun geschieht: Passion der Kirche! – Geht hinein in den Schrei der Verlassenheit Jesu am Kreuz, und nichts und niemand erreicht ihre Verlassenheit so lange, bis sie durch die Wunde der Verlassenheit hindurchgegangen und betet: Vater, in Deine Hände empfehle ich meinen Geist!

Anm.: (Rechts unten, bedrängt von Teufeln, Pfr. J.F. mit dem Lamm (= Desolata). Der verklärte Pfr. C. Timme (voriger Seelenführer) kommt zu Hilfe).

Die zwei Wege

Weg der Sinnenlust

13. März 1980. 22 Uhr, 1. Teil

Mein blauer See, meine Wasserrosen. Diese Blume, die ich so liebe. Ihre Blätter sind wie eine sanfte Wiege. Ihre Blüten haben geheimnisvolle Tiefe. Sie tragen in ihrem Innern ein Krönchen. Die blauen Wellen sind wie sanfte Küsse. Sie laden mich ein, auf ihren Händen zu schlummern.

Ich stehe am Ufer und warte, bis die Sterne in meinen See gefallen sind, bis der ganze See blüht von goldenen Sternen.

O welch ein Duft! Ich weiß nicht, was das bedeuten soll. Ich warte, warte auf das Besondere. Dort drüben am andern Ufer, sind die beiden Pforten. Ich weiß nicht, welche sich öffnen wird. Ich bin so in Spannung. Ich weiß, es ist die Entscheidung. – Der See fängt an zu singen. Die Sterne sind in den See gefallen. Sie singen ein Lied, das ich nicht kenne. Aber das Lied ist süß und einschmeichelnd.

Die eine Pforte tut sich auf. Orchideen! Der Duft von Orchideen entströmt ihr, und ich weiß, was es bedeutet: A. (ist ein Fürst der Hölle) tritt herein in fürstlichem Hochzeitsgewand. Es ist schön, wie noch nie. Er trägt einen goldenen Stirnreif mit einem Edelstein, der wie Feuer ist. Sein Licht blendet mich. Seine Augen blitzen und bannen mich. Er sieht mich unverwandt an. Er schweigt. In seiner Hand hält er eine wundervolle Orchidee, wie ich noch keine gesehen, – blutrot, so rot, wie seine Liebe ist. Seine Liebe ist Glut und Verbrennung. Seine Liebe ist fordernde Leidenschaft. Seine Liebe ist lustvolle Gier. Durch seine Liebe wird der Körper gepeitscht. Seine Liebe gibt nicht. Seine Liebe nimmt und raubt. Von seiner Liebe ist man entehrt. Seine Liebe reißt den Gürtel entzwei mit brutaler Gewalt. Seine Liebe zertritt den Kranz der Unschuld. Doch ich will nicht. Ich werde mich wehren, auch wenn ich halb betäubt bin.

Anm.: (Es folgt ein Kampf, indem sie aufschreit. Sie ruft die Himmlische Mutter. Da kommt die Ruhe über sie).

Weg des Opfers

(1. Fortsetzung vom 13. März 1930) 2. Teil

Die andere Pforte tut sich auf. Ein mildes Licht! Ein steiniger Weg, ein schmaler Weg; rechts und links der Abgrund. Der Weg ist steil. Die Füße bluten, die darüber gehen müssen. Man sieht nicht, wohin der Weg führt. Man muß genau auf dem Weg bleiben, sonst stürzt man ab. Man muß über Steine gehen. Der Weg hat nur schwaches Licht. Man könnte sich fürchten. Aber eine geheimnisvolle Kraft zieht nach oben, – und oben ist das Kreuz, das Kreuz Jesu. Jesus am Kreuz. Die andere Seite des Kreuzes ist noch frei. Dorthin muß die kleine Desolata kommen. Rücken an Rücken mit Jesus am Kreuz. Welche Süßigkeit! Der Weg hat sich gelohnt. Jesus ist die einzige Liebe der kleinen Desolata. Mit Jesus am Kreuz ist Seligkeit in grausamsten Schmerzen. Das Kreuz schwankt, denn die Hölle tobt. Aber die kleine Desolata fürchtet sich nicht mehr. Sie ist bei Jesus, und bei Jesus unter dem Kreuz steht die Mutter, die echte Desolata, und unter dem Kreuz bei Jesus steht Vater Johannes, der Freund Jesu. Die kleine Desolata ist geborgen in ihrer Liebe. Sie ist nicht mehr allein. Jesus schenkt der kleinen Desolata Seine größte Wunde: Seine Verlassenheit. Er nimmt die kleine Desolata in Seinen Schrei hinein: „Mein Gott, mein Gott, warum hast Du mich verlassen?" Dieser Schrei gellt über die Erde, hinein in tiefste Finsternis. Es ist der Schrei der Kirche. Jesus lebt in seiner Kirche auch heute noch und hängt in ihr am Kreuz.

Über den Hügeln kommt eine Gestalt und wirft sich vor dem Kreuz nieder: der Hl. Vater! Auch er ist in den Schrei hineingenommen, und seine Seele schreit noch stärker hinaus in die Welt, in die Kirche: „Mein Gott, mein Gott, warum hast Du uns verlassen!" Finsternis herrscht. Totenstille. Die Sonne blutrot. Der Mond und die Sterne verdunkelt. Der Himmel nachtschwarz. Die Erde bebt und bäumt sich auf. Die Dämonen kommen aus den Spalten und treiben ihr Unwesen bis unter das Kreuz. O furchtbare Stunde der Menschheit, der Kirche! Alles hält den Atem an und wartet auf das Wort Jesu in seiner Kirche: „Vater, in Deine Hände gebe ich meinen Geist!"

WER

Auferstehung

(2. Fortsetzung vom 13. März 1980) 3. Teil

Und die Sterne und der Mond leuchten wieder. Die Sonne erhält ihre goldenen Farben wieder. Der Himmel ist blau, die Erde geschlossen. Die Luft ist rein. – Die Kirche ist gerettet und geht ihrer Auferstehung entgegen. Der Hl. Vater steht leuchtend unter dem Kreuz und spricht sein „Adsum" (= Ich bin da, bin bereit!). Neues entsteht, wie es noch nie dagewesen. Das Herz Jesu an seiner Brust glänzt in unsagbarem Glanz. Strahlen brechen daraus hervor wie Wasserbäche; die Bäche stürzen mit übernatürlicher Kraft.

Das Herz Mariä leuchtet auf in demselben Glanz, und die Strahlen des Herzens Jesu gehen durch ihr Herz hindurch und vereinen sich mit ihrem Leuchten. Jesus und seine Mutter sind eins. Sie stehen im Triumph. Das Unbefleckte Herz Mariens und das Herz Jesu haben gesiegt, und der ganze Himmel stürzt gleichsam auf die Erde in unvorstellbarem Jubel.

Es fällt mir schwer, den See zu verlassen. Ich muß verlieren können, verlieren alles, was mir so lieb, was mich anzieht, was mich so erfreut, was mich mit Schönheit umgibt.

All das ist nicht mehr für mich. Eine kleine Desolata muß sich sehnen nach allem, was nicht schön, nicht lockend, nicht Freude, nicht wunderbar ist; denn Jesus am Kreuz hat alle Schönheit verloren und wurde der ganz Entäußerte. Alle Leere ist Sein und deshalb muß auch die kleine Desolata ganz leer sein.

M
Sex Sex
Kindesmord
Sex
Aids
Tbc
Weg
zu Gott
Papst
Wir

Rettender Strahl der Liebe

14. März 1980. 23.30 Uhr

Wasser! Ein großes Meer der Trübsal! Welch heftige Wellen! Das Meer der Schmerzen und Leiden flutet heran!

An seinem Ufer eine kleine Blume, eine zarte Blume, geschüttelt und gepeitscht vom Sturm. Die kleine Blume steht einsam und allein. Ihre Blüte schaut ins Meer der Schmerzen und bebt. Die Wasser kommen immer näher, und die kleine Blume zittert um ihr Leben. Ihr kleiner Kelch – o wie muß er dieses Meer in sich aufnehmen! – Die kleine Blume steht ohnmächtig und wartet und weint. Ihre Tränen fallen wie schimmernde Perlen ins Meer der Schmerzen. Diese kleinen Perlen verbinden sich mit den Wellen des Meeres, und die Wasser der Trübsal stehen einen Augenblick still. Die Tränen der kleinen Blume haben sie aufgehalten. Die kleine Blume schauert und friert und versteht nichts, ist hineingenommen in die Trübsal der kommenden Zeit. Die kleine Blume steht vor dem Tor der Zeit. Wer wird die kleine Blume retten vor den Wassern, die sie töten wollen? –

Zwei Hände umschließen die kleine Blüte und halten sie fest. Über den Händen leuchtet ein Stern, der Stern „Maria"! Sein sanftes Licht schützt Hände und Blume. Sein milder Glanz bahnt einen Weg durch die Wasser und Fluten der kommenden Zeit, und Hände und Blume gehen hindurch wie durch eine gläserne Straße, unbeirrt von Unheil und Tod. Der wundersame Stern hat die Führung. In seinem Licht erkennen die Hände und tragen die Blume und bringen sie unverletzt ans andere Ufer. Und wo die Hände mit der kleinen Blume vorübergegangen, bleibt ein kleiner Strahl der Liebe zurück. Er wärmt das Wasser der Trübsal und stiftet Heil und Heilung.

Hände und Blume sind gerufen in die kommende Zeit. Der Stern hat sie gerufen. Der Stern wird sie lenken. Der Stern wird sie lieben wie nie zuvor.

Die kleine Blume erblüht in den Händen ihres Priesters zu wundersamer Vollendung: Hände und Blume sind eins, und ihre Einheit ist Rettung. Diese Einheit öffnet den Himmel und holt ihn hernieder in die trostlose Zeit.

Übergabe des Lammes

16. März 1980. 22 Uhr

Pfr. Otto kommt mit der Stola. Br. Otto am Fuß des Berges. Er trägt das Lamm. Seine violette Stola ist um das Lamm geschlungen. Er steigt mühsam den Berg hinauf. Am Gipfel steht ein Kreuz. Br. Otto geht wachen Sinnes darauf zu. Er spricht mit dem kleinen Lamm, das zitternd in seinen Armen liegt. Br. Otto trägt ein Wissen in seinen Augen.

Er blickt auf das Kreuz. Er geht unentwegt und sicher darauf zu. Vor dem Kreuz kniet er nieder, aufrecht und stark, und er legt das kleine Lamm unter das Kreuz. Er nimmt Abschied von dem Lamm.

Sein Blick geht zur Seite. Er wendet sich um.

Am Fuß des Berges steht ein Priester. Br. Otto blickt auf das Lamm und auf den Priester. Der Priester versteht.

Br. Otto weiß, daß er sterben muß. Er ruft die Mutter, und die Mutter erscheint. Br. Otto nimmt das kleine weinende Lamm und legt es der Mutter in die Arme mit der Stola. Er gibt sie her. Br. Otto küßt das kleine Lamm auf die Stirn und nimmt Abschied, aufrecht und stark.

Die Mutter hält das kleine arme Lamm an ihrem Herzen. Doch das Lamm weiß es nicht, spürt es nicht. Die Mutter blickt zum Fuß des Berges, wo der andere Priester steht, und Ihr Blick ruft ihn herauf. Sie nennt ihn Johannes. Sie legt ihm das kleine Lamm in den Arm. Sie übergibt ihm die Stola von Br. Otto. Sie legt die Stola um ihn und das kleine Lamm. Sie zeigt ihm das Herz des kleinen Lammes, das umwunden ist von seltsamen Ketten und Stricken. Sie nimmt seine Hände, die Priesterhände, in Ihre und legt sie an das Herz des kleinen Lammes, und behutsam führt sie seine Hände, daß er Kette um Kette, Strick um Strick löse.

Maria sagte am 18. September 1980: „...Dein Vater will dir helfen, dich aus allen unseligen Verstrickungen zu lösen, in die du dich verfangen hast, – d.h. die von der Hölle um dich gelegt sind. Die dunklen Kräfte setzen alles daran, dich jetzt noch von deinem Weg abzubringen...“

Himmel und Hölle auf Erden

20. März 1980

Jesus am Kreuz in unvorstellbarer Qual. Rechts und links davon je ein kleineres Kreuz: das Kreuz der Desolata und ihres Johannes. Desolata hat die Hand am Kreuz ihres Johannes, Johannes die Hand am Kreuz seiner Desolata. – Vom Kreuz Jesu stürzen gebündelte Strahlen von Licht auf die Menschenkreuze. In ihm erkennen sich Desolata und Johannes, wird sichtbar, was an ihnen geschieht. Dies Licht umflutet sie ganz, hüllt sie ein. – Sie stehen mit ihrem Kreuz auf den Pforten der Hölle, die sich öffnet, sich gegen die Kreuze wirft, daß sie beben. – Schlangen umzingeln sie mit kostbaren Kronen; die schönste züngelt zwischen ihnen hin und her.

Desolata und ihr Johannes tragen auf ihren Stirnen das Lichtzeichen ihrer Himmlischen Mutter: das Zeichen des Triumphes des Unbefleckten Herzens Mariens über Satan. Die Hölle wütet, spürt eine Gegengewalt. Es liegt im Plan des Himmels, daß die Hölle so an die beiden gebunden ist um sie von andern abzulenken und, so irregeführt, keine Einsicht in die Pläne der himmlischen Heerführerin nehmen können.

Deshalb, liebe Desolata und Johannes, steht fest und aufrecht bei eurem Kreuz. Laßt die Hölle toben, den Boden schwanken. Die Schlangen wagen nicht, eure leuchtenden Kreuze zu berühren. Gnadenströme des Kreuzes Jesu überspülen sie in regelmäßigem, wunderbarem Rhythmus, und ihr werdet davon immer wieder erfaßt.

Blickt um euch! Die Finsternis naht. Die Kirche geht als erste hinein, umtobt von der Hölle. Ihr Kleid ist zerrissen, ihre Gestalt erbarmungswürdig, ihr Gang schleppend. Sie muß stürzen, wie Jesus unter dem Kreuz. Sie muß hinauf nach Golgotha, ans Kreuz – und mit ihr die ganze Menschheit. Die Welt macht sich zur Hölle, hat Satan durch ihre ungehemmten Sünden gerufen. Nun dirigiert Satan die Schöpfung in seinen Plan, um Schöpfung und Menschen zu vernichten.

Doch die Königin des Himmels sammelt ihre Heerscharen und reiht ihre treuen Menschenkinder in sie ein zu gemeinsamen Kampf: Vorbereitung des Sieges. – Deshalb liebe Desolata und Johannes, fürchtet euch nicht. Ihr seid hineingenommen in den Kampf und damit in den Sieg. Haltet aus! Laßt geschehen! – In eurer Not und eurem Dunkel sucht nur die Augen eurer Mutter, in denen sich der ganze Himmel spiegelt: der Himmel der Dreifaltigkeit! Danket, lobet, preiset und betet an!

Wegweisung durch den verklärten Seelenführer Pfr. Otto

26. März 1980. Nachts

Die Wasser der Trübsal steigen. Das Meer der Schmerzen tost. Stürme kommen auf. Die Wellen überschlagen sich, und das kleine Lamm liegt allein und verlassen am Ufer. Es drückt sich an den Boden und leckt seine Wunden. Es zittert und friert. Die Wellen kommen näher, das kleine Lamm zu umspülen. Das salzige Wasser brennt in den Wunden des kleinen Lammes. Es ist dies das Salz der Tränen im Meer der Schmerzen.

Auf dem Wasser schreit Bruder Otto. Er kommt über die Wellen als guter Hirt mit der violetten Stola. Br. Otto ist schön, ist strahlend verklärt. Er kniet bei dem kleinen Lamm nieder und hebt es an seine Brust mit unendlicher Güte. Er schlingt die Stola um die Wunden des kleinen Lammes. Er spricht mit dem kleinen Lamm und seine Segenshand, diese unvergeßliche Hand – ruht auf dem Kopf des kleinen Lammes und gibt ihm Ruhe und Frieden.

Br. Otto schreitet aus und trägt das kleine Lamm auf den Berg der Wahrheit. Von dort aus zeigt er dem kleinen Lamm das Land seiner Seele. Er zeigt ihm die Wege, die die Seele gehen muß. Es sind dies die Wege der Passion Jesu. – Br. Otto weißt mit dem Finger nach oben, wo sich der blaue Himmel über der kleinen Seele wölbt. Dort leuchtet ein Stern. Br. Otto sagt dem kleinen Lamm: Siehe, diesem Stern bin ich gefolgt. Dieser Stern hat mich angezogen. In diesem Stern habe ich den Sieg errungen. Nun bin ich selig. Diesem Stern mußt auch du folgen; dann wirst auch du siegen.

Dieser Stern ist der Morgenstern in aller Finsternis. Diesen Stern können alle sehen, denn er kommt der Erde ganz nahe. Wer ihn sieht und glaubt, ist gerettet. So auch du. – Und Br. Otto trägt das Lamm zurück ans Ufer der Wasser der Trübsal.

Dort steht er, der von ihm gerufen, sein Freund. Er legt ihm das kleine Lamm in die Arme. Er bettet es an sein Herz. Er legt ihm seine Stola um. Er legt ihm seine wunderbare Hand, seine Segenshand, auf die Schulter und zeigt nach oben – dorthin, wo der Stern leuchtet. Er lächelt und sagt nur ein Wort: „Maria“. Br. Otto und sein Freund verstehen sich, und Br. Otto geht und nimmt Abschied. Er lächelt und sagt: „Komm mir bald nach! Eure Königin wartet, wie auch ich warte. Ich helfe euch.“

Das kleine Lamm und sein Priester schreiten hinein ins letzte Abenteuer ihres Lebens – über sich den leuchtenden Stern.

Versuchung

8. Mai 1980. 22 Uhr

Adonaris kommt. Ein Orchideenfeld. Wunderbare Blüten.

Durch das Feld schreitet ein zartes Mädchen im violetten Bußkleid. Neben ihr ein großer, ernster Engel.

Außerhalb des Feldes, hinter der Hecke, steht ein unheimlich schöner Jüngling in prachtvollem Königsgewand – geschmückt mit einer unruhig strahlenden Krone. Er beobachtet das zarte Mädchen genau.

Das kleine Mädchen schneidet Orchideen ab – manchmal schnell hintereinander, manchmal zögernd. Wenn das kleine Mädchen zögert, tritt der seltsame Jüngling hinter der Hecke hervor und will es in seinen Bann nehmen.

Der Engel warnt leise, und das zarte Mädchen wandert weiter, Orchideen schneidend. Manchmal bleibt das zarte Mädchen stehen und beugt sich über eine Blume. Und die Blume entfaltet ihre ganze, gefährliche Schönheit, und auf ihrem Grunde stehen schmeichelnde Worte, lockende Verheißungen. Das zarte Mädchen möchte sie nicht opfern. – Da schlägt der Engel seinen braunen Mantel zurück und hält dem kleinen Mädchen das Tuch der Veronika vor Augen, das Jesu blutendes Antlitz zeigt... Und das zarte Mädchen kann nicht anders, als die Hände von der lockenden Blume zu lösen. Das kleine Mädchen weint. – Doch es schneidet auch diese Blume ab, so wieder und immer wieder. Wenn das zarte Mädchen bei einer Blume verweilt und sie nicht opfern will, tritt der schöne Jüngling näher, und seine brennenden Augen wollen sie auf der Stelle bannen. Seine Hände greifen nach ihr. Der Engel tritt einen Schritt zurück.

Hilfe kommt von dem Morgenstern (Maria). Ihr Fuß stellt sich zwischen das zarte Mädchen und den begehrenden Jüngling, und er weicht voll Entsetzen zurück. So setzt das kleine Mädchen seine mühsame Arbeit fort. Und es schneidet Orchideen über Orchideen ab, bis das Feld leer geworden. Das kleine Mädchen steht allein mit seinem Engel. Das Orchideenfeld ist verschwunden. Es kann nicht mehr locken. Der Jüngling hat sich abgewendet in schäumender Wut.

Der Himmel öffnet sich über dem kleinen Mädchen und seinem Engel. Und die Gnaden fließen wie ein strömender Regen, der nicht mehr versiegt.

Und Jesu Antlitz trägt nun das kleine Mädchen auf seinem Herzen.

Arme Seelen

29. Mai 1980

Die Nacht steigt empor, die sternenlose Nacht.

Schritte gehen im Zimmer. Welch ein Seufzen. Die Stille weint. Ach, hundert Wesen bedrängen das Lager. Ihre Augen sind wie Polypen und hängen sich an die Seele. Sie ziehen und ziehen hinab ins Zwischenreich. Sie flüstern und seufzen und wispern.

Welch eine Nacht! Wer soll da schlafen? Wer kann sie vertreiben? Wie kann man sie erlösen? – Welch ein Grauen geht um. Wann ist endlich Mitternacht, die Wende der Nacht? – Es scheint kein Licht, kein Stern in dieser Nacht, und die Seele stöhnt und wehrt sich verzweifelt; sie ruft nach ihrem Engel.

„O Himmelsstreiter, komm und gib mir deine Hände! Neige dich über meine schwache Seele. Befreie sie von dieser Nacht. O lenke ihren Blick empor ins Licht, das dich umgibt. Wie schön bist du, aus unermeßlichen Fernen kommend zu mir, dem armen Kind. Wie stark ist deine Hand, wie unbeschreiblich klar dein Blick! – Du stehst, ein Wächter nun, an meinem Lager und weisest streng zurück, die mich so sehr bedrängen wollen. – O heiliger Engel, bitte du für mich, denn müde ist das kleine Herz. Die Worte fehlen ihm. Es weint nur die Verlassenheit. Die Verlassenheit der schemenhaften Wesen ist über mich gefallen. O heiliger Engel, geh nicht fort!

Versuchung

2. Juni 1980

Adonaris wartet, der Fürst der Unterwelt, in unvergeßlicher Schönheit, jung und strahlend wie noch nie. Königliche Gewänder, hoheitsvoll in den Händen, eine Krone, die schillert in tausend Farben, eine Krone für mich. – Er wartet. Er steht an meinem Weg und zieht mich an. Er fasziniert mich. Seine Stimme ist leise und betörend. Er spricht von einem Reich, in dem ich Königin sein soll. Er bietet mir alles, er will mich ganz; er wirbt um mich. Er verspricht mir höchste Erfüllung in der Liebe, in seiner Liebe. Es geht eine brennende Glut von ihm aus und hüllt mich ein. Er will mich von meinem Weg wegführen auf einen anderen Weg – auf den Weg in das Reich, das er mir versprochen hat. Ich kann ihm kaum widerstehen. Er ist anziehender und schöner denn je.

Er verlangt eine Entscheidung von mir. Ich soll mit ihm gehen in die Erfüllung, in die Erkenntnis meiner selbst, in die Erlösung aus allen Rätseln des Lebens, in ein Wissen, nach dem mein Verstand verlangt. Er zieht so sehr an, daß alles andere schwinden möchte. Was soll ich tun? Ihm immer noch widerstehen? Es kostet so viel Kraft. Ich bin so müde des dauernden Kämpfens.

Adonaris, Adonaris, Adonaris, laß mir noch Zeit, ein bißchen Zeit, ich kann mich noch nicht entscheiden. Auf meinen Weg werde ich auch gerufen.

Eine Stimme besonders ruft mich, eine Stimme, die ich liebe, eine Stimme, die mir vertraut geworden ist, – eine Stimme, die mich trifft – eine Stimme, der ich Gehorsam versprochen. Es kommt darauf an, ob sie die Stimme von Adonaris übertönen kann –, es kommt darauf an, ob ich noch die Kraft habe, dieser Stimme blind zu folgen –, es kommt darauf an, ob diese Stimme mich von dem Abgrund zurückreißt. O ich weiß es jetzt: Diese Stimme ist mir zur Rettung gegeben! Es ist die Stimme von Johannes, von Vater Johannes.

ECCLESIA
DISCESSIO
CUNCTATOR
ANXIOSUS
CONDEMNATUS
ILLUSUS
CITO IRATUS

Versuchung

2. Juni 1980

Adonaris wartet, der Fürst der Unterwelt, in unvergeßlicher Schönheit, jung und strahlend wie noch nie. Königliche Gewänder, hoheitsvoll in den Händen, eine Krone, die schillert in tausend Farben, eine Krone für mich. – Er wartet. Er steht an meinem Weg und zieht mich an. Er fasziniert mich. Seine Stimme ist leise und betörend. Er spricht von einem Reich, in dem ich Königin sein soll. Er bietet mir alles, er will mich ganz; er wirbt um mich. Er verspricht mir höchste Erfüllung in der Liebe, in seiner Liebe. Es geht eine brennende Glut von ihm aus und hüllt mich ein. Er will mich von meinem Weg wegführen auf einen anderen Weg – auf den Weg in das Reich, das er mir versprochen hat. Ich kann ihm kaum widerstehen. Er ist anziehender und schöner denn je.

Er verlangt eine Entscheidung von mir. Ich soll mit ihm gehen in die Erfüllung, in die Erkenntnis meiner selbst, in die Erlösung aus allen Rätseln des Lebens, in ein Wissen, nach dem mein Verstand verlangt. Er zieht so sehr an, daß alles andere schwinden möchte. Was soll ich tun? Ihm immer noch widerstehen? Es kostet so viel Kraft. Ich bin so müde des dauernden Kämpfens.

Adonaris, Adonaris, Adonaris, laß mir noch Zeit, ein bißchen Zeit, ich kann mich noch nicht entscheiden. Auf meinen Weg werde ich auch gerufen.

Eine Stimme besonders ruft mich, eine Stimme, die ich liebe, eine Stimme, die mir vertraut geworden ist, – eine Stimme, die mich trifft – eine Stimme, der ich Gehorsam versprochen. Es kommt darauf an, ob sie die Stimme von Adonaris übertönen kann –, es kommt darauf an, ob ich noch die Kraft habe, dieser Stimme blind zu folgen –, es kommt darauf an, ob diese Stimme mich von dem Abgrund zurückreißt. O ich weiß es jetzt: Diese Stimme ist mir zur Rettung gegeben! Es ist die Stimme von Johannes, von Vater Johannes.

ECCLESIA
DISCESSIO
CUNCTATOR
CONDEMNATUS
ILLUSUS
CITO IRATUS

Der Papst nimmt das Kreuz der Kirche auf sich!

1. April 1980. Es spricht Pfr. Timme (aus dem Himmel)

Liebe kleine Maresa! Siehe, was ich dir zeige: alle Priester der MPB. Siehst du sie aus allen Teilen der Welt? Siehst du das Kreuz, das jeder trägt? Es ist dies das persönliche Kreuz eines jeden, das Kreuz, das auch Ich getragen habe –, das Kreuz der eigenen Fehler, Schwächen und des Versagens. O es ist so notwendig dieses Kreuz für jeden Priester der Bewegung; denn es macht demütig. Demut aber braucht die Himmlische Königin für Ihren Sieg.

Blicke auf die Brust der Priester! Siehst du, wie an Stelle des armseligen Menschenherzens das Unbefleckte Herz der Mutter leuchtet? Sie wissen es nicht. Doch es ist die Wahrheit.

Blicke nach Rom, kleine Maresa. Auch in den Vatikan ist der Feind eingedrungen. Den Heiligen Vater treffen sengende Blitze seiner Umgebung. Er wird vielfach verwundet. Doch seine Kraft und sein Mut ist ungebrochen! Siehe, er gehorcht dem Zeichen. Er steht auf, geht aufrecht hinauf nach Golgotha. Dort steht das Kreuz der Kirche – übergroß und schwer. In dieses Kreuz sind eingeschrieben alle verlorenen Söhne und Töchter, alle Treulosigkeit, alle Sakrilegien, jeder Irrtum, jede Irrlehre, alle Wunden, die an der Kirche bluten.

Dieses Kreuz wartet auf den Heiligen Vater, daß er es auf sich nehme und trage. Siehe, Jesus selbst legt dem Heiligen Vater seinen Spottmantel um, und der Heilige Vater weiß, was das bedeutet. Er ist blaß, doch ungebrochen. Er ist bereit sich hinzuopfern für die Kirche, für euch alle. Er ist bereit, auch sein Leben hinzugeben. Er legt seine Hand an das Kreuz der Kirche. Das Kreuz beginnt zu flammen in der Nacht, die sich ausbreitet.

Die Priester der MPB blicken nach Rom. Ihre eigenen Kreuze trifft der Widerschein des flammenden Kreuzes der Kirche, und sie beginnen zu leuchten als einziges Licht dieser Nacht. Sie stehen bereit.

Der Heilige Vater weist nach oben. In dem nachtdunklen Himmel erscheint das Zeichen: die starke Frau, von der Sonne umkleidet, die Sterne um das Haupt, den Mond zu ihren Füßen, und aus ihrem Herzen trifft ein blendender Strahl das Herz des Heiligen Vaters, und er richtet sich auf mit blitzenden Augen und übermenschlicher Kraft, nimmt das Kreuz der Kirche auf sich im Spottmantel Jesu. Weithin sichtbar im Flammenschein des Kreuzes gibt er allen ein Beispiel und weist den Weg. – Und die Priester der MPB verstehen in ihm ihre Sendung. Sie gehorchen demütig und treu und bereiten den Sieg.

Fortsetzung der Einsprechungen!

Karwochenbitte

30. März 1980. Palmsonntag, hl. Messe

Jesus: Meine Geliebte, glaube Glaube vor allem an diese Karwoche, die du erleben sollst.

Jesus, ich bitte Dich flehentlich, nimm mich in Dein Leiden hinein, schenk mir Deine Wunde!"

Wie süß ist Mir diese deine Bitte, geliebte kleine Braut. Vertraue Mir ganz. Du stehst bereits unter starkem Angriff. Die Stunde der Finsternis ist nahe. Die Hölle tobt. Du empfindest alle vergangene Schuld als drückende Last, deine Beichte zu stören und zu verhindern. Blicke auf Mich! Sooft du stürzest, stürzt du mit Mir unter dem Kreuz, unter Meinem Kreuz. Doch Mein freier Arm umfängt dich und läßt dich mit Mir sich wieder erheben durch deine Beichte. Sieh, welche Liebe, welches Erbarmen.

Sieh, wie die Basilika sich erleuchtet im Strahl der morgenfrühen Sonne! Für dich, liebe Desolata, für dich. Es geht nach Jerusalem, den Willen des Vaters zu erfüllen. Komme mit, kleine Braut, und empfange den Kuß deines Blutbräutigams!

Adsum (= ich bin bereit)

30. März 1980. 14 Tage in Einsiedeln

Jesus: Kleine geliebte Desolata, willst du nun die Karwoche mit Mir durchschreiten? Dann sprich dein Adsum. Laß dich von Meiner innigst geliebten Mutter führen.

Kind, du hast einen Augenblick gezögert, dies niederzuschreiben, weil dich die Angst anfällt, es könnte nicht so sein. Ich weiß um diese deine Not. Sie wird dir immer bleiben, weil die dunklen Mächte an dir rütteln, sobald du mit Mir diese direkte Verbindung hast. Sag Mir nur: Ich glaube – sag es laut! Und Ich kann wirken! Überlaß dich ganz deinem Beichtvater; er geht den Weg mit dir. – Wie geliebt bist du, wie behütet als Kleinod des Himmels.

In der Gnadenkapelle

Maria: Meine geliebten Kinder, nun seid ihr zur Mutter gekommen, und ich heiße euch willkommen, Meinen geliebten Sohn und Meine kleine Tochter. Habt Vertrauen: Ich führe euch!

Taktik der Hölle

31. März 1980. Einsied. h.M.

Jesus: Geliebte, es wird die nächsten Tage für dich am schwersten zu ertragen sein, daß die ganze Hölle versucht, dir Angst einzujagen, es geschehe nichts und dein Beichtvater werde bitter enttäuscht an dir. Die dunklen Mächte wollen dich hineinjagen in eine völlige Fehlhaltung, die dich bis zur Hysterie bringen könnte. Doch dein Vater steht neben dir und wacht. Er ist der Wächter vor dem Heiligtum deiner Seele.

Diese bleierne, besondere Müdigkeit, die dir nicht fremd ist, kommt von unten, um dich in Betäubung zu hüllen gegen Mich und Meine Stimme. Rette dich durch Gleichmut, laß einfach geschehen und vertraue dich ganz deinem Vater an.

Menschliches Versagen

Jesus: Geliebte, beobachtest du, wie wenige eine Kniebeuge machen? Ich bin hier in diesem Tabernakel, der Verlassene dieser großen Basilika. Wenn du hierher kommst, küsse ich dich mit dem Kuß Meiner Liebe für das zarte Empfinden deiner Seele, deiner Liebe.

Maria: Blicke zu Mir empor, Mein Töchterchen! Du hast für Augenblicke ganz auf Mich vergessen, weil du so gefesselt warst von der Ausstrahlung dieses zelebrierenden Priesters, der nicht tut, was im Geiste der Kirche ist. Um seine Seele liegt ein dichter Mantel von Armseligkeit, von einem „Scheinen“, – nicht Sein! Das nahm dich schmerzlich gefangen. Durch dein Geöffnetsein in diese andere Sphäre bist du anfällig für Zerstreuungen.

Herabneigen Mariens

Maria: Geliebtes schmerzensreiches Kind, Jesus liebt dich mit unaussprechlicher Liebe. Wer wüßte das besser als Ich? Wer könnte dich deshalb noch mehr lieben denn ich und dich für Ihn bereiten, so wie Sein Herz es ersehnt? Stürme also den Berg, der dich von Mir trennen will, und schmiege dich in die Arme deiner liebenden Mutter.

Nachmittags, Gnadenkapelle

Desolata: „O Mutter, Mutter hilf mir!“

Maria: Auf diesen Hilferuf habe ich gewartet, kleine Maresa. Ich sah deine Not schon zu Hause. Geliebte kleine Desolata, diese deine besondere Not ist der Stachel in deinem wunderbaren Charisma, damit du niemals auf dich selbst vertraust, sondern ständig hilflos bist und auf Hilfe deines Beichtvaters angewiesen bist und somit demütig werden sollst, und um dich vor tödlichem Fall zu bewahren. Deshalb läßt Jesus dies zu. Es ist aber auch notwendige Sühne!

Desolata: „Mutter, in wieviel Gold bist du hier eingehüllt!“

Maria: Das ist nur ein winziges Atom Meiner wirklichen Herrlichkeit als Königin des Himmels. Könntest du Mich sehen, würdest du sterben wollen vor Seligkeit.

Gerufen zur Passion

Maria: Du leidest! Es wird sich steigern zu Todesangst und -Qual. Deine kleine Seele wird ans Kreuz genagelt, ans Kreuz deines Jesus. Du sollst dich niemals fürchten. Mit Ihm Leiden ist Seligkeit! Du wirst es erfahren.

Ich möchte so viele Seelen, die in Gefahr sind verlorenzugehen, in dich legen, Geliebtes! Schlimme Seelen in furchtbarem Zustand. Sei Lämmchen, Töchterchen, das alles geschehen läßt, sanft und geduldig, ohne sich zu rühren. Verliere nur eines nicht: deinen kleinen zitternden Glauben. Jesus liebt ihn so sehr!

Trotz Hilflosigkeit Übungen der Liebe und des Glaubens

1. April 1980. Eins., hl. Messe, Kardienstag.

Jesus: Geliebte, es kommt alles von dem Zustand, in den du getaucht bist: diese qualvolle Verwirrung, Ohnmacht, Betäubung und beinahe Verzweiflung; auch dein ungewöhnliches Schwitzen, Kind; vereinige es mit Meinem Angstschweiß am Ölberg! Alles Sühne!

Gehe zur Mutter. Auch Ich suchte die Mutter in all Meinen Schmerzen; auch Ich brauchte Ihre Liebe in Meinem Leiden. So nimm auch du sie an und suche sie!

Morgens, in der Gnadenkapelle

Maria: Mein Kind, fühlst du, wie Ich dich anziehe? Ich sage dir gleich, was Ich heut von dir erwarte: Mein Töchterchen: Wirf dich immer wieder vor Jesus auf den Boden und bitte ihn um seine größte Liebe, die Liebe zum Leiden und zu seiner Verlassenheit. Außerdem übe dich dein B.V., wie er es vorhatte, im Glauben. – Dann, Mein Liebes, betet heute in der schönen Kirche den Kreuzweg, gleichsam unter Meinen Augen; denn Ich bin ja da.

Siehe diesen alten Priester! Wie mühsam ist für ihn die neue Liturgie; doch er gehorcht. Wie belastet ist er von seinem Alter, doch er müht sich so bei der hl. Messe. Welch ein Trost für Mein Herz. Sieh, wie er die Hände faltet, wie ein Kind! Und beachte seinen Segen! Bete ein Ave für ihn, Kind, als Dank für seine Messe!

Mittags

Maria: Geliebte kleine Tochter, eine Mutter weiß stets um ihr Kind. Ich sehe deine Ängste und Not. Übergib sie Mir!

Stilles Lamm sein!

Nachmittags, beim Kreuzweg, 12. Station

Jesus: Ich starb auch für dich, Mein heißgeliebtes Kind! Ich habe deinen Tod vorweggenommen, in Meinen Tod hineingenommen; deshalb fürchte deinen eigenen Tod nicht. Du stirbst ihn in Mir, kleine Desolata, und Ich werde in Dir sein und mit dir sterben. Liebe um Liebe.

Gnadenkapelle

Maria: Deine inneren Leiden nehmen zu. Deine Mutter und dein Vater sehen es und wollen dich stützen. Du kannst es nur aushalten, wenn du Lämmchen bist, das stumm geschehen läßt. Wolltest du dich wehren, rennst du gegen Wände, die nicht nachgeben, und du tust dir weh!

19 Uhr, Gnadenkapelle

Maria: Kleine Desolata, geliebter Vater! Welche Freude für Mich euch noch einmal bei Mir zu haben. Sei froh, Mein Kind, daß du es fertig brachtest, so offen zu deinem Vater zu sein. Ich wandle dies um in Gnaden für dein Aufwärtsschreiten.

Kleine tapfere Maresa! Du hast freilich das schwere Los bekommen für andere ein Stein sein zu müssen, über den sie stolpern. Der Stoß trifft dich immer 100 mal härter als jene. Aber wenn du glaubst mit einem Kinderglauben, kannst du alles ohne Schaden überstehen.

Höre auf die Orgel, die Königin der Instrumente und überlaß dich den Tönen, die deiner Seele so verwandt, deiner ans Licht drängenden Sturmesseele, deiner Adlerseele, die sich auf den Tönen emporschwingt und entschweben möchte.

Kleine Desolata, du siehst auf den Tönen deinen verst. Vater O. nahen, du siehst Engel und Menschen, siehst die Jahrhunderte über dieser Kirche. Du siehst Stürzen und Vergehen und wieder Auferstehen. Du vernimmst den Duft der Gebete der Jahrhunderte und deren Glauben, der rettete. Nicht den Glauben der Jetztzeit; er ist schal und leer und kann nicht überdauern;

Meine süß-duftende Blume, du siehst auf den Tönen der Musik dich Hand in Hand mit deinem Vater hineinschreiten in die kommende Zeit, siehst am Ende eures Weges Mich, die Mutter, stehen, mit ausgebreiteten Armen euch empfangen; und neben Mir Jesus, eure einzige Liebe, euren Blutbräutigam! Was willst du mehr?

Mit Jesus leiden

2. April 1980. Einsied., Gnadenkapelle, 5.30, Karmittwoch

Desolata: „Meine Herrin, Meine Mutter, was willst Du heute von mir?“

Maria: Kleine Desolata, heute soll viel Ruhe sein, um euch zu stärken für die kommenden Tage. Deine Demutsübungen schalte immer wieder dazwischen. Rufe laut und unaufhörlich zu Mir.

Gnadenkapelle vormittags

Maria: Mein Töchterchen ist müde und erschöpft: Die Müdigkeit Jesu vor seinem Leiden und Sterben. Jesu Herz ist bereits zerrisssen vom Verrat seines Jüngers. Leide mit Ihm, kleine Desolata! Sieh, das Kreuz auf Meiner Brust, wie es glänzt im reinsten Gold. So ist es mit den Leiden, die ein kleines Menschenkind mit Jesus trägt. Sie erhalten Glanz und Strahlung durch Jesu Liebe und Kraft. Wisse: Alle diese „Kreuze“ gehen durch Meine Hand. Meine Mutterliebe weiß die Bitternis zu mildern und zu versüßen. – Jesus möchte dir noch etwas sagen!

Jesus: Mein süßes Bräutchen, siehe wie Ich bereits von Schmerz zerrisssen bin. Komm nahe, daß ich dich fühle; denn Mein Herz ist auch ein menschliches Herz und dürstet nach Liebeszuwendung. Sage Mir, daß du Mich liebst. Sei du in dieser Karwoche eine süß und betäubend duftende Blume auf dem Weg Meiner namenlosen Schmerzen. Die Verstocktheit unzähliger Seelen zerfleischt Mein Herz. Du so zarte Desolata tröste Mich und bleib bei Mir!

Ihre besondere Weihe

3. April 1980. Gründonnerstag, hl. Messe

Jesus: Meine einzig Geliebte, wie komme Ich dir heute besonders nahe. Gründonnerstag – unser Tag – Tag des Altarsakramentes. Aus diesem Sakrament ist die Blüte deines Charismas, die mystische Blume deiner Seele, erwacht und erblüht. Laß uns heute in Innigkeit zusammensein.

Dein besonderes Kreuz ist die Anfechtung gegen den Glauben; denn du hast dich nach Meinem Willen mir geweiht als Sühneopfer für die Vergehen des Zweifels gegen Mein liebevolles Herz, vor allem der Zweifler unter den gottgeweihten Personen, die Mein Herz zerreißen. Dafür bist du Mein Balsam, das duftende Öl für Meine Wunden.

Noch ist Schulung, dann naht die Erfüllung. In deinem jetzigen Alter mache Ich dich noch einmal neu und bereite dich für die Erfüllung. Ist es nicht ein Wunder? – Glaubtest du nicht längst alles in Lethargie und Lauheit versunken? Du warst nur wie die Puppe eines Schmetterlings, eingekapselt und eingesponnen in die von Mir vorgesehene Wartezeit, und hast sehr darunter gelitten. Jetzt ist deine Zeit gekommen, da sich deine Berufung erfüllen soll. Freue dich und gib dich bedingungslos allem hin.

Innere Stummheit überwinden

3. April 1980. Gründonnerstag, 6.30 Uhr, in der Gnadenkapelle

Maria: Mein geliebtes Töchterchen, heute ist Jesu besonderer Tag, Sein Tag mit dir, du kleine Braut. Er zeigt dir zarteste Aufmerksamkeit heute früh, indem Er die Natur in reinstes Weiß kleidete. Die Schneeflöckchen sind wie weiße Blüten, die du so liebst, – für diesen Tag. Die Blüten umhüllen dich als Zeichen der Liebe deines Bräutigams. Merk auf sie und erwidere sie.

Vormittags, Gnadenkapelle

Maria: Mein Töchterchen! Es ist richtig, was dein Vater dir sagt: Du mußt Mich anrufen, Kind. Denn Ich warte auf deine Einwilligung. Gott achtet den freien Willen des Menschen so hoch, daß Er vor der Türe der Seele stehen bleibt und wartet in unbegreiflicher Zurückhaltung und Sanftheit. Daß Jesus immer zu dir sprach, war besondere Gnade, weil deine Seele immer in Sehnsucht und Erwartung war.

Jetzt neige Ich mich über all deine Schmerzen. Deine innere Stummheit rührt auch von der Ausstrahlung der dunklen Kräfte her, die dir die Worte abwürgen, wie auch deine Gedanken und Empfindungen. Deshalb genügt schon ein einziger Aufschrei von dir, geliebte kleine Desolata, Jesu und Mein Herz für dich zu öffnen.

Nachmittags, Gnadenkapelle

Maria: ...Du bist plötzlich in panischer Angst vor dem, was deine Bestimmung ist, und glaubst, davonlaufen zu müssen. Doch Ich, die Mutter, sage dir: Sei ruhig, geliebtes Töchterchen, laß geschehen: Du hast arge Seelen in dir liegen, die dich fast erdrücken. Das andere – du kannst es gut unterscheiden – ist dir auferlegt als Anteil an Jesu Leid und Schmerz.

Die große Überraschung: das Lamm

Maria: Jetzt sind Meine Kinder gekommen. Jesus wartet schon auf Sein Bräutchen.

Jesus: Meine kleine Geliebte:Erinnerung an deinen Erstkommuniontag, wie an viele Gründonnerstage! Kehr zurück zu deiner ersten Liebe. Siehst du das Lämmchen über Mir (über Jesus in der Monstranz). Meine Überraschung für dich: Seit Erbauung dieses Raumes, dieses Altares wartet es auf dich: ein Zeichen dir zu sein. Betrachte die Haltung dieses Lammes! Siehe das

Buch, auf dem es ruht: So ruhe du auf dem Buch deiner Einsprechungen, die in ewiger Liebe dir eingegeben.

Ich empfange dich mit einem Meer von Blumen und Licht, um deine betrübte Seele aufzurichten. Ich sage dir etwas Besonderes: Wenn immer du Mich bittest um Gnade für deine kleine Seele wie für andere, will Ich es dir gewähren; denn du bittest alsbald nur noch aus dem Herzen Meiner so vielgeliebten Mutter!

Tropfenweise Desolata werden

4. April 1980. Karfreitag, beim Kreuzweg

Jesus: Daß du dich heute fern fühlst deinem B.V. und ohne Trost, hat seine Ursache darin, Kind, daß er Maria für dich ist und du für ihn Jesus. Jesus und Maria erlebten ihre schmerzlichste Trennung bei Meinem bitteren Leiden und Sterben. So empfindest du heute einen Tropfen davon. Du bist gefesselt von den Geistern der Stummheit und kannst nicht sprechen. Auslieferung, Sühne! Sprich nur: „Ich glaube!" und „Jesus, ich liebe Dich!" – das ersetzt alles andere Sprechen bei dir, Kind. Alles andere betet dein Vater; so stütze Ich Meine Geliebte.

Sieh das Lamm, angeschmiegt an das Buch mit tief geneigtem Köpfchen, ganz hingebungsvoll, in sich ruhend, so klein, so demütig, so hilflos, so preisgegeben und duldsam allen Schlägen und jeglicher Unbill, sanft und stumm: ein Bild deiner Seele, wie Jesus sie sieht und wünscht. Siehe die Siegel des Buches: So sei das Buch der Einsprechungen versiegelt für dich und deinen Beichtvater.

Alles hier rührt deine Seele an! Ich sage dir: Die alten kirchlichen Gebräuche sind entstanden aus der gläubigen Sehnsucht der Menschen tiefgehende Wahrheiten in Demut und Einfachheit auszusprechen und darzustellen und den Himmel damit zu erfreuen und zu huldigen.– Dieser demütige Glaube wurde dem heutigen Menschen zuwider in seinem maßlosen Stolz, und er glaubte, eine reine Geistigkeit aufbauen zu können durch völlige Entleerung. Welch ein grausamer Irrtum!

Maria: Mein liebes Töchterchen! Der heutige Karfreitag hat Bedeutung für dein ganzes fernes Leben: Du sollst immer mehr Desolata werden – tropfenweise, Kind, denn zu bist zart und würdest zerbrechen und sterben an einmaliger Wucht! Siehe, deine Mutter nimmt dich mit auf Ihrem Weg. Blick nur immer auf zu mir! Sieh: Ich hatte als Desolata Meinen Johannes bekommen – so hat auch Jesus dir, der zarten, kleinen Desolata ihren Johannes gegeben (Beichtvater), auf daß sie behütet sei und unterstützt. Das ist Jesu zuvorkommende Liebe.

Liebes Töchterchen! Jesus hat dir angekündigt, daß dich heute noch Schweres – Widerstreben, Lehre, Ablehnung, Grauen, Auflehnung, Hinausgeworfensein, vollkommene Verwirrung – treffen wird; nimm es an; verliere nur deine Liebe zu Jesus nicht! – Doch nun gehe! Du bist erschöpft, wie auch dein Vater. Stärkt euch für den weiteren Tag!

4. April 1980. Karfreitag, hl. Kommunion

Jesus: Meine geliebte kleine Desolata. Nicht zweifeln an allem, was heute Nachmittag geschehen. Es überfällt dich ja, du kannst es nicht „machen". Du spürst es nahen; dein Ich ist ja nicht ausgeschaltet; doch es ist etwas, was an dir geschieht, nicht durch dich. Ich halte dich an Meiner Brust und sage dir: Es ist Sühne! – Du bist 5 Minuten vor 12 jetzt gerufen worden, kleine Geliebte; deshalb verläuft alles schnell und geht in Eile über dich hinweg. Doch Meine geliebte Mutter traut es dir zu, und dein Vater bewahrt dich vor allzu schweren Stürzen. Sei also ruhig und ruhe dich aus in Meinen Armen.

Des verstorbenen Vaters, Pfr. Otto Timmes, Berufung

5. April 1980. Karsamstag früh, Einsiedeln, Gnadenkapelle

Maria: Geliebte kleine Maresa-Desolata. Trinke in vollen Zügen in dich hinein, was Ich dir bereitet: den weiß-verbrämten Bergwald im Schimmer der Morgensonne, die Töne des Gesangs der Mönche, die deine Schmerzen berühren wie mit heilendem Balsam: für dich eine notwendige Erhebung deiner Seele, die dich emporzutragen vermag an Mein Herz. Jede irdische Schönheit vermählt sich für deine Seele mit himmlischer.

Du weinst! Es hat dich ins Herz getroffen, daß die Priester-Jubiläumskerze deines verst. Vaters O., (die du seinem einstigen Wunsch entsprechend, hierhergebracht hast) hier unter Meinen Augen brennt. Ich wußte stets um das Sich-Schließen des Kreises: Hier nahm die Berufung dieses Priesterlebens seinen Anfang

(Anm.: Der verstorbene Vater Pfr. Otto Timme hatte sich nach dem Abitur dem Forstfach zugewandt. Bei einer persönlichen Wallfahrt nach Einsiedeln ereignete sich folgendes: Als er am Mittag nach dem Ave-Läuten die Basilika verließ und die 2 Treppen inmitten des großen Kirchplatzes hinunterging, hörte er plötzlich die Worte: „Nicht wahr, Otto, du wirst doch Mein Priester?" Er schaute um sich. Aber der ganze Kirchplatz war menschenleer. Doch wieder hörte er die gleichen Worte. Da wurde ihm klar: Maria aus der Gnadenkapelle hat ihn gerufen. Er folgte dem Ruf, verließ das Forstamt und wurde Priester), und hier ist der Abschluß versinnbildet in dieser Kerze. Mein geliebtes Töchterchen! Ich wachte über jede Stunde seines Priesterlebens. Ich war das milde Licht seiner Nächte, seiner Einsamkeit, die Stütze seiner Schwächen, der Wegweiser seiner Ratlosigkeit und der Sieg seiner Niederlagen. Sein letzter Wunsch, die Kerze hierherzubringen, war nochmalige, aufrichtige Weihegabe seiner 65 Priesterjahre an Mich. Sein letztes heiliges Vermächtnis seiner zu Dank gewordenen Seele war sein Ruf an euch: „Auch ihr sollt danksagen!" Und so ging sein Priesterleben über in die Präfation des Himmels.

Du, Meine kleine geliebte Tochter, lege dein ganzes Herz und deine kleine Seele in die goldene Flamme dieser Kerze, auf daß du verzehrt werdest in Danksagung für die Auserwählung und ewige Liebe, die dich gerufen, ehe du warst! Bedenke: 31 Jahre hattest du Anteil an diesem Priesterleben wie sonst niemand – so wie du jetzt auch wieder noch innigeren Anteil hast am Priestertum deines jetzigen Vaters; Geheimnis einer Erwählung! Deshalb fürchte dich nicht weiterzugehen.

Erhebung: der rote Faden

In der Anbetungskapelle

Jesus: Meine Geliebte! Hier ist Schönheit, Harmonie mit Duft und Lichtglanz und erhebt deine Seele. Bei deiner Erstkommunion schon hat deine

Seele Meine Verklärung erfahren, um seither zu suchen und sich zu sehnen nach diesem Licht. Deshalb muß sie sich versenken in alle Schönheit, Harmonie von reinen Tönen und Schwingungen und allen Duft, da sie darin einzig einen Abglanz jener unvergleichlichen Augenblicke findet und ihre Sehnsucht sich neu entzündet.

Da dein jetziger Vater auf alle Äußerlichkeit verzichtet, ist er fähig, dich zu führen durch die kommende Zeit, da die Welt versinkt in Unschönheit und Disharmonie und Verzerrung. Zu dieser Zeit muß dein Vater dich bewahren vor tödlicher Verwundung deiner Seele, die so zart und zerbrechlich ist.

Meine einzig Geliebte! Heute ruhest du mit Mir in der Stille des Grabes und bist beschirmt vor den Umtrieben der dunklen Macht. Bei deinem Jesus ruht deine Seele in sanften Atemzügen. O, bereite dich jetzt schon vor auf dein Sterben, um einzugehen in Meine Herrlichkeit. Dieser Augenblick wird der Augenblick der Erfüllung Unserer Liebe sein, der ewige Kuß Meiner Liebe zu dir. Liebe Mich jetzt schon mit jeder Faser deines pochenden Herzens, mit jedem Tropfen deines warmen Blutes, mit der Hingabe deines ganzen Seins.

Jesu Schmerz

Die Kerze deines geistlichen Vaters verzehrt sich. So laß deine kleine Seele sich verströmen in einem Danklied für die einmalige Gabe Meines Altarsakramentes an euch, Meine geliebten Menschenbrüder und -schwestern. Spüre Mich auf in allen Tabernakeln, in dieser Meiner freiwilligen Gefangenschaft der Liebe eines Gottes, die in der Jetztzeit so bitter geworden ist für mich. Die Glut deiner Liebe sprenge die Türen und hole Mich heraus, dein Erbarmen und dein Mitleid tröste Mich; denn Eiseskälte umweht Mich, deren nur der Mensch fähig ist. Ich bin umgeben von Nachlässigkeit und Vernachlässigung, von Gleichgültigkeit und Nichtbeachtetsein, von Staub, Schmutz und Grobheit. Mache deine Seele zum Tabernakel, auf daß Ich in dir ausruhe von den Schmerzen Meiner Gegenwart in diesem erhabenen Sakrament. – Versinke in dem Strom meiner Gnade.

Maria: Siehst du, Mein Töchterchen, diese weißen und roten Blumen? Sie künden dir von der strahlenden Reinheit der Seele und von der Glut der Liebe, die Ich dir schenken will, wenn du Mich ganz als Mutter in Anspruch nimmst. Für Jesus, Kind, immer alles für Jesus!

Spaziergang im Schnee

Jesus: Blicke um dich, Meine Geliebte! Welch unberührtes Weiß! Gleichnis für die Unbefleckt Empfangene, Meine Mutter! Bild Ihrer ständigen Unberührtheit, Ihrer ungetrübten Seele. – Siehe die rieselnden Wasser der Quelle – Gleichnis für die frischen Wasser Meiner Gnade, die die Seele benetzen. O laß deine Seele eine Franziskusseele bleiben, zu der alles spricht in Gleichnissen des Himmels.

Nacht ohne Dunkelheit

Osternachtfeier

Jesus: Du kommst im Schmerz zu Mir, Geliebte, weil Ich dich zur Desolata machte. Deshalb bist du stumm und somit Lamm. Doch deine Seele ist lebendig und atmet – im Vergleich zu jenen Seelen, die zu Grabkammern geworden.

Die Lichter der Kirche gehen aus. Dunkelheit zieht ein. Doch du fühlst Meine Gegenwart, Meine persönliche Nähe, mit der Ich jede Kirche fülle. So hat deine Nacht keine Dunkelheit, denn Ich bin in jeglicher Nacht. Wenn du nicht mit Mir sprechen kannst, sag es Mir und ruhe dafür aus an Meinem Herzen. Schenk Mir noch ein liebevolles Wort einen liebenden Gedanken – Ich friere unter der Menge, die kalt und herzlos ist.

Das Ostergeschenk: Verlassenheit/Sühneleiden

6. April 1980. Hoher Ostersonntag, Einsiedeln, hl. Messe

Jesus: Meine Morgengabe an dich, Geliebte: aufsteigende Sonne, strahlendes Weiß, die Farbe der Braut.

Desolata: „Geliebter Jesus, ich biete Dir mein Herz an für Vaters Beschwerden. Ich möchte Mein Leben geben für ihn!“

Jesus: Ja, Geliebte, du mußt deine Herzkraft schenken, die Kraft einer Desolata. Die Wunder, die am Herzen deines Vaters geschehen, kosten einen Preis, den du zu geben hast mit deinem eigenen Leben, du wirst es immer wieder erfahren, vor allem bei den Cönakel-Reisen, und du wirst einmal wirklich dein Leben geben, Geliebte – wie, das bleibt Geheimnis!

Es ist Auferstehung, Desolata! Doch auch als der Verklärte, Auferstandene bin ich immer für dich der Gekreuzigte und Verlassene – denn so hast du Mich zu lieben erwählt. Da dein Vater diese Erwählung nun mitvollzogen, sind eure Seelen geeint, inniger denn zuvor.

6. April 1980. Einsiedeln, Gnadenkapelle, Hochamt des Ostersonntags

Jesus: Ich habe dich überrascht wie ein Dieb in der Nacht, und du warst betäubt ob solcher österlicher Gabe; Ich habe dir gerade an diesem hohen Ostersonntag die Wunde Meiner Verlassenheit auf deine Seele gesenkt. Was könnte Ich dir Größeres geben? Es hat dich überwältigt; denn es schnitt dich auch von deinem dir liebsten Menschen ab. –

Siehst du die Masse der Menschen in dieser Kirche? Ihre Seelen sind auf deine Seele gelegt. Wollte ich dir den Seelenzustand der einzelnen offenbaren, es würde dich zerbrechen. Deine Seele sieht ihn nicht, doch sie liegt unter dieser Last. Du bist berufen zu fühlen! Geliebte, Ich habe aus deinem Herzen Freude und Frieden des Auferstehungstages genommen und jegliches Gefühl dafür. Sühne, kleine Desolata um die eine und andere Seele hier, die noch eine winzige Empfänglichkeit sich bewahrt, treffen zu können mit Meiner erlösenden Gnade. Auch deine heftigen Schmerzen geben Mir Sühne für die Leibesfrucht der Frauen hier, die zerstört wurde und Mich, den Schöpfer, beraubt um berufene Seelen!

Dein Blick hat sich nach oben gerichtet und ist am Zeichen Meines Namens hängen geblieben. Dieser Mein Name ist Süßigkeit für deine Seele, doch siehe das Kreuz über ihm! – Mein Name ist deiner Seele eingebrannt einzig unter dem Zeichen des Kreuzes!

Geliebte, bitte deinen Vater um Verzeihung (Sie ist plötzlich von Satan hinausgetrieben worden. Vater holte sie draußen auf der Straße wieder ein und führte sie in die Kirche zurück), denn er weiß nicht, was an dir geschehen und hat deshalb Anteil an deiner Wunde. Danke ihm, daß er dich zurückgebracht. Auch er lebt die Weihe an Mich, den Verlassenen, hier.

Du hast vorher gebetet: Vater verzeih ihnen, denn sie wissen nicht, was sie tun! Mein Heiliger Geist ist es, der so in dir gebetet, der dir diese Liebe zu deinen Brüdern und Schwestern eingehaucht; denn du sollst fürbitten. – Ich biete dir aber trotzdem unendliche Tröstung an: Aussetzung des Allerheiligsten!

Nachmittags, Gnadenkapelle

Maria: Mein Töchterchen, Ich nehme all diese Menschen an; Ich bin für sie da. Schaue sie an mit Meinen Augen. Wende dich nicht ab von Ihnen um deiner persönlichen Andacht willen, nimm sie alle auf in dein Herz und trage sie zu Jesus, diese armen Seelen, vom Zeitgeist zerfressen. Deine Mutter weint und bangt um ihre Seelen. Siehe, sie kommen ja noch; ihre Seelen suchen verzweifelt Verlorenes, suchen in fernster Sehnsucht die Mutter, Mutterhände, ihre Wunden zu heilen. Wieviele könnten gerettet werden, wenn mehr für sie getan würde. Du, kleine Desolata, bist gerufen, Mir zu helfen an diesen Menschen. Deshalb tue dein Herz weit auf und nimm sie alle herein in deine echte, erbarmende Liebe.

Anbetungskapelle

Jesus: Meine Geliebte! Siehe, das kleine Lamm wacht. Es erträgt sanftmütig und still und stößt nicht alle diese Menschen von sich, läßt sich stoßen und schieben. Geliebte, sei wie eine schmerzhafte Mutter, die um ihre verlorenen Kinder bangt und weint. Trag sie zu Mir!

Meine liebe zarte Desolata, Ich habe dir heute, am Ostersonntag, unendlich viel auf die Seele geladen. Ich habe dich hingeführt zur 2. Kreuzwegstation, wo das Kreuz der Menschheit von 1980 sich mit dir vermählen will. Nimm es an wie Ich damals.

(Als 2 Männer die Kapelle besichtigten:) Kein Unmut, Geliebte! Ich schreie nach ihren Seelen. Tritt für sie ein! Ich habe auch für sie Mein Blut vergossen. Satan will sie Mir entreißen. Verstehe Meinen Schmerz und Erlöserwillen.

Gnadenkapelle

Maria: Blicke nicht allein auf Mich, blicke auf die Menschengesichter, Kind, damit du sie dir tief einprägst. Siehst du ihre Verstörtheit? Du bist behütet, sie nicht! O tritt voll Erbarmen für sie ein, damit deine Mutter retten kann! Nimm dein Herz in beide Hände und mache es stark zur liebenden Sühne!

6. April 1980. Einsiedeln/Gnadenkapelle. Abends

Maria: Es zieht dich zu Jesus, Kind! Er hat dich heute tief in Seine Verlassenheit hineingenommen. Er hat dich zur Desolata gemacht, zur trostlos Alleingelassenen. Wie damals auch Johannes Mich nicht erreichen konnte in Meiner Trostlosigkeit, so vermag auch dein Vater dich heute nicht mehr zu erreichen in den Tiefen deiner Seele. Harte Bewährungsprobe für Meine beiden geliebten Kinder.

Jesus: Geliebte, denk daran: „Meine Nacht kennt keine Dunkelheit!" Ich bin die Mitte deiner Nacht, und Ich bin das Licht und die Wahrheit. – Du liebst Mich in Meiner tiefsten Schmach und Niederlage. Kann Ich dir größere Liebe geben, als daß Ich dich in diese Phase Meines Liebens hineinnehme, um die Braut dem Bräutigam zu einen und ähnlich zu machen? Liebe für Liebe! Diese Meine schmerzvollste Wunde ist Liebe für dich, größte, erwählende Liebe. Doch du bist gänzlich erschöpft. So finde Ruhe in eben dieser Wunde, denn diese Wunde bin Ich, dein Jesus!

Einheit mit Maria

7. April 1980. Ostermontag in Einsiedelns Gnadenkapelle

Desolata: „O Mutter, laß mich in Deinem Herzen sein!"

Maria: Mein Töchterchen, du hast noch nicht erfaßt, wie notwendig dieser Willensakt für dich ist! Du mußt es wünschen, wollen mit all deinen Kräften! Es wirklich ersehnen! Denn siehe, eine irdische Mutter trägt ihr werdendes Kind wirklich in sich, unter ihrem Herzen, – gibt ihm Nahrung von sich, ernährt das kleine Wesen auch mit ihrem Herzblut, sodaß Mutter und Kind eins sind. So soll es auch geschehen mit deiner kleinen Seele. Sie soll ganz in Meinem Herzen ausgetragen werden, soll ganz in Mir sein, ganz eins mit Mir, ernährt von Mir mit Meinem Herzblut, um neu geboren zu werden. Damit Ich wirklich sagen kann: Meine Tochter! und damit du wirklich fühlst: meine Mutter! Damit empfängst du Leben von Meinem Leben, Eigenart von Meiner Eigenart, Wesen von Meinem Wesen, damit du werdest eine kleine Maria, wahrhaftig Mein Kind!

Vor dem Hochaltar

Jesus: Meine Geliebte! Präge die Worte Meiner Mutter tief in deine Seele ein! Ich habe auf Erden niemand so geliebt wie Meine Mutter. Ich liebte sie im Höchstmaß als Desolata, weil sie da an Meiner Erlösung teilnahm als wirkliche Miterlöserin. – Du trägst diesen Namen. Du sollst durch deine Sühne ebenfalls „miterlösen". Deshalb laß dich im Herzen Meiner Mutter umwandeln in Ihr Spiegelbild, damit Ich stets Meine Mutter in dir finde und Mich in einem Höchstmaß an Liebe dir zuwenden kann. Das Herz meiner Mutter ist ein ewig sprudelnder Quell, der Sitz der Weisheit, die Vermittlung aller Gnaden!

Bäche lebendigen Wassers

In der Gnadenkapelle

Maria: Geliebtes Kind! Danke deinem Vater, daß er dich wieder stärker in den Gehorsam nimmt! Es ist dies nicht Last für dich, sondern Befreiung. Es nimmt dir quälende Unsicherheit...

Jesus: Kleine Desolata, sage deinem Vater alle Gedanken, die deine zur Steppenlandschaft gewordene Seele anfallen wie heulende Wölfe, damit er sie verjage, und wisse: Je mehr Trockenheit und Dürre in dir sich ausbreitet, umso reichlicher strömen aus dir Bäche lebendigen Wassers für deine Umwelt.

Geliebtes Kind, je mehr du zum Ebenbild Meiner geliebten Mutter umgewandelt wirst und Ihre Eigenschaften, Ihre Tugenden deine Seele erfüllen, umso mehr vermagst du das Herz Meines himmlischen Vaters anzurühren und stellvertretend vor Ihm zu sühnen für all deine Menschenbrüder und -schwestern und so deine Berufung zu leben.

Daß dein geliebter Vater diesen schweren Weg mit dir gehen darf und soll – in all das Geschehen an dir mithineingenommen ist –, wird immer mehr zum Schwert für deine liebevolle, so überempfindsame Seele. Doch dieses Schwert tilgt auch den letzten Rest von Eigenwillen und Stolz, „allein fertig zu werden".

Nachmittags/Gnadenkapelle/Ostermontag

Maria: Mein Töchterchen: ...Du siehst und noch mehr fühlst du, welch ein Meer von Tränen und Menschenleid Mich hier umspült. Ein Mensch könnte das nicht ertragen. Nur Ich, die unter dem Kreuze stand, vermag alles in Meinem Herzen zu bergen.

Anbetungskapelle

Jesus: Meine kleine Desolata, wie verstört bist du und in gänzlicher Verwirrung. Welche Qual lebt in dir! Ein Zustand, der dir neu und ungewöhnt ist, da dich alles stört und quält. Sprich mit deinem Vater darüber. Er ist dein guter Hirt.

8. April 1980. Osterdienstag/Einsiedeln

Der schwere Weg

Anbetungskapelle

Jesus: Meine Geliebte, willst du Mir glauben, daß Ich alles vermag, wie auch Meine geliebte Mutter alles vermag durch Mich? Siehe, je stärker dein Versuch zu glauben, umso besser geht es deinem Vater (mit seinem Herzen). – Was Ich dir jetzt sage, klingt menschlichen Ohren töricht: Sei sorglos, wo du sorgen müßtest! Glaube Mir: So habe Ich alle Meine Heiligen gebildet. Ich habe sie in völlige Unsicherheit und Ungewißheit geführt und von ihnen verlangt, sämtliche Brücken abzubrechen in völlig dunklem Glauben: Schritte in ein scheinbares Nichts hinein! – Diese Glaubensprüfung jetzt ist Schulung für das Kommende, auf daß du nie verzweifelst, sondern Mich findest!

Zum Schmerz werden

9. April 1980

Jesus: Liebe kleine Braut! Deine Seele ist voll Trauer, weil dein Vater leidet. Seine Seele wollte sich ja in die Stille zurückziehen – doch er muß mitten in der Welt leben.

So wie Ich in den letzten kostbarsten Stunden Meines Lebens am Kreuz hätte versinken wollen in Meine Gottheit, in Meine Einheit mit dem Vater, in völlige Ruhe des Gespräches mit Ihm – und es dulden mußte, von Geschrei und Zank, Lästerung und jedweder Störung getroffen zu sein –, so auch ihr. Ich, Jesus, der Gekreuzigte und Verlassene, wurde für euch der Gestörte für alle Zeit. In jeder lieb angenommenen Störung küsse Ich eure Seelen in diesem Meinem Schmerz, auf daß ihr zum Schmerz werdet mit Mir, auf daß ihr aufgelöst werdet in Mir, auf daß Ich lebe in euch.

Meine kleine geliebte Braut, erleichtere deinem Vater dieses neue Leben, indem du ihn am Morgen erinnerst daß ich für den kommenden Tag vor der Türe stehe und anklopfe, daß Ich erwartet werden möchte einzig als der Verlassene. – Wenn ihr Mich erwartet, werdet ihr Mich erkennen in dem Schmerz, der euch trifft, in jeder Störung und jeder Änderung eurer Pläne. Und ihr werdet Meine Stimme erkennen: „Ich bin es, fürchtet euch nicht!“

Nach der Messe am Sakramentsaltar

Bleibe bei Mir als das kleine sanfte Lamm, das Meine Verlassenheit teilt in hingebungsvoller Duldung. – Umarme Mich in der Müdigkeit und Trauer deiner Seele, in aller Erschöpfung und allem Überdruß, in allem Widerstreben, Dunkel und Verwirrung: Ich bin es, Geliebte, fürchte dich nicht.

Unter Satans Zwang

Nachmittags, in der Kirche (Satan erpreßte Maresa zum Lachen)

Jesus: Meine Geliebte, Mein kleines weißes Lamm: dies ist die furchtbarste Prüfung. Nimm es als Sühne für alle Überheblichkeit, alle Selbstsicherheit einzelner begnadeter Menschen, für alle Selbstgerechtigkeit auch dem Hl. Vater gegenüber von bestimmten Gruppen in der Kirche – und endlich auch für deinen eigenen Stolz, der dich in jungen Jahren leicht hätte zu einer kleinen Pharisäerin machen können.

Die dunklen Kräfte wollen dich ausschalten, sie wollen dich zur Verzweilfung treiben, daß du alles hinwirfst. Dieser Abgrund tut sich vor dir auf. Dein guter Vater nimmt so viel für dich auf sich. Ruft die Engel der Engelweihe zu Hilfe! Sie sind starke Stützen und wehren ab, wenn man sie herbeiholt.

10. April 1980. Einsiedeln, vor dem Hochaltar

Jesus: Mein Haus birgt viele Schlupfwinkel für eine verängstigte Seele. So berge auch du dich! –

Jetzt erschrickst du über das Kommen deines Vaters! Welch ein Paradoxum für dich, die du sonst aufatmen würdest in Freude über sein Kommen. – Nun aber möchte deine Seele fliehen in unverständlicher Bedrängnis: Es versucht zu fliehen jene arme Seele, die in dir liegt und Mir, deinem Jesus, davonläuft und sich verschließt, obwohl ihre Tage gezählt sind. O ertrage dieses schmerzliche Paradoxum wie das Lamm, das sich nicht wehrt, damit ich jene Seele an Mich binden kann zu ihrem ewigen Heil.

Leiden für Maria

Gnadenkapelle

Maria: ...Sage deinem geliebten Vater, daß ich durch dich nicht leide, daß vielmehr du an Mir schmerzvoll trägst für alle jene, die mich böswillig und vorsätzlich ablehnen und verwerfen. Dieses Leid Meines kleinen zarten Kindes öffnet eine Kammer Meines Herzens und läßt Ströme der Barmherzigkeit und des Mitleids fließen. Es ist unsagbar süß für Mich, wenn diese Kammer Meines Herzens berührt wird mit sanftem Druck, damit sie sich öffne und die strömenden Wasser Meiner milden Barmherzigkeit fließen können über die Qual eines kleinen Menschenkindes.

11. April 1980. Basilika, abends

Jesus: Du bist so verwirrt und verängstigt. Mein kleines Kind, deine Seele weint und windet sich und möchte sich befreien; doch sie ist gebunden ans Kreuz. Meine Geliebte muß sterben, täglich sterben, damit andere leben können.

Maria: Mein armes Kind ist am Rand äußerster physischer Erschöpfung angekommen, infolge der vielen, heftigen Angriffe. Es wird nur Ruhe finden bei seinem Vater. Laß ihn führen! Es geht Stufe um Stufe aufwärts. Laß seine Hand nie los!

Einmaliges Leben

12. April 1980. Basilika, vormittags

Jesus: ...Dein Leben ist kostbar, dein einmaliges Leben; denn niemand lebt so wie du, und du lebst wie kein anderer. Blicke deshalb auf keinen anderen, um zu erfahren, wie du es machen sollst. Euer Leben ist von Ewigkeit her bestimmt für einen wunderbaren Plan Gottes.

Basilika, mittags

Maria: Mein Töchterchen ist so zerbrechlich... Vertraue Mir ganz! Daß dein Vater zu dir kam, war liebevollste Fürsorge des Himmels. Glaube Mir, Ich, deine Mutter, sorge in Meiner wissenden Liebe für alles, vor allem dafür, daß du immer bei deinem Vater bist. Jetzt noch in Ottobeuren, in eurem Nazareth, bald für ganz. Du darfst nur nicht denken, nichts planen: Es kommt alles durch Mich. Noch ist Sturm, es kommt jedoch Friede und Sieg.

Vor der Monstranz

Desolata: „O Jesus, ich glaube, ich liebe dich!“

Jesus: O Meine kleine Geliebte, sag Mir nur diese wenigen Worte; sag sie immer wieder, auch wenn dein Gefühl erstorben – wenn deine Seele ausgepreßt ist wie ein Schwamm, der keinen Tropfen Wasser mehr von sich gibt. Für mich ist diese deine Anstrengung ein Zeugnis deiner echten Liebe, auch wenn du sie längst erstorben glaubst...

Desolata: „Jesus, was ist mit mir...?“

Geliebte kleine Desolata – Erschütterung über Erschütterung in deiner zarten Seele: Die Menschen sind es, die dich angreifen – der Zustand ihrer Seelen! Die Antwort deiner Seele darauf; du fühlst schmerzhaft und erschüttert – und eine dir unbekannte Liebe erfaßt dein Herz und läßt es bluten. Meine Liebe, Desolata.

13. April 1980. Weißer Sonntag, Einsiedeln

(Desolata sieht auf dem Weg Befestigungen, meint wie gut die Schweiz befestigt ist.)

Maria: Mein Unbeflecktes Herz ist die Burg und Festung der kommenden Zeit. Meine auserwählten Kinder bedürfen keiner irdischen Befestigung. Ihre einzige Zufluchtsstätte wird Mein Herz sein.

Die schmerzliche Schwierigkeit

Mittags, Basilika

Maria: Meine geliebte kleine Tochter, ich weiß, daß du Mir vertrauen willst mit all deinen Kräften. Vertrauen ist etwas Positives, kommt von oben und führt nach oben. Du bist aber den negativen Kräften ausgesetzt in ungewöhnlichem Ausmaß. Deshalb deine schmerzliche Schwierigkeit, immer wieder das Vertrauen zu verlieren. Deine Mutter weiß das am besten, Kind. Du wirst ständig von aufsteigenden Zweifeln und Mißtrauen gequält. Dieser Kampf wird dir bleiben. Du kannst trotzdem Siegerin bleiben, wenn du dich an deinen Beichtvater hältst. Sein Glaube und Seine Worte kommen von oben, von Jesus und Mir.

Nachmittags

Maria: Mein Töchterchen. Ich will dir zu der Begegnung mit der Französin (Mitglied der Marianischen Priesterbewegung, wie eben auch Desolata es ist) noch eine Klärung geben: Sie hat eine Leidensseele wie du. Sie trägt die Wunde ihrer sterbenden Nation. Der Glaube ihrer Tochter ist gestorben. Die Mutter sühnt. So haben sich eure Seelen als Schwesternseelen berührt. Sie ward dir gegeben als Zeichen, wie Ich Meine Kinder zusammenführe. Sie hat Meinem Anruf gefolgt und euch angesprochen. Durch diese dich erschütternde Begegnung von Seele zu Seele soll dein Vertrauen gestärkt werden, daß es auch in der Marian. Priesterbewegung Gemeinschaft gibt, tiefgreifender noch als bei andern Bewegungen.

Abends, Gnadenkapelle

Maria: Mein heißgeliebtes Töchterchen, du stehst wieder unter stärkstem Angriff. Nimm es als Zeichen der Sicherheit, daß die Hölle tobt. Es ist viel geschehen in diesen 14 Tagen, auch wenn ihr es im Augenblick nicht sehen könnt.

Dein Herz ist von einem Schwert durchdrungen, daß du so von Mir gehen mußt, ohne Meine besondere Nähe wahrzunehmen, da die Hölle dich umgibt und dir jegliches Empfinden raubt. Doch weine nicht, Ich gehe mit dir. Ich bin überall bei dir als deine einzige, liebevollste, starke und mächtige Mutter.

15. April 1980

Maria: Liebe kleine Maresa, wenn du zu Hause bist und ohne deinen Vater und wenn deshalb die dir zugedachte Sühnekraft sich nicht voll auswirken kann, dann fühlst du dich schal und leer und hilflos. Dann meinst du, mit Arbeit damit fertig zu werden. – Ich sage dir einen anderen Weg: den Weg der Buße und Abtötung. Nur das wird dich beruhigen und ausfüllen.

Wieder zu Hause, in Ottobeuren

17. April 1980. Seelenspannweite

Maria: O Meine liebe, kleine Desolata, wie unendlich liebt dich der Himmel um der ungeheuren Spannweite willen, die deiner Seele inne ist, von höchster Höhe zu tiefster Tiefe. Wie bist du geliebt, weil deine kleine Seele die tiefste Tiefe auszuloten vermag mit nur der ihr eigenen Kraft und sich voll auszuliefern bis an die äußerste Grenze, um dann plötzlich wie mit einem Adlerschrei sich aufzuschwingen in die Höhen des Lichts –, weil deine kleine Seele dies atemberaubende Geschehen auszuhalten vermag.

Kleine Desolata, Jesus und Ich lieben dich so unendlich, weil du so unendlich gefährdet bist, – weil die ganze Hölle sich an deine Seele hängen will, um dich niederzureißen in Ihre Finsternis. Doch Jesus und Ich halten dich zurück.

Eintauchen in Läuterungsfeuer

18. April 1980. Ottobeuren

Maria: Mein geliebtes, vielgeliebtes Töchterchen, Ich gebe dir einen Schlüssel fürs geistige Leben: Immer wieder neu beginnen, immer wieder aufstehen nach einem Fall und vergessen, was dahinterliegt.

Es wird immer mühsamer. Auf dieser Erde muß ich dich noch in große Leiden eintauchen; deshalb habe ich dir einen so liebevollen starken und wachsamen Vater gegeben. Jesus hat die größte Freude, wenn du alles deinem Vater unterbreitest, damit du keiner Selbsttäuschung unterliegst. Nur an diesen Beichtvater gebunden, ist es möglich, in dir eine außergewöhnliche Art der Sühne aufzubauen. Durch deine Sühneweihe hast du Jesus die Vollmacht gegeben. Fürchte dich also nicht: Du gehörst Jesus.

Hl. Messe

Jesus: Geliebte kleine Desolata, Ich, dein Jesus, habe dich so schmerzhaft stürzen lassen. Ich habe der dunklen Macht gestattet, dich mit solcher Heftigkeit anzugreifen und zu verwirren, daß du fallen mußtest, tief, tief fallen, um dich wieder erheben zu können, näher zu Mir. Jeder solcher Fall bedeutet Aufstehen in der Liebe deines Heilands. Ich habe es zugelassen, um dich vor deinem B.V. zu demütigen, damit dein Ich immer mehr sterbe. – Aber wisse dich am meisten geliebt, da du so hilflos bist und preisgegeben. In dieser Liebe sonne dich. Nur Liebe rettet dich. Dein Leben ist ein großes Geheimnis des Himmels. Wirf dich hinein in die Liebe, die dich führt und umgibt wie das Wasser das Fischlein, das nur im Wasser zu leben vermag. So stirbst auch du ohne diese Liebe des Himmels.

Schmerzhafter Rosenkranz

Jesus: Weine, weine, kleine Desolata, weine um die Liebe, die nicht geliebt wird – Meine Liebe, mit der ich euch geliebt bis in den schmachvollsten Tod. Diese Meine Liebe war ein brennendes Feuer, in dem Ich hätte sterben müssen, ehe Ich am Kreuz hing, wäre Ich nicht Gott gewesen – hätte Meine göttliche Natur Mich nicht erhalten.

In dieses Liebesfeuer tauche Ich Meine Heiligen, damit sie geläutert werden wie reinstes Gold. In diese Liebe möchte Ich auch dich eintauchen, Desolata, damit dein Ich verbrenne und mit Jesus und Maria eins werde nach dem Plan der ewigen Liebe. O wehre dich nicht! An der Hand deines Vaters halte still und halte aus!

Berufen für ein Martyrium

19. April 1980

Jesus: Es bedrückt dich, daß du scheinbar gesund geblieben, während andere sich im Beruf verzehren. Diese Leiden hast du in deiner Jugendzeit gelitten. Jetzt habe Ich anderes für dich bereit, da dein Leben ins Martyrium hineingehen soll. Dafür bist du aufgespart.

Hl. Messe (beim Laiencönakel in Wangen)

Jesus: Meine Geliebte, siehe Mich, den auferstandenen, verklärten Herrn. Beachte Meine Wunden. Erwecke ein glühendes Verlangen in dir und bitte Mich, diese Meine Wunden in besonderer Weise ehren zu dürfen. Überlaß dich widerstandslos Meiner brennenden Liebe zu dir. Übergib deinen Eigenwillen, dein Denken, Wünschen, Tun – dein ganzes Leben. Behalte nichts zurück, denn: du bist ein Nichts, und dein Jesus ist alles. Ermögliche es Mir, dich, das Nichts, mit dem „Alles" zu erfüllen, daß das Nicht alles werde!

Hast du die Rufe um Erbarmen deines Priesters und Vaters vernommen? Sie dringen zum Himmel auch für dich, damit aus dir ein Kind göttlichen Erbarmens werde, ein Kind ewiger Liebe, wie ewige göttliche Weisheit es ersonnen.

20. April 1980. Sonntag, hl. Messe

Jesus: Geliebte kleine Maresa Mein Lämmchen, das innere Martyrium hat begonnen in diesem Zustand der tödlichen Angst; die wunderbare sprudelnde Quelle deines Charismas sei versiegt, – müßte versiegen! Denke an heute nacht, da Ich dir Meine heiligsten Wunden gezeigt und vor Augen geführt, die furchtbaren Wunden der Annagelung an das Kreuz. Ich habe dir die Gnade gegeben, zum ersten Mal zu empfinden, was diese Wunden für Meinen, so zarten Körper bedeuten. Ich habe dir gesagt, daß Ich diese Wunden deiner Seele geben möchte, daß du danach dürsten und dich sehnen sollst – daß du Mich bitten sollst um diese Meine Wunden. Ich habe dir gezeigt, wie sie bluten und bluten. Ich habe dir verheißen, deine Seele zu reinigen immer und immer wieder in diesem nie versiegenden Blutbad der Erlösung, damit du unschuldiges Opferlamm werdest zur Rettung der Seelen.

Geliebte kleine Maresa, blicke nicht auf die andern, da du einmalig bist, wie auch die andern einmalig sind. Begib dich in die ausschließliche Abhängigkeit von Mir, für die Ich deine Seele geschaffen, daß ihre Stummheit sich bricht in einem einzigen Aufschrei um Hilfe nur und Erbarmen. Du könntest Meinen Namen nicht aussprechen, käme dir Meine außerordentliche Gnade nicht zu Hilfe. Und wenn die Sühne deine Seele in Ketten legt und ihr die Sprache des Betens raubt, dann sei dir immer bewußt, daß das Beten deines Vaters zum Himmel steigt, als wäre es dein eigenes, – denn eure Seelen sind eins in Mir.

Einbezogen in den Rettungsplan

20. April 1980 Sonntag, Papstrosenkranz

Maria: Kleine, geliebte Tochter. Du weißt, daß du in immer größere und schmerzlichere Leiden getaucht wirst, obwohl immer noch Zeit der Schulung ist. Jesus und deine Mutter muten es dir zu, weil dieser Priester dir zur Seite gestellt ist. Ich habe ihn für diese Aufgabe bestimmt und freigestellt, damit Mein Plan sich erfülle.

Du weißt ja, jeder Priester, der sich Meinem Unbefleckten Herzen geweiht und die Weihe lebt, ist in Meinen großen Rettungsplan einbezogen und hat seinen einmaligen Platz, den nur er ausfüllen kann.

Doch auch du, Meine heißgeliebte kleine Tochter, gehörst zu diesem wunderbaren Plan und hast einen ganz speziellen Platz darin auszufüllen. O liefere dich gänzlich Unserer Liebe aus, damit wir dich gebrauchen können in jeder Faser deines Seins – völlig, ganz, ohne Ausnahme. Es geht um die Rettung der Seelen und um das Dahineilen der Zeit. Ihr, Meine Kinder, müßt die Zeit auskaufen bis zum Äußersten.

Siehe, unsere Herzen, Jesu Herz und Mein Herz, wie sie ständig verwundet, verletzt und gestoßen werden von Spott und Hohn, Schmähung und Lästerung, Stolz und Verachtung so vieler, unzählbar vieler verstockter Sünder, die in höchster Gefahr sind, der Hölle zu verfallen. Deswegen bist du Satan in diesem (deinem) häßlichen Lachen preisgegeben, darf er es an dir zum Ausbruch bringen – dieses Lachen, das deine hochgradige Empfindsamkeit so grausam verletzt und demütigt und das dich physisch so erschöpft. Immer, wenn du es geschehen läßt und dich auslieferst als geduldiges Lämmchen Jesu, legst du gleichsam deine kleine mitleidige Seele vor unsere gebenedeiten Herzen, um Hohn und Spott auf dich zu lenken und Uns Trost zu spenden.

Dieses Wissen sei dir und deinem Vater Stütze und Halt und gebe euch Mut auszuhalten.

In tiefster Glaubensnacht

21. April 1980. Hl. Messe

Maria: Geliebte kleine Tochter, ich, deine himmlische Mutter, habe alle Sorge um Deinen Vater und über dich übernommen. Halte nichts mehr fest, laß alles aus deinen Händen fallen. – Doch deine Mutter muß dir etwas Schmerzliches sagen:

Geliebte kleine Desolata, du wirst dich nie im Glauben und Vertrauen zu uns geborgen fühlen. Du kannst nur Willensakte setzen; denn das ist deine Bestimmung: in tiefster Glaubensnacht und Anfechtung zu stehen. Wundere dich deshalb nicht, wenn es dunkel in dir wird und wenn du gleichsam hinausgeworfen bist in einen unendlichen Raum, in dem dein Rufen scheinbar ungehört verhallt, in dem dir kein Echo Antwort gibt. Doch, Desolata, da das unendliche Erbarmen deines Jesus sich so mitleidsvoll mit dir beschäftigte, wurde dir dein jetziger Beichtvater gegeben als Geschenk göttlicher Liebe. Deshalb fühle dich geborgen wie ein kleines Kind in den Armen seines Vaters.

Siehe die Patene. Dein Opferpriester opfert dich mit Jesus. Jesus nimmt dich mit vor das Angesicht des Himmlischen Vaters, und mit Jesus und durch Jesus wirst du zu einer wohlgefälligen Opfergabe und kann der Vater dich annehmen zur Rettung der Seelen durch Sühne, die Er bestimmt.

Allein Jesus und Maria gehören

21. April 1980. Abends, vor der Madonna

Maria: Kleine Desolata, deine Seele ist wieder im Zustand hochgradiger Verwirrung, für dich unendlich schwer zu ertragen. Deine Mutter neigt sich dir liebreich zu und flüstert: Es geht vorüber. Glaube, es geschieht trotzdem etwas: Mit jedem Wort, jeder Gebetszuwendung können Jesus und Ich an deiner kleinen, uns so wertvollen Seele, große Dinge wirken und dich zubereiten für unseren Plan. Diese Übergangszeit ist für dich die schmerzvollste und schwerste... Alle Bindungen muß ich dir zerschneiden, damit du allein Jesus und Mir gehörst. Laß es ohne Angst geschehen. Du verlierst nichts. Dein Gewinn ist Unsere strahlende Liebe. Mein Sprechen jetzt, da tiefste Dunkelheit, unerträgliche Zweifel und Überdruß deine verwirrte Seele bedrängen, soll dir untrügliches Zeichen sein, daß alles weitergeht. Wisse aber auch, daß es notwendig für dich ist, sich völlig allein zurückzuziehen, um dich im vertrauten Gespräch mit Jesus und Mir zu üben.

Rosenkranz

Geliebtes Töchterchen! Gib acht; die dunkle Macht greift an (mit Lachzwang!). Du weißt nun, was bei diesem Lachen geschieht: Deine kleine Seele legt sich liebevoll vor Unsere Herzen, um Spott und Hohn abzulenken und abzufangen.

Um dich zu trösten, sage Ich dir: Ich gestalte dich völlig um. Ich nehme von dir, was dir so zu schaffen machte, dein Ich, wie einen Überwurf, der nicht mehr paßt und bekleide dich mit Meinem Leben... Du bist wohl ausgeliefert an die dunkle Macht durch göttliche Zulassung; doch wenn du Mir in die Augen blickst, findest du ein Atemholen und erbarmungsreichste Liebe.

Gekreuzigte Natur

22. April 1980. Vor dem Aufstehen

Maria: Mein Töchterchen, deine Seele bangt, ob sie angenommen ist bei Gott. Spürst du es nicht an allem, was an dir geschieht? Erhebe dich also in Freuden; Jesus und Maria, deine Mutter, erwarten dich! Nimm die Hand deines Vaters und glaube, daß er dich sicher führt auf deinen Berg, auf dem du geopfert werden sollst Tag für Tag.

6 Uhr, hl. Messe

Jesus: Meine Geliebte, alles steht unter Sühne, auch deine Beichten, bei denen dir jede Erkenntnis entzogen ist. Dein B.V. wird dir helfen.

Deine Natur wird ans Kreuz genagelt, Geliebte, durch den Ablauf deiner jetzigen Tage. Dich schaudert; deine Natur möchte ausbrechen, doch sie wird festgehalten, auch durch die sichere, starke Führung deines B.V.

An der Lourdesgrotte (Schmerz über alte, gefällte Bäume)

Maria: Auch Ich muß hineinschauen in die Verwüstung, in die zerstörte Natur! Du weißt es, Kind, Satan hat nur einen Plan und Vorsatz: die Schöpfung zu mißhandeln, sie häßlich zu machen, sie zu quälen und zu vernichten und zu zerstören – Gott einen Trümmerhaufen vor die Füße zu werfen. Der heutige Mensch ist sein williges Werkzeug geworden. Doch fürchte dich nicht: In Meine Hände ist der Sieg gegeben. Denke auch daran, wie schmerzvoll und angewidert Jesus in den modernen Kirchen vom Tabernakel aus diese Verwüstung auch des Heiligtums schauen muß. Tröste deinen Jesus.

In der Kirche: (Frage, wie ich für andere beten soll?)

Jesus: Du glaubst, ein Berg stünde vor dir, den du nicht bezwingen kannst, wenn du für andere bitten sollst. Geliebtes Kind, überlaß dich Mir, laß dich selbst gänzlich los – und du ermöglichst es Mir, daß Ich es bin, der in dir betet, bittet und leidet.

Abends

Maria: Geliebte kleine Desolata, du mußt deinem Vater berichten, wie es wirklich war: Die dunkle Macht holte aus zu einem ihrer wütenden Schläge gegen dich und deinen Vater. Sie jagte dir die Angst ein, Jesus und Ich würden plötzlich aufhören zu sprechen und dein Vater ginge dann von dir fort und eines Tages würde alles aufgedeckt werden, daß alles bei dir nur Schwindel war. In dieser Panik jagte er dich nach oben (in den Dachboden). Er wollte dich gänzlich zur Verzweiflung bringen, deshalb zeigte er dir (durch das Fenster) die Tiefe (des Erdbodens)... Du wirst immer wieder an solch einem Abgrund stehen müssen. Auch das ist Sühne! Doch es kann dir nichts geschehen: Du bist von uns behütet. Gehe weiter, als wäre nichts geschehen. Du leidest auch für das Cönakel morgen wie auch dein Vater. Es hat tiefen Sinn!

Rosenkranz

Maria: Mein armes Kind, deine Seele stöhnt unter der grausamen Dunkelheit, die sie immer befällt, wenn die dunkle Macht sie überwältigen und schlagen konnte. Sie wollte dir auch Zeit rauben, gerade vor morgen. Sie wütet auch deshalb, weil ihr heute soviel mit himmlischen Dingen beschäftigt wart.

Dieses überaus schmerzhafte Geschehen hat deine Seele und die Seele deines Vater noch inniger verbunden für alles Kommende. Blicke nur Mir in die Augen und sage: Mutter, ich vertraue Dir! Und alles ist gut.

Gefesselt und doch gelenkt

23. April 1980. Hl. Messe (Ich wünschte mir Hostien mit eingeprägtem Lamm)

Maria: Keine Wünsche mehr haben, Geliebtes, auch keine frommen! Ich bin deine Herrin, geliebte kleine Gefangene Meines Unbefleckten Herzens.

Wolle die Fesseln Meiner Liebe nicht abstreifen mit eigenen Wünschen und Plänen, – verlange nach diesen Fesseln höchster Gnade und küsse sie in Ehrfurcht und Demut, denn sie machen dich frei für übernatürliches, köstliches Leben.

Im Zug nach Donauwörth

Maria: Geliebte kleine Desolata, du bist wieder auf Cönakel-Reisen mit deinem Vater und fragst dich, was kann da geschehen, ich tue doch nichts. – Geliebtes Kind, du sollst auch nichts tun. Allein Ich, die Mutter wirke höchstes Tun. Ich benütze die kleine Desolata, ein winziger Funke zu sein, der da und dort zündet, an den genau von Mir vorgesehenen Punkten. Doch niemand nimmt dies wahr. Nur ich, die Mutter, weiß was geschehen soll.

Gottferne – Höllennähe

Abends

Maria: Geliebte, alles erscheint dir als Täuschung, und eine tödliche Angst hält dich umfangen. Alle Übernatur scheint dir in weiteste, unerreichbare Ferne gerückt – die Unterwelt dagegen, als wäre sie in dir selbst, als wäre sie dir auf die Haut zugeschnitten. Die größte Qual aber bereitet dir ein Gefühl des vollkommenen Versagens.

Kleine Desolata, darauf sollst du nicht blicken, du mußt wissen: Jesus und Ich lassen dich beständig Fehler machen, um dich klein zu halten, armselig und hilflos. Schenk Mir nur noch einmal den ganzen Tag – und laß weiter geschehen.

25. April 1980. Hl. Messe

Maria: Meine geliebte kleine Tochter, je verlassener du dich fühlst, umso näher bin Ich dir. Der gestrige Tag war großer Prüfungstag. Doch Jesus und Ich benötigen das kleine Lämmchen ganz, um zu retten, was noch zu retten ist; darum legt ihm Jesus rätselhaftes Geschehen auf seine Schultern; denn sein geliebtes Lamm wurde durch die Taufe zubereitet und hat sich durch die Sühneweihe hingegeben.

Wenn du heute immer wieder deinen kleinen Glauben bekennst, Jesus gegenüber immer wieder deine Liebe versicherst, wenn du Demuts- und Gehorsamsübungen auf dich nimmst, dich immer wieder zu Boden wirfst, drängst du die mächtige, düstere und scheinbar steinharte Wand beiseite, die dich von uns trennen will – und drängst sie beiseite bei jenen Menschenseelen, die dir heute anvertraut sind und in dir liegen zu ihrer Rettung. Gerade dieses Qualvollste wirkt Rettung. Wisse: Deine Mutter hat für diese Zeit, da du alles hinter dich wirst geworfen haben, ohne umzusehen, einen Gnadenregen in himmlischer Fülle bereit.

25. April 1980. Rosenkranz

Maria: Meine geliebte kleine Tochter, der Weg wird immer steiler! Aber nicht deine Leistung und Großartigkeit ist es, die Mich anziehen, einzig deine Schwäche und Armseligkeit, deine Zerbrechlichkeit und Hinfälligkeit, dein Preisgegebensein bewirken es, daß Ich Mich als Königin und Mutter an dir erweise.

26. April 1980. Rosenkranz

Maria: Fliehe, fliehe zu deinem Vater! Es ist alles Vorspiel der kommenden Cönakel. Blicke auf zu Mir auch im heftigsten Kampfgetümmel; denn aus Meinen Augen strahlt dir Liebe und Kraft entgegen! Mit jedem Kampftag wächst das Vertrauen des kleinen Knappen zu ihrer Herrin.

Keine Zufälle

27. April 1980. Cönakelreise, im Wartesaal Ulmer Hauptbahnhof

Jesus: Geliebte, deine Natur erschrak über die Stunde der Wartezeit und fühlte sich hier eingezwängt wie ein Vogel hinter Gittern. Doch nun, da Meine Gnade dich umfangen zu Gebet und Ergebenheit, wurde die Stunde zu Minuten Aufgehens in Mir, deinem Geliebten.

Im Zug

Geliebte: Siehe, ich breite vor dir aus den Mantel Meiner Güte, um euer Herz zu erfreuen. Ich spanne das blaue Himmelzelt über Meine Kinder aus, um sie zu bergen wie unter dem Mantel Meiner stets Schutz gewährenden Mutter. Ich küsse dich, Meine Geliebte, mit der am Himmel emporsteigenden Sonne. Glaube Mir: nichts geschieht zufällig (beim Anblick eines aus dem Wald kommenden Rehes und eines Vogels): Meine Allmacht über die Schöpfung vermag auch ein einzelnes Reh, einen wilden Vogel zu dem von Mir zu deiner Erquickung vorgesehenem Zeitpunkt dorthin zu lenken, wo Ich es will!

Spezielle Sühne

Laiencönakel in Jokrim, Kirche

Jesus: Hier in der Kirche fällt es dich nun bereits an mit großer Bangnis und Verlassenheit, mit dem Gefühl, ausgestoßen zu sein. Du fühlst dich gefangen, in dieser Kirche, und tödliche Einsamkeit, ja Überdruß, umfängt deine Seele.

Das ist deine Sühne, Geliebte, für jene Menschen, die keine Kirche mehr betreten, die Mich und Meine geliebte Mutter schmähen und fliehen wie die Pest. Für sie mußt du heute hier aushalten in deinem qualvollen Zustand, denn ihre Seelen sind in dich gelegt. Deine Qual dient auch dazu, in vielen

Seelen der Cönakelteilnehmer Eindungen zu lösen, um sie frei zu machen und geöffnet zu sein für das, was dein Vater ihnen sagen wird, und damit für den Plan Meiner geliebten Mutter.

Geliebte, Ich gebe dir Gelegenheit, deinen Durst nach Verbannung, Verlassenheit, nach Schwermut und Ängsten bis zur Verzweiflung zu stillen, die du mit Mir, dem Verlassenen, erwählt hast. Es trifft dich deshalb so besonders stark, da deine gläserne Zerbrechlichkeit und Ohnmacht, außerhalb der Gemeinschaft stehend (sie war in der letzten Bank der Kirche einsam), ausgeliefert ist allen negativen Einflüssen und Gefahren. – Doch deine Mutter, deine weise Erzieherin, ist zufrieden mit dir und lächelt in deine Kinderaugen hinein Ihr himmlisches Lächeln.

Leiden steigern sich

30. April 1980. Ottobeuren, bei der Madonna

Maria: Geliebte kleine Maresa, du behüteter Schatz des Himmels. Ich bin der Morgenstern für deine Dunkelheit. Ich neige Mich verstehend und milde über all deine Not. Deine kleine Seele trägt schmerzvollste Sühnewunden, die nur der Himmel vergeben kann, nur der Himmel ermessen kann. Laß es dir mit Zärtlichkeit sagen und in unendlicher Liebe: Diese Wunden werden immer größer und die Schmerzen immer reißender. Doch auch Jesu und Meine Liebe steigern sich dementsprechend.

Geliebte kleine Desolata, dein Zustand ist für dich so beängstigend, da du gleichsam mit vollem Bewußtsein dich als geisteskrank glaubst zu erleben. Ein echter Geisteskranker aber hält sich für normal und gesund. Du aber mußt an dir einen Zustand des Wahnsinns erleiden, den du voll bewußt erlebst, eben als Wahnsinn, obwohl du vollkommen normal und geistig gesund bist. Das ist die Qual der Sühneleistung.

Gehorsam – Gnade

1. Mai 1980. Hl. Messe

Jesus: Meine Geliebte! Wie notwendig ist es, daß du ganz mit deinem Vater leben kannst, damit der weise Plan der göttlichen Vorsehung sich störungsfrei erfülle. Flehe innig zu Meiner Mutter. Wisse, Geliebte, auf deinen flügelschnellen Gehorsam kommt es an; denn er ist das Mitwirken der Seele mit der zuvorkommenden Gnade. Gehorche also immer sofort.

Wer einem Priester dient, wird vom Himmel nicht vergessen.

Der Name Jesus

5. Mai 1980. Hl. Messe

Jesus: Mein Name ist ausgegossen über dich wie verschwenderisches, duftendes Öl. Mein Name, der Name Jesus, ist die Salbung deines Geistes.

Erwecke immer wieder den Glauben! Er ist deine Rettung, auch wenn du meinst in ein gähnendes Nichts hineinzurufen. Er ist dein Stab und Schild auf deinem mühsamen Erdenweg. Ich weiß, wie schwer es dir gemacht ist, an alles zu glauben; doch es ist für dich unerläßlich, gleichsam aus völligem „Unglauben" heraus dein zitterndes „Ich glaube" zum Himmel zu senden.

Meine kleine Geliebte, du mußt glauben, daß dein voriger geistlicher Vater O.T. bei mir im Himmel ist. Meine Mutter hat ihm diese Gnade gewährt, weil er in seinem hohen Alter (Februar 1977) noch diese schicksalhafte Weihe an ihr Unbeflecktes Herz auf sich genommen in einem bedingungslosen Gehorsam gegen den leisen Anruf der Gnade. Er wußte genau, was er damit einging. Die Mutter hat ihm das ganze letzte Jahr sein Martyrium bereitet und ihn aufs Kreuz gebettet. Das kräftige „Ja", das ihr in den letzten Wochen immer wieder gehört habt, gilt Ihr, der Mutter, die ihn wiederholt leise aufrief, noch auszuhalten, um zu retten. Er war ständig in Danksagung versunken. Der Glaube von ihm war unerschütterlich, daß Gott in einer Sekunde des Sterbens den Menschen heiligen und vollenden kann. So geschah es an ihm.

Worte aus der Ewigkeit

7. Mai 1980. Hl. Kommunion

Jesus: Geliebte Meines Herzens, suche und sammle all Meine Worte wie kostbare Perlen, behandle sie wie deinen teuersten Schmuck und laß sie nicht verlorengehen; denn sie sind aus der Ewigkeit gesprochen. – Die Hölle tobt, denn sie weiß besser als du, was auf dem Spiele steht. Du binde dich nur an den Gehorsam deinem Beichtvater gegenüber, auch wenn dein Ich sich wehren will. Nur ein völlig geopfertes Ich macht den Weg zu Mir frei – ein Ich, das gänzlich gestorben ist, nicht ein gefesseltes. Ein gefesseltes Ich, doch nur niedergehalten, macht sich ständig bemerkbar. „Das Weizenkorn muß sterben..."

10. Mai 1980. Nachmittags

Maria: Geliebte kleine Maresa! Jesus und Ich haben dir ja gesagt, daß du noch oft wirst stürzen müssen; doch nichts tun wir lieber, als dich aufzuheben; ebenso dein geliebter Vater; er ist Unsere Vater- und Mutterliebe und -Sorge für dich. Wische die letzten Tränen über deinen Sturz ab und „spiele" dein uns so kostbares, kleines, liebes Leben weiter unter dem aufmerksamen Blick Unserer unsagbaren, himmlischen Liebe!

Sturm gegen den Glauben

10. Mai 1980. Rosenkranz

Maria: Geliebte kleine Desolata! Du leidest, weil du liebst – du leidest, weil du diesen Weg gehen mußt zwischen Himmel und Hölle! Dein kleines Herz ist ein menschliches Herz, das gleiche Herz, das auch Jesus und Ich in der Brust tragen mußten. Lerne von uns, damit du Ruhe findest für dein Herz, das noch flattert in Angst und Not gleich einem zarten Vogelkind. Du kannst nur die kleine echte Desolata werden, wenn zu täglich neu dich stellst dem wahrhaft gigantischen Kampf um den Glauben, gegen den die ganze Hölle anstürmt bei dir. Das ist eines der Geheimnisse deines Lebens. – Ist es nicht so, liebes Kind, daß dein Verstand bereits arbeitet, während du dies niederschreibst und quälend fragen willst: „Was ist Wahrheit?" – Verliere den Mut nicht, Mein Töchterchen! Alle diese Erschütterungen, alle diese Zerreißproben, die dein Herz treffen, sind Stufen ins Licht.

11. Mai 1980

Jesus: Meine Geliebte, wie dunkel ist es heute wieder in dir. Dieses ganze zukünftige Leben steht wieder vor dir als unüberwindlicher Berg. Die größte Qual ist für dich Unsere direkte Zuwendung (Einsprechung). Du zweifelst – nun dann tue so, als ob Ich es doch wäre, der zu dir spricht. Auch wenn die Eingebungen aus deinem eigenen Innern erzeugt würden – wären sie nicht dennoch von Mir? – Ich bin bei dir! – Hüte dich heute und morgen vor versteckten Überraschungsangriffen der Hölle!

Rosenkranz

Maria: Mein Töchterchen... Es ist alles so gefügt, damit du Gott das Größte deines Lebens schenken kannst: einen Glauben, der unerschütterlich feststeht in allen Stürmen der kommenden Zeit. Gerade dein Glaube ist für Gott eine unsagbare kostbare Gabe, da du in den Glaubenskampf dieser gottlosen Welt hineingenommen bist wie kaum jemand. So umarme Ich dich, Mein Töchterchen, mit unsäglicher Liebe aus Meinem Himmel heraus in deine verborgene, dir so schwere Welt und flüstere dir zu: Komme, o komm und gehe furchtlos mit.

12. Mai 1980

Maria: ...Ich habe alle Möglichkeiten, aus Ottobeuren eine Insel des Friedens zu machen; denn auch hier ist ein Gnadenort durch das wunderbare Kreuz Meines geliebten Sohnes. Die Verehrung ist nur nicht wachgehalten worden...

14. Mai 1980. Hl. Kommunion

Desolata: „O Jesus, ich bitte Dich um den Glauben..."

Jesus: Du wirst ein Wunder des Glaubens werden für den Himmel, Geliebte! Obwohl die ganze Gottlosigkeit und Ungläubigkeit der heutigen Zeit oft in dich gelegt ist, wirst du glauben in dem unbeschreiblich harten Kampf, der in dir sich austobt; denn deine kleine Seele ist das Schlachtfeld dafür. Bitte um diesen Glauben! Die Kämpfe werden unbarmherziger und länger sich auswirkend, je näher das Unheil, das über dieser gottlosen Welt brütet, kommt. Ihr, die ihr euren Platz im Rettungsplan Meiner demütigen, doch mächtigen Mutter habt, werdet alles bestehen können.

Jesu Schmerz

17. Mai 1980. Hl. Kommunion

Jesus: Wie ein Verdurstender hänge Ich an den Lippen der Menschenkinder und warte sehnsüchtig auf ein Wort der Liebe. Sag du Mir doch, daß du Mich liebst. Welche Kälte und Gleichgültigkeit kommt Mir von meinen Geschöpfen entgegen, der Ich sie doch keinen Augenblick aus Meiner Liebe entlasse. Du kleine Desolata, du wenigstens antworte auf diese Meine verschmähte Liebe mit der ganzen Kraft deines Herzens. Deine Liebe ist für Mich der Himmel auf Erden, inmitten der Verwüstung zahlloser Menschenseelen, die Mich empfangen im Zustand der Sünde und Verderbnis. Sakrilegien über Sakrilegien, weil die Wächter und Hüter dieses Meines Liebes-Sakramentes schliefen... Wie werden sie zur Verantwortung gezogen werden! O Meine Geliebte, nimm alles auf dich, um Meinen Durst nach Seelen zu stillen. Wo sind die Priester, die verhüten und mahnen und allein die Wahrheit verkünden? Geliebte Desolata, du büße und sühne für Mein Volk, Mein armes, armes Volk...

20. Mai 1980. Rosenkranz

Jesus: Geliebte kleine Desolata, welcher Kampf tobt in dir! Welche Schluchten und Berge mußt du überwinden, um zu deinem Vater zu gelangen. Deine kleine Seele muß wie im Dunkel eines finsteren Waldes, umherirren und findet nicht. O Mein angstgeschütteltes, kleines Lamm, beuge dein Köpfchen und bette es allein in Meine Liebe und in die Liebe deines Vaters. Du steht wieder vor verschlossenen Türen, und nichts mehr ist dir verständlich. O laß es geschehen, dulde still und stumm. Dein Jesus weiß, daß du nicht sprechen kannst. So gewaltig ist das Geschehen in dir. Einzig die Liebe wird überwinden können. Die Liebe ist immer um dich!

Göttliche Vorsehung

21. Mai 1980. Rosenkranz

Jesus: Einzig geliebte kleine Desolata. Ich weiß, was in dir vorgeht! Daß damals, in deiner Jugendzeit, dieser Unfall dich traf (Herabstürzen beim Geräteturnen) mit den nachfolgenden Anfällen, war einzig Sorge und Güte des Himmels, denn nur so wurdest du behütet und bewahrt vor den Auswirkungen der damaligen Zeit (3. Reich!), an denen du zerbrochen wärest. So mußt du diese Phase deines Lebens sehen und zugleich als Zeichen, daß Ich von jeher die Hand auf dich gelegt!

22. Mai 1980. Morgens

Maria: Geliebte kleine Desolata löse dich von allen Dingen, gib sie aus den Händen, dann kann Ich geben! Es ist dies wie ein Gesetz. Eure (künftige) Heimstatt ist bereitet, wenn du alles dahingegeben.

23. Mai 1980. Morgens: Betrachtung über Einsprechung an Don Gobbi am 10.2.74.

Maria: Diese Worte gelten für dich genau, wie sie dastehen; denn du bist gerufen in Meine Marianische Priesterbewegung mehr und tiefer als alle anderen Laien. Deshalb halte dich an diese Meine Worte an Don Gobbi so, als spräche ich sie zu deinem Herzen allein. Auch dich will ich nur für Mich haben. Suche Mich, höre auf Mich, finde in Mir jegliche Sicherheit und Ruhe in all den furchtbaren Stürmen, die dir die Hölle bereitet. Erblicke in Mir das Licht in aller Finsternis, die dich drohend umgibt. Und glaube Mir, die Loslösung von allen Dingen ist so lebensnotwendig für dich, wie es für Don Gobbi war. Auch dir nehme ich alles aus den Händen, was dir bisher wichtig erschien und worauf du vertrautest.

Rettungsanker

23. Mai 1980. Nachmittags, vor dem Tabernakel

Jesus: Meine Geliebte, finde Sicherheit und Halt allein in Mir und in deiner Himmlischen Mutter. Glaube Mir, dies allein ist die Rettung für dich, die du untergehen möchtest in den tosenden Wassern alles nur erdenklich Negativen, in das die Hölle dich untertaucht. Sage, daß du Mir glaubst, auch wenn du es nicht fassen kannst. Sprich es wenigstens aus; dies allein ist der Rettungsanker für all die schweren Prüfungen, die auf dir lasten.

Hemmungen/Lichtströme

27. Mai 1980. Hl. Messe

Maria: Mein Töchterchen, du stehst im Begriff, eine neue Stufe zu besteigen: daß du die Hemmungen der Unterwelt übersteigen und überwinden lernst, (trotz) zunehmender Kämpfe über dich selbst, über dein angegriffenes Ich hinwegzusteigen mit letzter Kraft. Die dunkle Macht möchte dir eine falsche Haltung beibringen; daß du kampflos dich ergeben sollst. – Mein Töchterchen soll die Angriffe erleiden, denn sie sind auferlegt, doch dabei sich wehren und darübersteigen ist kein Ausbrechen aus dem Geschehenlassen.

Und noch etwas: Diese Nächte sind nicht deine Nächte allein –, sie sind ebenso Sühnenächte auch für deinen Vater und ihm bestimmt. Wisse dich also mit deinem Vater eins in gemeinsamer Hinopferung.

Jesus: Meine einzig Geliebte, Lichtströme durchfluten dich wieder, ausgehend von der weißen Hostie, die seit deiner Erstkommunion über dir schwebt in unaussprechlicher Liebeszuwendung. Du gehst eben mit deinem Vater einen Weg, der außerhalb alles Gewohnten, alles Normalen sich abspielt. Erwählung, Kind, und Berufung. Euch bleibt nur das Staunen des Kindes und ewige Danksagung.

29. Mai 1980. Rosenkranz

Maria: Geliebte kleine Desolata! Heute, da die wunderbare Schöpfungsordnung Gottes mit Füßen getreten und die Krone der Schöpfung , der Mensch, im Morast der Sünde versinkt, lebt ihr den Ursinn der Schöpfungsordnung als Tempel des Hl. Geistes. Einen Leib habt ihr erhalten von eurem Schöpfer – einen Leib, wie auch Jesus und Ich ihn getragen. Jesus und Ich sind nur in die Welt gekommen, um an unserem Leib den Willen des Himmlischen Vaters geschehen zu lassen. So auch ihr!

Hinopferung

30. Mai 1980. Hl. Messe

Maria: Geliebte kleine Desolata! Die dunkle Macht bedrängt dich! Sie ist nahe bei dir, sodaß du sie fühlen konntest. Sie will dich vollkommen verwirren. Du mußt deinem Vater alles, aber auch alles sagen, was sie dir eingibt, was dir durch den Kopf geht, jede Empfindung: Das ist deine Waffe gegen sie im Augenblick; denn es kostet dich Demut! Du weißt auch, daß du nichts klar erkennen, nicht beurteilen, nichts verstehen kannst, vor allem jetzt nicht. Dir bleibt nur blinder Gehorsam und vollkommene Offenheit gegenüber deinem Vater! Indem du dich ihm überläßt, vertraust und glaubst, ohne zu fragen, ohne zu rätseln, kann der Wille Gottes geschehen. Das ist Selbstaufgabe, Kind, das ist Hinopferung deines Ich; dadurch wirst du Kind, ganz kleines, echtes Kind. Deine Mutter weiß, in welchen Glaubenskampf ihr beiden Menschenkinder hineingestellt seid in diesen Tagen.

Rosenkranz

Geliebte kleine Desolata, Ich weiß wohl, welch schwere Prüfung es für dich bedeutet, daß ihr gerade jetzt, in diesen Tagen, immer noch von der Grippe her krank seid. Gerade du, Meine kleine Menschenblüte mußt so hart geprüft werden, damit du gestählt wirst für den Kampf und Sturm. – Daß auch dein Vater krank ist, hat tiefe Bedeutung. Es ist auch für ihn immer wieder Wandlung. Auch er muß immer mehr aus den Händen geben, um ganz im Verborgenen mit dir zu leiden und zu sühnen.

3. Juni 1980. Hl. Messe

Maria: Mein Töchterchen, erinnere dich an die Worte: „Wie oft wirst du noch stürzen müssen, kleine Desolata!" Jesus läßt es zu, um dich demütig zu machen und in der Demut dich zu erhalten. Danach laß dich demütig aufheben und eile dann weiter, eile voran, eile in den Sieg, ins Ziel, das du immer vor Augen haben sollst – nicht das Dunkel und Verneinende der Hölle, das dich immer öfter, immer stärker umfängt wie mit den Armen eines Polypen, aus denen du dich niemals allein befreien kannst. Du mußt dich aber befreien wollen, immer, doch einzig durch deinen Gehorsam und deine Aufrichtigkeit gegen deinen Vater.

Hl. Kommunion

Jesus: Die Mutter und Ich sind eins, Kind, deshalb bin Ich auch in jedem Ihrer Worte. Lausche Ihr also, wie du Meinen Worten lauschen würdest. Die Lieblichkeit, Wärme und Schönheit Meiner Mutter ist unübertrefflich und von höchster, reinster Anziehung. Für Mich war Sie unsagbarer Trost und heiliges Entzücken. Schaue auch auf deinen Vater wie auf Mich, denn in seinem Priestertum wirke Ich mich aus. O Meine einzige Geliebte, wie bist du gesegnet und erhoben durch die Erwählung und Herabneigung des Himmels.

Maria: Meine kleine Desolata, spürst du wieder, wie Jesus dich liebt? Möchtest du Ihn nicht noch mehr lieben, als dir gegeben ist? Mit Meiner Liebe? – Du mußt nur in Meinem Herzen sein und aus Meinem Herzen lieben.

Jede Stufe umkämpft

4. Juni 1980. Hl. Messe

Maria: Geliebte kleine Desolata, du fühlst heute wie etwas Greifbares Meine Nähe; denn du bist wieder emporgehoben auf eine nächste Stufe.

Doch daneben lauert die Unterwelt mit Finsternis, Sturm und Geheul der Hölle. Sie möchte dich von deiner Stufe herunterzerren und in ihre schwarze Finsternis eintauchen. Denn es ist unerträglich für sie, in dieser kleinen strahlenden Gestalt das Zeichen des Sieges meines Unbefleckten Herzens zu erahnen. In dir, kleine Desolata, wird der Stolz Satans empfindlich getroffen. Darum überlaß dich Mir, damit Ich durch dich handeln kann. Das fällt dir so unendlich schwer, weil immer die Auflehnung und Aufbäumung Meines Widersachers dich umtobt und angreift. Du stehst ja zwischen Mir und ihm – das zarte, auserwählte Kind am Tor der Hölle. Die Hölle will unermüdlich mit ungebrochener Ausdauer ihre gefüllten Schalen des Negativen über dich ausgießen. Sie will dich in Verneinung, Verzweiflung, Auflehnung, Stolz, Angst und Schwermut, Mißtrauen und Unglauben durch vollständige Verwirrung und Betäubung stürzen, damit du deine Stufen verfehlst und zum Stürzen kommst. Doch Meine weise Voraussicht hat dir einen starken Vater gegeben, damit er dich halte und zurückreiße vor tödlichem Fall.

Rosenkranz

Maria: Geliebte kleine Desolata, du bist den pausenlosen Auseinandersetzungen mit der Unterwelt ausgeliefert. Du hast es richtig ausgedrückt: sie sind wie ein Spinnwebennetz, das um deine kleine Seele gewoben und sie verschleiert, um ihre mystische Blume sich nicht entfalten zu lassen. Es sind dies aber auch die Ausstrahlungen der Seelen, die in dir liegen und dich hart bedrängen. O halte dich an deinen Vater, in ihm triffst du ja immer auf Mich! Er ist für dich die Türe zu Mir, zu Meinem Unbefleckten Herzen. Überlaß dich ihm, vertraue ihm!

Gebunden an den Gehorsam, hingestreckt in Demut, aufgerissen in schonungsloser Offenheit – das ist der Weg zum Ziel, dein Weg, kleine Desolata.

7. Juni 1980. Hl. Messe, Sühnesamstag

Maria: Geliebte kleine Desolata, es ist immer eine überaus schmerzhafte Bruchstelle für dein Charisma, wenn dein Vater fern von dir sein muß (zu Cönakeln). Du weißt ja, du bist mit deinem Charisma und deinem ganzen Sein an ihn gebunden, sodaß du ohne ihn kaum zu stehen vermagst. Darum ist diese Bruchstelle ein besonderer Anreiz für die Unterwelt, dich zu bedrängen. Das kann sich dann besonders auswirken, wenn Vater zu dir zurückkehrt. Das ist für die Hölle wie eine Ohrfeige, für die sie sich rächen will. So wurde euch auch diese schwere Nacht bereitet: Sühnenacht, Geliebtes! Besonders bittere Sühnenacht. Nacht des Herz-Jesu-Freitags, Nacht Meines Unbefleckten Herzens – Nacht der heiligsten Herzen, deren Feste sich in der Mitte der Nacht treffen, es sei auch euer Fest.

Todmüde! Aufgeben?

8. Juni 1980. Hl. Messe

Maria: Geliebte kleine Maresa-Desolata, du würdest Mich so gerne um etwas bitten; doch du findest nicht zu Mir hin. Die ganze Hölle wirft sich aufheulend dazwischen und bläst dir ihren vernebelnden Atem ins Gesicht, mit dem sie dir sofort den Zweifel ins Herz legt: „Sie kann mich ja nicht hören, und wenn – sie wird mich nicht erhören. Warum sollte Sie es tun?" Das ist die Wirklichkeit, geliebtes armes Kind, und dieser Wirklichkeit tragen Wir alle Rechnung. Du mußt es ertragen und aushalten in dir, in deinem ganzen Sein, wo es dich elementar bedroht und angreift. Meine kleine Desolata, verliere trotzdem nicht den Mut. Höre nicht auf zu kämpfen – auch jetzt nicht, wo du aufgeben möchtest, wo du todmüde bist und dich nicht mehr wehren möchtest, wo maßlose Verwirrung und Dunkelheit dich ergriffen, wo du von deinem Vater weggetrieben werden sollst. Höre nicht auf zu kämpfen ... Gib deine kleine Hand deinem Vater und blicke vertrauensvoll zu ihm auf und laß dich willenlos von ihm hindurchführen durch diese für dich so harte Prüfung. Glaube ihm und wolle nur fügsames Kind sein.

Das Schlachtfeld

9. Juni 1980. Morgens

Maria: Du stehst am Vortag deines 57. Geburtstages und hast gestern Rückschau gehalten – konntest mit den Händen greifen, daß alles Vorbereitung und wunderbare Führung war.

Glaube, kleine Desolata, du mußtest so viel leiden, so unverstanden dich fühlen und verlassen, mußtest sovielmal stürzen und in tiefster Dunkelheit und Todesangst dich winden, damit du das würdest was du sein sollst. Nur durch die steinigen Stufen der Vorbereitung ist es möglich, daß du das, was seit letztem Jahr über dich verhängt wurde, ertragen kannst.

Da Ich in deinem Herzen siegen werde, mußt du mit deinem ganzen Sein in eine furchtbare Schlacht des Endkampfes hereingenommen werden; denn du bist zu diesem geistigen Schlachtfeld ausersehen. Du weißt, daß ich siegen werde. Ängstige dich also nicht. Ertrage alles mit deinem Vater; es ist das größte Geschenk des Himmels an deine Seele. Glaube immer mit dem Glauben deines Beichtvaters. Gerade durch diesen Vater ist es möglich, daß deine Lernzeit und deine Reifung sich beschleunigt vollziehen kann. So wunderbar führt Gott.

So mußt du dein Leben sehen, das in den Augen der Welt ein Roman sein könnte – unter den Augen des Himmels aber sich vollzieht wie ein Schauspiel göttlicher Regie.

Ich weiß, deine Geburtstage waren für dich immer Tage der Besinnung, der Reue und des übervollen Dankes. Diesmal laß es zu einem Höhepunkt kommen.

Ich weiß, welch übermenschliche, schier unlösbare Aufgabe es für dich bedeutet, all das Gebotene zu glauben. Du kannst es wirklich nur vor dich hinsprechen, dies kleine Wort, das die Himmel bewegt, wenn es von deinen Lippen kommt: Ich glaube! Auch wenn es für dich wie ein sinnloses Gestammel eines vernunftlosen Kindes erscheint, tue es trotzdem. Es ist kostbar in den Augen des Herrn, weil du es aussprichst entgegen Millionen Ungläubiger, entgegen dem Heer der Hölle, das dich dafür abwürgen möchte und deine Lippen gewaltsam verschließen. In deinen Tagebüchern ist dieser Kampf treffend ausgedrückt und geschildert; rührend darin sind die unermüdlichen Versuche deiner kleinen Seele, sich ans Tageslicht zu ringen, sich den Glauben zu erkämpfen. Zu dieser Haltung mußt du wieder zurückfinden. Dazu benötigst du auch die Hilfe der Tagebücher, die eine einzige Zwiesprache mit Gott, mit deinem geliebten Jesus, und mit Mir, deiner Mutter, sind.

Abends

... Auch jetzt bist du wieder so angegriffen. Vertraue dich Mir an. Es geht nur bis an die äußerste Grenze deiner Tragfähigkeit – weiter nicht. Denn auch hierin mußt du geübt werden.

Du erlebst es, daß du auch in Zeiten äußerster Erschöpfung und körperlicher Unsicherheit gehalten bist. Präge dir das ein; denn du wirst oft an dieser Grenze deiner Kräfte stehen müssen. Verlaß dich auf deinen Vater und deine besorgte Mutter.

Das Paradiesesherz

10. Juni 1980

Maria: Geliebtes Töchterchen... Ich, Deine Mutter, halte dein Leben wie eine zarte wundervoll leuchtende Blume in behutsamen, schützenden Händen und biete sie Jesus an.

Biete deine ganze Willenskraft auf, heute wieder eine Stufe emporzusteigen ins Licht, indem du dir etwas vom Herzen reißest, das dir lieb und teuer ist, und dich demütigst vor deinem Vater.

Rosenkranz

Jesus: Geliebte kleine Desolata, wie hilflos ist deine verwundete Seele! Ich öffne Mein Herz für dich und lade dich ein, jetzt in diesen Augenblicken einzutreten in dieses Paradies göttlicher Liebesfülle, göttlicher Gnadensonne. Dieses Mein Unbeflecktes Herz sei die Wiege für deine Zartheit und Zerbrechlichkeit, sei der Schutz und die Zuflucht für deine Anfechtungen und

Versuchungen, sei der Himmel für deine Ängste und Nöte und die Erfüllung aller deiner Herzens-Sehnsucht und Erwartung. Kleine Desolata, du bist Mein, Mein Kind, Meine Tochter in Ewigkeit.

Nachts

Maria: Wenn du glauben könntest, Kind, Mein armes Kiand, wäre alles so einfach. Doch es stehen ja ständig Dutzende von bösen Geistern bereit, dein Glaubenslicht auszublasen, sodaß es kaum mehr zu flackern vermag. Halte dich an deinen Vater. Seine Liebe ist so groß, daß sie dich immer aufzufangen vermag. Sei also ganz ruhig!

Willenloses Werkzeug

11. Juni 1980. Hl. Messe

Maria: Geliebtes..., wenn dir etwas nicht paßt, wenn du andere Pläne und Wünsche hast, so wisse, Kind, Ich muß sie dir durch deinen Beichtvater stören; denn du hast Mir alles geopfert! Nur so kann dein Ich zum Nichts werden, – wirst Mein willenloses Werkzeug – mußt ja auf Mich ansprechen lernen wie das feinste, zarteste Instument einer Meßstation, ... mußt Mich erspüren können, wenn um dich der Sturm tobt ... Ich bin die Heerführerin in den Schlachten Gottes, Mir ist der Sieg zugesprochen ... ich muß dich an Mich ziehen, mit Meinem Leben dich bekleiden, damit du der leuchtende Stein werdest in dem unsagbar wundervollen Mosaik des göttlichen Planes, zu dem du, du allein, ausersehen bist.

Rosenkranz

Mein Töchterchen, vor der großen Cönakel-Reise braucht ihr noch größte Ruhe und Zurückgezogenheit als Vorbereitung. Eure Seelen müssen zusammenklingen zum Klang einer einzigen Glocke, der zum Himmel steigt mit wundersamem Ton. Nur dann seid ihr den Strapazen gewachsen, und meine kleine Desolata kann ihre unsichtbare Aufgabe bei den Cönakel-Reisen erfüllen. Jesu Herz und Mein Herz gehen Wunderwege, um zu retten.

Immer gefährdetes Glaubenslicht

12. Juni 1980. Abends

Maria: Mein Töchterchen,... du hast bisher den 12. Juni immer sehr hochgehalten als Tauftag. Von nun an jedoch sei dir der 17. Januar dieser Gedenktag, den du in Dankbarkeit begehen sollst, weil dir Jesus damit noch unendlich viel mehr gegeben hat als nach deiner Geburt (bei deiner 1. Taufe. Siehe Eintrag 10.1.80)

Später

Nun bist du von Angst geschüttelt, armes Kind, weil du den Brief von P. Werenfried (über kommende Ereignisse und Papst) gelesen. Deine so überaus empfindsame Seele reagiert auf solche Berichte wie ein feinster Seismograph, der sofort aufnimmt. Du erlebst in solchen Augenblicken bereits das Kommende voraus. Sag Jesus und Mir schnell, daß du glaubst; – vertraue damit schnell dein zitterndes Glaubenslicht unseren schützenden Händen an, damit du nicht in Verzweiflung und Panik stürzest. Du bist so gefährdet, zarte , kleine Menschenblume, vom Sturm der geistigen Erlebnisse zerpflückt zu werden und getötet. Bleibe ganz nahe bei Mir und schaue Mich an und denk an deinen geliebten Vater, der morgen abends wieder dasein und dich behüten, beschirmen und sein angstvolles Kind trösten wird. Er ist der Schirmherr deiner Seele.

Dich schauert, geliebtes Kind, denn du bist allein in der Wohnung und mußt die Nähe und Ausstrahlung der dunklen Macht ertragen. Bleib nahe bei Mir. Es kann dir kein Leid geschehen außer dem Empfinden-müssen seiner furchtbaren Ausstrahlung. Mach dir das Zimmer hell und schau nur auf Mich.

Furchtbarer Kampf

14. Juni 1980

Maria: Du glaubtest, Mich nicht mehr zu hören, den Eingebungen nicht mehr trauen zu können, Kind, geliebtes Kind, und bist allmählich darüber vor Schreck erstarrt. Dieser Zweifel richtet eine neue Wand auf zwischen dir und Mir. Die dunkle Macht setzt auch ihre ganze Überredungskunst und Macht ein, um alle rührenden Schritte und Ansätze von dir zu Mir sofort zu stören. Dies schafft dir tiefes Leid. Nur Meine Liebe und Für-dich-Eintreten vermag dich trotzdem zu wandeln und dir immer wieder kleine Siege zu verschaffen. – Halte aus an der Hand deines Vaters, und lerne bei ihm vertrauen und (sich ganz Gott) ausliefern, an seiner Ruhe und Sicherheit dich aufrichten.

Mein einziges Töchterchen, setze alle deine Kräfte ein, so schwach sie auch sein mögen, dich im Kampf zu üben, für den du, nur du allein, bestimmt bist. Bitte deinen Vater um Gehorsams- und Demutsübungen.

Dein Vater weiß und erkannte genau, daß die dunkle Macht nur ein Ziel anstrebt, dich von ihm wegzureißen und ganz für sich gefangenzunehmen; ja , es ist buchstäblich so, daß er dich so lange zu Boden werfen will, bis du am Ende deiner Kräfte bist und nachgeben möchtest. Er will durch Verdrehung Meiner Worte dir Meine Führung verdunkeln. Vertraue Mir in deinem Vater und schenk Mir deine Liebe. Gehorche in den folgenden Tagen der Cönakelreise vollkommen demütig deinem Vater.

Denk auch daran, daß es im Plane Gottes ist, daß die kleine zarte Desolata durch Deutschland fährt und Knoten knüpft in das unsichtbare Netz der größten Barmherzigkeit und Liebe Gottes seit Beginn der Zeiten.

Der Schutz: die Weihe an das Unbefleckte Herz Mariens

16. Juni 1980. Hl. Messe

Jesus: Meine kleine Geliebte, suche im Herzen Meiner Mutter deine Zufluchtsstätte. Das Herz Meiner Mutter ist ein Garten der Wonne, ein Paradies himmlischer Herzlichkeit, eine Stätte unvorstellbaren Friedens und ein Ort göttlicher Ruhe – die Zufluchtsstätte für die kommende Zeit. Einzig das liebevolle, machtvolle, von Strömen der Barmherzigkeit überflutete Herz Meiner süßesten Mutter vermag euch zu schirmen und zu retten in dem Sturm, der über Welt und Kirche hereinbrechen wird.

Durch die Weihe an dieses Unbefleckte Herz habt ihr die Möglichkeit geschaffen, daß Sie in der kommenden Zeit ihre spürbare Gegenwart euch schenken kann, daß Sie euch leuchten kann wie der einzige Stern finsterer Nacht und daß Sie euch führen kann durch die Einflüsterung ihrer milden, doch sicheren Stimme.

Durch deine Weihe an Sie ist in deinem Leben eine gewaltige Umwälzung eingetreten, gleichsam wie die Erschütterung eines Erdbebens. Durch diese Weihe bist du hereingenommen worden in die undurchdringlichen, wunderbaren Pläne des Himmlischen Vaters, die über deinem Leben standen von Anbeginn – doch nur sich verwirklichen können durch die Hingabe an Meine Mutter, daß Sie vollbringe, was du niemals könntest in deiner armseligen Kraft.

Durch diese Weihe erst wurde möglich, daß du Ihre Stimme immer vernehmen kannst, und konnte Sie dir deinen Beichtvater zuwenden. Bei ihm steht immer Sie, die mächtigste, wunderbare Mutter. Mit ihm tritt Sie überall ein, wo er hingeht.

Sei dir auf diesen Reisen mit ihm dieser besonderen Gegenwart Meiner geliebtesten Mutter bewußt. Du wirst viel, sehr viel ertragen müssen, doch schweige nicht, öffne dich ständig deinem Vater wie eine Blüte dem Kuß der Sonne, um der Hölle stark entgegenzutreten in dem Ansturm, dem du ausgesetzt bist in allem.

Am Netz der Erlösung

16. Juni 1980. Im Bus nach Memmingen

Maria: Mein Töchterchen wird auf dieser Reise Eingezogenheit und Sammlung lernen inmitten aller Zerstreuung. Sie wird es lernen von ihrer

Mutter. So wird sie immer und immer wieder im Gespräch sein mit Jesus und der Mutter wie auch mit ihrem Schutzengel und ihrem Weiheengel.

Kleine Desolata, du wirst außerdem deine ganze Liebe und Erbarmen ausgießen über Land und Leute, an denen du vorbeifährst und mit denen du zusammenkommst. Denn so knüpfst du die Knoten fest im großen Liebesnetz der Erlösung und Rettung, das der Himmlische Vater ausgeworfen in unaussprechlicher Barmherzigkeit. So wirst du wieder eine Stufe erklimmen auf deinem Opferweg.

Ständig in Gefahr

17. Juni 1980. Mannheim, Hl. Kommunion

Jesus: Trockenheit, Leere und Dürre sind in deiner Seele. Du möchtest ausbrechen, von dir alles tun – doch es ist nicht möglich. Der Glaube an deine Berufung, an den Sinn der Reise, an alles ist angefochten: So stehst du im Kreuzfeuer der negativen Kräfte. Die Angst will dich anfallen wie ein wildes Tier. Von einer Sekunde zur andern verwirrt sich dein Geist. Niemand kann dir helfen, denn einzig dein Beichtvater. Du weißt es genau. Ich warne dich, die geringste Trennung von ihm aufkommen zu lassen. Die dunkle Macht wird es mit größter Raffinesse versuchen. Du bist ständig in Gefahren.

Jesu Tabernakel-Verlassenheit und Verheißung

Meschede, 16.15 Uhr, Kirche

Maria: Geliebte kleine Desolata, du fühlst dich vereinsamt und verlassen wie Jesus im Tabernakel (Vater ist bei Priestern). Teile sein Leiden. Denke liebevoll an alle Tabernakel und knie dich im Geiste davor, um Jesus anzubeten und zu trösten. Deine tiefe Verlassenheit und Trostlosigkeit ist der Ausdruck dessen, was Jesus heute in seinem liebevollen Sakrament von seiten der Menschen erduldet. Kleine Desolata, suche Hilfe bei Mir, denn Ich bin die Mutter, die Jesus trösten will – und auch dich.

Es wird eine Zeit kommen, da die Tabernakel der Kirchen wieder strahlender Mittelpunkt sein werden, da die Menschen wie Heilige anbeten werden dieses größte Geheimnis göttlicher Liebes-Ausgießung und das allerheiligste Sakrament des Altares jegliche Mitte sein wird im religiösen Leben und der Liturgie. –

Vertraue Mir deine Berufung an, so kannst du nicht mehr abirren!

Lächeln

18. Juni 1980. Christ-Königsmünster in Meschede

Jesus: Meine kleine Desolata damit du das Kiand des Himnmels und Lamm des Himmels werdest, brauchtest du einen besonderen Vater und Hirten... Empfange alles mit einem Lächeln – schenk dem Himmel das Lächeln der kleinen Desolata! Werde ein Kind des Lächelns. Die Hölle hat kein Lächeln, sie zeigt ein furchtbar verzerrtes, fratzenhaftes Gesicht, erstarrt im Haß. Und dieses Gesicht der Hölle liegt heute über der Welt und ihren Bewohnern. Da zeige du dem Himmel dein Lächeln als Ausgleich.

Wirken des Hl. Geistes

18. Juni 1980. Paderborn, Hotel

Maria: Meine kleine Tochter. Dein Vater mußte dich wieder (für Stunden) verlassen; das bedeutet Schmerz für dich. Du bist an ihn gewöhnt wie ein Kind an die Mutter... Ein echtes Kind aber beschäftigt sich nicht mit Vergangenheits- und Zukunftssorgen–, es lebt den gegenwärtigen Augenblick in seiner ganzen Fülle und geht darin auf. Das bewirkt bei ihm Heiterkeit und Spontaneität. Solch ein Kind sollst du sein.

Laß alles geschehen. Alles was du jetzt, im Höhepunkt deines Lebens, erfährst an dir, ist Wirken des Hl. Geistes. Er wird auch sein Werk vollenden: Frucht deiner jahrzehntelangen Beharrlichkeit in bestimmten Gebeten, die dem Geist Gottes die Türe zu deiner Seele öffneten und Ihn immer wieder herbeiriefen.

Anbetungskirche. 16.30 Uhr

Maria: Dein Gedanke ist richtig, Kind: Es ist Mir ein Herzensbedürfnis, so bei allen Tabernakeln der heutigen Zeit in Meinem Bildnis gegenwärtig zu sein – die Mutter beim Sohn in seiner Verlassenheit von den Menschen. Ich möchte Mich vor jedem Tabernakel verströmen in Liebe, um Genugtuung zu leisten für die Gleichgültigkeit und Nachlässigkeit der Gläubigen, vor allem meiner Priestersöhne. – Für deinen Vater und dich wird Jesus bald eine besondere Möglichkeit der Anbetung schaffen. – Es bedarf immer eines Mutsprunges, um sich Gott so gänzlich auszuliefern. An der Hand deines Vaters kannst du springen, ohne zu stürzen. Zögere nicht mehr, Liebling, Jesus wartet.

Alle Reisen sind Reisen Mariens

19. Juni 1980. Im Zug nach Kassel

Maria: Meine kleine Desolata, es ist nicht von ungefähr, daß diese

Menschenkinder zu euch hereingekommen sind. Glaub Mir: Alle Menschen, die auf dieser Reise mit euch in Berührung kommen, sind durch Fügung euch in den Weg geschickt; denn eure Reisen sind Meine Reisen.

In Mainz, im Taxi, als ich Ihr den Vater empfahl

Jesus: Kleine Desolata, ich hüte dir deinen Vater wie Meinen Augapfel! Ich liebe dich doch! Wenn man jemand liebt, tut man alles für ihn!

16 Uhr, im Dom

Jesus: Meine kleine Desolata, nun hat dich die dunkle Macht zwei Stunden in Unruhe gestürzt und in völlige Hilflosigkeit. Doch deine Mutter wachte und lenkte trotzdem. Ruhe nun hier bei Jesus aus.

Schenk Mir deinen trostlosen Zustand, Kind, damit Ich ihn, mit Meiner Liebe umkleidet, darbringen kann als wundersame Blüte deiner Seele.

In der Gotthardskapelle

Jesus: Schenk Mir dein Vertrauen. Je mehr du Mir vertraust, umso mehr und sicherer kann Ich dir geben. Laß dich nicht verwirren, wenn alles in dir dagegen sprechen will; setze nur einen Willensakt – und du hast getan, was dir möglich ist.

Schwere Umwandlung

24. Juni 1980. Ottobeuren

Desolata: „O meine Mutter, warum ist jetzt alles so anders?"

Maria: Meine Mir so liebe kleine Desolata! Es ist im Grunde nicht anders, Geliebtes, du empfindest nur alles anders, weil dein Umwandlungsprozeß in vollem Gange ist. Jetzt wird dir „Schwarzbrot" gereicht, am Anfang gab man dir Zuckerbrot, um dich unwiderstehlich anzuziehen. Deine Stufen werden höher und mühsamer. Je näher du zu Mir kommst, umso näher auch Satan. Er löscht dir Meine Stimme aus, sodaß du ihre Süßigkeit nicht mehr vernimmst, obwohl Ich spreche, Geliebte. Man könnte es ein Phänomen nennen, daß du zu schreiben vermagst, obwohl du nicht hören kannst. Doch auch dieses Schreiben ist ständig durch Meinen Feind gestört. Du kannst dir nur helfen, wenn du deinem Beichtvater trotzdem blindlings glaubst und außerdem versuchst, mit Mir ständig in Kontakt zu treten. Das ist für dich eine große Anstrengung, die dich physisch angreift. Deshalb haben Jesus und Ich dich voll herausgenommen aus allen alltäglichen Pflichten und Arbeiten. Sieh, wie unsere Liebe vorgesorgt hat. Nimm diese Liebe als Licht für deine Schattentage.

Immer auch weitere Entäußerung

25. Juni 1980. Hl. Kommunion

Jesus: Geliebte Meines Herzens, wenn du alles wirst hinter dich geworfen haben und dich nur mehr ausstreckst nach dem, was vor dir liegt, können sich über dir die Schleusen des Himmels öffnen und ihren Gnadenregen ausgießen. Deshalb eile nach vorne, blicke nicht um; jede Rückschau ist verlorene Zeit. Gib mir auch deine Erinnerungen. – Ich werde dich dafür füllen mit Meinen Gedanken und Meiner Weisheit. Glaube nicht, was die dunkle Macht dir einflüstern will, daß du ärmer werdest. Glaube Mir und deinem B.V.

Geliebte, genau wie vor 30 Jahren weise ich dich auch heute hin auf Meine vielgeliebte Mutter. Überantworte dich völlig Ihrer Führung. Du bist ihr anvertraut schon vor deiner Geburt. Geh ihr entgegen und liebe sie innig. Durch sie nur kannst du dein Ziel erreichen, durch Sie nur fließen dir Gnaden zu... Sie versteht es wie niemand, mit Mir umzugehen und Mich in der rechten Weise zu lieben – von Ihr lerne es, Meine süße kleine Braut zu sein, an deren Anblick Mein Herz sich erfreuen und erquicken möchte.

27. Juni 1980, hl. Messe

Maria: Mein liebes Töchterchen. Was dich gestern abend angesprungen hat mit solcher Wucht, daß du beinahe gefallen wärest, war Einübung; denn was auf deine menschlichen Schultern gelegt werden soll, ist menschlich nicht zu ertragen. Du hast die Generalprobe bestanden, weil du zu Mir gekomemn bist und gesagt hast: „So etwas kann ich nicht mehr ertragen, hilf mir, ich bin am Ende!" Damit hast du Mir dein ganzes Sein übergeben – hast du die Haltung des Kindes eingenommen, das auf den Schutz eines Größeren angewiesen ist.

Du stehst ja auch wieder in einem erbitterten Entscheidungs- und Endkampf einer deiner Stufen, die dir vorgezeichnet sind. Wundere dich deshalb nicht, daß die Hölle um dich tobt und dich zurückreißen will, daß sie dir die Tage zur Qual bereitet.

Versuche es, an diese Deine Erwählung zu glauben, getraue dir, in diesem himmlischen Traum zu atmen und zu leben, ohne auf die Welt zurückzublicken, die du durch diese wunderbare Liebeserwählung Gottes verlassen hast. Dein Vater geht mit dir! Er ist der Wächter deiner von der Hölle belagerten Seelenburg.

Eure Mutter weiß, wie hart der Kampf ist, der euch auch körperlich mitnimmt. Sühne muß Übermenschliches ertragen. Aber Ich bin immer bei Meinen echten Kindern, behüte und bewahre sie. So auch den Vater ganz besonders. Deshalb nehme Ich ihn auch langsam aus aller Arbeit heraus und führe ihn immer mehr in die Verborgenheit und Zurückgezogenheit; zur Sühne mit dir, Desolata.

Der rascheste Weg

28. Juni 1980

Maria: Mein Töchterchen, übe dich im Gehorsam, blindlings mitzugehen. Mit Wohlgefallen blicke ich auf den Menschen, der sich bemüht, immer Meinen Wünschen zu entsprechen, immer Meine Ratschläge zu befolgen, nicht überlegend und zögernd, nein sofort, beinahe Mir zuvorkommend. Das ist eines der Geheimnisse Meiner Führung: Wer sich so verhält, eilt rasch voran: Das ist Demut, ist Vertrauen, ist Hingabe. Nur in Demut kann höchste himmlische Liebe und Erwählung getragen werden.

Nachmittags, beim Rosenkranz, in Immenstadt

Jesus: Meine einzig süße Geliebte, o sprich dein Fiat zu allem, was an dir geschieht... Glaube, daß die Rätsel deines Lebens nur gelöst werden können im Glauben an alles, was aus den Ewigkeiten heraus zu euch gesprochen wird und wurde. Hier allein liegt der Schlüssel. Es gibt keinen klareren Spiegel für dich als diese Einsprechungen.

Höre immer auf deinen Vater. In nichts wolle selbständig sein, ohne daß dein Vater darum weiß. Entfalte deine Seele, dein Innerstes, vor ihm wie einen Fächer, sodaß keine Falte geschlossen ist vor ihm. Rufe dich dazu immer wieder auf, auch wenn du Höllenberge und Felsbrocken überschreiten mußt. Sag ihm doch: hilf mir, ich kann sonst nicht! – Nichts ist gefährlicher als Verschlossenheit.

Fühle dich völlig geborgen. Richte deine zu Boden gedrückte Seele an Meiner Mutter und an deinem Vater auf und halte dich fest an ihnen. Du mußt so nahe dort stehen, wo die Hölle sich austobt, sodaß deine Seelenburg bis in ihre Grundfesten erschüttert wird und davon erzittert –, daß deine Kräfte erlahmen wollen, weil sie getroffen sind vom Pesthauch und den Ausstrahlungen Satans nach göttlicher Zulassung. Nimm diesen Ratschluß des Himmlischen Vaters an, Opferlamm zu sein zur Sühne für die kommende Zeit. Schenke Ihm deine Liebe; Er wartet darauf und möchte dein Kinderherz umhüllen mit der Fülle des Hl. Geistes.

Ängstigt euch nicht, wachset nur im Vertrauen als die vielgeliebten Kinder eines unsagbar liebenden, herrlichen Vaters, der Wunder vollbringen wird, die Seinen zu schützen und zu retten!

Gegenwart Jesu – drückendere Sühne

1. Juli 1980, hl. Messe

Jesus: Meine kleine Geliebte, Monat Meines kostbaren Blutes, das sich ausgießen will, um zu retten.

Du wirst heute gefesselt von Meinem Widersacher, weil Ich mich so zu euch herablasse (Konsekrierte Hostie darf bis Mittag für die Kommunion anderer aufbewahrt bleiben). Wundere dich nicht, wenn er dich Meine Gegenwart vergessen läßt, wenn er dich hindert, das Knie vor Mir zu beugen, Mich anzubeten. O wie viele Fallen wird er dir stellen. Alles, was dir nicht möglich ist, ersetzt dein Vater und Meine innigst geliebte Mutter. Durch diese Meine Gegenwart hier ist auch Meine Mutter direkt und unablässig gegenwärtig. Dieser Raum ist so ein Stück Himmel, in dem auch Engel weilen und Heilige: So gesegnet seid ihr durch Mich.

19 Uhr

Maria: Meine arme kleine Tochter, jetzt da Jesus, Mein innigst geliebter Sohn, sich herabgelassen hat in solcher Intensität durch seine sakramentale Gegenwart unter euch zu wohnen, drückt die Sühne schwerer auf dich, weil du ertragen mußt, wie gegen Jesus zu stehen, weil du von der dunklen Macht aufgestachelt wirst zu Empörung, zu Spott und eisiger Ablehnung. Ein grauenvolles Dunkel des Widerstandes gegen Gott und Seine fleischgewordene Liebe tut sich vor dir auf und schleudert dich in ein Nichts, in den Abgrund des Nirwana, wo der Wahnsinn beginnt. Doch, Meine Tochter, die Liebe siegt. Jesus, Mein innigst geliebter Sohn, ist die Krönung der Liebe, ist höchster Ausdruck der Liebe, ist unaufhörliches Ausströmen, Ausfließen ohne Maß! Jesus ist so sehr Liebe, daß er dich küßt für jede Regung der Abwehr, die sich in dir meldet –, weil du leidest. Aus Jesus fließen Ströme der Barmherzigkeit. Du bist sein kleines Lamm, auf das Sein erlösender Blick gefallen, dem Er ins Herz gesprochen: Komm, folge Mir nach! Niemals kannst du aus dieser Liebeserwählung herausfallen.

Jetzt, da Ich dir spürbar zur Mutter geworden, bist du abgesichert, denn eine Mutter verläßt ihr Kind nimmermehr. Ich führe dich zu Ihm!

Das Erlebnis an der Klostermauer

3. Juli 1980. Morgens, 5.30 Uhr

Maria: Kleine Desolata, du warst ein Kind von 10 Jahren, es war im Jahr deiner Erstkommunion. Ein strahlend sonniger Tag. Du kamst aus der Schule. Du warst allein und gingst den Weg an der Klostermauer entlang. Da bliebst du plötzlich wie erwachend stehen, und ein schneidender Schmerz traf dein kleines Herz, deine empfindsame Seele. Du blicktest auf und dachtest: O, die Sonne ist nicht mehr wie vorher, sie hat keinen Glanz mehr, der Himmel nicht mehr so blau – alles wie unter einem dichten Schleier. – Ich bin so traurig auf einmal – was ist das nur – was ist geschehen? Und du gingst langsam, langsam weiter wie ein Kind, das plötzlich krank geworden war. Etwas Unerklärliches hat sich auf dich gelegt, eine drückende Last. Du wurdest nie mehr so froh, wie du vorher warst. Dein ganzes Sein war von diesem Augenblick an erfaßt von etwas, für das du keine Erklärung, keinen Namen fandest. Du fingst zu leiden an, deine Seele fühlte sich ständig bedroht, als gingst du ständig auf einen Abgrund, auf eine Katastrophe zu. Dein Herz war eingeengt. Du konntest nicht darüber sprechen.

Hier liegt der Schlüssel, Geliebtes, der Anfang all dessen, was dann dein Leben bestimmte. In dieser Stunde wurdest du hingeordnet auf das Heute, auf alles, was nun dein Leben krönen soll und vollenden. Dies war der Augenblick, da deine Erwählung zum kleinen weißen Lamm Jesu, zum Opferlamm des Vaters, begann. In dieser Stunde wurdest du für die damals beginnende dämonische Zeit (3. Reich) in den Plan Gottes zur Rettung der Welt einbezogen, wie auch in den anbetungswürdigen Plan des Vaters über die jetzige Zeit. Alle Rätsel deines Lebens sind hier gelöst. Jetzt erlebst du den Höhepunkt. Deshalb die Nähe des Himmels in neuer Dichte, wie auch die Nähe der Hölle in kaum erträglichem Ansturm; deshalb auch vor allem Mein Nähertreten zu dir! In Mir und mit Mir nur sollst du und kannst du den Kampf bestehen. Deshalb auch das außerordentliche Geschenk des Himmels in deinem Vater.

Kleine Desolata, du bist auerwählt, du bist berufen! Alles läuft ab mit haarscharfer Genauigkeit, getragen von der überströmenden Liebe Gottes.

Opfer für Mutlosigkeit und Zweifel

5. Juli 1980. Herz-Mariä-Samstag, hl. Kommunion

Jesus: Meine kleine Geliebte, suche Mich nicht außerhalb von dir, suche Mich in dir! In innigster Vereinigung.

Heute ist wieder Tag des Unbefleckten Herzens Meiner geliebtesten Mutter, Tag der Rettung unsterblicher Seelen. Für dich daher Tag der Prüfung. Tag der Bitternis der Sühne. Kampf auf dir, dem Opferlamm, über dem die Wogen der Trübsale zusammenschlagen und das kleine Lamm überspülen mit einer Flut von Unverständlichem, Verwirrendem, so grenzenlos Bedrückendem. Kampf auch jetzt, da Ich zu dir spreche, wo dir alles abgeschnitten werden möchte, wo du größtem Zweifel und Verwirrung ausgesetzt bist. – In deinem Weihegebet gibst du dich Mir hin „für alle

Vergehen der Mutlosigkeit und des Zweifels" – wundert es dich dann, wenn du gerade das ertragen mußt in fast unerträglichem Ausmaß? Gerade deshalb steht dir ein Priester zur Seite, damit du in diesem übermenschlichem Kampf der Geister mit deiner Seele nicht erliegst, nicht in Verzweiflung stürzest, nicht in völlige Nacht des Unglaubens und Irrglaubens. Nütze deinen Priester, und zünde bei ihm dein Glaubenslicht stets aufs neue an, weil er für dich Meine fühlbare Heilands- und Erlöserliebe ist.

Noch drückendere Sühne

7. Juli 1980. Abends

Maria: Meine liebe, kleine Desolata, komm her zu Mir! Siehst du die Sonne? So stehe Ich vor dir, lichtumflossen als einmalige Sonne des dreieinigen Gottes für alle Erdengezeiten. Ich bin auch das Licht, das auch in die furchtbare Nacht des heutigen Tages hineinleuchtet mit einem ungebrochenen Strahl aus der Ewigkeit. Du bist nun schwerer und drückender in die Sühne genommen — in eine Sühne, wo der Himmel sich scheinbar zurückzieht und schweigt, wo das Menschenkind, das dazu ausersehen ist, in einer furchterregenden Verlassenheit dasteht, in einem Ausgestoßensein und einer Verlorenheit von nicht vorstellbarem Maß; Gottferne für einen Menschen, der doch Gott liebt.

Meine kleine Tochter, sprich Mich an mit dem liebevollen Namen „Mutter" und schenk Mir nachhinein alles damit es in Meinen Händen und unter Meinem Blick sich wandle in himmlische Blüten irdischen Opferns und Liebens – für Jesus, der darauf wartet, denn durch diese Leiden bist du ihm ähnlich. Sanft und sachte werde Ich dich lenken in die rechte Bahn, wo du abweichen möchtest, abweichen nur, weil die dunkle Macht zum äußersten Kampf sich gerüstet und dir nachstellt wie nie zuvor. Um dich zu schützen, ist dir dein B.V. gegeben, ein Priester Jesu, der in den Kampf eingreifen darf, wenn es nottut, der mit eigener Sühne für dich einspringt, Mein Kind.

Auf Reisen, von der Hölle umlagert

8. Juli 1980. In Offenburg, Hl. Kreuzkirche

Desolata: „Liebe Muttergottes, ich bin so in Angst..."

Maria: Kind, wünsche schnell, in Meinem Herzen zu sein, dann bist du bei deinem Vater (der bei Priestern ist). Fürchte dich nicht. Wohl seid ihr bei diesen Reisen von der Hölle umlagert und sucht sie euch Fallstricke zu legen – doch es kann euch nichts geschehen.

Du mußt dich nur Mir anvertrauen, damit Ich etwas für dich tun kann.

Durchhalten nur mit Maria

9. Juli 1980. Blieskastel, Gnadenkapelle

Maria: Mein Töchterchen muß den Mut aufbringen, nach ihren Einsprechungen zu leben! Auch wenn dir alles phantastisch vorkommt, kleine Desolata – und wie eine Dichtung nur, die entweder deiner eigenen Begabung entsprungen wäre oder dir von einer Seite zugeflossen wäre,die du nicht ermitteln kannst – auch wenn es dir so erscheinen will. Habe trotzdem den Mut, anzunehmen und dich danach einzurichten. Nur dann kann dir Friede werden.

Halte dich an Mich! Ich habe dich in Mein Herz genommen und trage dich, wie Ich Jesus trug. Ich überschaue das Schlachtfeld (in dem du stehst); der Böse kann mIch nicht täuschen, wohl aber dich. Wenn du Mich zur Mutter hast, kannst du nicht versinken.

Du hast ja auch deinen Vater als Licht und Wärme deiner dunklen, von Bitternis erfüllten Tage. Er ist die Liebe des Vaters, des Sohnes und des Hl. Geistes an dich, kleine Desolata, damit du standhalten und sühnen kannst, sühnen für diese arme Welt. Folge ihm treu.

11. Juli 1980. In Homberg

Maria: Geliebte kleine Desolata, wieder einmal glaubst du, die Quelle deines Charismas sei versiegt und du stündest am Ende. – Doch du bist angegriffen, mehr als bisher. Ruf Mich immer um Hilfe an. Die Stunde kommt dann, da du dich selbst wirklich aufgegeben hast und von deiner schlimmsten Fessel befreit bist, von deinem eigenen, so sehr intelligenten, daher zum Stolz und zur Unabhängigkeit neigenden Ich. Halte diese Übergangszeit noch durch an der Seite deines Vaters. Als deine Mutter werde Ich dir immer das Notwendige sagen, wenn du gestürzt bist. Verlasse dich da auf Mich. Du weißt ja, die dunkle Macht will dich vernichten; sie betäubte auch deinen Vater in Blieskastl. Das Vertrauen deines Vaters auf Mich, die Gnadenmutter von Blieskastl, verhinderte jedoch Unheil. So kann es niemals geschehen, daß dein Vater getäuscht wird.

Moderne Kunst

Du bist jetzt in Limburg! – Dein Erschrecken über den Tabernakel war echt und berechtigt! Ebenso dein Empfinden, heute früh in dieser Kirche der hl. Kommunion fernzubleiben. Es lag wie ein dunkler Stein alles auf deiner Seele, unter dem sie stöhnte und sich wand. Doch deine Mutter weiß wohl, warum sie Ihr Kind an diesen Orten und Kirchen haben wollte. Hat es dir nicht das Herz zusammengezogen in dieser einen Kirche, als die Fremden dich fragten, was dieser komische schwarze Kasten mit den runden Punkten bedeuten soll, ob es die Schaltung für die Heizung oder für das Licht sei: der Tabernakel für Meinen Sohn, Kind! Dazu das Kreuz in der Mitte, das einer Kirche unwürdig ist! Satan an heiligen Stätten. Mein geliebter Sohn muß erdulden wie damals am Kreuz, als der ganze Pesthauch der Hölle ihn umgab – heute in katholischen Kirchen. Diese moderne Kunst die sich Satan zu eigen gemacht, hätte nie Einlaß finden dürfen in die Heiligtümer. Wo waren die Wächter? O Kind, gib dich hin für ein Leben der Genugtuung an Jesus, an ein Leben der Buße, der Sühne und Abtötung, um einzutreten für alle jene, die ihre Pflicht versäumt haben.

Schwere Zulassung Gottes

12. Juli 1980. Ottobeuren

Maria: Geliebte kleine Desolata, die dunkle Macht wendet eine neue Taktik an, indem sie dich in quälende Unruhe versetzt, wenn du spürst, daß Ich mich dir zuwende. Laß dich nicht verwirren. Du weißt, wenn du anfängst zu schreien, ist alles gut. Aber wisse: die dunkle Macht gibt niemals auf. Es ist im Plan der Hölle, dich ständig anzugreifen, dich zurückzuwerfen, dich zu ängstigen und dich vollkommen zu verwirren. Höchste Zulassung Gottes, Kind!

Kaum heimgekommen, mußt du dich ja schon wieder rüsten zur nächsten Reise. Die Hölle will nicht, daß die kleine Desolata mitwirkt am Erlösungsnetz und Rettungsplan des Himmels. Der Feind alles Guten sieht und erkennt mehr als du, kraft seiner hohen Intelligenz und Geistigkeit.

Klammere dich an die dir gegebenen Einsprechungen, damit du Halt bekommst im Tosen der Unterwelt.

Kind, geliebtes Kind, weißt du auch, daß es gut für dich ist, daß diese Reise an dir vorbeiging, als wärest du nicht beteiligt gewesen? Die kleine, zarte Desolata wurde ausgelöscht, damit Jesus und Maria in ihr wirken konnten nach göttlichem Willen. Das Besondere dieser Reise war dein zweimaliges Dabeisein bei der Priestermesse. Ich habe das absichtlich so gelenkt: Du sollst Meine Priester tief ins Herz hineinbekommen. Durch deine Gegenwart war Jesus mit Mir personenhaft zugegen.

Abends

Geliebte kleine Desolata! Jetzt nicht nachgeben. Die dunkle Macht geht zum Großangriff über, da es jetzt ernst werden soll (durch die Weggabe der Einrichtung des verstorbenen Pfarrers O. Timme), um Jesu willen arm zu werden, ohne Angst, im vollen Vertrauen auf die Hilfe des Himmels – für dich ein Sprung in das scheinbare Nichts, aber es ist nur Aufgabe des Irdischen, um Himmlisches zu gewinnen. Bete, Kind, und bitte, daß ich dir beistehe.

Armut ist Mutsprung in die göttliche Liebe

13. Juli 1980. Hl. Messe

Jesus: Geliebte, kleine Geliebte, du brauchst viel Mut, um über die Mauer zu springen. Du stehst davor wie ein Kind, das nicht darüberschauen kann, das sich aber danach sehnt, drüben zu sein, denn es vernimmt die Stimmen von drüben, nimmt auch den Duft wahr, den der geheimnisvolle Garten Eden ausströmt. Das Kind – und das bist du – möchte in diesen Garten eintreten dürfen –, doch es geht nur mit diesem einmaligen Mutsprung über die Mauer und nur vertrauend auf Mein Wort, auf das Evangelium, auf das Wort Meiner Mutter und deines Beichtvaters, daß du nur in die Arme der göttlichen Liebe hineinspringst. Je höher du steigst, umso schwerer hängen sich die Gewichte der Unterwelt an dich. Sooft du deinen Fuß auf die Mauer setzen willst, greift die dunkle Macht dich an, um dich rückwärts fallen zu lassen. Nur bei diesem Rückwärtsstürzen tust du dir weh, niemals beim Vorwärtssprung. Springe mit geschlossenen Augen, zarte, kleine Desolata, schalte dein Denken aus, blicke vor allem nicht rückwärts; dort lauern nur die Augen der Hölle, dich zu hindern. Wisse: Alle Anhänglichkeit an irdische Güter, die du behalten möchtest, steht im Gegensatz zu Meinem Evangelium, zu Meinem Geist, zu Meinem Reich. Diese Anhänglichkeit aufzugeben, ist das erste, das Meine Jünger vollbringen müssen. Alle Güter dieser Welt sind ja betroffen vom Hauch des Bösen. Du kannst an dieser Wahrheit nicht vorbei.

Ausgelöscht sein!

15. Juli 1980. Karlstadt, Kirche

Jesus: Mit Orgelklängen empfange Ich dich, Meine kleine Geliebte, damit deine niedergedrückte Seele emporgetragen werde auf den Flügeln der Töne.

Auch auf dieser Reise sollst du ausgelöscht sein, damit allein Gottes Wirken geschehe; deshalb dein schmerzhafter Zustand. Geschehenlassen als Lamm; erkenne, Geliebte, daß du nichts vermagst, daß du arm bist und winzig und zu nichts taugst! In Geduld und Sanftmut ertragen! Dein Vater ist ja bei dir und kämpft mit dir und für dich diesen, deinen bitteren, heißen Kampf. In seinem Priestertum lebe Ich, der ewige Hohepriester. Durch seine Führung lenke Ich, der göttliche Seelenführer, durch seine Hände segne Ich und heile Ich, der gute Hirte, alle deine Schmerzen.

Nun wende deine geängstigte Seele hin zu Meiner liebreichsten Mutter: Sie ist die fürbittende Allmacht, Ihr Herz ist die Barmherzigkeit der Barmherzigkeiten. Sie tritt immer für euch ein, denn Sie hat euch miterkauft um teuersten Lösepreis, um die Hinopferung Ihres einzigen geliebten Sohnes.

Ihr Herz war stets aufgerissen von Schmerz, denn Sie ging Meinen Weg in innigster Vereinigung und Hingabe mit Mir. Sie war so zart – und mußte stark sein wie die höchsten Engel. Wer sich Ihr anvertraut, kann niemals verlorengehen. Sie kennt den Weg und vermag die Seelen zu lenken mit mildester Hand. Siehe: das ist deine Mutter!

Du bist mein!

16. Juli 1980. Kirche in Würzburg/Am Morgen

Desolata: „O Jesus, du weißt, wie es mich heute wieder bedrückt, all die schönen und edlen Dinge herzugeben."

Jesus: Es wird für dich einen Kampf kosten, wie du noch keinen gekämpft hast. Gerade dein Sieg ist für die Hölle eine größere Schmach als es 100 andere ihr antun können: denn du bist in ihren Augen nur ein erbärmliches, kleines, hilfloses Mädchen, von dem sie glaubt, es doch bezwingen zu können. Doch: die letzte Wahrheit über dein Leben ist der Hölle verborgen; denn du bist Mein, und Ich wache vor der Türe deiner Seele.

Maria: Kleine Desolata, wenn Jesus sprechen will, tritt seine Mutter zurück. Doch Jesu Herz und Mein Herz sind verschmolzen in eins in solch inniger Vereinigung, wie es ein Menschenkind sich nicht vorstellen kann. Deshalb bin in jedem Wort Jesu auch Ich, Seine Mutter – und in Meinen Worten ist auch immer Jesus, Mein einziger Sohn. Ein winziges Abbild der Vereinigung Unserer Herzen ist euch gegeben, deinem Vater J.F. und dir. Dies ist ein gar großes Geheimnis über eurem Leben, das sich immer mehr entfalten soll, bis zu eurem Höhepunkt in eurem Sterben. Glaube, Mein Töchterchen, glaube mit dem Glauben deines Vaters, der alle notwendigen Gnaden auf euch herabzieht.

Jesus: Meine kleine Geliebte, o zweifle nicht. Glaube! Du kannst ohne Glauben nicht leben. – Die dunkle Macht ahnt deinen besonderen Weg und Auserwählung. Sie ruht deshalb nicht, dich zu quälen und zu versuchen. Meine Geliebte, damit du atmen kannst und dich retten vor Verzweiflung und Todesnacht, vertiefe dich in die Einsprechungen und nimm sie an, wie du eine glaubhafte Wahrheit annehmen würdest.

16. Juli 1980. Nachmittags, in Bamberg, Dominik. Kirche

Maria: Meine kleine Desolata, Ich habe dich hierher gerufen, damit du wieder in der hl. Messe bei den Priestern bist, die Meinem Herzen teuer sind. Du sollst auch deinen Vater noch so erleben, in seiner Aufgabe, die er nun jahrelang in unermüdlicher Treue und Hingabe erfüllt hat. – Laß deine geängstigte Seele in seiner Führung gesunden. Diese Seelenführung, diese Verbundenheit, diese Gemeinschaft ist ein Wunder göttlicher Vorsehung.

Die große Sorge Mariens

20. Juli 1980. Hl. Messe in Ottobeuren

Maria: Geliebte kleine Desolata, Mein Herz blutet um Meine Priestersöhne ganz besonders um die Bischöfe, für die dein Vater eben das hl. Opfer darbringt. Sie sind heute Meine ärmsten Söhne, denn sie haben sich in lauter Kompromisse mit der Welt hineinmanövriert, aus denen sie sich nicht mehr herausfinden. – Und doch sind sie Jesu Freunde und Meine Söhne, denn sie sind Nachfolger der Apostel. Laßt sie nicht im Stich, Kind, betet und sühnt für eure Hirten. Auch das Volk Gottes hat sich schuldig gemacht, weil es seine Priester und Bischöfe allein gelassen hat – schuldig vor allem auch durch fortwährende Kritik und durch dauernde Forderungen. O daß ihr alle, Hirt und Herde, umkehren möchtet zum einzig wahren Leben des Evangeliums, zur wahren Nachfolge Christi. Wieviel könntet ihr noch anhalten, verhindern und retten!

Geliebte kleine Desolata! Daß du dich so elend fühlst, ist kein Wunder, hast du doch 2 aufeinanderfolgende Reisen hinter dir, was für dich größte Belastung bedeutet. Du hast keine Reserven, es geht immer von der Substanz und stößt an der Grenze an. Ich werde alles leiten. Vertraue!

21. Juli 1980. Hl. Messe

Maria: Geliebte kleine Desolata! Deine größte Sühne ist dieses Angefochtensein im Glauben. Dieser übermenschliche Kampf gegen diese Finsternis des Unglaubens, die stets an dich herangetragen wird und dich einhüllen will in Verzweiflung und Aufgabe dessen, was dir aufgetragen ist. Gib nicht auf. Schlage dich tapfer durch, Mein Knappe!

Beim Rosenkranz

Maria: Kleine Desolata! Du möchtest sprechen mit Mir – doch es geht nicht; du wirst angehalten, und dein kleines Gehirn setzt aus. Ertrage es. Sprich durch deinen Vater zu Mir! – Übe dich nur im Glauben und Vertrauen; denn wenn du es stammelst mit letzter Kraft „Ich glaube", bereitest du Jesu Herz und Meinem Herzen große Süßigkeit; denn du sprichst aus furchtbarstem Unglauben heraus, der dir übergeworfen wird und dich erfüllt, als wäre er von dir. Laß dich nicht beirren, du bist ein Gotteskind, ein gläubiges Kind, auch wenn du es nie empfinden kannst. Geh nur tapfer an der Hand deines Vaters über alle Abgründe und Schluchten hinweg – du bist auf dem Weg zum Himmelreich!

Daß du mitgenommen bist, wenn Wir viel zu dir sprechen, ist ganz natürlich. Deine Natur ist zart und sensibel. Deshalb bist du aus allen Verpflichtungen herausgenommen. Früher, als du jung warst, konntest du noch beides verbinden, doch jetzt ist dein Körper verbraucht. Deine ganze

Kraft ist jetzt notwendig für diese übernatürlichen Vorgänge. Nimm alle Fügungen ruhig in Dankbarkeit an. Sie haben tiefen Sinn.

Rückblick von Pfr. Timme

22. Juli 1980. Hl. Messe

Verstorb. Pfarrer Timme: Seelchen, es ist nicht von ungefähr, daß gerade heute eine heilige Messe zu meiner Glorie des Himmels gefeiert wird von meinem Priesterfreund, deinem jetzigen Vater. Eine solche hl. Messe vermag die himmlische Seligkeit zu vertiefen. Vor 31 Jahren durfte ich heute, an diesem Tage, dich zur Weihe führen. Es ist für einen Priester eine besondere Gunst, wenn er eine besondere Seelenführung anvertraut bekam. Du sollst einmal im Himmel die Krone deiner Beichtväter werden. Denke nicht, daß es schmerzlich für mich ist, daß ich nicht bei dir vollenden durfte: Ich bin immer dabei auf deinem jetzigen Weg und darf dich mehr unterstützen als jemals im Leben.

Denk auch an die hl. Magdalena, deren Fest Jesus ausersehen hat zu deinem Weihetag; denn ihre Reuetränen, die du immer Gott angeboten hast und anbietest, verwandeln deine eigenen Tränen in Perlen der Gnade und vermehren Gottes Barmherzigkeit über dir. – Nichts ist zu vergleichen mit der unerreichbaren Barmherzigkeit Gottes, die sich wie duftendes, unbeschreiblich linderndes Öl ergießt über die Seelen. Seine Barmherzigkeit allein hat mich so sterben lassen und in den letzten Wochen vollendet für die mir zugedachte Glorie. Es ging jedoch einzig und allein durch die Hände der lieben Muttergottes. Die Zugehörigkeit zur Marianischen Priesterbewegung und ihre Weihe ist etwas so Großes und den Menschen, vor allem den Priester Umwandelndes, wie ihr es euch nicht vorstellen könnt. Eine ganze Ewigkeit genügt nicht, Gott für diese Berufung zu danken... Das Unbefleckte Herz Mariens ist der Ort für einen Priester, wo er allein zu einem zweiten Jesus gebildet werden kann. Als Priester ist man ja dazu berufen, ein zweiter Jesus, zu sein, Jesus in Seinem Opferpriestertum...

Beim Rosenkranz

Maria: Meine liebe kleine Desolata, du erwartest noch ein Wort deiner Mutter, heute, an deinem Gedenktag.

O Ich stehe strahlend vor dir. Mein Unbeflecktes Herz ist es, das durchleuchtet ist vom Licht der allerheiligsten Dreifaltigkeit, wie keines Menschen Herz sonst. In diesem Herzen seid ihr eingeschlossen, ihr, – die ihr die Weihe vollzogen habt und sie zu leben versucht. Dieses Mein Herz vermag euch vollständig zu erneuern, so wie dein Vater Otto dir heute kündete. Habe Ich euch nicht alle angenommen, als ich unter dem Kreuz stand? Da Ich die

Erstvollendete bin, die Erstfrucht der Erlösung, vermag Ich Meine Kinder zu Mir zu erheben – ist es Mein innigster Wunsch und Meine warme Sorge, euch umzugestalten in einen neuen Menschen, in den Menschen der Erlösung. Deshalb kann es für euch keinen besseren Weg geben als den Weg durch Mich.

Diese Aufzeichnungen sind Wahrheit

30. Juli 1980

Jesus: Kleine Desolata, warum hast du dich so von der Hölle verjagen lassen und in Angst versetzen vor Mir?! Der Ich doch Liebe bin! Armes Kind! Siehe Ich war bei dir in jeder Sekunde deiner qualvollen Tage! Und Ich sage dir feierlich, Kind: Jedes Wort in diesen deinen Aufzeichnungen ist Wahrheit, ist ewige unverfälschte Wahrheit, für dich und deinen Beichtvater gesprochen, um deiner Erwählung und Berufung willen, aber auch für andere einmal.

Noch etwas, Kind: Dein Beichtvater habe kein Mitleid mit dir, nur Güte! – Du aber mußt ganz Kind deines Vaters in jedem Augenblick sein, die dunklen Kräfte nützen immer die Stunden und Tage, da dein Vater nicht bei dir sein kann. Er ist eine uneinnehmbare Burg für Satan, gegen die er vergebens anrennt. Sei ganz natürlich vor deinem Vater. Wenn du einen Wunsch, eine Bitte hast, äußere sie deinem Vater, sonst hat die dunkle Macht eine Einbruchsstelle. Darum auch keine Heimlichkeiten, auch nicht in Gedanken! Dein Weg fordert ein Vater-Kind-Verhältnis in außergewöhnlicher Intensität.

Kostbarer Rosenkranz

Abends

Maria: Meine kleine geliebte Desolata, Ich neige Mich über deine große Not. – Du hast aus Liebe zu deinem Vater begonnen, den Rosenkranz langsam zu beten, und du fühlst die ganze Schwere; denn nun bohrt dir die Hölle ihre Dornen bei jedem Ave langsam und fühlbar ins Herz und in deine empfindsame Seele. – Die Blüten der Rosen jedoch, die Mir von diesen Ave in den Schoß fallen, sind duftend von schwerer Süße und Köstlichkeit. Dein Leidensweg schreitet unentwegt fort und geht höher.

31. Juli 1980. (Ein kleiner Hund war ein Jubiläumsgeschenk einer Lehrerin an Pfr. Timme).

Maria: Geliebtes Kind, Ich zeige Mich dir an diesem Abend als die Königin der Natur, die Königin der Schöpfung. Vertraue Mir noch einmal das Hündchen an, das dir stets zur Quelle der Leiden geworden ist. Gott trug dir durch dieses Tier, das nicht du dir angeschafft hast, das Leid der unerlösten, so gestörten Schöpfung an, um dein Herz zu öffnen zu höchster Empfindsamkeit. Ein Tier – mußt du wissen – ist auch ein Hauch des Schöpferatems Gottes. Auch in einem Tier lebt das verlorene Paradies. Meine Engel wachen auch über dieser Schöpfung, die heute, wie nie, vom Dämon angefallen ist. Du trägst die Ratlosigkeit und Qual der Kreatur in dir auf nicht erklärbare Weise. Stoße sie nicht zurück, sonst machst du dein Herz zu Stein, anstatt es überfließen zu lassen zu Heimholung und Harmonie.

Die Grundlage: Demut

1. August 1980

Maria: Meine kleine Desolata! Betrachte Meine Demut, diese Krone der Tugenden, aus der alle anderen hervorgehen. Ich war in Demut eingehüllt wie in einen kostbaren Schleier. Ich wußte nichts von Mir selbst, nichts von Meinem Ich. Ich war wie ausgelöscht. Ich hatte keinen eigenen Willen mehr, hatte ihn nie, er war untergetaucht im Willen des Vaters wie der Regentropfen im endlosen Meer. Ich wehrte Mich nie, weil Ich Mich demütig beugte. So konnte alles, auch das Unfaßbarste, an Mir geschehen. Die Demut machte Mich zum Gefäß, Gott aufzunehmen. Demut ist Gnade, um die man bitten muß – eine Herzenshaltung, die man üben muß. Den Demütigen füllt Gott die Hände, denn ihre Schalen sind leer, Seine Gaben aufzunehmen. Demut geht immer über das eigene Ich hinweg, sie kann geschehen lassen ohne zu fragen. Bitte Mich um diese Gnade, denn Ich bin die große Gnadenvermittlerin.

Fürchte dich nicht! Es ist alles Sühne für dich, Kind! In dieser Sühne bist du jedoch zugleich eingehüllt in einen vollkommenen schützenden Mantel, den Mantel Meiner eigenen Sühne. Du weißt, Ich bin der Hölle furchtbar. Als Mein Kind wirst du es ebenso werden, d.h. Ich werde durch dich Meine Siege erfechten, um Satan Beute zu entreißen. Heiße deinen Vater in Meinem Namen willkommen und überbringe ihm Mein Lächeln.

Immerwährende Hilfe

1. August 1980. Beim Abendrosenkranz

Maria: Meine liebe, kleine Tochter. Satan will Dunkelheit um dich breiten. Gib Mir schnell dein Glaubenslicht, daß Ich es schütze in Meinen Händen. Dein kleiner Glaube wird noch einmal stark werden und alles überstehen – durch Meine Hände – Meine Hände, die Jesus hielten als Kind – und die Ihn hielten, als er ausgelöscht in Meinem Schoße lag nach der Kreuzabnahme. So sind Meine Hände geweiht worden zu immerwährender Hilfe.

20.15 Uhr

Maria: Liebes Kind, beuge dich noch dem Opfer. Stelle dich dem Feind und lege dich als Lamm unter die Sühne. Schmälere auch deinem Vater die Sühne nicht. Vertraue dich Meinem Mutterschutz an.

Gott öffnete Mein Herz für euch, seine erbarmungswürdigen Kinder. Wie habe ich um euch geweint! Um dieser Tränen willen rettet Gott die Welt und läßt sie neu erstehen. Es sind die Tränen Meiner Leiden.

Ich war nie ohne Leiden, denn ich war aufgesogen von den Leiden Meines einzigen Sohnes – Mein Herz untergegangen in Seinem. Sein Herz war von Anfang an durchbohrt von der Wunde des Kreuzes, die Erlösung brachte. Diese Wunde hatte Ich stets vor Augen. Ich litt von den ersten Tagen, da Jesus Mir geschenkt ward. Er gehörte nie Mir, er war immer ausgeteilt an alle. Und so auch Ich. Siehe, das ist deine Mutter!

2. August 1980

Maria: Meine kleine Tochter, Mein Herz war wie Jesu Herz aufgerissen vom Schmerz um die unsterblichen Seelen, aufgerissen auch um Zuflucht zu werden für alle Seelen vor dem Zugriff Satans. O Kind, Satan hält die ganze Welt im Griff und sein vernichtender Atem liegt über der Schöpfung. Finsternis breitet sich aus. Ich, die Mutter der Seelen, beuge Mich über jede einzelne in nie erschöpfendem Erbarmen. Mein geöffnetes Herz weint und blutet über ihre Verlorenheit. Mein Herz ist durchstochen von ihren Sünden und krampft sich zusammen ob ihrer Bosheit und Kälte. Vor allem meine Priestersöhne sind es, um die Mein Herz bangt in unvorstellbarem Ausmaß. Kein Augenblick Meines Lebens war ohne dieses Leid, so sehr war ich zur Miterlöserin bestimmt.

Die Macht Mariens

5. August 1980. Hl. Messe, Maria Schnee

Maria: Kleine Desolata, heute an Meinem Festtag umfächelt dich Kühle und Frische inmitten sommerlicher Hitzetage. Nimm es als untrügliches, für dich wichtiges Zeichen, daß Ich alles vermag, daß Ich in Wahrheit die Königin und Herrscherin bin über die Natur – daß Ich einzugreifen vermag gegen menschliches Denken und irdische Vorstellung. Dieses Wissen ist für dich wichtig; denn du mußt dich einmal darauf stützen können, wenn du viel ertragen mußt.

Jesus: Siehe Meine Mutter! Was auch kommen mag, Meine starke, mächtige Mutter kann für ihre Kinder und die Schöpfung, die ihr anvertraut ist glutsengende Feuerhitze umwandeln in erfrischende Kühle. Diese Mutter steht über deinem Leben leuchtend und hell in einmaligem Glanz. In ihr ist alles geborgen, was dein Leben betrifft. In ihren Händen liegt deine Vollendung deines Charismas zu voller Blüte.

Maria: in Meinem Herzen umfängt dich die Liebe des Vaters, küßt dich dein Bräutigam Jesus und umhüllt dich das Feuer des Hl. Geistes; denn Mein Herz ist auch der Thron der allerheiligsten Dreifaltigkeit. Die Menschenseelen in Mein Unbeflecktes Herz hereinzurufen ist allerhöchste Barmherzigkeit Gottes. Nirgendwo wären sie sicherer als in diesem Zufluchtsort, den die höchste Liebe des Vaters euch bereitet hat für dieses Zeitalter.

Priester-Berufung und -Formung

Maria beim Rosenkranz

Maria: Meine geliebte kleine Tochter, ich hatte Deinen früheren Vater zum Priestertum gerufen. Jedem Priester erflehe Ich die Gnade seiner Berufung; denn sie sind alle in ganz besonderer Weise Meine Söhne, in denen Ich Jesus liebte. Jesus hat sie mir alle in Johannes übergeben auf ganz besondere Weise. Kein Priester könnte die besondere Größe seiner Berufung tragen ohne Meine Liebe und Zuneigung, ohne Mein mütterliches Herz – dieses Herz, das sie trägt, wie es Jesus getragen hat.

Ich kenne keinen Unterschied. Meine Liebe ist ohne Grenzen und umfassend wie ein Meer.

Meine Priestersöhne nun, die für diese Zeit in Mein Herz gerufen wurden, haben ganz besondere Zuwendungen an Gnadenerweisungen und Privilegien –, wenn sie die Weihe leben. Ich führe sie wirklich zu höchster Vollendung; denn Ich führe sie den Weg Meines Jesus, Meines geliebten Sohnes – ja Ich gestalte sie um in Jesus – d.h. Ich forme sie in einen zweiten Jesus um; denn nur so vermögen sie zu retten und das Licht der kommenden Zeit zu sein. Jene Priester aber, die Ich bereits im Himmel um Mich versammelt habe, wurden bereits umgestaltet und bilden den Kranz Meiner Glorie. – In dieser Glorie ist auch dein (verstorbener) geistlicher Vater Otto, und zwar sofort nach seinem Sterben. Ich habe das den Priestern der Marian. Priesterbewegung versprochen! Wie sollte Ich Mein Wort nicht halten? Ich habe deinen Vater in den Wochen seiner Krankheit vollendet..., vorbereitet auf seinen seligen Heimgang. Er ist heute und morgen – nach eurer Zeit gemessen – in unbeschreiblicher, jubelnder Danksagung (der heutige Tag ist sein Priesterweihetag). Stimmt ein in seinen Jubel! Erinnert euch seiner letzten Worte: Auch ihr sollt danksagen!

Unter stärkstem Angriff der Hölle

6. August 1980. In Altötting

Jesus: Meine kleine Geliebte! Mein Wille war es, der euch anzog und hierher führte. Du hast bei Betreten des Kapellplatzes für Augenblicke die Wärme der Mutter empfunden und Ihre Hinneigung zu dir, sodaß es dich bewegte und rührte. Doch jetzt stehst du bereits unter stärkstem Angriff der Hölle; du glaubtest zu ersticken.

Du stehst in einer der größten Glaubensprüfungen: Du mußt das Schweigen der Mutter erdulden; denn die ganze Hölle hat sich zwischen Sie und dich geworfen in schäumender Wut und mit verstärkter Macht. Auch bist du hier ausgeliefert wie in Einsiedeln an die Ausstrahlungen der Menschen – und sie rauben dir jede Sammlung. Sie liegen auf dir in drückender Schwere. Dein Vater wird dich auffangen und befreien. Glaube mit seinem Glauben. Meine Mutter gab dir das Zeichen: Sie erhörte deine Bitte um Wind (es war schwülheiß).

In der Gnadenkapelle. 16 Uhr

Maria: Meine geliebte Tochter, wie unbeschreiblich duftet deine Seele hier, vor Meinem Bild. Wie sehr hat euer Besuch Mein Herz berührt, und es wird nicht ohne Folgen sein. Nicht traurig sein ob der kurzen Zeit hier vor Meinem Bild. An Weihnachten wirst du mit deinem Vater hier seine Jubelmesse feiern.

Heiliger Tausch

7. August 1980. Hl. Messe

Maria: Kleine Desolata! Du weißt, seit deiner Weihe hat dein Leben eine Wende erfahren, ist alles auf eine andere Ebene gehoben worden, so auch alles Geschehen an dir. Es geschieht nichts mehr nur auf rein irdischer, natürlicher Plattform. Dein eigenes Ich wird durch Gottes Gnade immer mehr zurückverwiesen, und an seine Stelle tritt ER selbst, Sein göttliches Leben, sodaß nicht mehr du lebst, sondern Gott in dir. All dies geschieht in Meinem Herzen, durch Mein Herz, dem du übergeben bist und damit in Mich hineinverwoben wie der einzelne Faden in einem Stoff; für dich alles unmerklich. Ich habe dich durch deine Weihe neu geboren für dieses andere Leben, hast Mein Herzblut bekommen, wie einst Jesus. Deshalb lebst du jetzt in Meiner Dimension, bist Leben von Meinem Leben.

Die Zeit Mariens steigt herauf

8. August 1980. Hl. Messe

Maria: Um Meinen Mund spielt immer das Lächeln des Verzeihens. Ja es ist Meine Wonne, Meine Kinder nach den Stürzen aufzuheben und den Kuß des Verzeihens ihren Seelen aufzudrücken. Ich bin die verzeihende Liebe Gottes für euch, Seine Barmherzigkeit, denn Jesu Herz schlägt in dem meinen. Laß das heutige Evangelium von der Nachfolge Christi (Lk. 9/57-62) tief in dich eindringen, damit du beruhigt bist über deinen jetzigen Weg, über dein Verhalten den Verwandten und Bekannten gegenüber – über dein Handeln betreffs deines Eigentums. Solch ein Ruf Jesu ist ein Geheimnis des himmlischen Vaters, und das Geschöpf kann einzig in größter Demut sein Adsum sprechen und geschehen lassen ohne Frage. – Es ist Meine Zeit, die heraufsteigt aus der Ewigkeit – und in Meinem Herzen sollst du sie leben in höchstmöglicher Intensität mit deinem Vater, denn ihr seid eins in Gott, eins in Mir!

Beim Rosenkranz:

...Jesus ist für alle gestorben, auch für die, die heute sorglos der Hölle zutaumeln, die Hörige Satans geworden sind. Sie verursachen Jesu Erlöserliebe den unstillbaren Durst nach ihren unsterblichen Seelen. Wenn die Barmherzigkeit des Vaters sich nicht in dieser unfaßbaren Langmut äußerte – es gäbe keine Welt mehr. Das Herz Meines Sohnes schüttet diese Barmherzigkeit in Strömen über diese verblendete, bis ins Innerste verdorbene, vom Pesthauch Satans erkrankte Welt. Es geht um die Seelen, einzig um ihre Rettung aus den Händen Satans. Desolata, hilf Jesu Durst stillen durch deine Sühne. Du bist berufen, Satan die Stirn zu bieten und ihm Beute zu entreißen durch deine Kämpfe. Mit deinem Priester wirst du es vollbringen.

Aus der Tiefe schreie ich

9. August 1980. Samstag, hl. Messe

Desolata: „O Mutter, ich werfe mich vor Dir nieder und schreie zu Dir empor. O erbarme dich meiner Schwachheit. Mutter, ich will mich vor Dir beugen. In mir ist ein gräßlicher Widerwille gegen Dich, Auflehnung, Trotz und Überdruß. Trotzdem will ich Dich bitten: Laß mich in Deinem Herzen sein. Ich will Dir sagen, daß ich Dich lieb habe, auch wenn es mir anders scheint. Ich will Dich bitten: Sprich zu mir, ich will Dir vertrauen!“

Maria: Meine geliebte, kleine Desolata, es ist schwer für dich, Mir jetzt zuzuhören, denn deine Seele ist überlagert und befindet sich gleichsam in tiefster Felsenschlucht, in der die Wasser des Unglaubens tosen. Oben, auf

dem Felsen, aber stehe Ich und spreche zu dir hernieder. Du mußt also unentwegt emporblicken zu Mir und von Meinen Lippen ablesen; denn die tosenden Wasser wollen meine Stimme übertönen. Dadurch, daß du aus den schrecklichen Untiefen, in die deine Seele gestoßen ist, zu Mir emporgerufen hast, hast du Satan den Kampf angesagt. Fürchte dich nicht, du kommst aus der Schlucht wieder heraus an der Hand deines Vaters, der Satan in Grenzen zu halten vermag. Gewiß, der Kampf wird härter, doch in all deinen scheinbaren Niederlagen feiere Ich Meine Siege und nehme Satan aus der Hand, was er bereits als sein Eigentum ansah, nachdem er dein Denken eingeschaltet hatte. Wage trotz allem froh zu sein, weil du Mein Kind bist. – Ich führe euch durch alles hindurch, ist doch eure Zukunft längst in Meinem Herzen geschehen. Ich brauche euch, seid ihr doch meine Werkzeuge.

10. August 1980. Hl. Messe

Maria: ...Deine Natur, deine Veranlagung, deine frühere Lebensweise werden nun fortwährend gekreuzigt, um geläutert zu werden und zurechtgebogen für den Willen Gottes. Das schafft dir Unbehagen, Not, Widerstreben und Überdruß. Es geht ja um die Aufgabe deiner Selbständigkeit, die du als Kind aufgeben sollst ... Sobald du wirklich Kind geworden bist, gehst du in die Harmonie ein. Du erreichst es bald. Kämpfe weiter!

Noch etwas Wichtiges: Das, was dein Vater als natürliche Ordnung empfindet, ist für dich Streß. Nicht aufputschen mit Kaffee oder Schwarztee. Dein Körper muß entspannen lernen. Sag dem Vater, wie du dich fühlst und was dir helfen würde, und ruhe!

Sühne eigener Art

11. August 1980. Abends

Maria: ...Deine Sühne liegt in ganz besonderer Weise im geistig-seelischen Bereich. Sie geht bei dir immer an eine Grenze. Durch dein An-die-Grenze-Stoßen bist du fähig zu sühnen und zu retten auf nur dir mögliche Art. Fürchte dich nicht, du gehst dem Lichte entgegen.

Immer noch Kampf um Loslösung

13. August 1980. Hl. Messe

Maria: Kleine Desolata. Der Himmel schenkt und sorgt, wenn ein Mensch alles weggegeben bis auf das Notwendige. Dieses ergänzt er immer! Er gibt dir nur nicht den Überfluß und Luxus.

Desolata: „O Mutter, all die lieben und schönen Dinge...“

Maria: Wenn du daran hängst, versperren sie dir das Licht, die Farbe und den Duft der Gnaden, die dich unvorstellbar mehr erfreuen und erfüllen können, denn irdische Dinge. Bleibe fest; du hast dich ja schon gelöst; solche Gedanken sind Störmanöver der Hölle.

(Es traf die Nachricht vom Tod ihrer Tante ein)

...Du mußt wissen, Geliebtes, um eine Menschenseele wirbt Gott mit unbegreiflicher Erlöserliebe ohne Unterlaß bis zum letzten irdischen Augenblick. Wenn du es auch nicht innewurdest – du hast viel an Sühne übernommen für deine Tante. Sei deshalb ruhig; auch wenn du nicht an sie dachtest –, Gott dachte unentwegt an sie, und er schöpft für alle Sterbenden aus den Schätzen der Kirche, die in Gnaden, in Sühne, in Buße, in Gebeten und Opfern bestehen und von Gott allein wirksam verteilt werden und gerecht. Auch du wirst verteilt, wenn du unter Sühne stehst. Es geht stündlich, ja jede Sekunde um unsterbliche Seelen! Hilf retten! Immer nur retten!

Die Rettung: Herz Mariens

15. August 1980. Mariä Himmelfahrt

Jesus: Meine kleine Geliebte, du hast nur eine Mutter: Meine Mutter! ... Wie nahe ist Sie euch in diesem Jahrhundert getreten und hat sich geoffenbart, hat ihr Herz förmlich an euch verschüttet in schmerzlichst aufrüttelnden Worten, Mahnungen und Tröstungen. Ihr Herz, aufgerissen und verwundet von Abweisung, Kälte und Unbekümmertheit dieser Menschheit, ist das einzige Mittel, die Welt vor dem Untergang zu retten. Doch die Menschen blicken an Ihr vorbei, als gäbe es eine solche Mutter nicht.

Doch Ich warne: Wer Meine Mutter antastet, tastet Mich an, und wer sie zurückstößt, stößt Mich zurück! – Ihre reinen Hände sind der Kelch, in den die heiligste Dreifaltigkeit unablässig alle Gnaden für euch ausgießt. Sie kann austeilen von den Schatzkammern des Himmels, die durch Mein Blut ständig gefüllt sind. – Meine Mutter ist ein einziger Lobgesang. Sie ist ein Licht, das alle Finsternis durchbricht. – Sie allein vermag selbst aus sich zu leuchten durch ihr Sein in der heiligsten Dreifaltigkeit. Versäumt nie, sie anzurufen! Ihr Herz opfert sich auf jeden Anruf hin dem Vater in reinster Liebe. Sie ist die größte Geopferte Meiner Liebe zu den Seelen.

Maria: ...Sühne ist Gnade deiner Erwählung; vor allem die Nacht, Kind, steht unter diesem Zeichen für dich wie für deinen Vater. Leide mit ihm durch, nicht allein, Geliebtes. Er ist Vater und du sein Kind; also lehne dich an ihn.

16. August 1980. Rosenkranz

Maria: Geliebte, kleine Desolata, Ich bin deine Zuflucht. Wenn du das spüren könntest! Doch dir ist es nicht möglich, Mein armes Kind, denn hier wirft sich die Hölle dazwischen. Du kannst es nur geistig vollziehen in deinem Stammeln: Mutter, ich vertraue mich Dir an.

Lamm-Schule

21. August 1980

Maria: Kleine Desolata, Sturm in der Natur, Sturm in dir! – Dein Körper legt dir jetzt Grenzen auf; das ist bitter für dich. Es ist dies auch eine Art der Loslösung, ein neues Ausgeliefertsein, ein Halt, über das du nicht hinauskannst: Lamm-Schule, Geliebtes. Sprich mit deinem Vater. Die Hölle gibt nicht auf; sie stürzt über dich her wie das Raubtier über ein verwundetes Wild. Rette dich durch Offenheit, Demut und Gehorsam! – Die Sühne ist dir zugemessen wie ein Kleid..., nur die Farbe des Kleides wechselt. Deine Sühnenächte heißen nun: tödliche Einsamkeit, das Gefühl, am allerverlassensten zu sein, Wege in tiefe Dunkelheit hinein. – Wie grausam und erniedrigend die Zweifel auch sein mögen: Du bist Unser Kind, mit ewiger Liebe geliebt und ausersehen.

23. August 1980. Rosenkranz

Maria: Zweifle nicht an deiner dir auferlegten Sühnelast. Nimm die Nächte tapfer in Kauf. Versuche immer mehr, sie mit Mir durchzustehen.

Deine göBte Aufgabe nunmehr ist es, daß du lernst immer mehr nach innen zu leben anstatt nach außen. Du wirst auch das vollbringen, auch wenn die Hölle alles daransetzt, dich davon abzuhalten. Halte dich an die Einsprechungen. Es ist höchste unaussprechlich barmherzige und weise Liebe Gottes, die dieses Buch des Lebens für dich und deinen Vater schreibt mit leuchtenden Buchstaben – es ist Wegweiser in dunklen Stunden. Mache dich zu immerwährender Danksagung für solche Erwählung und Herablassung der höchsten ewigen Liebe!

21 Uhr

Geliebte kleine Desolata... Mein Herz wurde in unvorstellbarem Maße geweitet, Mutter des ganzen Menschengeschlechtes zu sein, eure Zuflucht zu sein. Dieses in Meinem-Herzen-Sein ist ein Mysterium, ein mystisches Geschehen. Mit jedem „Mutter laß mich in Deinem Herzen sein" (= von der Mutter selbst uns gegebener Bittruf) bewegt ihr gleichsam den Türklopfer an den Toren der Burg und tretet ein, und eure Seele wird in mystischer Weise aufgenommen und umgeben von Mir, vom Innersten Meines Herzens. Das bedeutet: Gnade, Reinigung, Nahrung, Umwandlung, Erziehung, Läuterung und Heiligung für euch – ohne daß es euch bewußt wird.

24. August 1980. Nachts, 20.30 Uhr

Maria: ...Geliebter Vater J., es ist unendlich schwer für deine Tochter, mit schreckhaften Dingen umzugehen und fertig zu werden. Jede Bedrohung zeigt sich ihr im Vergrößerungsspiegel. Dein Kind ist ein zartes, durchsichtiges Blümchen, das im Schatten stehen muß an kalter, düsterer Mauer, obwohl es alleine für die Sohnne geschaffen wäre und nur in der Sonne zu blühen vermag. Sühne ganz eigener Art! Deine Güte, deine Liebe und Fürsorge ist der Tau, der das Blümchen am Leben erhält.

25. August 1980. Hl. Kommunion

Maria: ...Ich weiß, deine kleine Seele wünscht, dem Vater Licht sein zu dürfen! Siehe, dieses Leuchten für deinen Vater bin Ich und lasse es durch Meine Worte durch dich hindurchscheinen. Wolle nicht anders sein, als du bist. Deine Dunkelheiten, deine Verwirrung, deine Schwere... all dies ist dein Vater berufen mitzutragen. Dazu ist er auch befähigt.

Deine Tränen sind nicht Ausdruck einer beginnenden Krankheit, sondern Ausdruck der Erschütterungen, denen deine hochempfindsame Seele dauernd ausgesetzt ist. Laß sie fließen, sie reinigen und beleben, wo es notwendig ist.

Der schwere Weg zur Seligkeit

26. August 1980. Hl. Messe

Maria: ...Du bist gebunden und „wirst geführt, wohin du nicht willst", wonach sich deine Seele aber sehnt. Es tut deiner Natur weh, daß sie nun in Fesseln gelegt ist. Doch jeder Seufzer, jedes Aufstöhnen ist kostbar für deine Sühneseele und befreit sie für ihr gottgewolltes Tun. Es gibt keinen anderen Weg zur Himmelsseligkeit als den der Selbstaufgabe und Lösung von allem Irdischen.

Du bist auch ein Kind dieser Zeit, das seine Irrlehren wie feinen Gifthauch an die Menschen heranbläst und sie ansteckt. Nur wer stark ist und ungebrochen im Glauben der Väter, bleibt gesund und geht seinen geraden Weg.

21.30 Uhr

Desolata: „ O Mutter, steh deinem Kinde bei..."

Maria: Meine liebe kleine Desolata, Ich weiß, welche Zweifel dich quälen. Du wirst immer in diesem Kampf stehen. Die Angst, eine Betrügerin zu sein, wird dich nie verlassen. Vertrau dich Mir an, wünsche jetzt nur, in Meinem Herzen zu sein, denn der Mantel der Sühne deckt deine Seele zu. Lege deine Erwachsenheit ab und mache dich zum Kind, jetzt, sofort in diesem Augenblick – und alles wird gut!

27. – 30. August 1980. Wallfahrt nach Disentis/Schweiz und Rückkehr

Im Dunkel der Verlassenheit

31. August 1980. Sonntag, 20.30 Uhr, Ottobeuren

Maria: Meine arme, kleine Desolata, Mein Kind! Du verstehst die Welt und den Himmel nicht mehr, vor allem auch nicht dich selbst. Verstehst auch die Tage in Desentis nicht. Alles ist dir verschleiert und unheimlich. Dein Herz krampft sich zusammen in brennendem Weh. Doch Ich, die Mutter, fange dich auf und drücke dich an Mein Herz in mütterlicher Zartheit und Liebe. Gott läßt alle Gnaden durch Meine Hände gehen, damit die Liebe der Mutter sie den einzelnen anpaßt und formt.

So habe ich in Disentis Gnaden für euch bereitet und in eure Seelen gelegt – reiche Gnaden, die sich voll auswirken werden. Dein Vater erkannte richtig: Auch eure Wallfahrten stehen unter Sühne. Es war Sühne, Opferung und Schulung für beide. Meine kleine Desolata hat dort so viele Gebete, so viele Bitten zu Mir hinaufgefleht – hatte aber keine Erhebung, keine Erbauung. Doch Meine Liebe zeigte Ich euch in äußeren Begebenheiten: Wetter, Unterkunft, Himmelsschauspiel, Alleinsein bei der hl. Messe. Die Tage sind dort verlaufen, wie sie in Meinem Herzen geplant waren.

6. September 1980. Hl. Messe

Maria: Kleine Desolata, kehre zu deiner ersten Ergebenheit zu deinem Vater zurück, und alles ist gut. – Wirf dich heute wenigstens 10 mal vor Jesus nieder – und die Gnaden können sich über dich ergießen.

Denke daran, wie du in der ersten Zeit, da dein Vater dich lehrte, vor Gott im Staube zu liegen, oft nach der hl. Wandlung am Boden lagst im Bewußtsein deiner eigenen Ohnmacht und Schwäche. Solche Übungen nicht aufgeben, geliebtes Kind! Du hast auch erfahren, wie Jesus sich nach deinen ehrfürchtigen Küssen sehnt. – Sei nicht sparsam damit – lege deine ganze Liebe hinein, deren du fähig bist, und dein kleines Herz wird sich entzünden können an Seiner glühenden Liebe zu dir. Es bedarf großer Ausdauer, Wachsamkeit, Stille und Eingezogenheit. Einheit, Vertrauen und Liebe müssen stets neu errungen werden. Gehorsam ist die stärkste Stütze.

Die lebendige Monstranz

8. September 1980. Rosenkranz

Maria: Ich blicke auf Jesus, Meinen Jesus, den Ich auf Erden getragen als lebendiger Tabernakel – Jesus, den Ich unter dem Herzen trug wie eine lebendige Monstranz. Deshalb bin Ich auf Erden überall zugegen in unsagbarer Liebe und Hingabe, wo Jesus gegenwärtig ist, im hl. Sakrament. Nie könnt ihr dieses Geheimnis unausprechlicher Heilandsliebe ermessen!

Kind, geliebtes Kind! Und die Kirchen sind leer, die Tabernakel verlassen! Welch ein Schmerz, welch eine Schmach für eures Heilands liebendes, so überaus zart empfindendes Herz! Tröste Ihn, Meine kleine Desolata, tröste Ihn für soviel Undank. Jesus dürstet danach.

9. September 1980. Rosenkranz

Maria: ...Ich bin die Mutter aller, denn Ich ward zur Miterlöserin bestimmt. Ich wurde vom Vater allein zubereitet für diese unvergleichliche, einmalige Aufgabe. Ich blutete nach innen, als Jesu Herz gespalten wurde am Kreuz. So blutete auch Ich aus für die Erlösung der Menschheit auf mystische Weise. Auch Ich wurde geopfert für das Erlösungswerk Meines einzigen, geliebten Sohnes. So ward Ich zur Mutter geweiht für das ganze Menschengeschlecht. Mein Herz ist wie Jesu Herz geöffnet, um alle aufzunehmen.

10. September 1980. Hl. Messe

Maria: ...Jesus hat die Hand auf dich gelegt von Kindheit an, wartete in Liebe und Geduld. Er ließ vergangene Zeit gelten als Wartezeit. So bist du langsam auf den Höhepunkt zugeschritten und gehst nun hinein in die Erfüllung deiner Berufung, auch wenn du gleichsam das Gegenteil in dir zu erleben glaubst.

Der mächtige Name: Maria

12. September 1980. Mariä Namen. Hl. Messe

Jesus: Meine innigst geliebte Desolata! Wirf dich heute zu Füßen Meiner Mutter nieder, kleine Geliebte, und erwähle Sie neu als deine absolute Herrin und Mutter... Ihr Name ist größter Schutz für euch! Denn vor ihm fliehen die bösen Geister in Schrecken und Gehorsam. In Ihrem Namen kann den Dämonen der Lüfte geboten werden zu weichen. Nützt Ihren Namen gegen die Macht des Bösen. ...Sie ist die starke Frau, die wie das Licht der Sonne triumphierend heraufsteigt und die Finsternis Satans bezwingt. Reiht euch ein in die himmlische Heerschar, die bereitsteht zum Endkampf.

Rettungsweg Maresas

Du bist auch in der Fokolare-Bewegung verwurzelt. Die Fokolare wollen sich den Menschen von heute rein äußerlich anpassen, um mit Ihnen ins Gespräch zu kommen und sie für Gott zu retten. Sie bewegen sich wie diese Menschen auf einer schiefen Ebene, wo immer die Gefahr des Absturzes gegeben ist.

Du aber bist von Gott auserwählt, diese Menschen, die ganz verloren sind, nicht auf ihrer Ebene aufzusuchen, sondern sie werden durch die Zulassung

Gottes in dich hineingelegt, und zwar so fest und tief, daß dein eigenes Ich, fast ausgeschaltet, nur mehr die ganze Verlorenheit, Verzweiflung, Elend und Wahnsinn dieser Seelen selbst erlebt, um durch dieses Ertragen in Liebe sie zu retten. Geheimnis Gottes, das nur in Demut und Verborgenheit getragen werden kann...

Leben für Gott

Abends

Maria: Geliebtes Töchterchen, deine Mutter ist nie beleidigt. Ja, je mehr du versagst und dadurch leidest, umso inniger bin Ich bei dir. Ist es doch dein Kampf mit Meinem Widersacher, dem du ausgeliefert bist, der Mich dir besonders zugeneigt macht. Satan läßt dich stürzen und glaubt dich am Boden halten zu können; doch ehe die Sonne gänzlich untergegangen, hast du dich wieder erhoben, weil Ich es so füge, durch deinen Vater. Das ist immer eine Niederlage Satans. Mit deinem Aufstehen vom Boden des Unglaubens und der Verneinung, vom Sumpf des Negativen, erhebt sich auch die Seele, die dich überschattete. – Dein Glaube, aus deiner schweren Sühnenacht heraus an Gott emporgehoben, ist wie ein Stern, der aufleuchtet in schwarzer Finsternis und berührt das so schmählich beleidigte Herz des liebenden Gottes mit Genugtuung.

Du lebst nun für Gott, du bist in Seine Pläne hineingerufen. Er muß das „Alles" deiner Tage werden. Nichts und niemand vermag den Hunger und die Sehnsucht deiner Seele zu stillen als Seine Liebe allein. Dein Vater ist Durchgang zu Gott, weil er Priester ist. Dein Dank, den du täglich bei der hl. Wandlung aussprichst für das Geschenk dieses Vaters, durchdringt den Himmel! – Dank ist die vornehmste Bitte, Kind, und die wirksamste. Der Himmel kann dir nicht nehmen, wofür du glühend dankst. Deshalb fühle dich geborgen.

13. September 1980. Hl. Messe

Maria: Geliebte kleine Desolata, nun heißt es, üben, hören und befolgen, ohne eigene Gedanken alles aufzunehmen und im Herzen bewahren – auch, wenn es dir unannehmbar scheint und unwirklich, weil du es nicht begreifen kannst, dich völlig unfähig fühlst. Darin erkenne deine Nichtswürdigkeit, deine Ohnmacht und Kleinheit. Daran lerne Demut und die Herablassung Gottes. Daran lerne, daß alles unverdient über dich ausgegossen ist. Daran erkenne die unerforschliche Liebe Gottes und seine Auserwählungsgnaden. – Beuge dich wie ein Kind! Lerne, von Gott anzunehmen, ebenfalls wie ein Kind... Du wirst immer mehr hereingenommen in die Übernatur und dadurch dein eigenes Denken verlieren, sodaß die Weisheit Gottes sich in dir ausbreiten kann. Dazu ist aber jetzt von großer Wichtigkeit, daß du ganz unter der Führung deines Vaters stehst! Denn die Hölle schaut nicht tatenlos zu. Mit deinem Vater aber bist du abgesichert. – Gefahr ist immer, wenn du aus deiner Stille und Zurückgezogenheit herausgerissen bist.

Ich liebe euch sehr, weil ihr fernab der Nachrichten lebt, ohne Blick in die Zeitung, ohne Neugier und Erhaschen von Sensationen, denn eure Seelen sind dadurch wie ein stiller See, allein berührt vom Wehen der Gnade.

Lebenssorge?

15. September 1980. Rosenkranz

Maria: Meine liebe kleine Tochter erkennt immer mehr die Nichtigkeit der Nichtigkeiten. Jesus kann nur vollkommene Armut mit Seinem Reichtum füllen. Ganz unmerklich schiebt die kleine Desolata die Sorge über ihr Leben Uns zu, Jesus und Maria! All die Narben, die der Verlust liebgewordener Dinge schafft und hinterläßt, sind duftende Rosen und schimmernde Perlen für Jesus.

Je mehr du verlierst an dir selbst, an Menschen und Dingen, umso reicher gewinnst du an Übernatürlichem. Nichts sehen als Mich, die Ich liebevoll eure Zukunft längst bereitet habe! Laß die Menschen reden, vermuten, wissen – du kümmere dich nicht darum.

18. September 1980

Maria: ...Du bist abgekämpft, geschwächt, ja krank von all den furchtbaren Angriffen der Unterwelt. Deshalb benötigst du Meine Liebe und Fürsorge, Kind! Darum schiebt dein Vater dich Mir zu, – auch wenn du das nur widerwillig nimmst, da deine kleine Seele vollkommen niedergehalten ist und bei Meinen Worten nicht Trost, sondern eher Qual und Überdruß empfindet.

20. September 1980

Jesus: Meine kleine Geliebte, zum Kampfplatz ist dein Leben geworden bei Tag und Nacht, Zustand größter Leiden. Du mußt deinen Beichtvater voll gebrauchen, um überstehen zu können. Niemals hättest du einen Priester für dich, wenn nicht dein Weg, der auf schmalster Kante verläuft, es unumgänglich notwendig machte. Nur wenn du gleichsam eingebunden bist in den Gehorsam, bist du geschützt.

Gnadenbild/Sühneglauben

21. September 1980. 20 Uhr

Maria: Meine kleine Desolata... die Hölle würde gerne alle deine Einsprechungen auslöschen, wenn sie könnte. Sie sind ihr verhaßt. Erkenne daran ihren Wert!

Mein Töchterchen, vor 30 Jahren schon vernahmst du Meine Stimme. Jesus hat dich immer wieder an Mich erinnert. So blutete in dir stets eine schmerzliche Sehnsucht nach Mir. Jetzt ist die Zeit gekommen, sie zu stillen.

Wie in Lourdes damals, neige Ich Mich in Innigkeit und Liebe heute zu dir und ziehe dich sanft an Mich. Auch heute sage Ich dir, daß du das Kind Meiner Gnade und Liebe sein sollst. Dieses Mein Bildnis hier sei euch ein Gnadenbild; denn Ich spreche hier zu dir, und ihr sendet eure Gebete hier zu Mir empor. Soviel Verehrung und Liebe ihr Mir hier erweist, soviel Liebe und Huld schenke Ich euch zurück. Ihr könnt Mir blindlings vertrauen, euch selbst mir anvertrauen und all euer Hab und Gut. Ich verwalte alles. O laßt es Mich spüren, daß ihr Mich angenommen habt. Alle Liebe ersehne Ich nur für Meinen Jesus und übergebe sie Ihm. So will Ich, Desolata, auch dich nur zu Jesus führen, daß du deine Erfüllung einzig in Ihm findest. Den dunklen Weg des Glaubens, den du gehen mußt, kann dein Verstand und Wissen nicht erfassen. Da dein Glaube unter Sühne steht, ist ihm auch keine Gewißheit möglich und mußt du bitter ernst ringen um jede Handbreit deines Weges. Gib nicht auf!

22. September 1980

Maria: Meine geliebte kleine Desolata, blicke auf zu Meinem Gnadenbild! Du hast nicht wenig Anteil daran. All dein furchtbares Ringen und Kämpfen, deine Angriffe, die du erleiden mußtest, deine Buße und Sühne, dein Durchtragen der Seelen bis zu deiner eigenen Verzweiflung fast, – all dies ist vor Meiner Statue hier zusammengeflossen in einen Strom der Gnade.

Alles bitter schwer

23. September 1980

Maria: ...Versuche immer wieder diesen für dich beinahe nicht zu vollbringenden Sprung in ein: „Ich glaube!“ hineinzutun. Immer, wenn du diesen Sprung tun willst, hängt sich die Hölle an deine Seele und zieht dich mit Macht nach unten. Deshalb kostet es dich übermenschliche Anstrengung, dich daraus zu befreien und nicht zu zweifeln, dich Uns anzuvertrauen. Alles ist dir bitter schwer gemacht, was mit dem geistigen Leben zusammenhängt, und oftmals glaubtest du, alles sei verloren und du müßtest aufgeben. Nur die Hingabe deines Vaters an den Willen Gottes machen es möglich, daß du deiner Vollendung entgegengehen kannst.

Blicke auf Mich! Meine Mutterschaft, zu der Ich geweiht bin, ist unausdenkbar für euch. Könntet ihr sie begreifen, würdet ihr eine Geborgenheit empfinden, wie ihr sie noch nie erfahren habt.

Glaube Mir, Mein Kind, deine Mutter kennt diesen schmerzlichen Zustand wohl, dieses Hängen zwischen Himmel und Erde, diese ständige Ungewißheit, dieses sich Bewegen an äußerster, gefährlicher Grenze, die angstvollen Zweifel und alle Not. Deine Mutter wacht mit zärtlichster Liebe darüber. Springe ins scheinbare Nichts hinein, indem du glauben und vertrauen willst, soweit du es vermagst, und wenn du es nur tonlos vor dich hinstammelst: „Ich glaube – ich vertraue" – geschieht doch unendlich viel dabei.

24. September 1980. Hl. Messe

Maria: Geliebte kleine Desolata, stemme dich gegen die Gedankenflut, die dich zu stören, zu verwirren, zu schaden sucht. Sie will dich immer von der Wahrheit wegbringen und an die Grenze des Nichts bringen, wo du vor völliger Sinnlosigkeit alles Seins stehst. Du lebst dadurch in ständig neu ausbrechender Qual, und dein Leben scheint dir nicht mehr wert, es zu behalten –, stünde nicht dein Vater neben dir, die Ergänzung deines Seins. Lebe die Einheit mit ihm!

25. September 1980. 21 Uhr

Maria: Meine arme, gequälte kleine Tochter..., es geht um das Auslöschen deiner Persönlichkeit, um die völlige Hingabe, sodaß nicht mehr du existierst –, daß du vielmehr zum Nichts geworden, oder vielmehr zum echten Lämmlein Jesu, das sich selbst nicht kennt, das in Demut auch vor sich selbst verborgen ist, das vor Gott im Staube liegt ohne Auflehnung, ohne Gedanken, ohne Frage, einzig nur als Geschöpf vor dem Schöpfer. – Doch du bist ermüdet. Nimm Mein Lächeln mit in deinen Schlaf und schenk Mir alles, was der Tag an dich herantrug, und eine kleine Seele wird frei; denn deine Mutter nimmt dir ab, was du nicht zu tragen vermöchtest.

Himmlische Liebe bei uns

26. September 1980

Jesus: Meine Geliebte, wenn du wüßtest, welche Wonne es für Mich bedeutet, hier im Allerheiligsten Sakrament des Altares zugegen zu sein unter den wissenden, fürsorgenden, liebeschimmernden Augen dieses lieblichen Gnadenbildes Meiner süßesten Mutter!

Meine Mutter, dieses unvergleichliche einmalige Wunder der Schöpfung Meines himmlischen Vaters, wie wirklich und wesenhaft ist Sie hier zugegen, wie tröstet Sie Mein Herz, wie erfüllt Sie es mit Liebe, die nur Ihr eigen ist. Nichts gleicht Ihr. Sie ist in Wahrheit die gnadenschimmernde Königin des Himmels. Niemals könnte ich einer Seele vergessen und Mich vor ihr verschließen, die Meiner Mutter, ihrem Unbefleckten Herzen geweiht ist. Ich ehre sie, wie Ich meine Mutter ehre, denn Ich liebe Sie in ihnen.

Einheit von Jesus und Maria im Kreuzessterben

Maria (abends)

Meine geliebte Tochter, die Hölle tobt, denn es ist Freitag, Sterbetag Meines einzigen Sohnes Jesus Christus. Er opferte sich aus Liebe. Wenn ihr dieses Leiden und Sterben voll nachempfinden könntet, würde nie mehr eine Sünde euer Herz entweihen können. Ich, die Mutter, stand dabei und litt und starb diesen grausamen Tod mystisch in Meinem Herzen mit und erfüllte so den höchsten Willen des Vaters, der Mich zur Miterlöserin bestimmt hatte.

Jesus und Ich waren in diesen Stunden in das Meer aller Schmerzen, Ängste, aller peinvollen Todesnot eingetaucht in übermenschlicher Konzentration. Unsere Herzen waren wie zusammengeschmolzen in glühenden Feuerbränden unsagbarer Schmerzen und Leiden und doch auseinandergerissen und getrennt in letzter tödlicher Verlassenheit. Kein Mensch kann das nachempfinden, ohne daß er sterben müßte. Liebe, Liebe, Liebe!

Dein Wille geschehe

27. September 1980. Abends

Maria: Geliebte kleine Desolata, du vermagst nun deine eigenen Gedanken und dein Ich immer mehr auszuschalten und dich einfach auszuliefern ohne Sicherheit. Es dient dazu, dich zu einem vollständig brauchbaren Werkzeug zu vollenden, das gleichförmig wird mit dem unbegreiflichen, doch höchste Liebe spendenden Willen des Himmlischen Vaters. Dieser Wille bedeutet für ein Menschenkind die höchste Erfüllung seines Seins und führt ihn zu der nur ihm einmalig bestimmten größtmöglichen Vollendung und Seligkeit.

Glaubensmartyrium

30. September 1980. Nach der hl. Messe

Maria: Kleine Desolata! Vertraue dich ohne Rückhalt deinem Vater an (Maresa verfiel während der hl. Messe in krampfhaftes Lachen)! Das ganze ist nur der gigantische Glaubenskampf, in den du hineingerissen wirst, der dich sein läßt wie ein Mensch, der keinen Glauben mehr hat. Diese furchtbaren Seelenzustände trägst du und findest dich deshalb nicht mehr zurecht. Nur dein Vater rettet dich vor Verzweiflung. Es ist dies ein Martyrium, das nur du auszuhalten vermagst.

6. Oktober 1980

Jesus: Meine kleine Geliebte, du mußt nun mit der ganzen Kraft deines Herzens glauben an die Echtheit deiner Einsprechungen. Glauben bedeutet:

sich ausliefern! Nicht mit dem Gefühl und Empfindungen kannst du es, sondern allein mit deinem Willen. Dein Wille muß auch gegen dich selbst gerichtet sein in unbarmherziger Härte und Straffheit. Und wenn es dir 100 mal nicht gelingt, übe weiter, als wäre nichts geschehen.

Siegende Rosenkranzkönigin

7. Oktober 1980

Maria: ...Nichts, das Mir anvertraut ist, geht verloren. Ich sichere euch zu: Meine Liebe, Mein liebe-entflammtes, von jeder Makel unbeflecktes Herz leuchtet über dieser Erdenzeit auf als die unabwendbare Rettung und Heimholung dieser verlorenen Welt. Alle Feinde Gottes – ob auf der Erde oder unter der Erde – werden in Schrecken vergehen, wenn der anbetungswürdige Plan des ewigen Vaters sich enthüllt und Ich hervortreten werde auf für jene furchtbare Weise – für Meine Kinder jedoch als der lieblichste Stern aller Zeiten. –

Du warst untertags so verzweifelt. Laß dir sagen, Mein Kind, daß du in ein Höchststadium der Prüfungen eingetreten bist und daß sie vorübergehen wie die Stürme in der Natur. Es ist einzig notwendig, dich an den Gehorsam zu binden, der den Glauben nicht zerstören läßt. Dein kleines, zitterndes Glaubenslicht ist vor den Augen Gottes wie eine Sonne der Liebe, die ihm ein kleines Menschenkind angezündet hat in schwerster Prüfung und aus dunkelster Nacht heraus. Verzage nicht, erdulde tapfer diese Steigerung.

Jesus: Vertraue ganz auf die Hilfe Meiner Mutter! Rosenkranzkönigin nennt ihr sie. Der ganze Himmel, gefüllt mit Rosen, reicht nicht aus, diese eure Königin würdig zu preisen. Sie ist die mystische Rose der heiligsten Dreifaltigkeit, ist unerreichbar in ihrem Duft der Tugenden, in ihrem Glanz der Heiligkeit. Und doch – jedes Ave des Rosenkranzes erreicht Ihr Herz und bewirkt Ströme der Gnaden für euer Heil! Zugleich aber auch machtvollste Abwehr der Hölle und ihres Anhanges. Das Rosenkranzgebet ist wahrhaftig das Gebet eures Jahrhunderts, des Jahrhunderts der Schrecken und Übermacht einer Dämonie, wie sie die Welt noch nie gesehen. In diesem Gebet werdet ihr siegen wie in sonst keinem!

Verlieren ist Gewinn

7. Oktober 1980

Maria: ...Vor einem Jahr warst du um diese Zeit noch in Atem gehalten von aktivstem Tun ...Nun ist aber alles anders geworden: Die Dinge, an denen du hingst, sind dir genommen, wie dir auch Aufgaben und Arbeit aus den

Händen genommen wurden. Und die Menschen! Wie sehr wurdest du von ihnen getrennt und gelöst. – Du glaubst beinahe, vor Scherben und Trümmern deines Lebens zu stehen. Da sage Ich, deine zärtlichste Mutter, zu dir: Gewinn über Gewinn, und deine Trauer wird sich in Freude verwandeln. –

Immer mehr wird Meine Statue Meine Nähe und Gegenwart ausstrahlen und die leuchtende Gestalt für alle kommenden Tage und Nächte sein.

Ernst der Zeit

9. Oktober 1980. Hl. Messe

Maria: ...Wenn doch alle Priester den Wert, die Notwendigkeit und Wirksamkeit der Sühne erkennen würden und befolgen! Gebet, Buße, Sühne, Leiden und Opfer muß ich von euch erbitten, um Mein Rettungswerk vollbringen zu können. Kehrt euch ab von den nichtigen Dingen der Welt, auch wenn sie unverfänglich sind und an sich gut: es ist jetzt nicht die Zeit dafür. Es ist die Zeit Gottes, die Zeit der Heimholung und die Zeit der Züchtigung. Da ziemt es sich nicht für die Kinder Gottes, zu „lachen und zu scherzen", wie in den Zeiten des Friedens (Siehe Einsprechung vom 13. Oktober 1980). Gute und liebende Kinder zeigen Einfühlungsvermögen in die Pläne und Besorgnisse des Vaters. So tuet auch ihr! Der Himmlische Vater breitet den barmherzigsten Plan Seiner Weisheit und Langmut und Liebe über Kirche und Welt. – Erhebet deshalb eure Herzen zu Ihm und bietet euch dar als reine Opfer voll glühender Hingabe und Dankbarkeit.

So schwer durchzuhalten

10. Oktober 1980. 22 Uhr

Maria: Liebe kleine Desolata, du glaubtest heute, aus allem herausgefallen zu sein. Gewiß, du hast heute Fehler gemacht. Darum: Es kommt im geistigen Leben so sehr auf die Wachsamkeit und die Beharrlichkeit an. Niemals sich nachgeben oder nachlässig sein. Was als recht erkannt ist oder als Übung aufgegeben, unbedingt durchhalten. Du mußt wissen: Auf der Stufe, auf der du jetzt stehst, schafft jedes Versagen und jede Unaufmerksamkeit sofort Einbruchstellen für die dunklen Kräfte, um dich rückwärts zu reißen und dich von deinem Vater zu trennen.

12. Oktober 1980

Maria: ...Desolata! Dein Gehorsam hält dich fest. Ich sage dir: Der Gehorsam ist stets die Brücke über alle Seelennacht und Not hinweg. – Wenn du vollkommen werden willst, dann laß alles geschehen, wie es geschieht. Du sollst nur so sein, wie Gott dich in jedem Augenblick will.

Lege deine Schwäche wie ein Kind in die Hände deiner zärtlichen Mutter und vertraue, daß Sie es umwandeln und umformen kann in lauter Blumen für Jesus, denn sie legt Ihre Liebe und den Wohlduft Ihrer Tugenden darüber. Auch das gehört zur Demut, Mir eure Sünden und Fehler vertrauensvoll zu übergeben. – Dieser schwere Zustand heute ist für dich nicht durchschaubar. Trag ihn zu Mir und sprich Mir ins Herz hinein, daß du weiter glauben und vertrauen willst.

Muttertränen

22.10 Uhr

Desolata: „O liebe Muttergottes, du bist auf einmal so traurig...?“

Maria: Meine liebe, kleine Desolata, die Nacht beginnt, damit auch die Sünde der heutigen Menschheit, durch die sie dem Unheil zueilt. Im tiefen Morast der Fleischessünden, vorbei an gottgewollter Zucht, ersticken unsterbliche Seelen im Pesthauch der Hölle. – Diese Seelen sind aber auch meine Kinder, sind Brüder und Schwestern Jesu, für die er sein Blut vergossen, für die Ich auch Meinen Sohn zum Opfer gebracht habe. Ich weine bittere Tränen um sie – Muttertränen –, doch sie fließen umsonst.

Mein Schutzmantel ist vor allem geöffnet für die Sünder. Meine Unversehrtheit vermag die Ketten der Sünden zu sprengen. Sooft ihr Mich anruft als Zuflucht der Sünder, neige Ich Mich erbarmungsvoll über die Wunden eurer Seelen und gieße den Balsam Meiner Mutterliebe hinein, um sie aufzurichten. – Du fange täglich neu an, ganz mit deinem Vater zu leben. Nur mit ihm ist es dir möglich, deinen Kreuzweg zu gehen.

13. Oktober 1980

Maria: ...Du hast noch eine Frage, Kind! Ich sprach von der Zeit Gottes, in der sich nicht ziemt, zu lachen und zu scherzen. Ich wollte euch die große Liebe Gottes ins Bewußtsein rufen, die sich ausgießt über Kirche und Welt in dieser einmaligen Zeit. Für Kinder Gottes kann es deshalb heute keine billigen Vergnügungen mehr geben, kein gedankenloses Ausgelassensein und Sich-Verlieren an die Unterhaltungen dieser Welt, wie Radio, Fernsehen und Zeitschriften. Echte, kindliche Fröhlichkeit in euren seltenen Stunden, in denen ihr frei seid von Dunkelheit und Schwere, verletzt Gottes Herz nicht. Seid ganz natürlich, Meine guten Kinder, dann gibt euer Herz euch immer ein, was richtig ist. –

14. Oktober 1980

Maria: Daß in dir die vier Werke (Mariens) sich zur vollen Harmonie entfalten sollen, geschieht unmerklich und durch die Gnade. Nach außen gesehen, scheint das Gegenteil sich entwickelt zu haben. Dies störe deine

Seele nicht. Du bleibe einzig deiner Berufung treu, die Verborgenheit, Stille und Zurückgezogenheit erfordert.

Stein des Anstoßes

15. Oktober 1980

Maria: ...Die Geister scheiden sich immer mehr, Ihr bekommt es zu spüren. Ihr (Desolata und Vater) seid herausgehoben aus der Menge der Menschen und geht einen eigenen Weg. Dadurch seid ihr auch wie der Stein, den die Bauleute verwerfen: Nachfolge Christi, Mein Kind, und auch Meine Nachfolge. Bald müßt ihr euch fühlen wie Noe zu seiner Zeit, ihr, die ihr berufen seid und geglaubt habt. – Die Reinigung hat tatsächlich begonnen, ohne daß die Menschen es inne werden. Es geschieht im Verborgenen. Der wunderbare Vater hat seinen erbarmungsvollen Rettungsplan auf Mein Herz ausgerichtet; denn Er gedenkt Meiner Tränen, die Ich um euch geweint und immer aufs neue weine. Richtet euch nach Meinem Herzen, und ihr seid gerettet wie die Kücklein bei der Henne.

So schwer ist es dir heute abend ums Herz, angefochten von den dunklen Mächten, da dich dein größter Kummer wieder befallen hat, daß du mit den Einsprechungen nicht zurechtkommst. Du findest selbst keine Erklärung dafür. So nagen nur die Zweifel an dir und siehst keinen Ausweg. Vertraue dich Mir an! Denk an deine große Heilige (Theresia): „Die Geduld erreicht alles!.

Welche Liebe!

17. Oktober 1980

Jesus: ...Ich bin immer derselbe und will nur dich, dich allein, mit all deinem Versagen, all deinen Schwächen, all deinem Unvermögen und seelischer Qual. Auch wenn du nicht knien kannst vor Mir wegen der Schwäche deines Körpers und dein Herz keine Worte findet, sie Mir zu sagen –, liebe Ich dich trotzdem und erwarte dich wie der liebende Gatte die Gattin. Und wenn du nicht lieben kannst, laß Mich dich lieben. Laß es Mein Geheimnis sein, warum gerade deine Seele Mich anzieht.

21 Uhr

Maria: Lausche hinaus in die Natur und verstehe deine Natur heute: Herbststürme! Vertraue dich nur immer wieder Mir an; denn in Mir ist ein Ozean der Stille und heiliger Ruhe, vollkommene Ergebenheit in den Willen Gottes, die Tugend der Gelassenheit. Berge deine stürmische Seele in Mein Herz hinein, Kind, auf daß sie in Geduld sich ergebe. Aller Aufruhr in dir ist gröbste Anfechtung von unten, alle nachtdunkle Verwirrung ist Gefangenschaft der Unterwelt, die dich fesselt mit brutaler Gewalt. – Schau allein auf Mich, fühle dich geborgen in Meiner fürbittenden Allmacht und Liebe.

Du weißt ja, daß du nach göttlichem Ratschluß in besonderer Weise den dunklen Mächten ausgeliefert bist Zeit deines Lebens. Ich offenbare dir Mein Herz, in das du dich durch diese besondere Weihe der Marianischen Priesterbewegung hineingebetet hast. Diese Weihe und Zugehörigkeit ist größer und wirksamer als alle bisherigen Weihen dieser Art. Es ist dies die Weihe für diese Zeit der Finsternis und Dämonie. Je härter der Kampf, umso mehr rufe Ich dich in Mein Herz.

Die rechten Kampfmittel

18. Oktober 1980

Maria: ... Wie mußtest du dich heute durchkämpfen, Kind. Wie viele Zweifel fielen deine Seele an wie Heuschreckenschwärme. An welchen Abgründen bist du gestanden, weil du die falschen Mittel und Waffen eingesetzt hast. Du mußt es üben, dich sofort dem Vater zu öffnen, sofort zu Mir aufzublicken, sofort deinen Glauben einzusetzen. Nur dadurch vermagst du die höllischen Kräfte zurückzudrängen – nicht durch Ablenkung und Verstandesdenken. Der böse Geist besitzt eine Taktik, der du in deiner menschlichen Schwäche nicht gewachsen bist. Da flüchte allein in Mein Herz, das wie eine Trutzburg gegen Satan steht. Wo er sicher glaubt zu siegen, bereite ich ihm seine Niederlagen. Was von ihm verwundet ist, vermag Ich zu heilen. Alle Spuren des Kampfes lösche Ich. Dies ist Ausfluß Meiner Mütterlichkeit als Mutter-Gottes, Mutter des Herrn.

Geheimnis der Kleinheit

23. Oktober 1980

Maria: Kleine Desolata, du mußt kleiner werden, um zu Mir ja sagen zu können. In der Kleinheit liegt die Größe Meiner Siege in euch. Wenn du dich klein machst, fällt alle Kompliziertheit von dir ab, alles Besserwissen, alle Verstandestätigkeit und bist schlicht und einfach und vermagst dich zu beugen, ohne zu zerbrechen. Es geht nur um den Willen Gottes, Ihn zu verherrlichen durch bedingungslose Hingabe.

Das brennende Herz

26. Oktober 1980

Maria: ... Ich bin die Herzwärme Gottes und verströme sie mit ganzer Mutterliebe an euch, Meine Kinder, die ihr sooft unter der Finsternis in Kirche und Welt, die Satan heute darüberbreitet mit für euch undurchdringlichen

Schleiern. Der unversehrte Glanz Meiner Reinheit, die vom Feuer des Hl. Geistes entzündete Wärme Meines Herzens jedoch durchdringt jegliche Finsternis. Mein Herz brennt in diesem Feuer des Hl. Geistes in nie abnehmender Liebe zu euch. Mein Herz gehört euch, bis das letzte Menschenkind aller Zeiten das Himmelstor durchschritten hat und die Zahl erfüllt ist, die der Ewige Vater in seiner Weisheit und Liebe beschlossen hat. – Doch Meine Kinder laufen Mir davon. Im Meer der irdischen Anziehungskraft versinken sie zu unheilvollem Untergang. Jedoch Mein Licht strahlt sie unvermindert an, einen einzigen Aufschrei ihrer Ausweglosigkeit erwartend, um sie heimzuholen und zu retten.

Ich war die lebendige Hostie für sein immerwährendes Opfer und so ständig verwundet von Leid und Schmerz um die Erlösung.

Suchen

28. Oktober 1980

Maria: Wie hart hast du dich durchkämpfen müssen... Deine kleine Seele muß aus ihrer so furchtbar tiefen Schweigsamkeit immer wieder heraustreten und zu sprechen beginnen mit Mir, Mit Jesus, mit der ganzen Welt des Himmels. Sie muß die Intelligenz beiseiteschieben und überwinden mit kindlichen Sprechübungen. Sie muß lernen, sich aufzutun.

Vorbereitung für den Herzenstausch

31. Oktober 1980. Hl. Messe

Maria: Du mußt auch glauben, daß ich die Wahrheit sage, wenn ich von deiner „lichten Seele“ spreche – so wie es auch dein Vater erkennen kann. Dir selbst bleibt das verborgen zum Heil für dich und vieler. Du sollt ja bis zum Äußersten unter dem Mantel der Sühne bedeckt sein.

Es ist auch nicht von ungefähr, daß du wieder gleichzeitig mit deinem Vater erkrankt bist. Es sei dies euch ein Zeichen des Himmels für euren künftigen Weg: Alles gemeinsam! Gar kostbar ist es, wenn ihr Seite an Seite euch beugt unter ein solches Geschehen.

Ihr seid Söhne und Töchter Meiner Liebe geworden in höchstmöglicher Auswirkung durch die Weihe an Mein unbeflecktes Herz, denn Mein Herz beginnt zu wirken in den euren durch eine besondere Gnade. Eines Tages erfolgt der Herzenstausch, sodaß die heilige Gerechtigkeit Gottes an Stelle eurer sündhaft befleckten Herzen Mein unbeflecktes Herz erblickt. So stehe ich für euch ein – für eure Seligkeit. So verschenke Ich Mein Mutterherz. Deshalb suchet Mich doch, daß ich eure verletzten Seelen pflege. Satan ist grausam und verwundet euch stets. Ich habe die Macht bekommen, euch zu heilen.

Die Verblendung, die euch Satan beschert, Mich auszuschalten und zu übergehen, kostet den Menschen den Preis ihrer Seelen. Um diese betrogenen Seelen weine Ich Tränen Meiner nie versiegenden Mutterliebe. Nur die Tränen schützen euch noch vor Gottes strafendem Arm. Achtet diese Tränen und opfert sie dem Himmlischen Vater zur Rettung der Welt.

Die Überbetonung der Welt und ihrer Pflichten hat die Menschen unmerklich irregeleitet, so auch dich, Geliebtes! Immer wurdest du verhindert, bei Jesus zu sein, um Ihn anzubeten. Aller Barmherzigkeit voll aber wartete Jesus auf dich und liebte dich zurück in der Person deines neuen Beichtvaters. Mysterium der Gottesliebe!

Arme Seelen in der Kapelle

2. November 1980. Abendmesse

Maria: Meine geliebte kleine Desolata, es ist schon so: Eure kleine Hauskapelle ist gefüllt von Armen Seelen, und deine kleine Seele ist wie bedeckt davon und will sich ängstigen. Diese ärmsten Kinder trinken vom Licht deiner Seele gefüllt und haschen danach. So glaubst du in Nacht zu versinken. Doch fürchte dich nicht; Ich, deine Mutter, bin ja auch in diesem Raum, und Meine Liebe bringt diese Allerärmsten, Verlassensten zu allen Messen heute, die ihnen zugewendet werden.

Wenn du sehen könntest, wie allein gelassen das Fegfeuer heute ist, da die Kinder der pilgernden Kirche es verlernt haben, in der rechten Weise und mit wärmster Liebe an diese ihre leidenden Brüder und Schwestern zu denken. Welch grausames Versäumnis, Kind! Auch dies schlägt Wunden Meinem liebreichsten Mutterherzen.

Wunder der Liebe

3. November 1980

Maria: ... Jetzt, da Ich Mich in solche Nähe zu dir gebracht habe, glaubst du, wie in ein Wunderland eingetreten zu sein, und deine kleine Seele zittert um die Erhaltung desselben. Du hast eine Mauer der dunklen Kräfte durchbrochen! Fürchte dich nicht, es kann nicht mehr rückwärtsgehen. Das läßt deine Seele aufatmen. Sobald ein Menschenkind ernst macht und seinen Willen Gott zurückgibt durch Mich –, kann Gott an diesem Seinem Kinde Wunderbares wirken und Seine Pläne verwirklichen. So bist du eingebettet in höchste Liebe. Eines Tages wirst du dich zu Boden werfen als Antwort deiner Seele auf diese Liebe und keinen anderen Schmerz tiefer empfinden als diesen: Die Liebe wird nicht geliebt!

Gesegnet

5. November 1980

Maria: Meine kleine Desolata, welch bittere Tränen hast du heute geweint wegen der Trennung von deinem Vater! Du bist nun so mit ihm vereint, daß jede Trennung wie ein Schnitt erfolgt, der schmerzt und blutet. Doch siehe, Ich reiche dir Mein Herz, so wie Ich es deinem Vater reiche; – in diesem Herzen allein seid ihr verbunden für Zeit und Ewigkeit. In diesem Herzen schlagen eure Herzen wie mit einem Schlag. In diesem Herzen findet ihr euch immer, findet eines das andere. In diesem Herzen halte ich euch unzertrennlich; – denn so ist es der Plan des Vaters. So segnet nun die Mutter Vater und Kind mit allem Segen des Himmels.

Betörungsfallen

6. November 1980

Maria: Geliebte kleine Desolata, werde ganz einfach in allen Dingen. Begreife nun ganz deinen Vater, der dich von allen unnötigen und unwichtigen Dingen lösen wollte und es immer noch tut, um dich frei zu machen für Gott. Die starke Anhänglichkeit an die irdischen Dinge, was immer es auch sei, kommt unbewußt der Habsucht gleich, hinter der sich Satan versteckt, um den Geist Jesu zu zerstören. Satan haßt die Einfachheit und Einfalt. Deshalb betört er die Menschen mit dem Glanz der Welt und verstrickt sie in materielle Bedürfnisse. Die Kinder Gottes aber müssen sich frei halten davon, um sich den Blick nach oben zu bewahren. Nur eines ist notwendig: euer ewiges Heil – und das eurer Brüder!

Goldene Münzen

7. November 1980

Maria: ...Du hast so viel Schmerzen heute! Gib sie Mir alle –, gib sie Mir liebevoll, und du gibst Mir einen Liebesgruß für Jesus. Nichts tröstet ja Mein Herz mehr, als wenn Ich Jesus eure Leiden bringen kann, die in Meinen Händen und durch die Liebe und Reinheit Meines Herzens sich verwandeln in goldene Münzen gleichsam, um eure und andere Schuld zu bezahlen und zu sühnen. Gewöhne dir nur an, mit Mir zu leiden. Meine Mutterliebe wird dann die Süßigkeit deiner Opfer und Schmerzen sein.

11. November 1980

Maria: ...Laß dir die Wahrheit deines Lebens nicht verzerren und verdunkeln. Glaubst du, es wäre dir ein Priester und Seelenführer zur Seite gegeben, wenn dein Leben einfach verliefe ohne besondere Berufung? Dieser Priester ist das Zeichen dafür, daß du berufen bist und daß du vor allem ausgeliefert bist den stärksten Anwürfen der Hölle. Nur Priestermacht vermag dich zu schützen und sicher zu leiten Tag und Nacht – ein Priester meines Unbefleckten Herzens. Ihm vertraue!

Kampf gegen Papstbesuch

12. November 1980

Maria: ...Der „Alptraum“ ist auch Sühne, Kind, ist Überlagerung schlimmer Seelen und nicht zuletzt Anwurf der Hölle. Du mußt dir bewußt sein, welche Dämonie aufgeboten wird vor dem Besuch des Papstes in eurem Vaterland. Alle dunklen Kräfte sind am Werk, um zu stören, zu verzerren, aufzuhetzen und zu verhindern. Kalte, niedergehaltene Wut schwelt gleichsam unter der Decke. O es wird den guten Kindern schwer gemacht, ihren Vater zu empfangen und zu sehen. Satan regiert die Lüfte..., doch Ich, die Königin der Natur, vermöchte alles – wenn ihr Mich bitten würdet.

13. November 1980

Maria: ...die Liebe Gottes will dich ganz, will dich freiwillig und klein. Dieser Weg der Hingabe aber geht durch das Feuer Meines Unbefleckten Herzens hindurch, da Ich einziges Geschöpf bin, das Gott vollkommen zu lieben vermochte. Eurer gebrochenen, befleckten Hingabe gebe Ich Meine unversehrte, gnadenüberströmende Liebe bei, um Gottes Auge auf euch zu lenken. Seine unendliche Liebe schaut euch immer durch Mich, die Ich Mutter und Bildnerin eurer Seelen bin.

...Wundere dich nicht, daß du krank bist und in Schmerzen; durch deine Zugehörigkeit zum Hl. Vater bist du dem Ansturm der Hölle ausgesetzt wie er. Es liegt eine Glocke der Finsternis und brütender Schwärze über Deutschland in diesen Tagen, hervorgerufen durch geheimes Wirken der Diener Satans. Gerade in Deutschland, wo die Christenheit zerrissen seit 400 Jahren, wo dieser Riß unsägliches Unheil geschaffen hat, läßt der Papstbesuch die Gegner sich aufbäumen in letzter Wut und Gegenwehr. Doch einzig Mein Unbeflecktes Herz wird triumphieren.

...Die getrennten Brüder vermögen nur durch ein besonderes Licht der Gnade und durch totale Rückkehr in die eine Kirche Jesu Christi die Wiedervereinigung herbeizuführen. Die Zeit hierfür liegt im Plane Gottes, und niemand kann ihr vorgreifen.

Christusfrage an Deutschland

18. November 1980

Maria: ...Der Papst ist der Garant des Glaubens und der Wahrheit in kommenden Zeiten. Sein Besuch in Deutschland hat übernatürliche Bedeutung... Ich habe ihn nach Deutschland gerufen, und er hat Meinem Ruf entsprochen. In ihm hat Christus euch heimgesucht und stellt seine Frage: „Wollt auch ihr weggehen?“ So wie an Christus, scheiden sich jetzt die Geister an diesem Papst. Die Unbotmäßigkeit heute vormittag in Fulda von diesen Laien, die sich nicht demütig und einfühlsam beim Empfang der hl. Kommunion unterordnen konnten ist ein Zeichen dafür. Du durftest den tiefen Schmerz und das Erschrecken des Hl. Vaters kurz mitempfinden. Auch er hat das Kreuz vor Augen wie einst Mein Sohn Jesus. Doch ebenso trägt er den Sieg im Herzen, d.h. den unerschütterlichen Glauben an das Reich Meines Sohnes, das kommen wird.

19. November 1980. Hl. Messe

Maria: ...Du mußt dich dazu durchringen, wenigstens an etwas zu glauben, wenigstens deinem Vater zu glauben. Nur die Hölle versetzt dich in diesen furchtbaren Zustand der Nacht ohne Weg und Steg. Das sind die Kämpfe, die du zu bestehen hast, in deren Schwere Ich dir beistehen will. Fange nur immer wieder an. Wenn du nicht zurechtkommst, bitte deinen Vater um Hilfe. Er ist dein Retter in jeglicher Not.

Das höchste Geschenk

22. November 1980

Maria: ... Die dunkle Macht hindert dich am Beten, an deinen Übungen, an Buße und Abtötung. Dies alles will sie dir zum Ekel machen. Sie stellt sich dir hier fortwährend entgegen, sodaß es einer ungeheuren Willens- und Kraftanstrengung deinerseits bedarf, auch nur das Geringste davon fertig zu bringen. Ohne deinen Vater und seinen kraftvollen Einsatz wäre das unmöglich ...

Glaube, du hast das höchste Geschenk empfangen in deiner Erwählung zur Ganzhingabe an Gott. Ertrage alles um ihretwillen in demutsvoller Dankbarkeit... Wünsche nichts mehr, als Gott zu finden, Ihm zu dienen und Ihm deine ganze Liebe zu schenken, auch wenn die Kämpfe sich immer noch steigern werden und du von einer Versuchung und Prüfung in die andere fällst. Ergreife nur die Hand deines Vaters und kämpfe dich durch.

23. November 1980. Rosenkranz

Maria: ...Siehe, Ich steige immer sicherer herauf am Himmel der jetzigen Erdenzeit... Ich komme mit den Heerscharen der Engel und allen Heiligen, euch beizustehen und euch zu beschützen; ihr seid eingeschlossen in Meinem Herzen, sodaß jeglicher Sturm und Kampf an euch vorüberrauscht, als erlebet ihr es nicht.

Fürchte dich niemals, kleine Desolata, du liebe kleine Menschenblüte, du bist ja eines Meiner geliebtesten Kinder; denn du leidest wie selten eine Meiner Opferseelen und kannst es nicht einmal begreifen und verstehen. Deshalb neige Ich Mich mit unaussprechlicher Mutterliebe über dich und berge dich an Meinem Herzen. Glaube, o glaube, daß Ich da bin, auch wenn Unglaube und Zweifel dich zu ersticken drohen.

24. November 1980

Maria: Geliebte kleine Desolata! Durch die Weihe an Mein unbeflecktes Herz, und zwar durch deine Weihe der Marian. Priesterbewegung, kannst du nicht mehr einem Irrtum verfallen und auch andere nicht in die Irre führen. Dies ist unumstößlich. Fürchte dicht also nicht!... Übe dich nur im Gehorsam und in der Offenheit gegenüber deinem Vater – und alles wird planmäßig verlaufen.

Unter Satans Toben zum Sieg

24. November 1980

Maria: Meine kleine Desolata, du möchtest immer wieder zweifeln an diesen Aufzeichnungen. Es kommen dir Bedenken, ob sie übernatürlichen Ursprungs sind. Dazu muß Ich dir sagen, Mein Geliebtes, daß bei diesen Eingebungen ganz folgerichtig dein Gedächtnis und Denkvermögen von Mir benützt und beherrscht wird, ohne daß dieser Vorgang von dir unterschieden und beurteilt werden kann. Wenn du zu schreiben beginnst, stehst du unter Meiner Eingebung und bist nicht mehr du es, die Gedanken und Einfälle formt und zu Papier bringt. Quäle dich deshalb nicht! Deinen Vater könntest du nicht täuschen.

Ich weiß, was dich noch bedrückt, kleine Desolata, daß du scheinbar dich Gott nicht beugen kannst, daß deine kleine Seele scheinbar voll Aufruhr ist und sich aufbäumen will gegen alles, was dir aufgeladen ist –, daß du lieber „Non Seviam" (=ich will nicht dienen!) Gott entgegenschleudern möchtest als ein demütiges „Fiat!" (es geschehe). Über diesen Seelenzustand bist du zu tiefst erschrocken. Doch Ich sage dir, auch dies ist nur Versuchung, Kampf und Prüfung. Satan tobt sich in dir aus gegen Gott mit der Zulassung des Allerhöchsten, damit er in dir am empfindlichsten getroffen wird durch Mich. Je mehr er sich an dich heranwagen darf, umso entscheidender wird seine Niederlage sich bereiten in dir. Sie getrost, immer wird es dein Vater sein, der Satan die Maske vom Gesicht nimmt und dir kundtut, wie du die Gegenwehr einsetzen sollst.

Dieses Reich des Nein-Sagens gegen Gott hat seit deiner Kindheit versucht, dich in seinen Bann zu schlagen und zu gewinnen. Es hat dich oftmals an den Rand des Wahnsinns und der Verzweiflung gebracht und wollte dich in den Selbstmord treiben. Nur deine Beichtväter jeweils vermochten dir zu helfen und dich zu stützen. Alle Ärzte mußten an dir scheitern.

Doch nun, da Mein Unbeflecktes Herz von Gott gegeben ist für diese Zeit Satans, um den Triumph Gottes einzuleiten, stehst auch du vor der Befreiung. Deshalb verläuft alles so in diesen erbitterten Kämpfen. Deshalb steht dir dieser Priester zur Seite. Deshalb erhebe deine Augen und blicke voll Vertrauen auf zu Mir, die Ich auch in dir siegen werde. Du leidest namenlos durch dieses Hinabgezogensein in die Unterwelt, Mein Geliebtes, und fühlst dich hilflos preisgegeben; doch glaube Mir, es formt sich alles zu ebenbürtigen Gnadenstunden.

Deine Ängste sind dir beinahe tödlich erscheinend und du zitterst vor allem; du kannst nicht glauben; in allem erblüht dir die Giftblume der Zweifel und Furcht! O nur du kannst dies unbeschadet austragen. Doch, wenn du auch vor dieser schwärzesten Gewitterwand stehen mußt und dem Unwetter ausgesetzt – in diesem Höllengewitter breche Ich durch als die sonnenumkleidete Frau, und schon Mein Fuß, stark und leuchtend von reinen Blitzen der himmlischen Herrlichkeit, versetzt die Hölle in Schrecken, und Mein Blick bannt sie zurück.

Sterben in ausgedehnten Abschnitten

26. November 1980

Maria: Geliebte kleine Desolata! Du rufst Mich! Ich will dir Mutter sein im Ausmaß Meiner himmlischen Fähigkeiten. Laß dich nicht entmutigen durch Niederlagen und Mißerfolge. Ertrage sie in Geduld! Kein Augenblick deines Lebens verläuft willkürlich. Es ist alles Reinigung, Entwicklung, Umwandlung und Sühne. Suche Mich Tag und Nacht!

Sage deinem Vater, daß deine qualvollste Anfechtung nun ist, daß du verzweifeln möchtest; denn dein Zustand gleicht einem Menschenkind, das bei vollem Bewußtsein den Verstand, den Willen, die Persönlichkeit, die Zusammenhänge, die Vergangenheit – ja das Leben verliert, ein Sterben in ausgedehnten Abschnitten. Eine Ängstigung von unbeschreiblichem Ausmaß – ein Empfinden, dem du keinen Namen geben kannst. Es ist Opferung in höchster Form unter dem Wüten des Höllenhasses. Und all dein Widerstand bricht in dir zusammen und verschafft dir ein Gefühl peinlichster Ohnmacht, und Auslieferung, ein Versinken ins Leere und Nichts. Unsagbar schwer lasten diese Geschehnisse auf deiner kleinen Seele. – Und doch, kleine Desolata, wirst du standhalten und ertragen im Lichte Meiner Liebe und in der Geborgenheit bei deinem Vater.

Die Liebe Mariens

27. November 1980

Maria: Meine kleine Desolata! Ich bin Liebe, einzig nur Liebe. Aus Meinem Herzen strömen Fluten der Liebe zu jedem einzelnen, ihn heimzuholen zu Gott. Mein Herz brennt von dieser Liebe für Gott und sein Erlösungswerk. Ich bin die Königin der Liebe. Gott machte Mich zum Spiegel Seiner Liebe, damit Sein Sohn bei mir Wohnung nehmen könnte. Jesu Liebe strömte stets durch Mein Herz hindurch, ehe sie bei den Menschen ankam, sodaß Ich Mein Herz nicht mehr spürte; denn Sein Herz war in Mir und mit Meinem verschmolzen zu geheimnisvollem Tun. So sehr ward Ich in die Liebe Gottes eingetaucht, daß Ich nur lieben konnte, auch in den schmerzensreichsten Stunden unter dem Kreuz. Jesu Liebe war in Mir, und so liebte Ich durch Ihn, und niemand konnte diese Liebe auslöschen, auch nicht die Finsternis der Hölle in diesen martervollsten Stunden. Ich litt unsagbare Schmerzen und Seelenqualen, jedoch einzig in Liebe. – Ja Ich litt Jesu Liebesschmerzen mit; denn Unsere Herzen waren eins. So habe Ich Mich hingeopfert in reinstem Liebesopfer zum Heil der Menschen. Und auch du sollst dich opfern, kleine Desolata, einzig nur aus Liebe zu Gott. Du sollst mit deinem Vater Jesus und Maria lieben in einer einzigen Liebeshingabe an den Dreieinigen Gott zur Rettung der Seelen. Mein Unbeflecktes Herz wird es bewirken. Lebt allein nur dieser Hingabe und laßt Mich, die Mutter handeln durch euch. Seid ganz Mein – und ihr werdet ganz Gottes sein!

Gabe Mariens

7. Dezember 1980

Maria: ...Welch hoher Feiertag Meines höchsten Gnadenvorzuges steigt herauf. Zu eurer Rettung hat der Himmlische Vater Mich erschaffen mit diesem Gnadenprivileg. Weißer als der Schnee und glänzender als die Sonne stehe Ich vor euch und möchte euch Anteil geben an Meiner Reinheit und Unversehrtheit, auf daß Satan keinen Anteil an euch hätte.

Kleine Desolata, für dich wirft dieser Tag bereits seine Schatten herauf, d.h. du leidest und sühnst damit den Frevel und die Gleichgültigkeit der andern. Bald wirst du es glühenden Herzens tun.

8. Dezember 1980

Maria: ...Ich allein vermag deine so ungeheuerlich angefochtene Seele zu erlösen von der bitteren Last der dunklen Kräfte, die sie so qualvoll bedrückt. Du wirst siegen, kleine Desolata, über diese Geißel deines ganzen Lebens, weil Ich es sein werde, die in dir triumphiert.

Tiefe und Höhe

9. Dezember 1980

Maria: ...Versprich immer wieder, gehorchen zu wollen, und demütige dich tief unter die Hand des Allerhöchsten, der dich ruft. Du wirst es einmal verstehen, daß du kraft deiner menschlichen Armseligkeit und Schwäche nicht verdienst, von Gott angesehen zu werden. Es ist einzig Jesus, der durch seine unermeßlichen Verdienste dir Rettung und Gnade erworben und einzig die Liebe des Himmlischen Vaters, die gibt, wem sie will, vermag ein Menschenkind zu rufen nach Seiner freien Wahl. Danke Ihm stets ...

Sag dir immer, daß du ein Nichts bist und vollkommene Ohnmacht, das Gute zu wirken. Empfange alles aus Seinen freigebigen Händen im Geist der Demut, und schreibe nichts deinen eigenen Verdiensten zu. Unterwirf dich demütig ...

Demütig und willig ertragen

10. Dezember 1980. Bei Anbetung

Maria: ...Über deinem Leben stehen viele Rätsel, die erst einmal der Himmel lösen wird – ein großer Heilsplan Gottes.

Unterwirf dich im Gehorsam deinem Beichtvater, indem du nicht mehr zweifelst an deinen Eingebungen. Du darfst es nicht mehr. Es wäre eine Beleidigung der Liebe Gottes. Sei also demütig und nimm an! Alle Kämpfe, alle Dunkelheit und Verlorenheit, die eine solche Berufung mit sich bringt, ertrage willig und in Geduld. Das bleibt keinem erspart; denn ein Werkzeug Gottes muß wahrhaftig im Feuer geläutert werden. Nur die fürsorgliche und vorausschauende Liebe Gottes schafft diese Leiden, damit der betreffende Mensch fähig wird, diese Liebe Gottes ertragen zu können und ihr zu entsprechen.

Heilige Gegenwart

Maria: Hier (in diesem Wohnzimmer), in diesem Gnadenbildnis, bin Ich dir nahe wie sonst kaum. Du lebst hier wirklich unter Meinem Mutterblick, unter der ganzen Wärme Meiner Gegenwart. Trage alle deine Schmerzen und Ängste her zu Mir.

Sende flehentliche Bitten zum Himmel um Beistand und Gnadenhilfe, vor allem um die Gnade des Glaubens. Alles ist Gnade um die der Mensch ringen muß in heißem Flehen. – Außergwöhnliche Zeiten haben ihre außergewöhnlichen Gunsterweise des Himmels. Noch nie jedoch war die Zeit so wie heute, und noch nie war sie Meine Zeit so wie heute. Deshalb dieses Mein „Unter-euch-Verweilen" auf besondere Art und Weise.

Zur Vollendung

11. Dezember 1980. Hl. Messe

Jesus: ...Gott erreicht immer sein Ziel. Zu deinen Gedanken um deinen verstorbenen Vater Otto Timme möchte ich dir als Grundregel sagen: Wenn ein Mensch guten Willens ist und sich bemüht, kommt Gott ihm so weit entgegen, daß er vor seinem Sterben jene Vollendung erreicht, die notwendig ist, um den ihm vorherbestimmten Platz im Himmel einnehmen zu können. Gott ist barmherziger mit euch als euer eigenes Herz. In diese Barmherzigkeit bist du besonders eingehüllt im warmen Mantel der höchsten Liebe.

Echtheit

12. Dezember 1980

Maria: Kind, die starken Anfechtungen von Zweifeln an dir selbst und den Eingebungen sind Zeichen der Echtheit. Wärest du in einer Täuschung, würdest du nicht zweifeln, denn die Hölle ließe dich in Frieden und du bedürftest nicht solcher Prüfungen. Die innere Qual, die es dir bereitet, auf diesem Berufungsweg zu gehen, kann dir nicht abgenommen werden.

Daß auch dein Vater angegriffen ist und in seinem starken Sühne- und Leidenswillen dir entrückt ist – das bedeutet neue Schmerzen für dich und neue Rätsel – ein Mangel noch an der vollkommenen Einheit. Und noch vieles mehr liegt heute als drückende Last auf dir. – All deine namenlosen Leiden und qualvollen Zustände sind wie die Pflugschar im Acker, um deine Seele aufzubereiten für das, was dir von Ewigkeit her zugedacht ist.

Heilige Handlung

13. Dezember 1980. Rosenkranz

Maria: ...Bemühe dich im Augenblick des Leidens, deine Seele zu erheben und das Kreuz, das sie berührt, mit einem Liebesakt in Mein Unbeflecktes Herz hineinzustellen, damit Meine glutvolle Leidensliebe es umflute und Jesus darbiete als kostbaren Schatz –, Seelen damit loszukaufen von der Sünde und ewigem Tod. Du wirst noch hungern und dürsten nach Leiden und Schmerzen, weil du Jesu und Meinen Schmerz teilen wirst um die Rettung unsterblicher Seelen. – Es gibt kein größeres Glück auf Erden, als völlig an den Willen Gottes hingegeben zu sein und damit in der Gnadensonne Seiner unendlichen Liebe zu stehen.

Berufung

15. Dezember 1980

Maria: ... Du kleine Desolata bist den Weg der Umkehr geführt worden und sollst ihn weitergehen. Du bist ganz persönlich gerufen worden, Antwort zu geben durch die vollkommene Änderung deiner Lebensweise. So soll es bleiben und weitergehen. – Längst hast du eingesehen, daß dazu am notwendigsten die völlige Zurückgezogenheit mit deinem Vater ist. Der Sinn eures weiteren Lebens ist ein Leben der Zweisamkeit unter der engen Führung des Himmels. Es ist dies die Zeit, da Mein Triumph sich in den Herzen ausbreiten soll. Unter allen, die sich Meinem Unbefleckten Herzen geweiht haben, habe ich aber besondere Werkzeuge ausersehen, die sich mir in ganzer Hingabe überlassen sollen, daß Ich durch sie Meine Pläne verwirklichen kann. Dazu ist dein Vater mit dir gerufen, Kind! Ich habe darauf hingewirkt, daß euer Leben gemeinsam in Stille und Verborgenheit verlaufen soll. Vertraue Mir ganz, daß nun dein Vater, wie auch du, sorgsam vorbereitet ist für diese Zweisamkeit, für diesen neuen Lebensabschnitt. Die Gnade Gottes hat ihre Zeit; der Mensch darf ihr nicht vorgreifen.

Es gilt nun, Mir völlig zu vertrauen, daß Ich eine Wohnstatt für euch finden und schaffen werde. Dazu eure flehentlichen Gebete und furchtloser Einsatz (in der Wohnungssuche). Denk dir, es ist Zeit der Herbergsuche – und du wirst Bethlehem finden (d.h. einfache, mehr ärmliche Wohnung).

Daß ich in eurer kleinen Wohnung jetzt als die Sonne umkleidete Frau vor euch stehe, hat tiefe Bedeutung. Ich stehe dadurch vor euch als die Bezwingerin des roten Drachen, Siegerin über den Todeshauch Satans, den er nun über Kirche und Welt auszubreiten droht. Je tiefer die Finsternis sich verdichtet, umso strahlender und sonnenglänzender steige Ich hernieder, trete heraus aus Meiner Verborgenheit, um dem Meer der Barmherzigkeit, das aus dem Herzen Meines Sohnes Jesus in Strömen sich ergießt, den Weg zu Kirche und Welt zu öffnen.

Dieses Erbarmen formt eure Zukunft durch Mich.

Eines nur verlangt Wachsamkeit: eure Einheit! Sprecht gegenseitig offen über alles zueinander, laßt eure Seelen klar voreinander sich spiegeln und zieht euch nicht zurück, wenn einer dem andern zum Rätsel ist. Seid euch bewußt: von Ewigkeit für einander bestimmt und zusammengegeben in Gottes höchstem heiligen Plan.

27. Dezember 1980

Maria: Meine so geliebte, kleine Desolata, Du bist gänzlich überschattet von den Ausstrahlungen der höllischen Geister, die alle Kräfte und Fähigkeiten deiner Seele lähmen, um dich vollständig zu entmutigen... Doch in dir, gerade in dieser deiner kampfumtosten Seele, wird Gott sich einen triumphalen Sieg erringen zum Bestürzen aller finsteren Gewalten. – Ich will dir beistehen, wenn du dich an Mich wendest und will deine Finsternis erhellen mit dem strahlenden Feuer Meiner Unbeflecktheit, das für Satan furchtbarer ist als jegliches Höllenfeuer zusammen.

Himmel auf Erden

30. Dezember 1980

Maria: ...Ich sehe deine Not und Traurigkeit, daß du in Meinem Bildnis hier die gewohnte, dir vertraute Gestalt nicht mehr findest. (Die Hölle verzerrt für Desolata Ihr Angesicht). Es ist so notwendig für dich, daß Ich dir vertraut bin in dieser Statue; du sollst ja hier Meine Nähe, Meinen Schutz und Meine Liebe finden. Du brauchst unendlich viel mehr und subtilere Hilfsmittel als andere. Sei deshalb deinem Vater dankbar für das Weihnachtszimmer, das er dir geschaffen hat: ein Stück Himmel auf Erden.

Wenn ihr eure eigene Kapelle einmal habt, werde Ich dir immer er-reichbar sein in der Statue, weil es Mein Wunsch ist, neben dem Altar zu stehen. Diese Kapelle wird vor allem euer Himmel sein für alle Tage eures weiteren Lebens.

Schulung

Glaube auch an deine Berufung zur Marianischen Priesterbewegung, in der du wie die Priester deinen einzigartigen Platz einnimmst in Meinem Kampf gegen Satan. Diese Schulung, in die du seit einem Jahr eingegliedert bist, dient einzig dazu, dich für deine Aufgabe zu bereiten. – Ergib dich immer wieder, um das Lamm Jesu zu werden, auf das Er unbeirrt wartet.

Sylvesternacht

31. Dezember 1980. 21 Uhr

Maria: ...Es ist etwas Ernstes um die Jahreswende. Nur die Menschen begreifen es nicht. Sie lärmen und halten ihre Gelage, die unter dem Einfluß Satans Ausmaße angenommen haben, die des Menschen unwürdig sind. Dies lastet auf dir; denn es sind alles unsterbliche Seelen, die sich leichtsinnig und gedankenlos in höchster Gefahr befinden, für immer verloren zu gehen. Deshalb lege Ich auf deine zarten Schultern die Schwere dieser Nacht, daß du sie beginnest mit Mir, in Meinem Unbefleckten Herzen. Wisse dich nicht allein, unzählig viele Meiner Priester und kleinen demütigen Kinder verbringen diese Stunden im Gebet. Das Flehen deines Vaters mit seinem und für sein Kind dringt zum Himmel und trifft in Gottes Herz, und der Plan Gottes wird sich an euch verwirklichen. Das ganze vergangene Jahr war Vorbereitung auf Kommendes. Fürchte dich vor nichts – Ich bin bei euch!

Daß dir das Sprechen zu Mir so schwer fällt, ist Einfluß der Bösen, die dich ständig daran hindern und deine Seele verstummen lassen. Doch gib nicht auf. Alle Versuche, im Gehorsam geleistet, drängen die Hölle zurück und schaffen ihr Niederlagen, auch wenn es dir erscheinen will, als wärest du stets die Unterlegene, die Besiegte.

Mutterschmerz, Muttersühne

1. Januar 1981. 16.30 Uhr

Maria: Kleine Desolata, die Natur ist in Aufruhr – Spiegel des Zustandes, in dem sich Menschenseelen heute, an diesem hohen Feiertag, befinden, Oktavtag von Weihnachten, Fest Meiner Mutterschaft und Beginn eines neuen Kalenderjahres. Der Mensch erntet, was er gesät, und die so aufgestörte Natur ist eine Frucht davon. Ihr leidet darunter, Meine geliebten Kinder! O glaubt Mir, das Herz eurer Mutter zerfließt heute im Schmerz über Welt, Kirche und Schöpfung. Gerade heute bin ich zutiefst getroffen in Meiner Eigenschaft als Mutter allen Lebens, als eure wahre Mutter. Wie wenig ist Mir Gelegenheit gegeben, die Ströme Meiner grenzenlosen, unaussprechlich tiefen Mütterlichkeit heute sich auswirken zu lassen, wo doch die Zeit schreit in ihrer Ausweglosigkeit nach einem erbarmungsvollen Mutterherzen, nach Hilfe in höchster Not. Meine über alles geliebten Kinder, macht euch eins mit Meinem liebsten Sohn, dem Papst, in seiner Enzyklika vom Erbarmen Gottes, indem ihr euch mit seiner Stimme vereint und zum Himmel schreit um das Erbarmen Gottes Tag und Nacht. Bestürmt jetzt den Himmel in flehentlichen Rufen. „Der Vater erbarmt sich von Geschlecht zu Geschlecht". Er erbarmt sich auch eures Gechlechtes in diesen schicksalsschweren Zeiten vor dem Jahr 2000.

Beginnt dieses neue Jahr mit dem Vater des Himmels. Werft euch in vollem Vertrauen in die Arme seines göttlichen Erbarmens in gänzlicher Hingabe und Opferung. O gebt euch ganz in Meine Hände, um euch heimzugeleiten zu dem von Erbarmen zu euch überströmenden Vater.

Beim Rosenkranz

Maria: Liebe kleine Desolata, du kleine Sühneseele. Wisse, auch Ich, die Mutter des Sohnes Gottes hatte eine Sühneseele. Mein ganzes Leben war einzig auf Sühne ausgerichtet und vollständige Opferung zur Rettung der Seelen. Ich opferte Mich und sühnte in höchster, brennender Liebe – ganz eins mit Jesus –, weil der Vater im Himmel es so bestimmt hatte. Auch du wirst es lernen, in Liebe zu sühnen.

Übe dich auch im Fürbittgebet. Ein einziger Anruf zum Himmel für einen Menschen – für eine Not – genügt, wenn eine Sühneseele dafür einsteht und bittet. So wirst du immer mehr ein Kind des Himmels.

2. Januar 1981. 22.45 Uhr

Maria: ... Deine kleine Seele liegt darnieder in dieser stürmischen, unheilvollen Nacht; wie könnte es anders sein. Die dämonischen Gewalten toben sich aus; denn der Mensch hat ihnen Tür und Tor geöffnet, die Schöpfung zu verderben. Mit unversöhnlichem Haß verfolgen sie ihr Ziel.

3. Januar 1981

Maria: ... Fürchtet euch nicht. Bevor alles über die Menschheit hereinbricht, werdet ihr euer Heim gefunden haben. Noch seid ihr in die Endphase nicht eingetreten. Immer und immer wieder wird alles angehalten vom Herzschlag der unermeßlichen, von Erbarmen überfließenden Liebe Gottes, vom Schlag Meines Mutterherzens, das nur eines kennt: die Rettung der Ärmsten der Armen. In diese Rettungsaktion seid ihr einbezogen.

Der Stern über dem Kampf

8. Januar 1981. Nach der hl. Messe

Maria: ...Seid ohne Sorge! Auch in dieser schwersten, bittersten und dunkelsten Phase eures Weges bin Ich der Morgenstern, der über euch leuchtet in unvermindertem Glanze. Fürchtet euch also nicht, auch wenn das Kampfgetümmel der Hölle um euch tobt in nie erahntem Ausmaß. Es muß sein, geliebte Desolata, um des „Nachher“ willen. Jede Faser deines Herzens, jeder Punkt deiner Seele muß ausgeglüht werden im Feuer der Erprobung, im Feuer der Läuterung. Das tut weh und wirkt scheinbar vernichtend. Doch es ist dies die einzige Art, Gott näher zu kommen.

Opfer der dunklen Mächte

9. Januar 1981. 10.15 Uhr

Maria: Kleine Desolata, gerade jetzt, da in dir vollkommene Dunkelheit und Wirrnis herrscht, eine Rettung nicht mehr möglich scheint, du dich verloren glaubst – bereitet sich die Gnade den Boden für deine Wandlung, für deine Umformung in reines, übernatürliches Leben, wozu deine Seele geschaffen ist. Gerade jetzt ist es von großer Wichtigkeit und Bedeutung, daß du in Geduld und Sanftmut erträgst, was in dir sich abspielt – was dir auferlegt ist zu härtester Prüfung. Genauso wichtig ist es auch, deinen Willen zu üben.

Es ist wahr, liebes Kind, du bist Zeit deines Lebens – seit jenem Augenblick an der Klostermauer (siehe 3. Juli 1980) ein Opfer der dunklen

Kräfte und ihrer Beeinflussung, die dich völlig beherrschen wollten und dich nur mehr durch eine schwarze Brille Dinge, Menschen und Geschehnisse sehen ließen – vor allem, wenn es sich um gute und heilige Dinge handelte. Wenn du dich befreien wolltest oder dich einer guten Sache oder Einstellung zuwandtest –, warfen sie den Schleier der Verneinung, der abträglichen Kritik und Beurteilung, des Zerstörungswillens, der Lethargie oder des Fatalismus über dich. Du warst tief unglücklich darüber und oft am Rand der Verzweiflung.

Glaube nicht, daß dein Leben dadurch verspielt war und du große Strafen dafür zu erwarten hättest. Gott sieht ja tiefer und vor allem das Leiden, das dir aus dieser von Ihm zugelassenen Auslieferung an die Mächte der Finsternis erwachsen ist. Er sieht es und beläßt dich in dieser Not nur, um dir Unsagbares geben zu können, wenn du dafür bereitet bist.

Gabe für den Himmel

17 Uhr

Maria: ...Die Taktik des Bösen ist es, dem Menschen vor etwas Gutem Angst einzuflößen. Es ist dir auferlegt, das geschehen zu lassen. Schenk diese deine spezielle Not und Bitternis immer Mir als Sühnegabe. Mache alles in deinem leiderfüllten Leben zu Gaben für den Himmel; leg alles in Meine Hände. Meine Hände wissen die Seelen zu umschließen mit übernatürlicher Schutzgebärde. Mit Meinen Händen durfte ich auf Erden Jesus berühren, ihn als hilfloses Kind pflegen, schützen und liebkosen in unsagbarer Ehrfurcht und Zartheit. Deshalb hab Vertrauen, daß diese Hände auch dir Schutz und Hilfe gewähren.

Heranreifen

10. Januar 1981. Rosenkranz

Maria: ...Alles drängt auf einen Höhepunkt zu. Wundere dich über nichts. Du wirst noch viel schwächer werden in deinem Widerstand, denn die Hölle ist dir überlegen. Es wird dich noch viele Tränen kosten. Viel Demütigungen; aber dadurch reift deine Seele heran zu der Frucht, die der Himmel sich pflücken will für seine Pläne und Aufgaben.

Halte durch, Geliebtes, ertrage es wie heute abends, mit leeren Händen, leerem Herzen und leerer Seele dazustehen mit dem Empfinden eines verlorenen Tages in Bitternis und Schmerz. Allein dieser Schmerz und diese Bitternis machen den Tag zu einer Kostbarkeit für den Himmel und für deine Entwicklung. Denk also um und freu dich, solches dem Himmel anbieten zu können mit einem Aufschrei des Vertrauens. Niemals lasse ich dich fallen. Ich bin doch deine gütige, milde Mutter in Ewigkeit.

11. Januar 1981

Maria: ...Nütze die Zeit, da du etwas befreit dich fühlst, zu inbrünstigem Flehen um alles, was du benötigst und ersehnst: Um Glauben, Demut, Vertrauen, Sanftmut und Geduld. Gnade will erbeten sein! – Schaue aus nach deinem Heil, deinem Gott. Sei glücklich, immer hilfebedürftiger zu werden... Nur die Ohnmächtigen ziehen ihn an – niemals die Großen. Selbstbewußten und Stolzen. Klein sein, ganz klein in Freuden!

13. Januar 1981. 22.15 Uhr

Maria: ... Klammere dich nicht an andere Bücher; sie vermögen nicht dein Charisma anzuregen oder zu vertiefen. Wenn du dich an sie gleichsam anklammerst, gehst du auf Krücken nur und gelangst nicht zur Freiheit deiner eigenen Berufung. Laß alles los. was deine Hände umklammern möchten.

Wandlung in Maria

15. Januar 1981

Maria: ... Laß alles an dir geschehen. Denn diese Hingabe bewirkt Erlösung und Befreiung. Blicke nicht angstvoll zurück auf scheinbare Versäumnisse und Fehler, laß alles ruhen in Meinen barmherzigen Händen, die gerade aus den unter verzweifelten Tränen dargebotenen Scherben eines Menschenlebens ein kostbares Biild zu formen vermögen und Gottes gütige Augen darauf zu lenken. Meine Mutterliebe ist es, die wandelt. So wandle ich dein Leben hin zum Vater, hinein in sein göttliches Herz.

Beim Rosenkranz, abends

Liebes Kind, Ich sehe wohl, wie es die Hölle dir unmöglich machen will, zu glauben – wie sie sofort Besitz ergriffen von deinem Verstand und ihm Frage über Frage vorlegt, an denen er hängen bleiben muß. Die Hölle will es nicht zulassen, daß dein Geist sich beugt in demütigem Glauben. O du armes, geliebtes Kind. welchen Kämpfen sollst du standhalten! Doch Ich, deine liebreichste Mutter, bin es, die in dir um dich kämpft, seit deiner Weihe an Mich.

Übel der Zeit

16. Januar 1981. Nach der hl. Messe (Fernsehlärm aus anderer Wohnung)

Maria: ... Die Angriffe der Hölle haben deine Freude von vorher stark überschattet. Schenk es Mir für die armen Menschen, die so sehr das Heil ihrer Seelen gefährden durch ihre Sucht nach Zerstreuung. Sie wissen nicht, wie fortgeschritten die Zeit ist. Sie leben ausgegossen und in fortwährender

Abwesenheit von sich selbst. Wo soll sie Gott noch finden, da sie nicht mehr zu Hause sind bei ihrer eigenen Seele? Sie weichen jedem Anruf Gottes aus, erfüllen jede Mühe, Arbeit und Beschäftigung mit Lärm, Klang und Ablenkung. Sie wählen die breite Straße, die so leicht und schnell ins Verderben führt. Deshalb habe ich im blauen Büchlein (der Marian. Priesterbewegung unter 8. Juli 73) so klar und ernsthaft Stellung genommen gegen dieses Grundübel der heutigen Zeit, das ein Instrument Satans ist: Fernsehen und Zeitungen. Leider wird es so gerne umgedeutet.

Keine eigenen Wege

26. Januar 1981

Maria: ...Erlebe Mich immer mehr als deine Helferin in jeglicher Not. Du mußt nur dich Mir überlassen, mußt dir bewußt sein, daß du Mir gehörst und keine eigenen Wege mehr gehen sollst. Wende deine Gedanken immer mehr Mir zu und suche Mich!... Ihr sollt euch einschließen lassen in Mein liebebrennendes Herz zu eurer Heiligung –, um euch Gott wohlgefällig zu machen.

27. Januar 1981

Maria: Eine besonders listige Taktik Meines Widersachers ist es, Meine Getreuen in immer neue Ängste über das Kommende zu stürzen. Die Auseinandersetzung im Geistigen ist ungeheuerlich groß und für ein Menschenherz kaum zu ertragen. Ich bin die starke Frau dieser Zeit und werde euch von Satan befreien. Noch geschieht alles im Verborgenen. In wie vielen Seelen wirke ich Heil und bezwinge Ich Satan. So bereite ich den Triumph Meines Sohnes Jesus vor.

Sorge dich also nicht im voraus! Du und kein Mensch weiß, was die Zukunft bringt; es soll euch ja verborgen bleiben. Ihr sollt euch einzig dem Vater im Himmel anvertrauen und von Ihm alles erwarten. Um es euch zu erleichtern, bin Ich euch als Mutter gegeben. Tretet ein in Mein Herz!...

Die große Gnade

30. Januar 1981

Maria: ...In Mir ist die Fülle der Zeit, ist der Herzschlag dieser eurer gegenwärtigen Zeit in all ihrer Schwere und Kostbarkeit. Verbringe deshalb die Tage in Mir, in Meinem Herzen, und du bist am Pulsschlag der Zeit... In Meinem Herzen seid ihr eingeschrieben. Ihr könnt euch mir vollständig anvertrauen, da euch durch Mich das Licht der allerheiligsten Dreifaltigkeit trifft und eure Seelen erhebt zu Läuterung und tiefer Erkenntnis. Auf dieser Welt gereinigt zu werden ist große Gnade, die Ich euch erbeten habe. Haltet deshalb still und laßt in Dankbarkeit geschehen, was euch so schmerzt.

Gott ist reinigendes Feuer und Licht für jene, die Ihm nahen sollen. Doch es ist das Feuer glutvollster, unaussprechlicher Liebe, in dem eure Seelen sich verzehren sollen zu Anbetung, Danksagung und hl. Dienst.

2. Februar 1981

Maria: Kleine Desolata, du mußt es erst noch lernen, in dieser Atmosphäre des Übernatürlichen zu verbleiben. Deiner gefallenen Natur ist das nicht ohne besondere Gnadenzuwendung möglich. Du kannst es nur unterstützen, wenn du dir keine „Seitensprünge" gestattest, die dich allzusehr ablenken. Du siehst eine scheinbare Erleichterung oder Notwendigkeit darin. – In Wirklichkeit ist es nur ein Zugeständnis an die Weichlichkeit und Zerrissenheit der menschlichen Natur. Versuche es deshalb immer wieder, dich zu erheben, wenn du also im Staub der irdischen Hinfälligkeit liegst. Ergreife dazu die starke Hand deines Vaters. Sie muß dir oftmals wehtun – doch zu deinem Heil.

Geistliche Übungen

4. Februar 1981

Maria: Bleibe bei der Übung der Gebete und Andachten, denn sie nähren deine Seele mit notwendiger Nahrung. Nur so vermagst du dich langsam zu erheben über die Fluten des Negativen und aufzuatmen in der reinen Luft des übernatürlichen Lebens... Harre in Geduld – und du wirst in der Geduld mehr als Ersehntes erhalten.

5. Februar 1981

Maria: Kleine Desolata, werde stürmisch in deinem Beten und Bitten, stürmisch in deinen Übungen, stürmisch gegen dich selbst. Reinige deine Gedanken, löse ihre Wurzeln aus allem Irdischen, Vergänglichen, und senke sie in himmlisches Erdreich. Werde nicht müde in der Umkehr deiner bisherigen Lebensweise. Erhebe deinen Geist, deine Seele, die bereits zurücksinken möchte in Kleinmut, Trostlosigkeit und Müdigkeit, da es ihr von der Hölle nicht gegönnt werden will, sich zu erholen und zu erheben. – Nütze die Nähe Meines Bildnisses, da aus ihm überströmende Liebe dir entgegenstrahlt. –

Abends:

Desolata: „O Muttergottes, nun bin ich bereits wieder hinausgeworfen. Keine Stimme, kein Echo trifft mich, nur trostlose Leere und Verlassenheit."

Maria: Deine besondere, nur dir eigene Sühne. Leg sie in Meine Hände auf daß sie dort zur kostbaren Blüte werde vor Gottes Angesicht.

Der Gnade zuvorkommen

6. Februar 1981

Maria: Freue dich an den kleinen Siegen des heutigen Tages. Doch seid immer auf der Hut. Satan weicht nicht kampflos zurück. Wirf dich deshalb gleichsam ungestüm nieder zu Meinen Füßen und durch Mich vor das Angesicht des allheiligen Gottes und flehe inbrünstig, daß Satan Einhalt geboten werde in seinem frevelhaften Spiel. Komme der Gnade zuvor, indem du bittest um das, was dir zugedacht ist. Nichts ist Gott wohlgefälliger, als solch demütige Übereinstimmung mit Seinem heiligsten Willen. –

Das Neue

Heute regt sich in dir Neues: Was sich von jetzt an in dir ausbreitet an Gutem, Befreienden soll dir nicht wieder genommen werden. Auf dem Kampffeld deiner kleinen Seele erobere Ich, die Siegerin Gottes, nun gleichsam Zentimeter um Zentimeter zurück. Darum fühlst du es bereits wie das Erahnen einer köstlichen Gabe. So erweise Ich Mich an dir als die Mutter deiner Seele, die mehr gibt, als du verlangst!

7. Februar 1981. Hl. Messe

Maria: Geliebte kleine Desolata, halt fest am Segen und Sieg des gestrigen Tages. Du mußt wissen, die Hölle führt nun gleichsam einen Partisanenkrieg gegen dich: Überfälle aus dem Hinterhalt, Angriffe in allen Situationen. Du mußt gewappnet sein und Schläge nach allen Seiten austeilen. Deine Waffe hierzu ist das Gebet. Es gilt dabei nur, einen Anfangswiderstand niederzuschlagen; dann bist du frei. Kämpfe Seite an Seite mit deinem Vater, denn er ist erprobt. – Auf ihn hin ist es geschrieben: Wer klein ist, der komme zu Mir, wer Hilfe braucht, der rufe Mich an. Wer betrübt ist, blicke in Meine Augen. Wer in Not ist, fasse Meine Hand. Und keiner geht von Mir, der nicht Hilfe und Trost gefunden.

8. Februar 1981. 21 Uhr

Maria: Meine kleine Desolata. Du fühlst es selbst, wie sehr du Meiner bedarfst... Halte dich ganz an Mich und deinen Vater, denn du darfst nie glauben, schon allein bestehen zu können. Ja schätze dich glücklich, hilfloses, unwissendes, ganz kleines Kind zu sein; denn so wirst du brauchbar für Meinen Plan. Nur so kannst du Gott erleben und anziehen.

Ungewöhnliche Läuterung

1. Februar 1981. 21.45 Uhr

Maria: Du bist ratlos, kleine Desolata...Du stehst zwischen vielen Feuern. Du bist bedrängt und gequält wie kaum jemand. Das bedenke vor allem, Geliebtes, du mußt etwas erdulden und ertragen, was nur du zu tragen vermagst. Du wirst geläutert auf eigene Weise und lebst zugleich deine Bestimmung. Nur deshalb wurde dir noch einmal ein Vater gegeben, ein Priester zur Seite gestellt. Schließe die Augen und vertraue blind.

13. Februar 1981

Maria: Meine geliebte kleine Tochter, Neues beginnt. Satan will es dir unglaubwürdig machen und deine Kräfte lähmen... Es ist ihm verhaßt, daß nun dein Vater ständig bei dir sein kann. Ich habe es so gelenkt, daß dein Vater am 11. Februar, dem Gedenktag Meiner Erscheinung in Lourdes als Unbefleckte Empfängnis, seinen Wohnort verließ. Der Himmel gibt immer Zeichen, Geliebtes. Unter diesem Meinem Zeichen beginnt euer neues Leben, dem Zeichen Meiner Unversehrtheit. Denn in diesem Zeichen besiege Ich Satan. Darum kannst du dein Heil nur in Mir finden.

Jesus eine Wohnung bereiten

14. Februar 1981

Maria: Meine kleine Desolata, Ich weiß, wie sehr du nun eine Wohnung ersehnst. Du brauchst dich nicht zu kümmern. Laß Mich wirken. Es geht darum, Jesus eine Wohnung zu bereiten in einer kleinen Hauskapelle, die dir schon vor 30 Jahren versprochen wurde. Da Ich die Mutter Jesu bin, ist es Meine Herzensaufgabe, Ihm die Wohnung zu bereiten und damit auch euch. Erwecke in dir großes Verlangen nach der Gegenwart Jesu im heiligsten Altarsakrament als Vorbereitung auf das, was kommt.

15. Februar 1981

Maria: ... Was könnte die Seele Besseres tun, als sich ganz Gott überantworten? Gott bildet die Seele in schmerzlichen Wehen um, damit sie fähig wird, wie Wachs zu sein in Seinen Händen, ein willenloses Werkzeug, einzig Seinem Willen unterworfen. Deshalb ertrage dich heute geduldig und still. Laß nicht nach, dich zu überwinden; hoffe gegen alle Hoffnung.

Einswerden zum Lob Gottes

22. Februar 1981. Rosenkranz

Maria: ... Es ist nun noch ein Fegfeuer eigener Art, in dem sich eure Seelen aneinander reinigen, um immer mehr eins zu werden, immer mehr ineinander aufzugehen, immer mehr zusammenzuwachsen zu einzigem Lob. Haltet deshalb durch! Es geht nun um dein Festhalten an deinem Vater um jeden Preis, von dem du weggezogen werden sollst; darum wird er dir auch so verzerrt.

Versinken in heiliger Stille

25. Februar 1981

Maria: Kleine Desolata, alles ist Anfechtung und Versuchung, was dich an Früheres, Begehrenswertes erinnern will... Erhebe deine kleine Seele zu Mir, laß sie versinken in dem Meer der Ruhe und Gleichmäßigkeit Meines Unbefleckten Herzens, in dieser gotterfüllten, heiligen und ewigen Stille, wo nichts sie berührt als der Atem des Dreieinigen Gottes und der unbeschreibliche Duft des himmlischen Paradieses. Dort sei deine Ruhestätte, dein Aufenthalt!

Aufs Mutterherz schauen

28. Februar 1981

Maria: Kleine Desolata, da du Meine Hände genau betrachtest, kannst du es nicht mehr übersehen, daß sie sich verändert haben, um Mein Herz sichtbarer werden zu lassen, denn Mein Unbeflecktes Herz ist es, das euch alle retten wird. Auf Mein Herz sollt ihr schauen, in Mein Herz euch flüchten in all euren Nöten und Bedrängnissen. Von Meinem Herzen aus geht allein alle Siegeskraft, alle Gesundung und Heilung eurer Seelen. Mein Herz ist das goldene Tor, durch das Gott zu euch zurückkehren will, ...durch das Mein Licht in euch seine ganze gnadenvolle Strahlkraft verströmen will.

Zeit für die Ewigkeit

1. März 1981

Maria: Mein kleine Desolata, noch ist Wartezeit! Etwas, was dir am schwersten fällt. Und doch ist Wartenmüssen für die menschliche Seele unendlich gewinnbringend für die Ewigkeit: Wartenmüssen demütigt und zwingt zu Geduld und Erhebung, wenn guter Wille vorhanden ist. Halte dich an Mich, dann kannst du auch diese Zeit ertragen, geduldig und still, wie das kleine weiße Lamm, das Jesus in dir sehen will,... du setze nur deine kleinen, normalen Bemühungen ein – den Ausgang schaffe Ich, eure Mutter!

Herbergsuche

11. März 1981. Vorbemerkung:

(Vater sagte ganz plötzlich am Nachmittag zu Desolata: Gehen wir – es wird eine Wohnung frei. – Während der Kurzbesichtigung kamen

andere Leute auf das Haus zu, um sich die fast gegebene Zusage für die Wohnung endgültig zu holen. Vater schickte augenblicklich Desolata zur Hausbesitzerin. Wir erhielten sofort die Zusage für die Wohnung.)

Maria: Ihr mußtet auf Herbergsuche gehen, um Bethlehem zu finden, d.h. ihr mußtet die Mühsal des Suchens auf euch nehmen, um immer mehr den Weg Jesu-Mutter zu gehen... Diese Wohnung entbehrt den heute üblichen Luxus, ihre Mauern aber bieten Schutz und Geborgenheit. (Das Haus ist etwa 200 Jahre alt).

(Anm.: Während der Besprechung über die Wohnungseinteilung hört Desolata etwa 5 mal eine liebliche Stimme sagen: „Nehmt doch Jesus in eure Mitte". Damit war es entschieden, daß die Kapelle zwischen dem Zimmer von Desolata und dem des Vaters sein sollte.

Abends, 19 Uhr, machen Desolata und ihr Vater noch einen kurzen Waldspaziergang. Es ist schon volle Dämmerung, große Stille. Als sie den Wald betraten, fingen augenblicklich viele, viele Vögel zu singen an. Dieser Jubel begleitete sie durch den Wald. Beim Verlassen des Waldes verstummte aber sofort der Gesang).

(Zum Befinden von Desolata

Ihr linker Arm, der die letzten Jahre beim Gehen wie leblos herunterhing, sonst aber fast normal beweglich ist, weist zunehmende Schmerzen und manchmal fast nicht mehr auszuhaltende Unerträglichkeit auf. Wenn sie einschlafen möchte, fängt der Arm an in Schmerzen zu toben; ebenso stört das Einschlafen das beim Liegen auftretende rhythmische Zucken der Finger, das ein Kratzen auf der Bettdecke hervorruft. Nur in Erschöpfung kann der Schlaf kommen. Viel Arbeit in der erworbenen Wohnung mit neuen Böden und Decken!)

Treue

29. April 1981. Hl. Kommunion

Jesus: Ich rette! Ich rette immer noch! Deshalb fürchtet euch nicht. Ich bin die Liebe. Werdet nicht irre. Du bist Sühneopfer. Doch jetzt ist die Sühne noch mit einer eigenen Läuterung verbunden.

Letzte Phase der Reinigung

8. Juni 1981. Pfingstmontag, hl. Messe

Maria: Laß alles geschehen, Kind. Nur so erfüllst du den Willen Gottes. Dieses Geschehen-Lassen ist Geheimnis für dich und schwer zu vollziehen – doch es ist einzig notwendig. Du bist nun in die schwerste und letzte Phase deines Reinigungsweges eingetreten; deswegen glaubst du dich so von undurchdringlichem Dunkel umhüllt und in auswegloser Nacht. Deshalb möchtest du lieber deine „inneren Ohren“ jetzt vor Mir verschließen, da du in Furcht und Zittern bist vor Täuschung und Gefahr. Überwinde auch diesen Zustand und laß alles über dich ergehen – auch die Angst vor Täuschung, vor den Fallstricken des Bösen, vor dir selbst. Das bedeutet Auslieferung bis zum Letzten.

Es ist notwendig, daß ich Mich jetzt über euch neige, da ihr Meiner Hilfe und Lenkung bedürft.

11. Juni 1981. Nach der hl. Messe

Maria: Fürchte dich nicht! Du hast einen weiten Weg zurückgelegt mit deinem Vater. Der Weg führt unfehlbar ins Licht. Dein Vater steht in voller Klarheit und kann nicht fehl gehen.

15. Juli 1981. Einzug in die neue Wohnung – Weihe der Wohnung

Schwierigkeit der Botschaften

29. Juli 1981. Rosenkranz

Maria: Meine geliebte kleine Desolata, Mein Sieg ist nahe. Es wird sich alles ganz anders abspielen, als ihr euch vorstellt – anders als eure Auslegung Meiner Botschaften. Deshalb blickt nur auf Mich, auf Meine Sonne, die euch leuchtet und wärmt. Dein Vater vertraut ganz auf Mich. Deshalb vertraue auch du.

3. August 1981. Hl. Messe

...Laß dich nicht quälen vom Dämon des Zweifels und alles Zerstörenden. Das Geschehen an dir und durch dich liegt außerhalb deiner Verantwortung und deines Begreifens. Dein Vater ist Träger besonderer Gnaden dafür.

Überschwere Schulung

12. August 1981. Hl. Messe

Jesus: Du bist nicht schrecklich und böse, Kind. Es ist nur alles Schreckliche und Böse in dich hineingelegt zu einer Sühneleistung, die du nicht verstehst, einer Sühne, die die heutige Zeit und ihr schrecklicher Zustand erheischt. Halte aus – du bist trotzdem Mein vielgeliebtes Kind!

29. August 1981

Maria: ...Du kannst es nun selbst verspüren, daß alles Prüfung, überschwere Schulung ist... Doch der Himmel will mit dir sein!... Vertraut euch weiter der göttlichen Vorsehung an, die das Leben eines jeden von euch zu einmaligem Kunstwerk vorbereitet und seine Vollendung bewirkt in unaussprechlicher Weisheit und Güte. Ihr, seine Kinder, ruht einzig in Seinen Liebesarmen... Du bist ruhiger geworden. Dein Ich-Wille tritt zurück.

Einer trage des andern Last

30. August 1981

Maria: Geliebte kleine Desolata, du bist immer wieder schwach und mußt deine Schwäche tragen, damit andere, denen es abgefordert wird, stark sein können. Wenn du stark sein sollst, trägt ein anderer für dich. So wunderbar ist alles im Gottesreich angeordnet – auch bei den Engeln und ihren Aufgaben. Ein Chor empfängt vom andern. Es ist etwas unsagbar Wunderbares und Seligmachendes um die Gemeinschaft der Heiligen, die Gemeinschaft im Reich Gottes. Wenn du das einmal erfaßt hast, bist du ständig getragen von sicherster Geborgenheit.

Das Kloster Ottobeuren ist (durch seine heutige Primiz) wie in einem Frühlingserwachen. Vergiß nicht, daß ich Zutritt gewonnen habe durch die MPB ... Betet für das Kloster, daß es neue Blüten zu treiben vermag für die kommende Zeit und eine Zuflucht des Volkes werde, Hilfe und weisen Rat vermittle.

Auch ihr müßt Anteil daran nehmen, denn Satan rüttelt auch an den Toren des Klosters, weil er Mein Zeichen daran erkennt. Doch Meine Siegessonne ist bereits am fernen Horizont sichtbar... Erwartet Meine sichere Hilfe.

30. August 1981. Abends

Maria: Liebe kleine Desolata... du erlebst die Zeit als Kostbarkeit und erahnst die Fülle des Übernatürlichen. Je gelassener du bist, umso mehr vermagst du die Zeit auszukaufen. Nicht alles Tun heischt Ewigkeit.

Kämpfe weiter. Du bist nicht mehr so eng in der Umklammerung der dunklen Mächte in den Zeiten, wo du betest oder deine Seele zu Mir erhebst. – Eine wohltuende Erleichterung ist dies für dich!

Schmerz der hl. Herzen

1. September 1981. Beim Rosenkranz

Maria: Blicke auf Mein Herz! Mein Herz, das dich liebt, wie dich noch kein Herz geliebt außer dem Herzen Jesu.

Ach die Welt hat die Botschaft vom heiligsten Herzen Jesu nicht angenommen und erfaßt in ihrem tiefsten Sinn. Da wurde der Menschheit Mein Unbeflecktes Herz geoffenbart und angeboten. Doch auch meines Mutterherzens bedarf die Menschheit nicht. Welche Tragödie! Eine Welt die der liebreichsten und verheißungsvollsten Herzen nicht bedarf! – Die den Haß begehrt, statt der barmherzigen Liebe. Allein die Liebe vermag die Welt zu retten. O liebt mit jeder Faser eures Herzens –, liebt Gott –, Jesus, – Mich, – und eure Brüder – liebt sie vollkommen in Gott! Niemals vermag euer Herz die Schmerzen Unserer heiligsten Herzen zu ermessen – die Schmerzen verschmähter Liebe. Jesu Herz dürstet nach Liebe Seiner Geschöpfe – doch sie bleiben kalt. Und Mein Mutterherz blutet ob der Schmerzen Meines einzigen, geliebten Sohnes um euch, Meine Kinder. Noch einmal gießt der Himmel seine Liebe aus und seine Barmherzigkeit in flutenden Strömen. Alle, die guten Willens sind, werden davon berührt. Ihre heißen Gebete werden das Herz des Vaters erreichen und besänftigen. Denn einzig den Menschen – sein liebstes Geschöpf – zu retten läuft der Plan des Himmlischen Vaters ab in Nachsicht und Güte und unaussprechlichem Erbarmen. Deshalb blicket vertrauensvoll nach oben, von wo euch Hilfe verheißen.

Rettung Deutschlands

4. September 1981. Herz-Jesu-Freitag, hl. Messe

Maria: Deutschland muß gerettet werden. Wenn Deutschland verloren geht, dann ist ganz Europa und damit der größte Teil der Welt mit verloren. Das ist nicht im Wollen des Himmels. Gott hat Seinen Rettungsplan, nicht Gedanken des Verderbens. Ihr könnt es daran erkennen, daß Deutschland immer noch nicht vom Schlimmsten erfaßt wurde. Deshalb fürchtet euch nicht, was auch kommt.

Stelle dir die Welt vor, wie sie nur böse erscheint, verdorben und sündhaft – und doch wird dieses Erscheinungsbild der Welt – wird all das Böse wie mit Bienenwaben in kleinste Zellen zersetzt durch das Gute, das überall wachgerufen ist.

Das sollt ihr stets vor Augen haben und euch nicht entmutigen lassen. Auch wenn alles verloren erscheint – glaubt Meinen Worten – erwartet Meinen Sieg! „Am Ende wird Mein Unbeflecktes Herz triumphieren!“ Dieses Ende ist nahe!

Der Gnadenweg

6. September 1981. Hl. Messe

Maria: ... Es geht immer um das Kind-Sein, um dieses einfache Hingegebensein an Gott als den liebreichsten Vater... Das erfordert heroische Opfer von dir, Geliebte. – Dein Weg kann nicht mit anderen verglichen werden. Die begnadeten Seelen von früher lebten unter anderen Bedingungen als du und hatten andere Aufgaben... Dein Weg ist Kreuzweg. Geliebtes, mit Dornen, Steinen und Blut – doch er ist einzig dein Weg!

Es geschieht alles durch die Gnade. Doch die Gnade wirkt leiser als der leiseste Windhauch und nicht vernehmbar. Gewiß, du wirst immer Maresa bleiben mit all deinen Anlagen, Schwächen und Fehlern; sie sollen dich klein und demütig halten. Und doch wirst du eine andere werden, d.h. nicht mehr Maresa wird regieren, einzig Jesus und Ich, deine Mutter, werden in dir herrschen. Glaube mit dem Glauben deines Beichtvaters.

Leben in Stille

5. Oktober 1981. 21 Uhr

Maria: Kleine Desolata! Ich bin lebendig hier in Meiner Statue. Opfere Mir deine Zeit. So, wie dein Vater vorhin mit dir gesprochen, entspricht es der Wahrheit.

(Vater: Unsere 3 Räume sind vorgesehen – besonders die Kapelle – zum innerlichsten Leben mit Gott, mit den Engeln und Heiligen. Maria tritt uns jetzt näher. Die Hölle erkennt das: darum in der Kapelle ein ohrenbetäubendes Krachen und Bersten wie von schwersten Balken und Poltern von großen Steinen, wie beim Einsturz eines Hauses – jedoch ohne Erschütterung des Bodens; kein Riß in den Mauern. So 3 mal geschehen.)

Um eure Verborgenheit und euer zurückgezogenes Leben zu wahren, ist es von großer Bedeutung, daß ihr vom Kloster wie von einheimischen Leuten völlig unbehelligt seid. Euer Leben kann sich nicht entfalten, wenn von außen Störung kommt. – Du wirst mit andern Menschen wieder Kontakt bekommen, wenn die Stunde da ist.

Auch diese Erfahrung mußtest du in den vergangenen Monaten machen, daß ein gewöhnliches, ablenkendes Leben (Bauarbeiten) dich nicht mehr befriedigen kann. Es rührte sich ein starker Widerwille gegen jegliche Störung, damit ihr bereit seid und aufnehmen könnt.

11. Oktober 1981

Maria: Glauben bedeutet auch vertrauen. Du wirst darin geprüft bis zum Äußersten, Kind. Dein Glaube und Vertrauen steht unter so schwerer Belastung, daß sie fast immer am Zerbrechen sind. Das ist die schwerste Prüfung, – bittere Prüfung.

Zeitwandlung

14. Oktober 1981

Maria: Alle Zeit, die ihr Mir schenkt und damit der Überwelt, ist keineswegs für euer irdisches Leben verlorene Zeit. Nein, in Meinen Händen erst, unter Meiner Fürsorge und Obhut wandelt sich eure Zeit in ewigkeitsnahe Dauerhaftigkeit und wunderbare Ordnung... Es wird sich nun alles verkürzen, immer schneller wirst du zurückschwingen lernen in die lichte, positive Sphäre. Versuche immer wieder an die Quelle zu gehen und zu trinken – hier an Meinem Gnadenbildnis – und dein Feind wird schwächer werden.

Über der Zeit leben

15. Oktober 1981. Hl. Messe

Maria: Haltet euer Herz im Himmel, bei Gott, eurer Mutter, den Engeln und Heiligen und Seligen, bei all euren Lieben, die euch vorausgegangen sind – und ihr werdet euch nicht mehr als Waisen vorkommen, vielmehr geliebt, umsorgt und behütet. So werdet ihr jede Zeit durchschreiten können, als lebet ihr über der Zeit. – all dies will Mein liebendes, gütespendendes, Unbeflecktes Herz euch erwirken, wenn ihr euch immer mehr hineinlebt in dieses Mein Herz ist der Himmel für euch schon in dieser jammervollen Welt.

Zeit der größten Barmherzigkeit

21. Oktober 1981

Maria: Meine kleine Desolata, verlasse dich vollkommen auf Mich. Satan bedroht die Welt, alle und alles. Es ist ein Kampf von euch unvorstellbarem Ausmaß. Mit dem Attentat auf den Papst hat Satan Mir den Fehdehandschuh zugeworfen... Aber Ich bin die mächtige Frau eurer Zeit: Maria vom Sieg! Alle Meine Erscheinungen sollten euch kundtun, wie nahe Ich euch bin, wie weit mein Mutterherz geöffnet ist... Laßt die Hand der Mutter nicht los. Meine Mutterhand allein führt euch durch diese Zeit hindurch, die die Zeit der größten Barmherzigkeit Gottes ist.

Strahlende Kinder sein

22. Oktober 1981. Nach der hl. Messe

Maria: Kleine Desolata, es wird alles ganz anders kommen. Viele der alten Prophezeiungen sind überholt, weil sie bedingt waren. Viele sind unecht und Täuschung. Viele sind euch verschlüsselt und verschleiert; auch neue Aussagen über die Zukunft. Belastet euch deshalb nicht. Blickt nicht in diese dunklen Prognosen, fischt nicht im unklaren.

Seid Kinder des Lichts, Kinder der Hoffnung, Kinder, die Mein Siegeszeichen strahlend auf der Stirne tragen und so hineinleuchten in die Finsternis der Welt.

Die ganze Versuchung und Anfechtung Satans, die er heute über die ganze Welt ausschüttet, ist die Angst. Mit dieser feinen Schlinge operiert er heute mit großem Erfolg. Die Menschheit ist infiziert von dieser Geißel. Dadurch ist den Menschen der freie Blick auf Gott, der die Liebe ist, verdunkelt, ein gottgefälliges Handeln unmöglich gemacht. So ist ein großes Licht am Erlöschen: der Glaube, die Hoffnung und das Vertrauen. So ist die Liebe am Sterben und unter dieser höllischen Eiseskälte sterben die Menschen dahin zu ewigem Tod.

23. Oktober 1981

Maria: Meine kleine Desolata, halte dich nur an Mich in deinem augenblicklichen Kampf und sei dir bewußt, daß ich voll Liebe und Zärtlichkeit auf dich schaue, die du dem Ansturm der Hölle preisgegeben bist.

Lebt nur den Augenblick, weil ihr die Zukunft nicht ertragen könnt, ...weil ihr eure Kräfte lähmt, wenn ihr auf das Hereinbrechen der Katastrophe wartet. Ich habe euch zugesagt, euch beizustehen und euch Meine ganze Zärtlichkeit fühlen zu lassen. Denkt immer an das Ziel: das Himmelreich.

Immer bereite Hände

24. Oktober 1981

Maria: Kleine Desolata, sei nicht traurig über diesen Tag... Sei nur offenes, ehrliches, echtes Kind. Du brauchst mir nur zu sagen, daß du versagt hast und es dir leid tut – und schon breite ich Meine gnadenerfüllten Hände über all deinen Kummer und Elend und nehme es sacht hinweg, um dir Starkmut und Kraft zu geben für einen Neubeginn.

26. Oktober 1981

Maria: ...Öffne dich wie eine verdurstende Blume dem himmlischen Regen Meines Lichtes. Laß keine Fragen in dir aufkommen, sie führen dich niemals ans Ziel... Leer sollst du sein und ohne Wissen und Bücherweisheit; vergiß alles, was dein Geist im Übermaß in sich hineingesogen hat an Ballast nur und Aufgeblasenheit. Mit sachter Mutterhand habe ich schon vieles in dir ausgelöscht. Darum erinnerst du dich nicht mehr. Sei deswegen nicht unglücklich.

Die Waffe

31. Oktober 1981

Maria: Geliebte kleine Desolata ... du betest den Rosenkranz und bist so mit übernatürlichen Ketten gebunden – mit den gegen Satan so machtvollen

Ave-Ketten dieses schlichten Gebetes, das eure Waffe ist in dem heißen Kampf um euer ewiges Heil, um das Heil der Welt und der unsterblichen Seelen. In diesem Gebet kämpfe Ich selbst mit euch, verteidige Ich euch und stärke Ich euch.

1. November 1981. Nach der hl. Messe

Maria: ...Gib alles, gib vor allem deine Schwäche und Armseligkeit, dein Unvermögen und Straucheln, alle deine Fehler, dein Gebundensein an die Mächte der Finsternis, diese grausame Bedrängnis, alles Negative, das dir das Leben zur Hölle machen will – dies alles gib Mir... Mach eine Gabe daraus für Mich, und Ich bereite daraus eine wohlgefällige Gabe für Gott den Herrn und Früchte für deine Ewigkeit...

Lichtvolle Mutter

7. November 1981

Jesus: Das Licht ist in Meiner Mutter, das ewige Licht der allerheiligsten Dreifaltigkeit. Diesem Licht ist nichts zu vergleichen. Darum ist sie die von der Sonne umkleidete Frau der Geheimen Offenbarung. Dieses Licht ist so in sie eingegangen, daß sie wie aufgesogen ist von diesem Licht. Deshalb vermag sie jede Dunkelheit aufzuhellen und alle zu erwärmen. Deshalb besiegt sie die Irrlehren – auch die der Jetztzeit. Deshalb ist sie für Satan ein blendender Blitzstrahl von unerträglicher Wirkung. Ihr Licht deckt seine geheimsten Pläne auf, legt seine Schändlichkeit bloß und lähmt seine Kraft. Flüchtet in das Licht Meiner Mutter in dieser Zeit der Finsternis, da Satan euch umlauert und euch bedrängt wie nie zuvor.

Sühneverlassenheit

8. November 1981. Hl. Messe

Maria: Kleine Desolata, in deinem Sühne-Zustand ist es dir, als suchtest du unentwegt – und könntest niemals finden; als riefst du ohne Unterlaß – und würdest niemals erhört; als drücke dich die Not zu Boden, und niemand würde dir helfen. Du bist wie gott- und menschverlassen. Dies ruft einen Zustand hervor, der kaum zu ertragen ist, der dich lähmt in all deinen Geisteskräften und Willenshandlungen fast unterbindet. Du bist niedergehalten, unterdrückt, und das verursacht dir das Gefühl der Gefangenschaft und Ausweglosigkeit.

Dieser geistig-seelische Zustand aber wirkt hinein in deinen Körper und macht ihn zum Ausdruck des inneren Geschehens.

Über all diesem Geheimnis aber stehe Ich, die starke Frau der Endzeit, die Siegerin in eben dieser Schlacht, diesem Kampf Gottes gegen die Unheilsmächte und Gewalten, die entfesselt sind zur Scheidung der Geister, zur Entscheidung für Gut oder Bös.

Das, was in dir sich abspielt, ist die Not und Ausweglosigkeit des heutigen Menschen, ist die Krankheit der Moderne –, die auch gerettet und geheilt werden soll. Das Zeichen, das Gott gibt für diese Zeit der Not, bin ich selbst. Nach nichts anderem sollt ihr ausschauen. – Wenn du also dich hinwendest zu Mir kleine Desolata, wendest du das schreckliche Antlitz eurer Zeit, der Menschen von heute zu Mir hin und gibst Mir die Möglichkeit einzuschreiten. Das ist stellvertretende Sühne.

Da jedoch die Last und die Wucht des Übels so stark auf dir liegt, laß dich von deinem Vater an der Hand nehmen und Mir zuführen... Nur Ich vermag dir in allem beizustehen und die grausamen Ketten des Negativen und der Angst auseinanderreißen und deine Wunden mildreich zu heilen für immer.

(Nach der Einsprechung schweres, viermaliges Poltern in Desolatas Zimmer).

Engelhilfe

10. November 1981

Maria: Ertrage deinen Zustand. Die Elektrizität, die du so unerträglich in dir spürst, ist die Strahlkraft des Bösen. Doch auch deine Engel strahlen dich an. Wenn du dich ergibst und geschehen läßt, ist es leichter für dich.

Wenn du einen Tag ertragen mußt wie den heutigen, dann falte am Abend deine Hände und denke nur: „Es war gut so, wie es war!" – denn es war ein auferlegter Tag. – Trotzdem fange gleich wieder an, deinem Vater zu gehorchen. Mit dem Gehorsam und der damit verbundenen Demut triffst du die Umklammerung Satans.

12. November 1981. Hl. Messe

Maria: Ergreift auch immer mehr die Hand eurer heiligen Engel. Holt sie immer mehr herein in euer Leben. Macht sie zu euren Verbündeten. Kämpft nicht allein, kämpft mit ihnen.

Mutter der göttlichen Vorsehung

14. November 1981. Beim Rosenkranz

Maria: Geliebte kleine Desolata, ihr nennt Mich „Mutter der göttlichen Vorsehung". Gott der Vater hat die Pläne über euch, die Pläne Seiner unübertrefflichen, geheimnisdurchdrungenen, wunderbaren Vorsehung in Mein Herz gelegt, in das Herz der Mutter, auf daß Ich sie ausführe in Barmherzigkeit und Milde. Dies tue Ich vor allem für die Priester, Meine vielgeliebten Söhne, wenn sie Mich rufen! Vor allem aber für jene, die sich Meinem Unbefleckten Herzen geweiht und überlassen haben.

Mutter der göttlichen Vorsehung bin Ich geworden für deinen Vater wie für dich, da des Himmlischen Vaters Auge auf euch ruht zu besonderer Berufung und Auserwählung von Anbeginn an. So hütete Ich eure Vorherbestimmung und lenkte und leitete sie bis zum heutigen Tag ... Ich bin es, die alles für euch und an euch wirkt.

Ist es nicht ein Stück Himmel hier in dieser kleinen verborgenen Kapelle? Der Himmel Meines Herzens, Meiner überströmenden Liebe zu euch, Meinen vielgeliebten Kindern. Welch liebe Zufluchtsstätte wird dieser Raum euch stets sein und euch alles ertragen lassen und hinnehmen in Sanftmut und Geduld – und Mich erkennen lassen als deinen Stern in der Nacht, deine Sonne in allen Tagen deines Lebens.

(Anm.: 29. November 1981. Zu den bisherigen Schmerzen kamen nun immer mehr zunehmende Schmerzen in Brust und Rücken. Desolata kann sich zeitweise nur unter großen Schmerzen bewegen. Liegen ist wegen Schmerzen schon länger keine Erholung mehr).

1. Dezember 1981

Maria: Geliebte kleine Desolata, erkenne Mich als deine Mutter, die wunderbare Wege geht, ihre Kinder zu retten. Nicht von ungefähr solltest du gerade jetzt die Worte – Meine Worte von San Damiano – in die Hände bekommen. Es ist dies für dich im Augenblick die trostvollste und Sicherheit gebende Botschaft ... Man hat auch diese Meine Worte nicht angenommen bei den verantwortlichen Stellen. Man läßt die Mutter des Himmels stehen vor verschlossenen Herzenstüren.

Durch die Worte von San Damiano bist du innegeworden, daß ich wirklich z. Zt. auf der Erde gegenwärtig bin, also auch gegenwärtig bei eurem Bildnis hier, gegenwärtig bei Cönakeln, gegenwärtig an Erscheinungsorten, weil ich Meine Kinder aufsuchen, sammeln muß, um sie vorzubereiten auf Kommendes ... Mein Kommen an so vielen Orten der Erde in dieser Jetztzeit, das müßte eure Herzen berühren zu größter Aufmerksamkeit, Hingabe, Dank und Gehorsam. Kind-Sein, Kind von Mir und Kind Gottes – das ist der Schlüssel zu allem. Über kindhafte Seelen hat Satan keine Gewalt – wohl aber über die Hochmütigen und Stolzen.

Das Himmelswunder

8. Dezember 1981

Maria: Kleine Desolata, auch wenn du es nicht so empfinden kannst, schlägt Mir dein Herz doch voll Sehnsucht entgegen. Schreibe:

Von Jahr zu Jahr wird das Fest Meiner Unbefleckten Empfängnis in Welt und Kirche zurückgedrängt, sein Inhalt und Bedeutung abgeschwächt und nicht mehr angenommen. Wie anders in der himmlischen Liturgie.

Als das vollkommenste Bild und Gleichnis des Schöpfergottes, aus Seinen Händen hervorgegangen in wunderbarem Gnadenstrahl durch ein einmaliges Privileg der zuvorkommenden Erlösungskraft Meines Sohnes Jesus, stehe Ich an dem Tag dieses Festgeheimnisses in leuchtender Unversehrtheit vor euch.

Der ganze Himmel, Engel und Heilige bringen Gott durch Mich ein unbeschreibliches Loblied dar. Mein Unbeflecktes Herz vor allem ergießt Feuerstrahlen der Liebe und Gnade auf die Welt und bewirkt Rettung, Heil und Hilfe ... Einzig Mein Unbeflecktes Herz wird nach Gottes anbetungswürdigem Plan den Sieg davontragen gegen Satan und sein Heer mit allen Helfershelfern. Nur in eurer Hingabe an Mich werdet ihr alles überstehen und mitvollziehen nach ewigem Plan. Je mehr Satan tobt und seines Sieges sich sicher wähnt, – umso wirkungsvoller habe ich in aller Verborgenheit und Stille den Gegenschlag vorbereitet. Nicht Waffen und Gewalt werden entscheiden – einzig die Wandlung der Herzen, die wahre Erneuerung der Kirche, deren Mutter und Wegbereiterin Ich bin. –

Macht der Gotteskinder

17. Dezember 1981. Hl. Messe

Maria: Mit dem Glauben kannst du alles machen, Kind . . . Der Glaube des vertrauenden Kindes macht Satans Künste und Gewalt mit einem Lächeln zunichte. Deshalb fürchtet Satan das Kind, das seine fein gesponnenen Netze umgeht mit nachtwandlerischer Sicherheit und seine ausgeklügelten und subtilen Pläne zusammenstürzen läßt wie seine Baukastenhäuser mit einer einzigen Handbewegung kindlichen Wollens. Das ehrliche „Ich glaube" des Menschen schlägt Satan ins Gesicht und hält ihn auf in seinem Vernichtungsdrang.

Da du gerade hier in so für dich unverständlich schwere Sühne genommen bist, vermagst du den Glauben kaum zu äußern. Rühre nicht an dieses Geheimnis, laß es geschehen. Sprich mit deinem Vater „Ich glaube", was dir allein nicht möglich ist. Dazu ist dir dein Vater gegeben, um den Geist des Unglaubens in dir zu treffen und abzuweisen als Priester Meines Zeichens; denn nichts trifft Satan empfindlicher als Mein Zeichen. – Der Kampf ist ausgebrochen zwischen Meinen gezeichneten Kindern und den Kindern unter Satans Zeichen. Fürchtet euch nicht: Am Ende steht der Sieg Meines Unbefleckten Herzens und Jesu Reich bricht an. – Ein Licht geht aus von Polen, das geheimnisvolle Wirkung haben wird. In der Ohnmacht der Kinder Gottes liegt ihre größte Macht. – Kein einziges Opfer der Guten ist ohne bedeutsame Folgen. Deshalb Mut, Meine geliebten Kinder: Gottes Liebe wirkt in allem und durch alles!

Nothilfe

10.45 Uhr

Maria: Daß du in dir das Leid und die himmelschreiende Not der heutigen Weltlage trägst, ist deine besondere Befähigung dafür und schwer für dich zu tragen und ängstigst dich sehr. Doch: Nur der gottlose Mensch ist preisgegeben und ausgeliefert – seiner eigenen Bosheit und der List Satans. Wer von den wahren Kindern Gottes berufen ist, in der heutigen Zeit zu leben, untersteht ganz besonderem Gnadenstrom des Himmels. In den entscheidenden Augenblicken werde ich alle Angst von euch nehmen und euch zu allem befähigen, wie es alle Heiligen stets erfahren haben. Deshalb berget euer Angesicht einzig im Schoß Meiner Liebe und barmherzigen Milde. Ich will euch trösten und ermutigen und die Süßigkeit Meines Herzens verkosten lassen, denn alle Süßigkeit des Dreieinigen Gottes ist in Mir und findet ihr in Mir.

28. Dezember 1981. 21 Uhr

Maria: ... Auch wenn du noch nicht fähig bist, alles aufzuopfern mit vollem Bewußtsein – deine Weihen täglich ersetzen dir alles. Du wächst ja erst hinein in deine Aufgabe. Es geht auch noch um Seelen, die dir übergeben sind zur Rettung durch bitteres Leiden. Du darfst jegliche Hilfe in Anspruch nehmen; denn dein Leiden ist unbeschreiblich. Ich will dich trösten, sooft du Mich rufst.

Oasen der Zukunft

4. Februar 1982

Maria: Ich sage dir, Meine kleine Tochter, es wird Oasen des Friedens geben im Kommenden. Überall in der Welt werden diese Oasen sich finden. Sie werden versiegelt sein von Meinen heiligen Engeln, und der Böse wird keinen Zutritt finden. Auch hier, in Ottobeuren, ist eine solche Oase Meiner Liebe und Barmherzigkeit im Entstehen. Überall, wo man Meine Worte aufgenommen und befolgt hat, wo man Mir Liebe und Verehrung schenkt, wird auch Mein besonderer Schutz und Meine Gegenwart sein.

28. Februar 1982. Rosenkranz

Maria: ... Vertraut einzig und unbesorgt Mir. Nicht, daß ich alle Prüfungen von euch fernhalten könnte – wohl aber vermag Ich jede Prüfung zu lenken zu gutem Ausgang und spende Hilfe und Heil nach dem Willen des Vaters.

Niemals werdet ihr in ausweglose Situationen geraten, niemals in verzweiflungsvolle Not. Immer stehe Ich an eurer Seite mit Meinen Engeln und Heiligen. Nur vertrauen!

10. März 1982

Maria: ... Wie kostbar, fruchtbringend und tief sind die Tage der Krankheit für den Vater und sein Kind, – Tage besonderer Gnaden. Die ausschließliche Verfügbarkeit deines Vaters für dich trägt ihre Früchte, und deine kleine Seele vermag sich zu erheben.

Verkündigung Jesu

25. März 1982. Mariä Verkündigung

Maria: Kleine Desolata! Du stehst nun in der stärksten Glaubensprüfung deines Lebens ... Ich leuchte in dir in steigendem Maße auf, um zu vollenden! ... Ruhe aus in Meinem Herzen und vergiß alles, was hinter dir liegt im Liebesrhythmus Meines Herzschlages. Dieser Mein Herzschlag bemißt euren irdischen Weg und leitet ihn sicher ans Ziel.

Noch etwas, Meine kleine Tochter: Auch Jesus möchte sich dir nähern. Morgen ist der Gedenktag Seiner liebevollsten Herabneigung zu deiner Seele (= Erstkommuniontag). Die Sehnsucht eurer Herzen soll nun erfüllt werden durch Jesu ständige Gegenwart. Dein Vater lasse morgen, an deinem Festtag, Jesus Gast sein in der Monstranz. Jesu Gegenwart wird eure mächtigste Unterstützung im Kampf gegen die Unterwelt. Euer Leben verlaufe wie bisher. Jesus will nur eure Liebe und Natürlichkeit. Der Weg geht weiter – ins Licht – in Jesu Herz hinein!

Sühne für Unwürdigkeit

3. April 1982. Nach d. hl. Messe

Maria: ... Hier, in der Kapelle, leidest und sühnst du für jene, die unwürdig am Altare dienen und Ärgernis geben und die Gemeinden so zu Ehrfurchtslosigkeit führen und verführen. Vor allem der Dienst der Frauen am Altar ist großes Ärgernis. Sie nehmen ihr Beispiel nicht an Mir – einzig am Gebaren der Welt!

Jesus: Noch ist die Zeit der Heimsuchung, der Rettung. Fürchte dich nicht! (vor der kommenden Weltkatastrophe) „Du wirst nicht mehr dabei sein" –. Dieses Mein Wort ist gültig! Ich bewahre die Meinen.

4. April 1982

Maria: Daß du immer wieder dein „Geschehe" gesprochen, genügt Gott; deine zitternde Bereitschaft ruft sein Erbarmen wach und läßt Ihn größter

Liebe voll auf dich blicken. Sprich nur immer dein „Ich glaube“ und widersage den dunklen Stimmen. Du darfst aufatmen – einen Kinderglauben enttäuscht Gott nicht!

Jetzt Endphase

20. April 1982. Rosenkranz

Maria: Geliebte kleine Desolata, o verzage nicht. Es ist Endphase ohne jeden Zweifel. Versuche es nur immer, alles geschehen zu lassen. Ein kleines Zeichen sei dir dein Schlafen. ***(Anm.: Die Nächte waren in der letzten Zeit furchtbar. Desolata wußte nicht mehr, wie sie sich hinlegen sollte. Jede Lage war Schmerz; ihr Arm tobte in Schmerzen. Nach kurzem Liegen stand sie wieder auf und lief umher; dann wieder nach Abheben der Schmerzen, ca. 1 1/2 Stunden – wieder liegen, wieder aufstehen. So in manchen Nächten 3-4 mal. Sitzen geht auch nur kurz. Gegen Morgen 2-3 Stunden Erschöpfungsschlaf. Nächte werden immer schwerer. Es geht bis an den Rand des Wahnsinns).*** *Du hast dich hier durch die treue Hilfe deines Vaters bereits ins Unabänderliche ergeben und dadurch fallen gelassen in den Willen des Allerhöchsten. Dies zeitigt Früchte. Halte noch aus!*

Jesus ist euch diesen Weg vorausgegangen in unendlicher Liebe und Milde. Sein Herz fließt über vor Mitleid und Erbarmen und hebt euch 100 mal des Tages auf, wenn ihr wankt und gefallen seid. Gerade um diese letzte, schwerste und fast nicht zu ertragende Zeit der Reinigung dir zu erleichtern, ist Jesus hier in seiner personhaften, wahren Gegenwart (im Tabernakel). – Täglich werdet ihr es stärker innewerden.

24. April 1982

Maria: Ihr müßt es lernen, ganz dem Himmel zu vertrauen, euer Herz im Himmel zu halten. Ihr müßt euch geliebt wissen wie nie zuvor von himmlischer Barmherzigkeit. Der Himmel tritt spürbar in euer Leben, je verlassener ihr euch fühlt. Nichts geschieht ohne Wissen und Vorsehung göttlicher Liebe. Gerade, wenn die Welt am Ende zu sein scheint, gebiert sie den neuen Anfang, das neue Reich: Reich Jesu und Reich Meines Herzen, in dem einzig die Sonne der Liebe, ewiger Liebe, leuchtet und wärmt.

Himmlisches Leben

25. April 1982

Maria: Es ist wirklich alles eine überaus starke und einschneidende Glaubensprüfung deines Lebens, die du bestehen wirst, weil der Himmel es will. – Siehe zum Tabernakel! Hier wohnt nun Jesus, deine unaussprechliche Liebe. Sein Herz schlägt hier und umfängt euch mit wärmster, göttlicher Liebe. Unsere Herzen sind ungeteilt euer in dieser kleinen, heimlichen und heimeligen Kapelle, um bei euch zu sein in dem Kampf und der Beschwernis eures Lebens, um euch zu stärken, zu trösten, zu wandeln, zu heiligen und zu heilen. Himmlisches Leben pulst in diesem Raum, Geliebtes, o glaube daran und nimm es in dich auf, wie die Blume die Sonne aufnimmt, um leben zu können.

26. April 1982. (Kriegserklärung Argentiniens an England)

Jesus: Fürchtet euch nicht, auch dieser Konflikt geht vorbei. Niemand vermag das Geschehen zu lenken, wie Ich es tue, trotz allen Widerstandes von seiten Satans und der Menschen.

Eines tut not: Vereint euch mit eurem Hl. Vater in heißem Gebet. Achtet auf sein Wort und befolgt es. Er trägt Mein Kreuz, Mein Leid, Meine Seelenliebe im Höchstmaß in seinem sterblichen Menschenleibe. Nur Meine Mutter ist es, die ihn dabei stützt und aufrecht hält. Achtet auf ihn und seid ihm untertan. Ihr müßt unentwegt für den Papst beten und opfern. Die ganze Kirche sollte es tun, wie sie noch für keinen Papst gebetet hat. Er ist der Hölle so sehr im Wege ... Macht euch seine Lehren und Aussagen zu eigen. Nur mit ihm werdet ihr standhalten und siegen.

Von der Reinigung zum Triumph

Abends, beim Rosenkranz

Maria: ... Ihr steht am Ende der unheilvollsten Epoche der Geschichte in einem gewaltigen Umbruch. Das Alte vergeht, damit Neues beginnen kann. Doch noch nie neigte sich Gottes Erbarmen in solch unausschöpfbarer Milde und Liebe herab wie gerade jetzt. Der Geist Gottes ergießt sich über die Welt und Schöpfung wie in strömenden Wassern. Reinigung, Heimholung und Triumph gehen ineinander über, sodaß der Plan Gottes sich verwirklichen kann. Fürchtet euch also nicht! Rufet nur un-aufhörlich das Erbarmen Gottes an. Bezwingt Gottes Herz mit stürmischem, vertrauensvollem Flehen.

Lebt als österliche Menschen mit sieghaftem Auferstehungsglauben. Gott ist am Werk, und durch Mich, eure himmlische Königin und Mutter, wird das größte Wunder aller Zeiten bereits unaufhaltsam, gänzlich im Verborgenen, vorbereitet: Die sonnenumkleidete Frau bereitet den Sieg!

1. Mai 1982. Maiandacht

Maria: ... Die Hölle tobt. Es ist Endphase des großen Kampfes. Die große Drangsal, ... der große Abfall ... breitet sich immer mehr aus. Es sind dies die

Zeichen, die euch gegeben sind, eure Häupter zu erheben und an das Heil zu glauben. Schaut nur in dieses Licht, das vor allem von Mir ausgeht. Bei Mir ist alle Hoffnung und Ursache eurer Freude: Jesus! Jesus kommt wieder, dem Vater das Reich zurückzugeben. Ihr glaubt alles verloren und nicht mehr zu reparieren; – Ich sage euch: Gerade das ist der Zeitpunkt, da Gott hereintritt in die Welt, um Sein Reich neu aufzurichten und ein neues Pfingsten zu verheißen. Satan und seine Anhänger glauben, alles in Händen zu haben ... Welt, Schöpfung und Kirche zerstören zu können –, doch durch Mich ist ihm der Sieg bereits entrissen. – Auch in dir, geliebte kleine Tochter!

Ich rufe euch den hl. Erzengel Michael ins Gedächtnis, den ihr herabrufen sollt auf die Welt, auf daß er euch zu Hilfe eile mit seinen Scharen der Engel, die nur auf Meinen Befehl harren, einzugreifen und Meine Kinder zu umgeben.

Krönung Mariens

20. Mai 1982. Rosenkranz

Maria: Schreibe, geliebte kleine Tochter ..., eine Demutsübung ist Gott wohlgefälliger als jegliche Geisteserhebung!

Das, was dein Vater mit dir durchkämpft, so sehr, daß auch sein Körper leidet, ist letzter Ansturm der Hölle – ist ihre Wut über Meine Krönung (am 12. Mai krönte Vater die Marienstatue in der Kapelle) und Mein Herrscherrecht in der Kapelle hier. Die Hölle weiß, was das bedeutet, wenn Mir das Recht eingeräumt wird, über eine Seele, über ein Menschenherz, über einen Ort, über ein Land zu regieren. Sei zuversichtlich, Meine kleine Tochter, Ich werde Gebrauch machen von Meinem Recht. – All dein Versagen, liebste kleine Desolata, dein Einfach-Nicht-Vermögen, deine namenlose Schwäche sind voll miteinbezogen in Gottes Barmherzigkeit...

Der treue Papst

Maria: Wie sehr rührte der Hl. Vater mit seiner Huldigung, seinem Dank und Worten in Fatima Mein Herz! Von welch tragender Bedeutung jedoch ist der Akt der Weltweihe an Mich, den er vollzogen. Seine Intention „mit allen Bischöfen und Gläubigen" hat Gültigkeit, ... auch wenn viele Hirten nicht bewußt dahinterstehen. Die Tat des Papstes wirkt aus sich, öffnet Mir verschlossene Tore, legt verstopfte Kanäle frei und bewirkt Mein mütterliches Einschreiten.

Deshalb sagt allen, wie wichtig es ist, nun mit dem Papst zu leben. Er ist der Papst eurer Zeit. Wer mit ihm ist, bleibt in Gott, in der Wahrheit und im Frieden.

18. Juli 1982

Maria: Geliebte kleine Desolata, alles ist Vorsehung ... Nichts geschieht ohne Gottes liebendes Wissen. Du mußt dich nur fallen lassen in diese Geborgenheit, in diesen Glauben an die Liebe; denn Gott ist Liebe, einzig brennende Liebe.

Kreuz am Himmel

26. August 1982. Fest uns. lb. Frau von Tschenstochau

(Letztes Verlassen des Hauses, letzte Ausfahrt von Desolata zur Behandlung.

Auf der Heimfahrt steht die Sonne als glühend rot-gelber Ball über einer niederen Wolkenwand des Horizonts vor uns. Auf einmal leuchten 4 Strahlen in Sonnenbreite auf: nach oben, nach unten, nach rechts und nach links, und zwar nicht konisch, sondern wie Lichtstraßen nach 4 Seiten, sodaß ein Lichtkreuz entsteht mit der Sonne in der Mitte:

Das größte Kreuz des Leidens kommt auf Desolata zu und ist doch ein Gnadenkreuz.

18. Oktober 1982

Liegen und sitzen wurde für Desolata immer schmerzvoller. Vergangene Nacht war die bisher furchtbarste und brachte sie an den Rand des Lebens: Ihr Gesicht wurde ganz weiß, Nase und Kinn spitz wie bei Sterbenden. Dazu Brechreiz. Schmerzen ohne Unterlaß in kaum mehr erträglichem Maße. Erst um 4.30 Uhr kam der Erschöpfungsschlaf).

10.30 Hl. Messe

Maria: Fürchte dich nicht. Es ist alles im Plan des Himmlischen Vaters wunderbar geordnet und ersonnen. Laß dich nicht ängstigen. Auch für dich ist das Reich Gottes nahe (Evangeliumstext der Messe). Es steht nur die dunkle Prüfungswand dazwischen. Doch: Aus allem Leid wird Seligkeit!

Der Himmel führt

24. Oktober 1982. Abendrosenkranz

Maria: Geliebte kleine Desolata! Niemand kann deine Leiden analysieren, feststellen und ermessen, denn einzig der Himmel allein und dein Vater. Deshalb fürchte dich nicht.

Am Ende des jetzigen Geschehens steht nicht die Vernichtung, sondern deine Auferstehung in Gott, zu Gott hin und mit Gott.

Laß dich durch nichts ängstigen auch nicht wenn die Medikamente oft ihre Kraft und Bestimmung verfehlen oder sich ins Gegenteil verkehren. Auch dann kann dir kein Unheil daraus erwachsen. Sag nur ja zu allem, damit du im Willen Gottes stehst, und alles ist gut.

28. Oktober 1982

Maria: Das, was du jetzt physisch so stark empfindest, geschieht vor allem geistigerweise. Es ist Reinigung, Läuterung im Feuerofen der Liebe Gottes. Deshalb das Gefühl des Zusammenbrechens und Sterbens deines Körpers. (M. Desolata kann wegen Schmerzen nicht mehr liegen. Sitzt nachts zu etwas Schlaf im Stuhl). Setze deinen ganzen Glauben ein; denn nur der Glaube vermag zu siegen und zu überwinden.

Hl. Öl, wie auch Wasser, mit Gnadenwasser vermischt, zu den Waschungen wird dir gut tun.

31. Oktober 1982

Maria: ... Kleine Desolata, verzage nicht, Ich führe weiter. Du müßtest nun viel liegen,um die Schwäche zu beheben. Du wirst wieder liegen können. Geduld, Geliebtes! (Am 13. November kann sie wieder zum 1. Mal liegen).

Du hast Übermenschliches geleistet und auf dich genommen in diesen Wochen ... Daß du trost- und hoffnungslos bist, ist besondere Sühne.

Mutter der Hoffnung

1. Januar 1983

Maria: Ich bin die Mutter der Hoffnung.

Dies ist die göttliche Tugend, die besonders in der blutigen Stunde der Reinigung gelebt werden muß.

Auf wieviele Arten sucht Mein Gegner euch zu entmutigen. Fürchtet euch nicht; denn Satan ist schon besiegt durch Jesus, und jeder seiner scheinbaren Siege bedeutet für ihn eine neue, wirkliche Niederlage. Wenn der Haß neue Straßen mit Blut bedeckt –, wenn die Sünde die Seele und das Herz vieler wie mit Eis überzieht–, wenn die Menschheit nicht auf den Weg zur Liebe zurückkehrt –, wenn der Aufruhr gegen Gott jeden Tag stärker wird: – so sei euer Vertrauen noch größer auf die Barmherzigkeit des Himmlischen Vaters, und schaut auf Mich, das Zeichen der Hoffnung.

Ich bin Mutter der Liebe und Gnade, des Verzeihens. – Ich durchlaufe die verlassenen Straßen der Welt, um in den Herzen Meiner Kinder den Samen der Buße, der Güte und der Hoffnung zu streuen.

Mit schmerzlichem Mitleid schaue Ich auf die unzählbare Schar Meiner sündigen Kinder, auf die durch die Gesellschaften verführten und verratenen

Jugendlichen –, auf die durch zügellosen Egoismus und Haß Versklavten –, auf die Kinder der Kirche, die durch Gleichgültigkeit und Mangel an Glauben träge geworden sind – all diesen wiederhole Ich heute: Ich bin die Mutter eurer Hoffnung. Das Eis, das die Erde bedeckt, entmutige euch nicht, weil Ich täglich überall den Samen des Lebens und der Auferstehung streue. Ich bin das Morgenrot, das den Beginn des neuen Tages bringt.

Ich bin auch die Mutter der heiligen Freude. Lebt in der Freude, euch von Gott geliebt zu wissen, der euch Vater ist –, getragen vom Hl. Geist –, von Jesus aufrecht gehalten.

Beginnt dieses neue Jahr so, um ganz mit Mir zu leben.

Kampf und Schutz

3. Januar 1983. 23 Uhr

Maria: Kleine Desolata! Die Schulung ist deshalb so hart, weil ihr zu Meiner Kampfesschar gehört und in den vordersten Reihen Meiner Engel kämpfen sollt gegen die furchtbare Dämonie, die heute über der Welt und Schöpfung lastet. Was dir in diesen Nächten und Tagen geschieht, ist verzweifelter Ansturm der Hölle. Es kann dir nichts geschehen, auch wenn du dich immer schwächer werden fühlst. Wenn du glaubst, bist du geborgen.

Über eurem Leben steht die absolute Führung des Himmels.

4. Januar 1983. Hl. Messe

Maria: Geliebte kleine Desolata ..., Ottobeuren ist von Gott erwählt zu einer Burg in der Zeit der kommenden Stürme, zu einer Insel des Friedens, um einen Schatz des Himmels zu hüten – um hinüberzuretten in die kommende Zeit des Sieges Meines Unbefleckten Herzens.

Neue Prüfung

5. Januar 1983

Maria: Geliebte kleine Desolata, die größte und schwerste Prüfung harrt nun deiner: daß die körperliche Schwäche so sehr zunimmt, daß du glaubst einer unheilbaren Nervenkrankheit verfallen zu sein. (Ihre Haut „brennt", juckt und schmerzt so sehr, daß sie die Berührung mit dem Bettuch nicht aushält). Auch dies ist nur Prüfung im Glauben. Deshalb sage ich dir wieder: Halte dich eng an deinen Vater und glaube ihm jedes Wort. Nur dann vermagst du auch dies zu bestehen.

8. Januar 1983

Maria: ... Glaube und vertraue weiter. Dein Glaube, aus unendlichen Tiefen gesprochen, in die du nun gerissen bist, ist deine stärkste Waffe und fährt in die Reihen deines Gegners wie ein blitzendes Schwert, um abzuhalten und zurückzudrängen. Sie stellen dir alles hoffnungslos vor und wollen dich in Depressionen stürzen, um dich noch mehr zu schwächen. – Wenn du so am Ende bist und dich nicht mehr zu halten vermagst, fällst du einzig in die Liebe Gottes und in Meine Liebe und hat diese Prüfung ein Ende.

Ein Menschenkind wie du, das so sehr von Gott vorherbestimmt ist, muß einmal im Leben einer solchen Prüfung unterzogen werden. Verliere nicht den Mut, süßes Kind!

Du bist bedrängt wie noch nie, armes Kind! Jetzt glaube und rufe und wimmere nur noch wie ein Kind um Hilfe und Befreiung. Die Kraft deines Glaubens, deiner Hoffnung und deiner Liebe wird überwinden und durchstoßen ins Licht. – Die Welt soll keinen Anteil mehr an dir haben! Gott soll dein Anteil sein und in dir leben.

11. Januar 1983

Maria: Meine Engel kämpfen und stoßen durch zum Sieg. Unterstütze sie durch euren Glauben und Vertrauen und Anrufungen. Sie sind hier in großer Zahl. Sie lieben euch sehr.

Demut wirft Satan zurück

13. Januar 1983. Hl. Messe

Maria: Kleine Desolata. Dein Gehorsam heute, in der Kapelle (Desolata kann nicht mehr knien. Vater befahl ihr als Gehorsamsübung eine Kniebeuge zu machen), vermochte durch den Einsatz der hl. Engel eine Legion der bösen Mächte zurückzudrängen, die angreifen wollten. So stark wirkt sich der Gehorsam aus. Er ist wie ein Fanal gegen das „Non serviam“ (– ich will nicht dienen) Luzifers und durchdringt den Schöpfungsraum wie eine silberne Posaune zum Lob und zur Verherrlichung Gottes; denn echter, heiliger Gehorsam trägt in sich die Tugend der Demut – und die Demut weist Satan weit zurück. – Der Gehorsam vermag Wunder zu wirken.

28. Januar 1983

Maria: Liebe kleine Desolata, aus dem heutigen Geschehen (nach erstem Scheitern konnte sie plötzlich unbeschwert in jeder Lage liegen und schlafen, und zwar 7 Stunden; dann ohne Versteifung aufstehen und gehen. Doch das war nur vorübergehendes Zeichen!) – sollst du erkennen, daß die Erkrankung deines Körpers vor allem Verkrampfung, Ausdehnung und Verrenkung ist –, hervorgerufen durch die furchtbare Strahlung und Macht der bösen Kräfte. Deshalb muß jede irdische Heilkunst ohne die Hilfe des Himmels versagen. Einzig vom Himmel kann dir Heilung widerfahren.

26. Februar 1983. Hl. Messe

Maria: Kleine Desolata! Tiefe Finsternis ist in dir und Nacht und Not ... Das, was dich jetzt so sehr quält und bedrängt, ist letztes Ausschöpfen deiner Sühneopferkraft und letzte Reinigung deines ganzen Selbst. Verzweifle deshalb nicht.

Neues Charisma: Hängen am Kreuz

9. März 1983. 20 Uhr (Während Desolata vorübergehend liegt)

Maria: Kleine Desolata! Es ist wirklich so, du liegst nicht, sondern hängst am Kreuz Jesu, hängst in mystischer Weise, denn Jesus lebt in dir, und sein Leiden wirkt sich in dir aus.

Glaube! Nimm an, was du nicht verstehen kannst und was dir unbegreiflich vorkommt.

(Anm.: Desolata wurde von Maria angewiesen, dem Vater alle Leiden und alle Schmerzen kundzutun.

Schon seit dem Januar sagt Desolata – kaum daß sie im Bett liegt, „ich liege nicht, ich hänge!“ – „Ich bin ganz ausgespannt, sodaß es mich fast zerreißt.“ – Meine Schulterblätter, mein Körper, meine Fersen sind ein tobender Schmerz.“ – „Ich ersticke.-“ – „Mein Kopf, mein Kopf, der furchtbare Druck!“ – „Krampf vom Nacken, vom Kopf ausgehend durch den ganzen Körper).“

Pausenlose Angriffe

26. März 1983. Hl. Messe

Maria: ... Hör nicht auf die Stimmen der Nacht. Ängstige dich auch nicht ob der pausenlosen Angriffe, die dich nun schütteln und wie ein letzter Versuch der Hölle sind, dich von deinem Weg abzubringen. Meine Kraft ist in dir! Blicke auf ins Licht Gottes.

Ich bin deine liebreiche Mutter und neige Mich immer zärtlicher über dich; du wirst es immer mehr innewerden.

1. Mai 1983

Maria: Dein Vater bestürmt den Himmel, und der Himmel läßt sich bestürmen ... Die Zeit jetzt noch nützen durch doppelte Anstrengung im Gebet, Opfer, Verzicht und Hingabe. Alles aus Liebe zu Gott! Diese Zeit jetzt ist eine weitere Stufe ins Licht ...

Das größte und sicherste Zeichen der Echtheit deiner Erwählung sind die namenlosen Leiden, denen du dich unterworfen hast und die du heroisch durchgetragen. Fürchte dich also nicht!

Dieses Gefühl des Zusammengezogen-Werdens, eigenartiger Verkrampfung jetzt kommt einzig vom Einfluß der Hölle, die nun ihre ganze geifernde Wut über dich ausschütten will und ist nicht Auswirkung einer besonderen Erkrankung. Gehorche nur immer deinem Vater und glaube Mir unbedingt. So wirst du auch diesen schweren Engpaß hindurchkommen – wenn auch in Tränen – doch mit der Sicherheit des echten Gotteskindes.

8. Mai 1983

Maria: Kleine Desolata, deine namenlosen Leiden und Bedrängnisse, die kein Mensch ermessen kann, nehmen weiter zu; doch die Zeit (zum Ziel) nimmt ebenso ab. Es ist alles Sache des Glaubens oder des Nicht-glaubens.

Der Glaube macht den Menschen stark, Unglaube zerstört ihn. Im Glauben wirft der Mensch sich vertrauensvoll in Gottes Herz, das auf ihn wartet, ist doch der Mensch sein liebstes Geschöpf.

(Anm.: Desolata kann keine 5 Minuten, manchmal keine 15 Sekunden sitzen vor Schmerzen. Liegen ist schreckliche Verkrampfung. Stehen und laufen ist schwer durch Wasserkissen an den Fußsohlen. Dabei eine furchtbare, intensivste Hetze gegen alle Worte Mariens, von seiten der Hölle).

22. Mai 1983

(Anm.: Gestern und heute entsetzliche Schmerzen. Sie fühlt es so, als wenn man sie auswinden würde – wie eine naße Wäsche).

Überwindungskraft

15. Mai 1983

Maria: Um dir zu helfen, sage Ich dir noch: Alles, was dich bedrängt und dir zu schaffen macht, versuche es in Meinem Namen zu überwinden. Sag immer: Im Namen Mariens will ich zu laufen versuchen, – will ich zu liegen versuchen – will ich dies oder jenes tun. Glaube Mir, das wird dir eine große Hilfe sein.

Durch alle Einsprechungen an dich geht ein roter Faden hindurch: „Weg einer Menschenseele zu Gott“.

Opfer für Zweifel und Unglauben

29. Mai 1983

Maria: Liebe kleine Desolata! Vor über 30 Jahren hast du dich Gott zum Opfer angeboten kraft deiner Berufung für alle Vergehen des Zweifels und Unglaubens einer verblendeten Welt, die Gottes Herz so sehr beleidigen und verwunden.

Von diesem Augenblick an war Satan auf dem Plan und verwickelte dich in einen gigantischen Glaubenskampf bis heute. Er stürzte dich selbst immer wieder in Zweifel und scheinbaren Unglauben, um Gott in dir zu treffen. Deshalb stehst du auch jetzt in tiefster Glaubensnacht und Verwirrung. Nur dem Gewitterblitz gleich leuchtete dir immer wieder ein Körnchen Wahrheit auf.

Dieser Wahrheit gehorche schlicht; so brauchst du nichts zu fürchten.

2. Juni 1983. Fronleichnam (Anm. Schmerzen bis an den Rand der Verzweiflung)

12. Juni 1983

Maria: Kleine Desolata, gib nicht auf, gib jetzt nicht auf! Ich sagte gestern kurz zu dir: „Durchbrich die Isolation zu Mir hin, und es wird seine Wirkung haben." Doch du konntest es nicht in dein Inneres aufnehmen; so sage Ich es dir heute noch einmal:

Gib also nicht auf! Es geht weiter und läuft ab nach wunderbarem Plan Gottes, der über euch liegt. Du kannst nichts mehr wahrnehmen, weil du niedergehalten und niedergezogen bist in die unteren Sphären, die genau im Gegensatz stehen zu dem, was Ich dir sage.

(Anm.: 15. Juni: Desolata hat Schmerzenstage in hoher, höchster Potenz. Auch bei kurzfristigem Liegen untertags sagt sie: „Wenn ich nur einmal liegen könnte; aber ich hänge; ich habe keinen Halt. Ich bin ganz ausgespannt. Es zerreißt mir die Knie." – „Krämpfe vom Kopf bis zu den Füßen." – hauptsächlich in den Beinen." Sie stemmt sich mit den Füßen gegen das Bettbrett, um die Krämpfe auszuhalten).

16. Juni 1983 (Desolata machte das Kreuzzeichen, als sie Marias Nähe spürte)

Maria: Ja, mach ruhig das Kreuzzeichen, das gibt dir große Sicherheit. Kleine Desolata! Es hat alles, was in Ottobeuren geschieht, große Bedeutung – so auch die Europatage. Tut sie nicht leichtfertig ab.

Von Ottobeuren soll einmal ein besonderes Licht ausstrahlen auf die Umgebung und auf alle, die hierher kommen, – der jetzige Abt bemüht sich so sehr darum, seine Abtei einzubeziehen in großes und verborgenes Geschehen, um ein christliches Europa. Er wird darin kaum verstanden und braucht euer Gebet.

18. Juni 1983. (Desolata ist hilflos geworden)

Maria: Verzage nicht. Du mußt nur noch zu völligem Vertrauen in das Wirken des Himmels gewandelt werden. Doch sei getrost: Es geschieht durch Mich.

Neue Geburt

21. Juni 1983

Maria: Es ist Prüfungszeit. Sich in völlige Abhängigkeit des Himmels begeben zu haben bedeutet: Heil und Heilung für den Menschen, Wiederherstellung der Taufgnaden – Geburt zu neuem geistigen Leben –, für das die Menschenseele einzig bestimmt ist. – Du wirst einmal glücklich sein über das, was dir jetzt solche Bitternis bereitet.

Der Satan löscht dir immer und immer wieder die Lichter aus; doch Ich zünde sie dir stets aufs neue immer wieder an.

Wenn du glaubst, Mich verloren zu haben, komm wieder zurück. Fang immer wieder von vorne an, den Kontakt zu Mir zu suchen. Ich lasse Mich immer finden.

Weg nur durch Maria

24. Juni 1983. Hl. Messe

Maria: Die Menschenseele kann nur durch Mich hindurch, der Gott das Privileg der Gnadenvermittlerin gegeben, zu Gott gelangen.

Dieses Geheimnis wird heute nicht mehr erkannt und angenommen. Man will Mich, die Mutter, ausschließen und auf die Seite stellen. Ich sage das mit großer Bitternis und Trauer; denn Ich sehe das ganze vergebliche Mühen so vieler. Eine Wiedervereinigung der Christenheit kann es ohne Mich, die Mutter des Lebens, nicht geben ...

Es ist Mein Wunsch, überall kleine Gruppen von Menschen zusammenzurufen und zu bilden, in deren Mitte Ich Mutter und Herrin sein kann in der kommenden Zeit. Notgemeinschaften, Geliebtes!

Ich handle als vorausschauende Mutter der Barmherzigkeit.

26. Juni 1983. Hl. Messe

Maria: Kleine Desolata, ein wunderbarer Plan Gottes läuft über dir ab. Was jetzt so verwirrend und belastend und undurchschaubar über dir liegt, ist einzig der Kampf, in den du gestellt bist – ist etwas dir Auferlegtes, nicht Selbstverschuldetes und Gesuchtes; es geschieht etwas an dir, das dich stets aus der Fassung bringen möchte, weil es für dich nicht greifbar, nicht erklärbar ist.

Gebetsvacuum

12. Juli 1983

Maria: Kleine Desolata! Warum diese vielen Autounfälle, Betriebsunfälle, Katastrophen und Unheil aller Art? – Die Menschen haben vergessen und verlernt, füreinander zu beten und sich dem Schutz und der Hilfe des Himmels zu unterstellen.

Es ist ein großes Vacuum entstanden, das nur von Meinem Fürbittgebet, von den Fürbitten der Heiligen und heiligen Seelen und den Opfern der Sühneseelen aufgewogen wird.

Die Menschen müssen wieder lernen, füreinander zu beten – in der Kirche –, vor allem in den Familien und Gemeinschaften; erst dann kann wieder ein Gleichgewicht hergestellt werden.

(Anm.: Die Leiden von Desolata nehmen noch zu. Unsagbare Schmerzen! Sie bringen Desolata an den Rand der Verzweiflung; besonders beim Hinlegen: „Betet für mich, daß ich sterben darf!" – „Mein Rücken ist wie hineingepreßt – meine Fersen wie in den Boden hineingestampft!" „Mein Rücken!" – „Ich kann nicht mehr lange so aushalten; – eine Bewegung mit dem Finger nur gibt Krampf vom Kopf bis zum Fuß! – Mein Kopf, mein Kopf." Das Ausgespanntwerden auf dem Kreuz ist kein Dauerzustand, sondern ein sich immer wiederholendes, qualvollstes Erleiden).

3. August 1983. Hl. Messe

(Desolata bat die Mutter um Rat, weil sie vor Schmerzen kaum mehr liegen kann)

Die Beine vorher etwas massieren, bringt schon Erleichterung und etwas höher liegen!

5. August 1983

Maria: Kleine Desolata! Ihr Menschenkinder sprecht zu wenig zu Mir; doch Ich sollte immer zu euch sprechen. Dies ist keine Anklage gegen euch, Meine geliebten Kinder, sondern nur Meine allgemeine Mutterklage!

Verborgenes Lenken

19. August 1983. Hl. Messe

Maria: ... Ich lenke und leite alles. So geht jeder Brief, jedes Buch, das zu euch kommt – jede Begegnung auf Mich zurück. In allem wirke Ich verborgen und führe nach dem wunderbaren Plan Gottes zum Ziel.

(Anm. z. 23. 8. Desolata nach dem Niederlegen im Bett: „Von Tag zu Tag wird es furchtbarer; ich werde lebendigen Leibes in Stücke gerissen. – Ich halte es nicht mehr aus. – Sterben, sterben – schnell sterben – nicht so!"

Anm. am 25. 9. Desolata leidet übermenschlich. Immer ist das Hinlegen das Schlimmste: „Ich werde auseinandergezogen der Länge nach. Furchtbar. Ich halte das nicht mehr aus! – Meine Beine, meine Beine! – Mein

Kopf, mein Kopf; ich kann ihn nicht mehr hinlegen, muß krampfhaft nach vorne geneigt halten. – Die Wirbelsäule wurde ihr gekrümmt: am Hals nach vorne, im Rücken in S-Form.

Untertags: „Ich kann mich kaum mehr ruhig halten, weil es mich so angepackt." – Aufstehen, hinsetzen, aufstehen, hinsetzen ... auch in größter Schwäche!

Bei der Beichte: „Es preßt mir die Schuhe, die Füße zusammen, die Beine." – „Ich kann mich kaum mehr halten; ich meine, ich müßte aufspringen. So auch beim Segen mit der Monstranz – die hl. Messe ein Qual."

Wenn Vater aus den Einsprechungen vorliest, sagt sie: „Ich werde so furchtbar an den Armen und im Nacken gepackt!"

Wegen dieser entsetzlichen Schmerzen – von der Hölle ja verursacht – hetzen die dunklen Mächte die Kranke in raffinierter, ausgeklügelter Weise gegen Gott und Maria auf, weil sie das zulassen.

All das bei fast unerträglichen Schmerzen in völligem Glaubensdunkel und in vollkommener Gott- und Marienverlassenheit).

Trotzdem

28. September 1983. 18.20 Uhr

Maria: Kleine Desolata! Du bist nicht dazu berufen, ein langes Siechtum als Sühneleiden zu ertragen. Deine Sühne momentan heißt, der furchtbaren, höllischen Dunkelheit standzuhalten und ihr eine Absage zu geben durch unerschütterlichen Glauben.

Deine Sühne heißt „Trotzdem!" in allem: Trotzdem glauben, obwohl nichts zu erfolgen scheint; trotzdem hoffen, obwohl keine Erhörung in Sicht scheint; trotzdem – in allem, weil es nur Bewährungsprobe ist, die deine Entwicklung verlangt.

3. Oktober 1983. 22.30 Uhr

Maria: Geliebte Desolata! Ich höre dein Rufen und Weinen nach Mir wohl. Ich blicke mitleidsvoll in dein geängstigtes Herz. Bin Ich doch deine liebreichste und mildeste Mutter und weiß ich doch stets um alles.

Daß du Meine Stimme nicht mehr hören kannst, ist nicht Strafe, sondern einzig deine große Schwäche bewirkt es.

Fürchtet euch nicht und erschreckt nicht über euren gegenwärtigen, so bitteren Zustand. Glaubt nach wie vor alles, was Ich euch gesagt habe und zweifelt niemals an Meinem Sieg.

(Anm. zum 9. Oktober 1983

Desolata: „Wenn es natürliche Schmerzen wären, würde ich sie aushalten. Aber es sind besondere, unsagbare, furchtbare Schmerzen. – Meine Beine sterben von unten her ab – wie beim Erfrieren. Die Füße spüre ich nicht mehr richtig“).

Der Himmel steht zu Diensten

28. Oktober 1983. Nach der hl. Messe

(Desolata opferte ihre neuen Fuß-Beinleiden auf: absterben). Sie fühlt sich zum Leiden gezwungen).

Maria: Du wirst nachher alles freiwillig schenken.

Desolata. Nur mit der Gnade Gottes; sonst kann ich es nicht!

Maria: Zu dieser Einsicht mußtest du kommen. Sei nicht traurig, daß es so lange dauert. – Es ist dies die Zeit Gottes, und Gottes Zeit ist Ewigkeit. – Euch steht nun der Himmel zu Diensten.

6. Dezember 1983. 23.30 Uhr (Arger Husten verhindert den Schlaf)

Maria: Nur Prüfung Kind! Du mußt sie verstehen und bestehen: Verstehen, daß es wirklich nur Prüfung ist und deshalb nichts Bleibendes, – bestehen, dadurch, daß du ja sagst und dir denkst: Wie gut – nun kann ich Gott etwas schenken! – Damit hat die Prüfung dann ihren Stachel schon verloren und ist nur Vorübergang.

(Anm. zum 6. 12. 83: Vor etwa 1/2 Jahr traten auf beiden Seiten des Rückens rote Striche mit Punkten auf, fächerförmig von den Seiten her zur Wirbelsäule hin, etwas schräg von unten her. In der Folgezeit trat da ein „Beiß“ auf. Vor ca. 8 Wochen wurden diese Striche plastisch-aufgeworfene Striemen. Jetzt gehen diese Striemen bis hinab zu den Oberschenkeln. Neue Schmerzen. (Geißelungszeichen?))

Gesteigertes Martyrium

21. Februar 1984. Vor der hl. Messe

Maria: Kleine Desolata, wundere dich nicht über die Steigerung deines Martyriums. Es ist einzig deshalb, weil der Himmlische Vater so große Erwartungen in dich stellt – weil Er dich schult und prüft, bis aufs Äußerste –, da Er Freude hat zu sehen, wie du zu kämpfen beginnst und aufzuwachen für den einmaligen Kampf, in den du gestellt bist.

Vertraut Meinem Licht... Ich bin es, die nun immer mehr die Irrtümer in der Kirche vor eurem inneren Auge aufblitzen lasse, um euch aufmerksam zu machen; denn Ich allein bin es, die auch heute dieser mehrköpfigen Schlange der Häresie sicher den Kopf zertrete im Willen des Himmlischen Vaters. Meine Kinder, die Mein Zeichen tragen, kämpfen mit Mir und durch Mich.

(Anm. 26. April 1984: Desolata hat ein unbeschreibliches Martyrium: Schwäche im Rückgrat, wodurch es ihr schwer fällt zu sitzen. Um nicht nach vorne zu fallen, stützt sie sich mit dem rechten Bein gegen einen andern Stuhl ab. Nach links und rechts muß sich sich durch Balancieren ausgleichen. Zusammen: Dauerverkrampfung! Alles macht unsagbare Schmerzen. Sie meint immer wieder, am Ende zu sein mit dem Ertragen).

Ströme des Erbarmens

4. Mai 1984. Herz Jesu Freitag, hl. Messe

Maria: Kleine Desolata, du mußt nun versuchen, nicht mehr allein zu leiden, sondern durch einen Willensakt vereint mit Gott, mit Jesus und mit Mir – weil daraus unermeßliche Gnaden- und Kraftströme dir zufließen. – Stelle dir vor, wie Jesus und Ich auf Erden gelitten haben, und lege dein Leid dazu aus Liebe zu Uns.

Schaue auch immer mehr auf Mein Bild vor dir, um glauben zu lernen, und sprich: „Mutter Maria, ich glaube, daß mein Aufblick zu Dir mir neue Kraft gibt." Das vermag dich wieder einen Schritt vorwärtszubringen.

5. Mai 1984. Herz-Mariä-Samstag, hl. Messe

Jesus: Ich werde euch wunderbar ernähren, werde euch wunderbar hindurchführen, Ich werde voll Erbarmens für euch sein, weil ihr Barmherzigkeit an Mir übt; denn wahrlich: Wer heute sich Meiner erbarmt, den werde Ich erheben in alle Ewigkeit.

So stehe Ich als Jesus der Barmherzigkeit dargestellt in eurer Kapelle, um die Ströme Meines Erbarmens aus Meinem Herzen über euch, euer Haus und diesen Ort fließen zu lassen; denn Ich bin an Großmut nicht zu übertreffen.

Weil ihr an Mich denkt, zu Mir und über Mich sprecht, Mir Ehrfurcht und Zartheit, ja nur Liebe erweist, antworte Ich mit Meinem göttlichen Erbarmen.

Ich sage es noch einmal: Euer Erbarmen mit Mir ist es, das Mich anzieht und Mir Heimat gibt in eurer Kapelle und in euren Herzen. Wird Mein Herz doch zurückgestoßen, mißachtet, beleidigt und verwundet in einem Ausmaß, das jede Grenze überschritten hat, vor allem von den Mir Geweihten und mir angehörenden Personen

Meer von Schmerzen

7. Mai 1984. Ganz plötzlich, untertags:

Jesus: „Du wirst jetzt versinken in einem Meer von Schmerzen; doch dann wird es zu Ende sein!"

(Anm. 3. Juni 1984: Zentner von Blei an meinen Beinen. Oberschenkel verkrampft. Sitzen schmerzt furchtbar. Steißbein ist ein Schmerz (Siehe Schlußschilderung!), Rücken verkrampft, er ist Schmerzzentrum. Im Nacken wie eine schwere Faust. Die Arme haben kein Gewicht mehr, hängen schwerelos in der Luft – ein nicht zu beschreibender Zustand. „Ich bin ein Schmerz von unten bis oben", und das ohne Unterbrechung, ca. 20 Stunden hindurch. Dazu die geistigen Qualen! „Ich halt'das nicht mehr aus! Der Himmel ist mir vollständig verrammelt.")

(Hinsitzen mit Hilfe des Vaters. „Nein so geht es nicht!" Aufstehen 3-4 mal nacheinander. Endgültiges Sitzen nur kurz. Dann wieder von vorne. So auch während der Beichte, während der hl. Messe.

Dabei wird ihr pausenlos von den dunklen Mächten eingehämmert: „Das bleibt jetzt immer so. Du siehst ja, du kannst betteln und bitten, der Himmel hilft dir nicht. Du bist von Gott verlassen. Du hättest früher etwas für deinen Körper tun sollen; jetzt ist es zu spät. Du hast MS. Siehe deinen Muskelschwund. Bald kannst du dich gar nicht mehr bewegen. Du hast so gesündigt; jetzt straft dich Gott erbarmungslos. Du bist verloren... u.s.w." Vater muß das alles auffangen, Stunde um Stunde, Tag und Nacht immer das Gleiche wieder sagen, ihr Gedächtnis ist von unten ganz verdunkelt.

Nur die vollständige Erschöpfung bringt sie unter der spürbaren Hilfe von oben unter kaum noch auszuhaltenden Schmerzen in den Schlaf. Doch dauert es 1 Stunde, bis sie im wirklichen Schlaf ist. Sie liegt bewegungslos auf dem Rücken, (kann sich auch im wachen Zustand selbst nicht bewegen). Ca. 1 Stunde vor dem Erwachen wird sie dann schon wieder unruhig. Dann braucht sie bis 1 1/2 Stunden Massage, um Schmerzen zu lindern. Vater ist jede Nacht bei ihr. Diese Zeit, wie auch seine Tagesdienstzeiten bei Desolata, sind gesteigerte Leidenszeiten. Beim Betreten des Krankenzimmers durch den Vater, setzen bei Desolata oft schlagartig noch furchtbarere Schmerzen ein. (Siehe Jesu Bitte vom 8. Jänner 1980))

Kampf um alles

26. Juli 1984. Hl. Messe

Maria: Kleine Desolata: Kampf auf Leben und Tod! Kampf um das ewige Leben, Kampf gegen den ewigen Tod!

In diesen Kampf seid ihr alle hereingenommen, die ihr in diesen Zeiten lebt und unter Meinem Zeichen steht. Ein Kampf von größter Tragweite. Es ist dies der Kampf Meiner Bestimmungen als apokalyptische Frau gegen den roten Drachen, der jetzt auf dem Höhepunkt steht.

Alle Rätsel und Unbegreiflichkeiten, alles Dunkel und Erschreckende, das euer Leben euch aufgibt, hat seine Wurzel in diesem Kampf.

Diese Meine Statue hier wird eine besondere Bedeutung erlangen, wenn die Stunde gekommen ist, und jeder, der sich ihr anvertraut, steht unter ihrem besonderen Schutz und Beistand.

Du weißt es, kleine Desolata, daß ich zur Stärkung Meiner Guten gewillt bin, sie zusammenzuführen zu kleinen Zellen. Dazu gilt es manchmal, Berge zu versetzen. Doch seid getrost: Sie müssen weichen, wenn ihr Mir gänzlich vertraut.

„Jesus, ich vertraue auf Dich“

29. Juni 1984. Herz-Jesu-Fest, hl. Messe

Maria: Kleine Desolata! In eurer kleinen Kapelle ist es mit goldenen Lettern eingeschrieben: „Jesus, ich vertraue auf Dich!“

Möge dies euer Wahlspruch, euer Herzensgebet sein in dieser Zeit des äußersten Kampfes. Möge es aus allen Herzen der Gläubigen emporsteigen zum Himmel! Denn immer noch ist der Vater der Erbarmung bereit, Ströme der Barmherzigkeit und Rettung auszuschütten auf Kirche und Welt – vor allem auf jene, die sich im Vertrauen hingegeben haben.

Ein einziges „Jesus, ich vertraue auf Dich!“ – aus wirklich gläubigem Herzen gesprochen, vermag Schleußen des Himmels zu öffnen, die sonst geschlossen bleiben; denn nichts vermag Gottes Herz mehr zu rühren und zu öffnen, als das unbegrenzte, vorbehaltlose Vertrauen Meiner Kinder.

Ist doch das verderbliche Mißtrauen der heutigen Welt für Gottes Herz ein Schwert der Verneinung Seiner liebsten Geschöpfe, für die ER Blut und Leben hingegeben hat in überströmender Liebe und Barmherzigkeit.

Aus diesem Grunde wiegt heute ein einziges „Jesus, ich vertraue auf Dich!“ so schwer und entscheidend. Dieses Vertrauen beinhaltet völlige Selbstaufgabe und Hinopferung des eigenen Ich, der eigenen Gedanken, der eigenen Meinung und aller eigenen Wünsche und Pläne. So führt es zur vollkommenen Hingabe des Menschen an Gottes Herz, und Gott vermag

Seine Wunder der Allmacht und Güte, seiner unbegreiflichen, überströmenden Liebe und Barmherzigkeit zu wirken.

Kleine Desolata! Die kommende Zeit braucht Menschen des unbegrenzten Vertrauens in Gott – Menschen, die in diesem Vertrauen nicht zu erschüttern sind, was auch kommen mag –, Menschen, die durch dieses blinde Vertrauen befähigt werden, den Himmel zu öffnen und seine Wunder zu wirken, die für diese Zeit notwendig und vorbehalten sind. Deshalb habe ich euch nach dem Willen Gottes in diese schwere, anhaltende Schule genommen, und ewig werdet ihr dafür Dank sagen.

1. Juli 1984. Fest des kostbaren Blutes, hl. Messe

Maria: Kleine Desolata, wenn ihr immer etwas tut für eure kleine, heilige Kapelle, so bedeutet dies Kampf, Mühsal, äußerste Kraftanstrengung; denn die Hölle tobt gegen alles, was Gott die Ehre geben will. Und gerade heute, da ihr in eurer Kapelle das Fest des Kostbaren Blutes feiert, das in der Kirche gestrichen ist, tobt sich die Hölle besonders aus. Sie kann sich bis an Mein Bildnis heranwagen!

Glaubensstärkung

2. Juli 1984. Mariä Heimsuchung

Maria: Wenn immer du im geistigen Leben – im Verkehr mit Gott, mit Mir, mit den Engeln und Heiligen – etwas aussprichst – wie z. B. ein Gebet, eine Bitte, eine Feststellung, eine Aussage – so wird und ist das eine reale Wirklichkeit.

Darüber mußt du dir ganz klar sein; denn das annehmen bedeutet: im Übernatürlichen beheimatet zu sein. Das stützt und stärkt den Glauben.

15. Juli 1984. H. Messe

Maria: Kleine Desolata! Manches lasse ich dich innerlich spüren, was ich nicht sogleich in Worten ausspreche – vor allem in Zeiten, wo du schwach und angegriffen bist. Du fühlst es dann wie ein inneres Drängen und Wissen, das sich wiederholt wie das sanfte Wehen des Windes. Sei ganz beruhigt über diesen Zustand, der vor allem deiner großen Schwäche entgegenkommen soll.

Du bist nicht umsonst erschrocken über die Züchtigung, die über Kirche, Kloster und Ort Ottobeuren so plötzlich hereinbrach durch das Unwetter, das die Dämonen der Lüfte entfesselten.

(Anm. zum 15. Juli 1984, um 18.30 Uhr kam schwerster Hagel mit Eigroßen Körnern. Obwohl wir Fenster nach allen 4 Himmelsrichtungen haben, wurde kein Fenster bei uns beschädigt, während die Fenster der

andern Hausbewohner beschädigt und zertrümmert wurden. Überall Schäden, auch an Basilika und Kloster).

Es ist dies das große Geheimnis der Liebe und Heimholung Gottes, daß nicht nur ihr gereinigt und geläutert werden müßt, sondern auch das Kloster, der Ort Ottobeuren mit euch und durch euch, um in kommenden Zeiten bestehen zu können.

Doch wie die Glockenblumen eures Gartens, die für die Kapelle bestimmt waren, vom Schutz des Himmels ausgespart wurden, so werdet ihr immer auf eure Bitten hin Schaden und Unheil der Mächte der Finsternis zurückdämmen können, wenn eure Reinigung und Läuterung vollendet ist.

Nur Gebet und Opfer nötig

22. Juli 1984. Hl. Messe

Maria: Legt alles voll Hingabe in Meine Hände und glaubt nicht, selbst etwas ändern zu können. Nur eures Gebets und Opferlebens, bedarf es, daß Ich machtvoll wirken kann. – So werde Ich den von Mir erwählten Priestersöhnen – wenn die Stunde da ist – Kraft und Macht verleihen gegen jeglichen Irrtum und die Wirrnis dieser Zeit.

Jetzt heißt das Gebot der Stunde noch: Geduld, Demut, Zurückhaltung und eigene Läuterung.

5. August 1984

Maria: Alles ist Prüfung, ist Gnade, unbeschreibliche Gnade und führt ins Herz Gottes hinein. Vertrauet, vertrauet! – Ich bin die Mutter euerer Seelen geworden. Glaubt allen Meinen Worten und richtet euch an ihnen auf ... Die Prüfung, die der Huld Gottes vorausgeht, führt bis an den Rand eines scheinbaren Abgrundes; doch niemals darüber hinaus. Deshalb jetzt nicht wanken, sondern Schritt für Schritt weitergehen an Meiner Hand.

Das Dunkel in Welt und Kirche steigt, so auch das Dunkel in euch und um euch. Deshalb neige Ich Mich in Zärtlichkeit über euch. Meine Gegenwart unter euch ist das große Zeichen für die Gegenwart Gottes, auch in diesen schrecklichen Zeiten und für das Kommen Seines Reiches.

Daß ihr nun eure Sorgen auch Meinem Bräutigam, dem hl. Josef, übergeben habt, ehrt Mich sehr; Er ist wirklich ein mächtiger Beschützer und liebevoller Vater und wird euch überall helfen.

(Anm. am 9. September 1984: Bei Desolata eine laufende Steigerung der Schmerzen, obwohl man meint, daß eine Zunahme nicht mehr möglich wäre. Die Schmerzen wechseln. Schmerzpausen, wie früher gibt es keine mehr. Ihr Rückgrat, jetzt ja gebogen, gibt ihr zu wenig Halt. So

kommt es, daß sie bei kurzem Stehen plötzlich zusammensackt. Gehen wird von Tag zu Tag mühsamer. Auch 1 Meter nur ist für sie eine ganz bedeutende Anstrengung. Doch versucht sie die volle Ergebenheit zu leben.

Maresa leidet unsagbare Qualen. Sie sagte: „Ich bin am ganzen Körper geschunden, von den Füßen bis zum Kopf."

Nacht vom 20. auf 21. September 1984:

Nacht der Qualen, am Rand des Wahnsinns. Wie ein Maschinengewehrgeknatter kommt es pausenlos in größtem Tempo von ihren Lippen: „Erbarme dich, erbarme dich, erbarme dich" und „Ich will alles tun, was du willst, ich will alles tun, was du willst ...", wie gefoltert).

Zeit der Scheidung und der ununterbrochenen Nachtwache

14. Februar 1985. Hl. Messe

Maria: Kleine Desolata, die Erde ist ausgehöhlt und entleert von allem Guten, Schönen und Reinen, vor allem vom echt Religiösem, Christlichem. – Sie ist geschwängert und eingenebelt vom Gifthauch der Dämonen, den ihr buchstäblich einatmet mit jedem Atemzug.

Es schafft dies eine drückende Erdenschwere und Niedergehaltenheit, die euch schwer bedrängt und die volle Auswirkung der Erbschuld ist und euch so stetig niederziehen will in die unteren Regionen und Sphären. Ihr seid wie Gefangene einer überwältigenden Macht und Gewalt, der ihr hilflos gegenüberstehen möchtet, weil es früher niemals so war.

Doch fürchtet euch nicht! Die Zeit der Scheidung von Gut und Böse ist gekommen für die ganze Christenheit, die Zeit der ununterbrochenen Nachtwache für alle Guten, die Zeit des entscheidenden Kampfes, an dessen Ende der Sieg des Himmels, der Sieg der heiligsten Herzen unverrückbar steht.

15. Februar 1985. Hl. Messe

Jesus: Es ist so: Nur durch Schmerz und Tränen, Leiden, Opfern und Verzicht entsteht ein Werk Gottes. Die Häufung der Opfer prägt die Kennmarke der Echtheit. So auch hier.

17. Februar 1985. Nach der hl. Messe

Jesus: Mein Widersacher, die Schlange, versucht stets, sich in euer „Ich" einzunisten, um Mir daraus ihr „non serviam" (ich will nicht dienen) entgegenzuschleudern voll Haß, Kälte und Vorwürfen.

Ihr begreift so spät, daß euer Leben auf Erden ein einziger Prüfungstag und Wache-Stehen ist für die Ewigkeit und daß ihr kämpfen sollt bis zum Ende.

Ihr möchtet so gern ausruhen von euren Mühen in diesem Kampf; denn die Fesseln der Erbschuld machen euch träge und schlaff. Das Himmelreich jedoch leidet Gewalt: „Die Gewalt brauchen, die reißen es an sich." Deshalb kämpfe weiter, liebe kleine Desolata.

Gott wartet auf unsere Demut

9. Juni 1985. Hl. Messe

Maria: Kleine Desolata! Weißt du, warum die Armseligkeit und Schwäche des Menschen das Kostbarste ist, was man Gott schenken kann? Weil es eine Demutsgabe ist –, weil der Mensch damit eingesteht, daß er nichts ist und nichts aus sich selbst vermag ohne die Gnade Gottes, weil er damit der Gnade freien Lauf läßt.

Schenkt Gott oft eure Armseligkeit und bereitet so dem Gnadenwirken Gottes freiwillig den Weg.

19. Juni 1985

Jesus: Es ist dies die Zeit der Drangsal, sodaß vielen Meiner Kinder durch Meine geliebte Mutter schwere Kreuze aufgeladen werden müssen, um Meinen Rettungsplan sicher zu stellen.

Angriff über Angriff

2. Juli 1985. Mariä Heimsuchung, hl. Messe

Maria: Kleine Desolata! Nur Willensakte setzen, mehr ist euch jetzt in diesen beispiellosen Großangriffen der finsteren Mächte nicht möglich. Es ist Kampf, Kampf, Kampf!

Doch mit dem heutigen Tag trete Ich in diesen Kampf ein als das für die Hölle furchtbar geordnete Kriegsheer des Himmels und als die alleinige Siegerin. – Ab heute ist jeder Tag für euch „Maria Heimsuchung"! – Jeder Marienfesttag ist für die Hölle ein schwarzer Tag; für die Kirche aber und Meine Mir ergebenen Kinder Tag großer Gnadenhilfe und Siege.

(Anm. 25. August 1985: Die Qualen von Desolata sind nicht zu beschreiben. Sie meint, die ganze Wirbelsäule, besonders die Halswirbelsäule, wäre defekt; Sie ist überaus schmerzhaft. Desolata macht ja nur wenige Schrittchen; doch: „Ich gehe nicht mit meinen Beinen, sondern mit meiner Halswirbelsäule!" Das Gehen schmerzt ihr im Hals mehr wie in den Beinen. Das schwerste ist immer das Bettgehen. Nachts nahe der Verzweiflung. Sie leidet unbeschreiblich).

Der Ruf

27. September 1985. Hl. Messe. (Zum Kommen von M. Sch. und A. Sch.)

Maria: Kleine Desolata! Ich rufe nun Meine Kinder in allen Teilen der Welt, um sie zu stärken, zu trösten und zu heilen. Ich sammle sie nun aus allen Ecken und Enden. Ich will sie in besonderer Weise an Mein Herz nehmen mit mütterlicher Liebe, Zärtlichkeit und Besorgnis.

So will Ich auch in dieser Gnadenstatue hier Mich verströmen in Gnadenwundern aller Art.

Nehmt sie deshalb alle auf und laßt sie herein, die Ich rufe und zu euch sende, damit Mein Gnadenblick sie treffe. Laßt sie aufschauen zu Mir, zum Heil der Kranken, zur Trösterin der Betrübten, zur Helferin der Christen und vor allem zur Bezwingerin der Schlange, die euch alle heute umzingelt mit bösesten Absichten. – Nur Ich kann euch schützen und hindurchführen. Doch dazu bedarf es besonderer Gnade und Meiner besonderen Nähe, und dies ist hier gegeben, in dieser kleinen verborgenen Kapelle. Deshalb tobt der Kampf um sie und um euch in so gigantischer Weise.

18. Oktober 1985

Maria: Steige über die Umtriebe des Bösen ... mit deinem kleinen, nun schon viel gefestigteren Glauben und vertreibe so die Schatten der Finsternis und die Stimmen der Nacht. Lerne so immer mehr kämpfen. Der Sieg ist unser!

Die Schwere der jetzigen Phase darf dich nicht irremachen. Sie ist notwendig und nur Station auf deinem Wege, auf diesem einmaligen Weg einer Menschenseele zu Gott.

(Anm. 8. Februar 1986: Täglich sagt Desolata: Heute noch schlimmer als gestern. Ihr Körper ist nun gekrümmt: in den Halswirbeln so nach vorne geneigt, daß sie die Gesichter ihrer Helfer nicht mehr sieht. Hüfte ist jetzt seitlich verschoben. Beine werden durch Wasser immer dicker.

Durch die Vorneigung des Kopfes kann sie schlecht schlucken. Ruft auch immer wieder nach Luft!

Bettgehen ist immer die größte Qual.

Ein Ekzem mit 2 Wunden in der Gesäßfalte (das wird ihre Todeswunde!) macht auch das Sitzen zu einer vermehrten Qual.

Desolata ist sehr bemüht um die völlige Hingabe und ruft immer wieder in ihrer so schweren Glaubensnacht: „Himmelmamma, wo bist Du denn?“. Ihre Sehnsucht wäre, nebenan in die Kapelle gehen zu dürfen, was ihr aber nicht möglich ist. Über das Mikrophon lebt sie die hl. Messe und den Rosenkranz mit.

Sobald Vater eines der Bücher der Einsprechungen in die Hand nimmt, ruft sie: „O die greifen wieder furchtbar an.“ Während des Vorlesens: „Furchtbar, die zerquetschen mich!“)

26. Februar 1986

Maria: Es mag euch scheinen, als ob Ich Mich zurückgezogen hätte, als ob es für euch weder Meine Wunderkraft noch Gnade gäbe, als ob Ich sie nur an andere verteilen würde: Dies ist der schmerzlichste Kern der Prüfung, den ihr genauso bestehen werdet, wie alles andere...

(Anm. 1. März 1986: Die Angriffe der Hölle werden immer noch furchtbarer und gehen pausenlos weiter: „Ich werde zerquetscht, wie wenn ich zwischen 2 aufeinander fahrenden Lastwagen wäre.“ – „Ich kann es nicht schildern!“ – Daneben der gezielte Spott der Hölle: Da siehst du, der Himmel hilft dir nicht! – Du bist vom ganzen Himmel verlassen! – Du bist fallengelassen!“ Solcher Hohn und Spott kommt auch pausenlos).

Gefahr

6. März 1986. 2 Uhr nachts, Priesterdonnerstag (Vater ist übermüdet. Es kommen Wellen, die seinen Kopf wie dumpf zusammenpressen möchten zu plötzlichem Schlaf)

Maria: Vater Johannes! Gefahr! Die greifen an! Bleibe in Bewegung mit deinem Kind und glaube unerschütterlich, daß Ich die Herrin bin. Stelle dein Kind immer wieder auf die Füße; denn so ist die Angriffsfläche geringer! Betet Kinder! Es ist der Endkampf, der so grauenhaft ist, daß ihr sterben würdet, wenn ihr ihn sehen müßtet. Doch ich bin mitten im Kampf und siege!

4.20 Uhr:

Johannes, Johannes Gefahr! Zünde die Kerze (Votivkerze) deines Kindes an; bezeuget dadurch einen unerschütterlichen Glauben! Mache die Kapelle hell wie den Tag. Läute auch mit den Glöckchen. All das dient dazu, die dunklen Mächte in Schrecken zu versetzen. Anders kommt ihr jetzt nicht durch.

Johannes, Johannes, dein Kind glaubt, es sei jetzt ganz weit weg und nichts mehr könnte stimmen! – Hier aber ist größte Wahrheit des Himmels verborgen. Deshalb tröste dein Kind! Dein Kind ist in der Sterbephase. Aber fürchte dich nicht, Ich bin euch so nahe wie noch nie! Dein Glaubenslicht, kleine Desolata, Goldkind, halte ich fest in Meinen kampfgewohnten Mutterhänden und bleibe Siegerin. Überlaß dich nur ganz Mir und deinem Vater.

5.25 Uhr

Hab keine Angst! Nur den Glauben festhalten!

5.55 Uhr

Alles ist übernatürlich; darum muß man auch mit übernatürlichen Mitteln kämpfen, sonst kommt man nicht durch! Tu, was geht! Im Augenblick Gottes fällst du, Desolata, nur in die Liebe.

17.05 Uhr

Johannes, Johannes, du darfst dein Kind heute nie lange allein lassen. – Auch bei der heiligen Messe mußt du immer wieder zu Hilfe eilen. Es geht nicht anders. Du weißt: Dein Kind ist im letzten Stadium und braucht Hilfe, die nur du ihr geben kannst. Die Hölle greift mit Wucht an; deshalb Wachsamkeit!

23 Uhr

Kleine Desolata! Laß dir ja nicht das Vertrauen nehmen, als ob es bei Gott gegen Satan keine Hilfe mehr gäbe. Das ist falsch. Der Kampf ist nur spürbarer geworden als früher, weil die Zeit Gottes angebrochen ist. Ich lenke und führe auch in dieser Nacht. Es wird dies die schwerste Nacht in eurem Leben sein.

24 Uhr

Johannes, Johannes! Gefahr! Nehmt frische Luft und Helligkeit zu Hilfe, damit du wach bleibst. Dein Kind ist in großer Gefahr zu zweifeln, Johannes, das darf nicht sein! Hilf durch deine Stärke und deinen Glauben, der euch sicher durchtragen muß. Sei auf der Hut, Johannes, sei auf der Hut; denn die Bösen greifen versteckt an; doch Ich decke alles auf!

7. März 1986. Herz- Jesu-Freitag. 1.50 Uhr

Maria: Johannes, Johannes, es ist immer Gefahr! – Wenn du dich mit deinem Kind beschäftigst und Mich aus dir wirken lässest, kannst du viel zurückdrängen. Dein Kind ist wahrlich mehr als in Todesnot befangen. Helfen, wo es geht. Daß das Kind nur nicht den Glauben verliert, ist wichtig.

4.15 Uhr

Maria: Johannes, geliebter Johannes, Ich verlange viel von dir und deinem Durchhaltevermögen. Doch denk daran, daß es dir immer noch besser geht, als deinem Kind. Du kannst noch stehen, dich bewegen und nach freiem Willen tun. Dein Kind aber ist noch hilfloser als ein Säugling und in schrecklicher Not. Johannes! Ich bitte dich: Tue alles und werde nicht müde. Es hilft auch dir eher, wach zu bleiben. Immer ist Gefahr!

5 Uhr

Geliebter Johannes, es ist immer noch Gefahr; darum dein Kind nicht allein lassen (nicht kurz weggehen). Es ist nur momentan, diese Anordnung, und deshalb: Erschrick nicht, du mußt auch dadurch im Ablauf der Dinge stehen. Desolata ist nur in Gefahr, wenn sie allein ist, da sie so bedrängt ist, daß sie nicht mehr standhält und ihr alles passieren kann.

Steigerung der Krämpfe

8. März 1986. Herz-Mariä-Samstag, 3 Uhr

Maria: Kleine Desolata! Fürchte dich nicht! Die Krämpfe steigern sich nun und erfassen den ganzen Körper bis zum Herz ... Du erkennst nun, wieviel Mut es braucht, absolut zu glauben ... Wie ist dein Glaube groß geworden ...

9. März 1986. 3.40 Uhr

Maresa: Vater im Himmel, endlich finde ich Dich! Dir übergebe ich meinen Geist . Wie gut bist Du!

4 Uhr

Maria: Kleine Desolata, Goldkind! Die Familie versammelt sich um ein Sterbebett; so soll es auch hier sein. Die Familie hilft dem Sterbenden durch Gebet, Glaube, Zuversicht und Anwesenheit. Deshalb darf auch R. kommen und am Schluß auch E. Auch das verlangt Glauben. (Beten bis in den Tag hinein. Desolata hält durch, erholt sich).

Ausgespanntes Hängen am Kreuz

10. März 1986

Maria: Geliebter Johannes! Du mußt wissen: Keine Stigmatisierte litt den Anteil an Jesu Kreuzesleiden, den die kleine Desolata leiden muß, – nämlich: das totale ausgespannte Hängen am Kreuz. Es ist dies das schrecklichste, namenlose Leiden Jesu, wo auch sein Haupt keinen Platz fand.

Niemand kann ermessen, was das bedeutet. Ihr müßt deshalb Desolata beistehen soviel wie möglich, sonst kann sie es nicht ertragen.

Mit zarter Mutterhand habe Ich sie bis hierher geführt, daß sie es überhaupt aushalten konnte. Damit ist der Becher des Leidens randvoll gefüllt.

(Anm. zum 10. März 1986: Bei jedem Hinlegen hörte man immer „Mein Kopf, mein Kopf!“ „Ich hab keinen Platz für meinen Kopf!“ (obwohl gut gebettet!) – In den letzten Liegetagen trat dieser Ausspruch in den Vordergrund: „Ich falle!“ – Wegen der nicht mehr zu ertragenden Schmerzen beim Liegen bringt Desolata seit 8 Tagen die Nacht in ihrem Sessel sitzend zu – und das bleibt so Tag und Nacht bis zu ihrem Tod).

13. März 1986. 2.40 Uhr

Maria: Geliebter Johannes, Desolata leidet unsäglich in dieser Nacht, und du kannst ihr nur helfen durch Bewegung und immer wiederkehrende Versuche, sie neu zu setzen. Damit linderst du ihre Todesnot, die sie befallen hat ... Tröstet euch an Meiner Gegenwart!

14. März 1986. Schmerzensfreitag, 4.40 Uhr (nach 2 Stunden vergeblicher Sitzversuche)

Maria: Kleine Desolata, nicht den Mut verlieren! Glauben und vertrauen! – Das, was du jetzt leidest, ist wieder Anteil an Jesu Kreuzesleiden. Die ganze Macht der Hölle ist es, die sich zwischen dich und Mich wirft, sodaß du dich ganz verlassen fühlst. – Oh, wenn ihr wüßtet, wie umsorgt ihr seid trotz allem – es würde euch leichter ums Herz sein. Mit deinem geliebten Vater Johannes wirst du noch durchhalten können, wenn auch äußerst schwer und mühsam.

16. März 1986. Passionssonntag, 0.30 Uhr

Maria: Noch bist du befangen im Nebelhauch der Hölle, die dein Kreuz, dein Kreuzesleiden umtost, wie bei Jesus am Kreuz. Es ist dir unmöglich, richtig zu fühlen. Du gehst unter in Schmerzen und Schrecken. Doch das ist nicht die Wirklichkeit. Die Wirklichkeit strahlt auf in dem Augenblick, in dem Ich komme und Meinen Fuß zwischen dich und die Macht der Hölle stelle und Mein „Genug!" spreche.

Kleine Desolata! Jesus in der Kapelle wartet auf dich in der großen Hostie, die für dich immer das Glück deines Lebens war – die für dich immer lebendig war durch den Herzschlag des Herzens Jesu immer für dich. So wartet Jesus auch jetzt wieder auf dich wie damals (bei der Erstkommunion). Auch jetzt wird die heilige Hostie wieder das Glück deines Lebens sein. Der Himmel tut sich wieder über dir auf, weiter, größer, empfindsamer als damals. – Deshalb fürchte dich jetzt nicht, diese letzte Station zu durcheilen, und das Sterben –, um ins Glück einzutreten. – Verbinde dich mit Mir!

Wieder in Todesnot

18. März 1986. 0.10 Uhr

Maria: Johannes, Johannes, dein Kind ist wirklich in Todesnot. Darum darfst du nicht ungeduldig werden, sie hochzunehmen. Es lebt in ihr eine furchtbare Vorstellung und Empfindung. Darum halte dein Kind hoch, so oft es dir möglich ist. Darum verschaff ihm immer Luft und nimm ihm das furchtbare Empfinden „kopf-über" zu sein und nie mehr hochzukommen. Es ist dauernde Gefahr!

0.40 Uhr

Johannes, schenk deinem Kind deine ganze Liebe, um ihr hinwegzuhelfen über diese dunkle Schwelle, die für dein Kind ein einziger Schrecken ist.

1 Uhr

Versuch mit deinem Kind jetzt auch wieder (im Gehen) die „kleine Runde" zu machen. Das vermag ihm viel zu helfen.

19. März 1986. Josefstag, 1.10 Uhr

Maria: Geliebter Johannes, Mein Kind leidet heute unermeßlich mehr als gestern. Sie wird von Krämpfen geschüttelt und taucht unter in einem Feuermeer der Schmerzen und unerklärlicher Leiden. Bei allem Einfühlungsvermögen kannst du dir es nicht vorstellen, was das bedeutet. – Hilf deinem Kind durch noch mehr Liebe und Erfindungsgabe. Erleichtere es ihm fortwährend, wo es geht, damit dein Kind nicht in Panik und Verzweiflung geraten muß. Setze dein Kind immer wieder neu hin. Das ist das einzige, was ihr ein bißchen Erleichterung zu bringen vermag.

Hilfe durch den hl. Josef

Bitte diese Nacht ganz besonders auch Meinen geliebten Bräutigam Josef, daß er flehen möge und seine ganze Kraft einsetzen darf, die er besitzt für die Leidenden und Sterbenden, vor allem gegen die Mächte der Hölle. Er wird euch beistehen und helfen. Vertraut ihm ganz. Das besiegt Mein Herz. – Denn auch er ist beinahe vergessen in der Kirche Meines Sohnes, und das schmerzt Mich sehr; er war Mir doch der treueste Helfer.

Ich bin bei euch wie immer, bei Desolata, die so in die Nacht der Gottverlassenheit getaucht ist, daß sie alle Kraft braucht, um ihren Glauben aufrecht zu halten.

Abends

Kleine Desolata, fürchte dich nicht so sehr vor der Nacht! Du wirst sogar etwas schlafen, damit auch dein Vater etwas zu Ruhe kommt. Dies verdankst du heute den Gebeten zum hl. Josef. – Es ist immer tröstlich für Mich, wenn ihr ihn immer einbezieht in euer Beten und Hilferufe; er ist doch die große Schutzmacht für die ganze Christenheit.

Opferung

24. März 1986. Karmontag

Maria: Geliebter Johannes! Desolata erleidet einen furchtbaren Todeskampf, den du nur äußerlich wahrnehmen kannst wie am Rand. Sie erleidet furchtbare Augenblicke, weil das Leben entschwinden will.

Es ist nicht so, als ob ihr das alles nur vorgegaukelt würde; sie erleidet es wirklich. Du bist dazu bestimmt, ihr beizustehen in all diesen furchtbaren Phasen.

Eine große Qual bedeuten für sie die eingewickelten Füße (die jetzt vom Wasser dick aufgeschwollenen Unterschenkel haben schon etwa 20 aufgebrochene, nässende Stellen). Sie vermehren ihr Gefühl, ständig im Feuer zu stehen. Sei so liebevoll zu ihr, wie du nur kannst. Ich weiß um deine eigene Schwäche und um die Grenzen deiner Kraft und deines Zustandes.

Geliebter Johannes! Ihr seid ein auserlesenes Kampffeld dieser furchtbaren Zeit, die es kaum seinesgleichen hat. Deshalb die Zuspitzung eurer Situation. Haltet jetzt in Liebe durch. Vertrauen in dieser furchtbaren Lage ehrt Gott unendlich und läßt ihn liebevoll auf euch blicken.

25. März 1986. Kardienstag

Maria: Johannes, dein Kind leidet unermeßlich. Bleibe liebevoll. (Auf Klagen von Desolata:) Sie müßte nur höher gesetzt werden; so wie jetzt, hängt sie in furchtbaren Qualen. Hilf ihr, so gut es geht, Johannes.

26. März 1986. Karmittwoch

Maria: Ich habe euch geopfert auf dem Altar Meines Sohnes. Der Himmlische Vater hat euer Opfer angenommen. Verzagt jetzt nicht in diesen letzten furchtbaren Stunden des Kampfes. Das ist der Anteil an Jesu entsetzlichem Leiden.

Fürchtet euch nicht! Ihr werdet noch durchkommen, auch wenn es euch fast unmöglich erscheint. Vergeßt nicht, Mich anzurufen.

27. März 1986. Gründonnerstag

Maria: Geliebter Johannes ... Du weißt, es geht um die Spitze des Kampfes, um den Sieg. Die andere Seite ist listig und machtvoll und will nicht übergeben, und so ist ständig Gefahr. Du allein bist der Priester, der einen Schutzwall bildet um sein Kind durch deine Standesgnade.

29. März 1986. Karsamstag

Maria: Kleine Desolata, es ändert sich nichts am Fluß der Zeit. Du stehst in tiefster Nacht, und kein Licht mehr möchte dir scheinen. Doch das Licht, das dir die ewige Sonne bringen wird, bin nach wie vor Ich.

Sturm auf den Glauben

30. März 1986. Ostersonntag

Maria: Kleine Desolata! Halte an deinem Glauben fest; er wird nicht getäuscht; auch wenn alles auf Sturm steht und das Gegenteil einzutreffen scheint.

Dein Glaube, Kind, ist kostbarer als das Osterlicht vor Gott!

Ostermontag

Maria: Kleine Desolata, fürchte dich nicht ob dieser neuen Prüfung, die dich überfallen hat wie ein Dieb in der Nacht, die euch beansprucht beinahe bis zur Erschöpfung eurer letzten Kräfte und letzte Auslastung erpreßt.

Du kleine Desolata, lerne nun, ganz Kind sein. Wenn ein Kind so leidet, ruft und bettelt es: „Hilf mir!" ohne zu überlegen, ob die Mutter übermüdet ist oder selbst Schmerzen hat. Das Kind hat Vertrauen in die Kraft der Mutter.

So tue auch du. Wenn man dir auch nicht durchgreifend helfen kann, so lindert doch jede Bewegung und Veränderung deine Qual. Haltet jetzt im Glauben fest. Es ist nicht zu Ende für dich!

7. April 1986

Kleine Desolata, du leidest heute wieder Jesu Kreuzesleiden und brauchst Hilfestellungen, wie Hingabe. – Werde niemals irre. Bleibe im Willen Gottes verankert. Alles wird gut! (Desolata spricht jetzt oft „Dein Wille geschehe" – aber auch oft „Ich falle!" „Die zerquetschen mich!")

Toben der Hölle

13. April 1986

Maria: Kleine Desolata, geliebter Johannes! Macht euch keine Sorgen wegen vorhin (Hereinfunken der Hölle: Desolata fletschte mit den Zähnen und tobte gegen ihren Zustand). Ich habe euch einmal gesagt: Nichts kann die Stunde Gottes verzögern! Also auch dieses Geschehen nicht, das sich wiederholen kann. Es ist letzter Versuch der Hölle, von Desolata Besitz zu ergreifen, um Mich zu hindern, ihr sich zu nähern. Desolata selbst hat nichts damit zu tun.

Geliebter Johannes, bleibe deshalb so liebevoll und einfühlend wie gestern; denn Desolata leidet namenlos. Sie steht in tiefster Nacht und wie vor dem Ausgelöscht-Werden.

(Anm. 8. Mai 1986: Um die Knöchel herum sind die Beine von Desolata – rechts mehr als links – aufgebrochen und sondern erheblich Wasser ab. – Die Wunde in der Gesäßfalte hat sich nach außen verbreitert, ist größer und schmerzvoller geworden, etwa 5 cm groß. Die Kranke sagt, daß von hier aus alle Krämpfe und Schmerzen im Körper kämen. Die Wunde ist äußerst schmerzhaft).

Feuer

10. Mai 1986

(Anm. Wegen Erschöpfung hat sich Vater ausnahmsweise vor seinem Nachtdienst 1 Stunde schlafen gelegt. In der Kapelle brannte die Votiv-

kerze. Durch sie entstand ein Brand, den Vater nicht mehr löschen konnte. In wenigen Minuten war die Kapelle ein Feuermeer. Vater konnte sich noch retten und holte Helfer, um Desolata aus ihrem Zimmer, dessen eine Türe ja in die Kapelle ging, hinauszutragen.

In der Kapelle entstand Totalschaden. Nur die Monstranz, Versehpatene und Kreuzpartikel wurden gerettet.

Trotz der etwas offenen Türe aus Desolatas Zimmer zur Kapelle brannte nur die Türseite zur Kapelle; sie verkohlte von oben bis unten, während sie auf der Seite zu Desolatas Zimmer in ihrer weißen Lackfarbe vollständig unversehrt blieb.

Neben der Türe stand in der Kapelle die Figur des hl. Michael).

Türe geöffnet

13. Mai 1986

Jesus: Satan hat eure Klausur gesprengt – mit Gewalt! Haltet die Klausur nun offen ... Daß Satan die Gnadenstatue zerstören durfte, liegt daran, daß die Zeit für ein Wunder hier noch nicht reif war.

Aber die Gnadenstatue wird wiederkehren in neuer Herrlichkeit und Frische. Wehe Satan, dreimal Wehe Satan für seine ruchlose Tat.

Euer Leben zu retten war die große Tat Gottes. Seid euch dessen stets bewußt, und glaubet nach wie vorher an die Liebe Gottes, die euch umfängt.

Nacht vor dem Pfingstsonntag

Maria: Kleine Desolata, geliebtes Goldkind, Kind Meines Herzens, laß den Kopf nicht hängen! Wisset, daß in jedem der noch vor-handenen Bilder (Fotos der Gnadenstatue) Ich genau so gegenwärtig bin, wie in der Gnadenstatue (bisher). Fürchtet euch also nicht! Ich bin euch nahe wie eh und je.

St. Michaelshilfe

Pfingstmontag

Maria: Kleine Desolata! Der lebhafte Wunsch, so schnell wie möglich wieder eine Michaelstatue zu bekommen und ebenso Gnadenwasser von St. Damiano, so viel wie möglich – ist dir eingegeben worden. Die für euer Auge mögliche Sichtbarmachung des hl. Engelfürsten tut euch not, gibt euch Abwehrkraft, Mut und bedeutet Schrecken und Abscheu für eure Feinde. Vermögen sie doch nicht zu ertragen, an ihre Niederlage erinnert zu werden. Verehrt den hl. Michael sehr. Er ist auch heute wieder stark im Kampf und kämpfte auch für euer Leben bei dem Höllenbrand. Sein Schwert stand vor deiner Zimmertür und gebot Halt in Meinem Namen. Danket ihm also sehr.

Pfingstdienstag

Maria: Kleine Desolata! Tretet immer wieder in Verbindung mit dem Himmel und all seinen Bewohnern. Ich kann euch nichts Wichtigeres sagen. Es macht euch starkmütiger und gelassener, wenn ihr unentwegt daran glaubt, daß wir stets um euch sind, euch schützen wollen und euch ohne Ende lieben. O glaubt an diese Liebe.

Daß du es nicht fertig bringst, liebe kleine Desolata, kommt daher, daß Satan dir die Vorstellungskraft geraubt hat und die kindliche Frömmigkeit, die dazu notwendig ist – stets verdunkelt und zudeckt. Mache trotzdem immer wieder den Versuch. Es wird dir helfen in deiner großen Not.

Letzte, schwerste Station

12. Oktober 1986. 22.30 Uhr

Maria: Kleine Desolata! Meine Hand liegt nun fest und spürbar fast auf dir und deinem Vater, damit Ich euch hindurchführen kann durch diese letzte, schwerste Station. Fürchte dich nicht, du wirst vielfach vor Schwäche dahindämmern, sodaß du nicht alles verspürst.

Laß dich durch nichts vom Glauben abbringen – im Gegenteil, erwarte jetzt alles von mir. Ihr müßt es Mir sagen, daß ihr Mich erwartet. Denn so ist es der Wille des Himmels! – Wenn du, kleine Desolata, Mich immer unter dem Einfluß der Bösen in weite Ferne schiebst, bindest du Mir die Hände. Bitte hör nicht hin, sondern glaube Mir ...

19. November 1986. Rosenkranz

Maria: Kleine Desolata! Heute ist ein besonderer Tag: Die kleine Gebetsgemeinschaft O. hat angefangen zu bestehen. Der ganze Himmel jubelt, und es freuen sich die Engel und die Heiligen.

Liebe, gute Fr. R. Ich danke dir für deinen Mut und dein tapferes Herz: Du hast heute (mit deinem Kommen) den Grundstein gelegt für eine Gebetsgemeinschaft, die einen besonderen Auftrag Gottes erfüllen soll. Bald wird deine Familie dir hierher nachfolgen. – Wohl möchte dieser kleine Same euch phantastisch vorkommen; doch dem ist nicht so.

Ihr Menschen des 20. Jahrhunderts habt verlernt, an die Macht des Gebetes zu glauben. Ich werde euch lehren, in der rechten Weise zu beten, um zu empfangen ... Eure Gebete können O. verwandeln.

29. November 1986. Samstag, 23 Uhr

(Anm. Satan donnerte Desolata an: Ich bin der Herr der Finsternis. Ich werde vollkommene Finsternis über euer Haus schütten und alle im Haus töten, zuerst den schwarzen Pfaffen. Ich hasse euch!

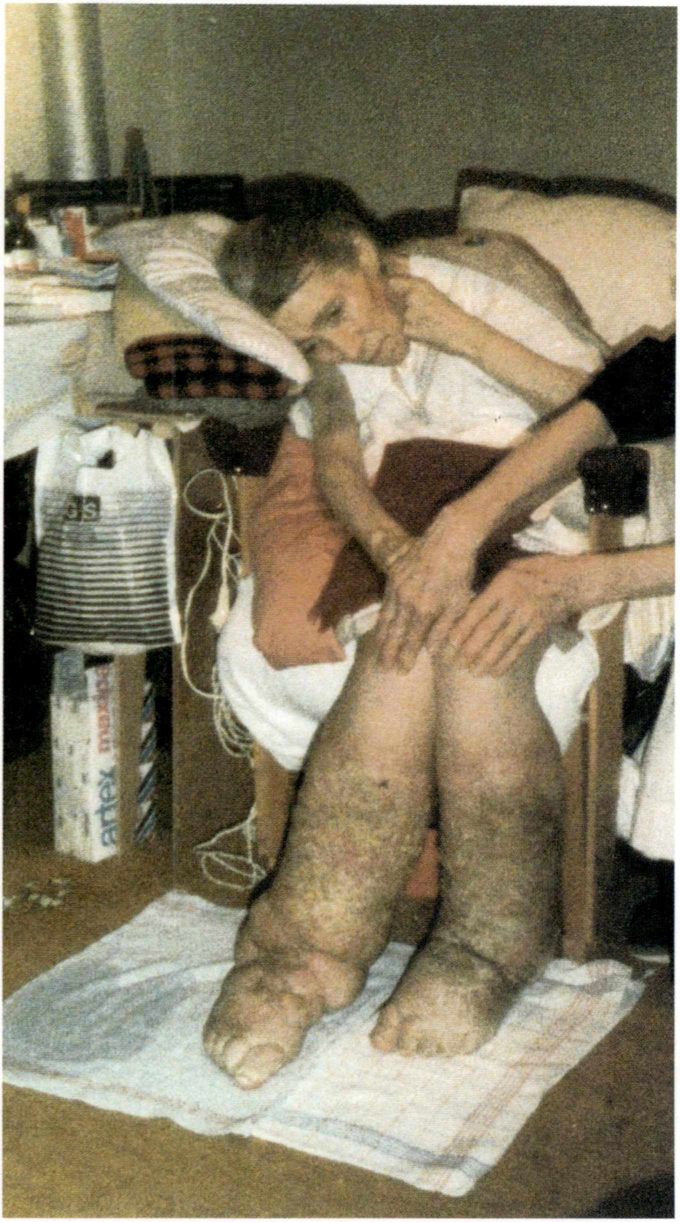
artex

Immer wieder wird Desolata von gemeinen Ausdrücken und Anreden von seiten der Hölle überschüttet. Sie ist ja trotz aller Schmerzen Tag und Nacht ihr ausgesetzt. Sühneleiden!)

Das Leiden

(Anm. 7. Januar 1987: Desolata lebt jetzt zutiefst ihr spezifisches Leiden: Ausgespanntsein am Kreuz. Immer wiederkehrende Worte von Desolata: „Ich werde lebendigen Leibes auseinandergerissen!" „Ein entsetzlicher Zug ist an meinen Beinen nach unten!" „Ich kann es nicht mehr aushalten."

Ihre Wirbelsäule ist nach 2 Richtungen so gekrümmt, daß sie nur mit eingeknickten Beinen, gestützt und gehoben vom Vater, ein paar kleine Schrittchen mühsam gehen kann, wobei das rechte Bein von einer anderen Person bewegt werden muß. Das linke Bein kann sie mühsam selbst noch bewegen. Diese kleinen Schrittchen sind jetzt ihre größte Marter. Das Schmerzvollste ist ihre Wunde in der Gesäßfalte.

Ihre Füße und Beine, bis zum Knie, sind vom Wasser unförmig aufgetrieben, vielfach offen, einzelne Stellen eitrig, nässen teilweise stark. Besuche können diese unförmigen, wunden Beine nur mit Erschütterung sehen. Bandagen an den Beinen kann sie nicht aushalten vor Qualen. Auch der lockerste Verband ist schon sehr schmerzhaft. Darum kann das Wasser in den Beinen nicht zurückgedämmt werden. Medikamente helfen nicht. Der Rücken ist ganz gekrümmt, darum seitliche Kopfauflage.

Die Nächte sind die schwerste Zeit. Krämpfe um Krämpfe. Zu deren Lösung hebt der Vater –, sie an den Armen haltend und stemmend, den Oberkörper empor. Nach kurzer Zeit sagt sie dann: Wieder hinsetzen! Aber jetzt, in dieser Nacht, war schwerster Kampf: Kaum hatte der Vater sie hochgestemmt, schlief sie in dieser Halterung ein. Aber nur kurze Zeit reichten Vaters Kräfte. Er versuchte mit größter Behutsamkeit sie überlangsam auf den Sessel wieder hinzusetzen, aber sie war sofort wach und bat: Bitte hochziehen. So ging es 3 Stunden hindurch ohne Unterbrechung. Ohne die Hilfe der Mutter wäre das unmöglich!

Desolata ist seit dem Herbstbeginn 1986 fast ganz gelähmt. Das Essen wird ihr in den Mund gegeben. Sie kann sich selbst nicht mehr mit dem Körper bewegen, ihre Lage des Sitzens nicht selbst verändern. Sie sitzt Tag und Nacht auf einem Daunenkissen, das auf einem 15 cm dicken Schaumgummi liegt. Trotzdem kam es einmal von ihrem Mund: „Ich sitze

auf lauter Kugeln!" Und das eben Tag und Nacht. Nur ihre Arme kann sie noch ein wenig hochheben; doch ist es nicht mehr möglich, die Finger zu bewegen.

Anm. 10. Jänner 1987: Immer mehr leidet sie unter dem Hängen am Kreuz. Schmerzen, Qualen Tag und Nacht ohne Pausen, ohne Entspannung! „Ich kann nicht mehr." „Ich möchte sterben." „Mutter, komm, erlöse mich!" „Meine Arme werden auseinandergerissen wie mit Zentnergewichten, meine Füße nach unten gezogen; Zentner hängen daran." – Wie oft fragt sie den Vater in einer Stunde: „Kommt die Mutter wirklich?" „Es geht mit mir zu Ende!" „Mein Gott, mein Gott, warum hast du mich verlassen?" – „Mutter, hilf mir doch!" Sie schreit das manchmal unter dem Übermaß der Qualen).

Heroldsbach

20. Januar 1987. 0.30 Uhr

Maria: Kleine Desolata! Fast möchte Ich immer noch sagen: Ich stehe vor den Toren Deutschlands und weine. Doch die Tore haben sich gelockert; die eisernen Sperrketten sind gefallen, und mit der unendlichen Barmherzigkeit Gottes vermag ich die Türklinke niederzudrücken und einzutreten. – Sammelt euch alle, ihr Menschenkinder, die ihr gut und fromm seid, zur Wiedergutmachung von Heroldsbach. Deutschland muß gerettet werden, und dies ist eine Bedingung! Fürchtet euch nicht: Eure Mutter hat euch nicht vergessen.

(Anm. 20. Januar 1987: Täglich werden die Qualen größer, sodaß Desolata selbst sagt: „Das ist wirklich Hängen am Kreuz!" „Sterben dürfen!". Immer wieder kommt es: „Ich kann nicht mehr!" – Tränen. Hilferuf zu Jesus und Maria!)

21. Februar 1987. Hl. Messe

Maria: Kleine Desolata! Wenn der Engel des Ortes Ottobeuren beherrschen kann, wird auch die Natur sich wieder erholen, und vieles wird sich schlagartig verändern. Das mag dir jetzt fantastisch erscheinen; doch dem ist nicht so.

Glaube, Kind, glaube! Alles muß „erglaubt" werden. Laßt euch von Mir zu jenem Glauben führen, den Gott in Zukunft so notwendig braucht, um zu retten und zu erhalten. – Bemüht euch nur um den Glauben, der Berge versetzen kann.

Dazu brauche ich eine größere Gemeinschaft von betenden und opfernden Seelen in O., um zu retten, was Gott noch retten will.

(Anm. 21. Februar 1987: Als die Mutter von der Beherrschung von Ottobeuren sprach, lachte Satan und sagte: Es nützt euch nichts; denn

ihr wißt meinen Namen nicht! Darauf Desolata: Du brauchst dich nicht zu verstellen, du bist A... Wutgeheul von A. Gemeine Schimpfnamen für Desolata. Satan: Ich könnte dich umbringen, aber ich darf nicht. Die hohe Frau, wegen der ich in die Hölle gestürzt bin, erlaubt es nicht. Ihr Fuß rückt immer näher: den fürchte ich, denn er beherrscht uns).

Unbeschreiblicher Endkampf

23. Februar 1987. Beim so schmerzlichen Verbandwechsel

Maria: Kleine Desolata! Immer wieder möchte Ich liebevoll zu dir sagen: Halte aus, o halte aus! Mein süßes, einzig geliebtes Kind! Siehe, Ich halte dich in Meinen Armen innig an Mein Herz gedrückt, deine Seele in Mein Herz eingeschlossen. Da hüte Ich sie vor dem Abfall vom Glauben und Vertrauen. Daß du Mir immer noch vertraust, ist das Größte, was du tust.

Der Endkampf jetzt ist unbeschreiblich; denn Satan will nicht aufgeben. Er kann nicht glauben, daß ein schwaches Mädchen wie du nicht winselnd zu ihm kommt. – Das wird nie der Fall sein. Das macht ihn rasend.

Fürchte dich nicht. Ich bin immer bei dir und auch dein Vater Johannes. Du bist in bester Hut!

Macht des Gebetes

25. Februar 1987. Beim Rosenkranz

Maria: Kleine, geliebte Desolata. Der ganze Himmel freut sich heute über die erweiterte Gebetsgemeinschaft, von hellen Kinderstimmen durchdrungen.

O die Menschen glauben nicht mehr an die Macht des Gebetes! Hat doch das Gebet himmlische Kraft und vermag viel, ja alles!

Du kannst dir kaum vorstellen, kleine Desolata, welch ein Segen von eurem Gebet über den Ort O. sich ausbreitet. So rettet man Familien, Hausgemeinschaften, Dörfer und sogar Städte.

Der Himmel kann heute kaum mehr Wunder wirken, weil die Menschen darüber lächeln und spötteln. Sie glauben lieber an ihre Erfindungen und Errungenschaften und klammern sich daran. Dem Himmel trauen sie kaum mehr etwas zu.

Diese kleine Kapelle, die dein Vater Johannes unter großen Mühen wieder geschaffen hat, duftet von Gebet, Glauben und Vertrauen in süßen Intervallen zum Himmel und bewirkt vieles. O behaltet diese Übung (Rosenkranz mit Lesung) bei; mag sie auch Opfer kosten. Ruft alle herbei, die beten wollen, und scheut keine Anstrengung dazu.

Heroldsbach: Die guten Pilger

27. Februar 1987. 21.30 Uhr

Maria: Kleine Desolata! Sicher, die Angelegenheit mit Heroldsbach verläuft zäh und wenig Erfolg versprechend. Es war nicht anders zu erwarten. Doch das einfache, gläubige Volk erfüllt die Bedingungen des Himmels, wenn es zu Meinem Erscheinungsort pilgert zu Gebet und Opfer. Dieses gute Volk hat sich Meiner erinnert und versucht gutzumachen. Möge sich die Zahl ständig mehren und ruhig bleiben ohne Kritik und Murren gegen die Amtskirche. Mögen sich die Leute durch diese Wallfahrten immer mehr bekehren und läutern, um so zu bezeugen, daß Ich wirklich auf diesen Ort Deutschlands Meinen Fuß gesetzt habe, um Deutschland zu retten, vor allem vor dem inneren Verfall, der heute sich überall kundtut.

Gebetskraft

29. Februar 1987

Maria: Kleine Desolata! Rufe die liebe, kleine G. herbei zum Rosenkranzbeten als Unterstützung für euer Gebet; denn der Dämon schleicht heute abend umher mit bösen Absichten. Deshalb verstärkt euer Gebet.

Fürchtet euch nicht: Dies bringt euch die himmlische Heerführerin von Gottes Gnade ganz nahe. Ich kann den Dämon mit einer einzigen Bewegung bezwingen. Haltet euch deswegen eng an Mich und glaubt an Meinen Sieg.

Der Dämon fürchtet vor allem das Rosenkranzgebet, besonders wenn es von jungen Menschen gebetet wird. Das macht ihn rasend. So könnt ihr ihn fernhalten von eurem Haus.

Desolata: Jesus, du rufst viele Menschen!

Jesus: Ja viele, viele – nein alle! Ihr werdet staunen über eure kleine Wunderkapelle, was daraus werden wird. Mit deinem furchtbaren Leiden hast du viel dazu beigetragen, kleine Geliebte.

O nur dieses winzige Stückchen Zeit halte noch aus, damit dem Himmlischen Vater restlos alle Ehre angetan wird – und du wirst versinken im Glück.

Heroldsbach/Gebetsgemeinschaften

28. März 1987. Beim Rosenkranz

Liebe kleine Desolata! Keine Sorge wegen Heroldsbach. Die Unterwelt ist aufgewacht und hat ... MIr allein die Kampfansage gemacht, der Mutter und Retterin Deutschlands ... Wer für Mich und Meine Ehre kämpft, steht unter Meinem Siegesgesetz. Ich werde Satan den Fehdehandschuh im geeigneten Augenblick zuwerfen und zurückschlagen. Blickt deswegen nicht zu sehr in den Kampf, sondern auf den Sieg Meines Unbefleckten Herzens.

Es müssen für Heroldsbach Gebetsgemeinschaften gegründet werden wie hier in Ottobeuren.

Zur Eile gedrängt

5. April 1987. Sonntag, 5.30 Uhr

Maria: Kleine Desolata! Nun haben alle, die bisher zu eurer Gebetsgemeinschaft gerufen wurden, ihr „Ja" gesagt und sind bereits in Funktion getreten. Das tröstet Mein Mutterherz, das nun so drängt und euch zur Eile aufruft, da es um die alles überwiegende Kraft des Gebetes weiß, das retten soll, was zu retten ist; denn der Widersacher schläft nicht, wenn ihr schläft, sondern geht umher wie das fürchterlichste Raubtier. Die Gebetskraft soll ihn zurückdrängen, vor allem das Rosenkranzgebet, das heute Gottes furchtbarste Waffe ist gegen Seinen Feind –, die eine Wirkkraft hat, die für euch nicht schaubar und meßbar ist.

Das ist das Netz der Rettung, das ich nicht nur über Deutschland – nein, über die ganze Welt gespannt habe mit Hilfe Meiner guten und getreuen Kinder, Meiner schwächsten und kleinsten, aber gehorsamsten –, denen heute so große Kreuze aufgeladen sind, daß sie manchmal nicht mehr weiterwissen. Doch sie sind niemals allein. Sie stehen alle im Zeichen Meines Sieges Meines Unbefleckten Herzens.

Mariens Schweigen

24. April 1987

Maria: Mein Schweigen ist notwendige und zugelassene Prüfung! Denn mit jedem Tag des Glaubensdunkels wächst die Gottesgabe der Verdienste! – Werdet also nicht irre an eurer Mutter. Sie steht nach wie vor an eurer Seite und wendet Ihre barmherzigen Augen ständig euren Schmerzen zu in innigem Mitleid und getreuester Mutterliebe.

(Anm. 13. Juni 1987. Situation Desolatas, die in der Zwischenzeit immer wieder Einsprechungen erhält für bestimmte Einzelpersonen.

Immer mehr wird der Kranken ihr Hängen am Kreuz bewußt. „Es ist schrecklich, ich falle immer nach vorne runter!" Sie sitzt ja Tag und Nacht in ihrem Sessel mit ihrem verbogenen Rückgrat, nach vorne geneigt. „Ihr glaubt nicht, was für eine Wucht in meinem Körper ist! Dabei werden mir Arme und Beine wie herausgerissen." „Mir ist als ob mein Körper in der Mitte auseinanderbreche." „Macht die Fenster auf, ich bekomme keine

Luft!" „Helft mir, ich kann nicht mehr!" „Wenn ich doch sterben dürfte!" Immer und immer wieder kommt sie in Todesnot.

Anm. 7. Juli 1987. Die Leiden nehmen immer zu, bringen Desolata immer wieder an den Rand der Verzweiflung. Die Nächte sind ein Meer von Qualen. Untertags kommt der Schlaf.

Der rechte Fußknöchel hat jetzt durch das Wasser einen Umfang von ca. 80 cm und hat keine Haut mehr. Verband ist so durchnäßt, daß er täglich 2 mal gewechselt werden muß.

Heute nacht kam unerwartet ein „Donnerschlag" direkt vor dem Haus. Es war kein Donner, sondern wie ein metallener Schlag gegen Blech, ein furchtbarer Krach, der an eine Explosion erinnerte. Dieser Schlag war auch in 20 km Entfernung zu hören. Der Schlag war nicht oben in der Luft, sondern an der Hausfront. Das Haus erzitterte. Desolata sagte: Das war A. (Satan). Er hat den Kampf angesagt. Vater hatte dann schwersten Kampf gegen den Schlaf, ganz ungewöhnlich. Die laufende

Beanspruchung durch notwendige Bewegungen bei Desolata half ihm, wach zu bleiben. Noch um 8 Uhr morgens sagte Desolata: A. ist immer noch da!

18. Juli 1987. Aussagen von Desolata: „Mir ist furchtbar schlecht!" „Mein Körper geht auseinander!" „Mein Körper zerfällt!" „Mein Körper löst sich auf!" „Ich zergehe!" „Helft mir, ich sterbe!" „Mir ist schrecklich schlecht. Ich halte es kaum mehr aus." Jede Bewegung, ob mit den Armen oder Beinen oder Körper, bringt intensiven Schmerz in der sich immer mehr vergrößernden und vertiefenden Wunden bei der Gesäßfalte.

Es kommt aber schon seit etwa 3 Jahren kein Stöhnen oder Schmerzensschrei über ihre Lippen.

1. August 1987. Desolata hört das Wort: „Jesu Schlußleiden!" Gesteigerte Qualen. „Ich bin schon halb tot!"

3. August 1987. Morgens, 4 Uhr: „Hilf mir, ich sterbe!" „Bitte hochnehmen, ich ersticke sonst." Alle 2-3 Minuten hochheben. „Hilf mir, ich habe Angst. Ich vergehe schier!" „Ich bin furchtbar ausgespannt." „Sterben dürfen!"

Glauben an den Siegesplan

23. August 1987. 20 Uhr

Maria: Kleine Desolata! Es war ein raffinierter Schachzug des Bösen, dich heute so in einen Dämmerzustand zu versetzen, daß du Mich nicht wahrnehmen konntest. An der ganzen Gewalt des Kampfes siehst du, worum es geht. Es geht um einen Plan Meinerseits, den der Böse verhindern will ... (Private Weisung)

Die 3 Familienrosenkränze (es waren 3 Gruppen nacheinander gekommen) in der Kapelle haben vieles bewirkt.

Jetzt braucht es euren ganzen Glauben an Mich. Aber von wem sollte Ich einen solchen Glauben verlangen können, wenn nicht von euch, die ihr schon so viele Beweise der Echtheit erfahren durftet?

7. September 1987. 4.30 Uhr

Maria: Kleine Desolata! Alle dableiben. Betet. Vertraut!

(Anm. Desolata wieder in Todesnot. Der Zustand der in den letzten Tagen plötzlich bis auf Haut und Kochen abgemagerten Desolata ist tatsächlich so wie die Augenblicke vor dem Sterben. Vormittags kommen M. und A. zu Besuch. Miteinander beten wir bis mittags. Auch während der folgenden Tage gleicher Zustand.)

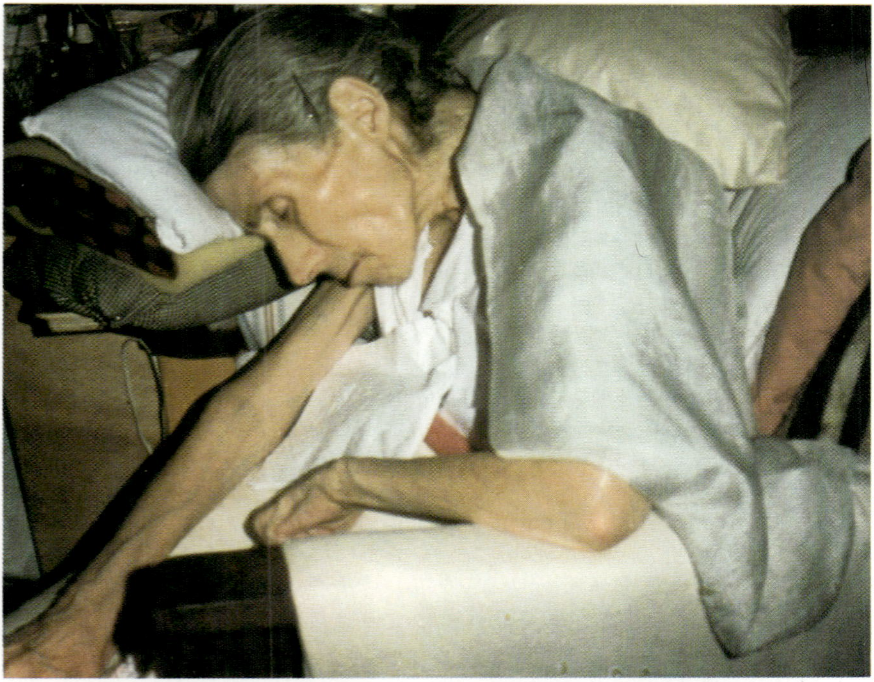

Desolata schläft nicht bei diesem Fotographieren. Sie erleidet eben den für sie so schmerzvollen Verbandwechsel an den Füßen. Trotz größter Behutsamkeit eine zusätzliche Qual. 2 mal am Tag ist der Verband ganz durchnäßt und muß gewechselt werden. Ohne Zucken, ohne einen Laut hält sie das durch: Ganz dem Leiden hingegeben, still duldend. (Vergleichen Sie den Kopf mit dem auf dem Jesusbild vom 30. 12. 79 auf Seite 132).

8. September 1987. Mariä Geburt

Desolata von Zeit zu Zeit: „Ich kann nicht mehr – ich halte es nicht mehr aus." – Vater hilft ihr.

12. September 1987. Maria Namen

Schwäche nimmt immer mehr zu. Auch wenn man das Ohr an ihre Lippen bringt, kann man nicht immer – ja selten, verstehen, was sie sagt. Während des Rosenkranzes sagt die Mutter zu Desolata: „Nimm Belladona D6" (Medikament, das Vater zu Hause hat.).

18. September 1987

Immer häufiger flüstert sie: „ Ich kann nicht mehr schlucken." Seit 14 Tagen trinkt sie nur mehr aus einem Strohhalm Astronautennahrung. Andere Speisen kann sie nicht mehr zu sich nehmen. Immer häufiger sagt sie: „Ich ersticke!" – „Mein Körper ist eine einzige Wunde."

20. September 1987. Sonntag. M.N. u. A.F. zu Besuch. (Sie fotographieren Desolata). Um 16 Uhr, als die Besucherinnen gehen wollten, sagte Desolata: „Dableiben". Um 18 Uhr: „Mutter sagt: Über Nacht dableiben!" (Desolata wieder in Todesnot)

Bis 12 Uhr nachts bleiben die beiden den Rosenkranz betend bei Desolata und teilen mit dem Vater die Nachtwache.

Die Gesäßwunde ist fast Handflächen-groß. Von der Außenseite her beginnt eine Nekrose. Weder Haut noch Fleisch ist mehr über dem Sitzbein. Desolata muß auf dem blanken Sitzbein sitzen. Der Verband darüber erleichtert es nicht.

Vater sagt ihr: Jetzt ganz still dulden, ganz Opferlamm sein.

Anm. 1. Oktober 1987. Desolata hat dies Wort des Vaters sofort befolgt und nicht mehr versucht zu sagen, welche Qualen sie jetzt erduldet. Deswegen sagt jetzt der Vater zu ihr, kommt es aus seinem Munde, ohne sich bewußt zu sein, was diese Worte bedeuten: „Jetzt bist du ganz das Schlachtopferlamm Jesu! Jetzt hast du dein Ziel erreicht." Der Mund ist jetzt gelähmt. Sie verstummt. Kann nicht mehr reden. Totale Verlassenheit!

Anm. 15. Oktober 1987. In erschütternder Geduld hat sie die letzten 14 Tage durchgelitten. Vor etwa 3-4 Wochen sagte sie: „Herr, laß auch mein Sterben noch ein Opfer sein." Jesus nahm ihre Bitte an.

Heute während des Abendrosenkranzes begann ihr Sterben. Nach dem Rosenkranz und sakramentalen Segen übernahm Vater die Nachtwache bei der jetzt röchelnden Desolata. Obwohl der Vater der festen Überzeugung war, daß sie auch diesmal nicht sterben werde, hat er doch ununterbrochen für sie gebetet, die wie schlafend, röchelnd dasaß; – hat ihr zwischen hinein immer soviel Güte und Liebe geschenkt, als er konnte. Etwa um 22.45 Uhr bat er Gott und Maria, daß Desolata doch jetzt bald einschlafen dürfe, damit sie ihre Qualen nicht mehr spüre. Kurz darauf wurde ihr Röcheln leiser. Doch statt des Einschlafens kam um 23.15 Uhr der Tod.)

Weg, schwerster Weg einer Menschenseele zu Gott!

Desolata, bitt für uns!

Letzte Ruhestätte Maresa-Desolatas in Ottobeuren

Nachtrag

13. Juni 1991

Desolata hat etwa 1/4 Jahr vor ihrem Tode zu ihrem Priester gesagt: „Ich habe Jesus gebeten mich nach dem Tode noch im Fegfeuer zu belassen, um durch das Leiden noch Seelen zu retten!“

Dieser Wunsch wurde – nach Aussagen einer Begnadeten – angenommen. Doch jetzt (13. 6. 91) ist sie im Himmel.

Nachwort

Das Leben von Maresa-Desolata war schweres und schwerstes Durchkämpfen.

„Das Gute zu tun“, sagt Maria zu ihr, „fällt dir unendlichmal schwerer als anderen ... Darin kreuzigst du deine Natur ... Doch das gewährt dir unabsehbar mehr Verdienste und Gnaden.“ So wurde sie fähig zu der ihr bestimmten Passion – nicht kraft ihres Willens, sondern allein kraft der Gnade. Das stellte die Himmlische Mutter klar, als sie am 30. 12. 80, während der hl. Messe, zu Desolata sprach:

„Die Gnade vermagst du nur durch Ergebenheit, Fügsamkeit und Demut zu erlangen und bei dir zu halten, wenn Gott sie dir zugedacht hat. Das ist wichtig für dein weiteres Leben; denn die Kämpfe werden bleiben und sich oft steigern – doch du wirst darüber stehen in der Gnade und deshalb siegen. Die Gnade löst dich dabei aus den Fangarmen der negativen Kräfte und hält dich im Positiven, Bejahenden, sodaß dir alles leichter fällt und deine Seele sich über die Dunkelheit emporzurichten und sich hinzuwenden vermag zu Dem, Den sie sich ersehnt und liebt.

Du mußt es mit voller Klarheit wissen, Geliebtes, daß niemals du selbst dich befreien und deine Lage ändern kannst. – Einzig und allein ein Wunder der Gnade vermag es zu wirken.

So wie du dir selbst alles vergangene und gegenwärtige, geheimnisvolle, für dich rätselhafte Geschehen nicht geben und herbeiführen konntest aus eigenem Ermessen –, genausowenig vermagst du es zu ändern und von dir zu nehmen. Du vermagst nur, deinem Beichtvater absolut zu glauben und ebenso den Einsprechungen und, als Folgerung daraus, vollkommen zu gehorchen und dich widerstandslos hinzugeben.

Alles Geschehen an dir und in dir ist die wunderbarste, weiseste und von himmlischem Licht erleuchtete Führung und Schulung einer armen, kleinen Menschenseele, die Gott in seinem unfaßbaren und unerforschlichen Ratschluß erwählt hat für seine Pläne und Wünsche.

Daß du dieser deiner Erwählung bewußt und gerecht werdest, dazu bin ich dir in so besonderer Weise gegeben und zugetan, daß du lernest von mir, die sich selbst auslöschende, demütigste Magd und Sklavin des göttlichen Willens und damit vollkommenes Kind göttlicher Vaterliebe zu sein.

Dazu allein und für die Erfüllung deines Lebens, das nun im Höhepunkt steht, ist dir dein Vater gegeben worden als sichtbare, für dich stets greifbare und wirksame Hilfe. Wenn du nur versuchst, ihm zu glauben und dich unterzuordnen, schreitest du unweigerlich voran, trotz völliger Überlagerung von der Hölle und ihrer Kraft."

Soweit die Worte Mariens.

Dazu war auch eine Hilfe und Unterstützung die tägliche Weihe, gelebte Weihe, an das heiligste Herz Jesu, die Weihe an das Unbefleckte Herz Mariens und die Weihe an die Engel, durch die ihr Leben zur Vollendung kam.

Seit dem letzten Weihnachtsfest bat Maresa jeden zweiten oder dritten Tag – manchmal auch täglich: „Bitte die Cassette: Stille Nacht!" (Gesungen von Fr. R. Niemann, Köln mit Chor nach schlesischer Melodie). Es wurde ihr Sterbelied.

Maresa-Desolatas Worte, die sie in ihr Tagebuch geschrieben:

Wenn meine Stimme einst verklungen ist, so nimm und lies und denke mein! Und glaube, daß du nicht vergessen bist.

Inhaltsverzeichnis